职业教育会计专业营改增系列教材

新编企业财务会计

（第二版）

主　编　罗绍明

副主编　罗明丽　房　琭　孙淑丽

图书在版编目(CIP)数据

新编企业财务会计 / 罗绍明主编. —2 版. —上海：立信会计出版社，2019.4(2024.2 重印)
职业教育会计专业营改增系列教材
ISBN 978-7-5429-6152-5

Ⅰ.①新… Ⅱ.①罗… Ⅲ.①企业管理—财务会计—职业教育—教材 Ⅳ.①F275.2

中国版本图书馆 CIP 数据核字(2019)第 096541 号

策划编辑　陈　旻
责任编辑　陈　旻
封面设计　南房间

新编企业财务会计(第二版)
XINBIAN QIYE CAIWU KUAIJI

出版发行　立信会计出版社
地　　址　上海市中山西路 2230 号　　邮政编码　200235
电　　话　(021)64411389　　传　　真　(021)64411325
网　　址　www.lixinaph.com　　电子邮箱　lixinaph2019@126.com
网上书店　http://lixin.jd.com　　http://lxkjcbs.tmall.com
经　　销　各地新华书店

印　　刷　苏州市古得堡数码印刷有限公司
开　　本　787 毫米×1092 毫米　1/16
印　　张　21.75
字　　数　529 千字
版　　次　2019 年 4 月第 2 版
印　　次　2024 年 2 月第 7 次
书　　号　ISBN 978-7-5429-6152-5/F
定　　价　50.00 元

第二版前言

《新编企业财务会计》(第二版)继承了第一版的编写模式与编写体系,全书分为 15 章,即企业财务会计概述,货币资金核算,存货核算,应收款项核算,金融资产核算,固定资产核算,投资性房地产核算,无形资产核算,生物资产核算,职工薪酬核算,流动负债核算,非流动负债核算,所有者权益核算,费用、收入与利润核算,企业财务报表编制等。

本次修订反映了最新营业税改征增值税的财税政策。自 2019 年 4 月 1 日起,制造业等行业增值税税率从 16%降至 13%,交通运输、建筑、基础电信服务等行业及农产品等货物的增值税税率从 10%降至 9%,以及不动产进项税额采用一次性全额抵扣等。基于此,本次按新的增值税税率和抵扣方法修订了全部例题,力争体现教材的新颖性与实用性。

本次修订增加信用减值损失、设定提存计划等内容,依据相关的财税政策调整了部分知识拓展的内容,如《关于深化增值税有关政策的公告》《关于全面推进生育保险与职工基本医疗保险合并实施的意见》《关于修订印发 2018 年度一般企业财务报表格式的通知》等,作为拓展知识,可以加深学生对企业财务会计理论知识的认识与理解,提高学生对企业财务会计业务核算的技能。

本书配套编写了《新编企业财务会计实训》(第二版),丰富了教材的内容,也便于学习者进行课内或课外的理论知识与实训训练,深入理解与应用相关企业财务会计知识。

本书可作为职业院校会计、会计电算化、财务管理等专业的教学用书,也可作为企业财务会计人员及对企业财务会计有兴趣和爱好的读者学习、参考和实训训练的用书。

本书由广东省汕头市鮀滨职业技术学校罗绍明任主编,由江西应用科技学院罗明丽、山东圣翰财贸职业学院房琭、惠州工程职业学院孙淑丽任副主编,参编老师有汕头市鮀滨职业技术学校李嘉琳、汕头市鮀滨职业技术学校黄纯、东莞市信息技术学校邱爱军、惠州市博罗中等专业学校陈普。具体分工为:第 1～第 4 章由罗绍明修订、第 5～第 7 章由罗明丽修订、第 8～第 9 章由房琭修订,第 10～第 11 章由孙淑丽修订,第 12 章由李嘉琳修订,第 13 章由黄纯修订,第 14 章由邱爱军修订,第 15 章由陈普修订。全书由罗绍明统稿。

本书在修订过程中,参阅了大量文献与网站资料,借鉴和吸收了国内外专家学者的最新科研成果,在此对有关资料的编辑和著作者致以诚挚的感谢!

由于编著者水平有限,书中疏漏之处在所难免,恳请读者批评指正并提出意见与建议。谢谢来信!来信请寄:stluoming@163.com。

编　者

第三版前言

前 言

“企业财务会计”是职业教育会计类专业的核心专业课程，是会计专业知识结构中的主体部分，旨在培养学生企业财务会计的基本理论、基本方法与基本技能的应用能力。

本书的主要特点表现在以下几个方面。

1. 内容新颖实用，反映最新营改增的财税政策

经国务院批准，自 2016 年 5 月 1 日起，建筑业、房地产业、金融业、生活服务业等行业纳入营业税改征增值税试点范围；自 2018 年 5 月 1 日起，制造业等行业增值税税率从 17%降至 16%，交通运输、建筑、基础电信服务等行业及农产品等货物的增值税税率从 11%降至 10%，至此，营业税改征增值税政策在全国范围内全面推开且深入改革。营业税改征增值税政策的实施，将对原营业税纳税人的会计核算产生直接影响，也将影响原增值税纳税人的会计核算。基于此，本书依据最新的营业税改征增值税财税政策以及新修订实施的《企业会计准则》进行编写，力争体现教材的新颖性与实用性。

2. 贴近企业实践，体现应用型人才培养特色

本书以同一家生产企业的经济业务为基础设置会计核算例题，进行会计核算讲解，对每一个重要的知识点都配套设计了一个贴近企业实际经济业务的例题，且配备有经济业务的原始凭证样图，并详细分析其核算方法与技巧，这既有利于学生系统、清晰地了解企业财务会计的经济业务内容，又有利于学生掌握企业财务会计的核算方法，加深对企业财务会计理论知识的理解，提高其企业财务会计业务核算技能。

本书可作为职业院校会计、会计电算化、财务管理等专业的教学用书，也可作为企业财务会计人员及对企业财务会计有兴趣的读者学习、参考和实训训练的用书。

本书由广东省汕头市鮀滨职业技术学校罗绍明、江西应用科技学院罗明丽任主编，由山东圣翰财贸职业学院房球、惠州工程职业学院孙淑丽任副主编，参编老师有汕头市鮀滨职业技术学校黄纯、汕头市鮀滨职业技术学校李嘉琳、东莞市信息技术学校邱爱军、惠州市博罗中等专业学校陈普、武汉市第一商业学校黄锦。具体分工为：第 1～第 3 章由罗绍明编写、第 4～第 6 章由罗明丽编写、第 7～第 8 章由房球编写、第 9～第 10 章由孙淑丽编写、第 11 章由黄纯编写、第 12 章由李嘉琳编写、第 13 章由邱爱军编写、第 14 章由陈普编写、第 15 章由黄锦编写，全书由罗绍明统稿。

由于编者水平有限，书中的缺点与不成熟之处在所难免，恳请读者批评指正并提出意见与建议。

编　者

前言

目　录

第1章　企业财务会计概述

【目的要求】

1. 能叙述企业财务会计的概念。
2. 能熟记和列举会计基本假设。
3. 能叙述和分析企业财务会计核算基础。
4. 能叙述和分析会计信息质量要求。
5. 能叙述会计要素的内容及其特征。
6. 能叙述和应用会计要素计量方法。
7. 能熟记和分析会计法律规范。
8. 能熟记和分析会计道德规范。

【重点难点】

1. 会计基本假设。
2. 权责发生制。
3. 会计要素特征。
4. 会计要素计量。

【基础知识】

1.1　企业财务会计基础

1.1.1　企业财务会计概念

企业财务会计，是指以企业会计准则和会计制度为依据，通过一系列会计核算的专门方法，确认和计量企业资产、负债和所有者权益的增减变化，反映收入的取得、费用的发生和归属及利润的形成与分配，定期以财务报告（又称“财务会计报告”）的形式，向会计信息使用者提供企业的财务状况、经营成果和现金流量等情况的对外报告会计。

根据《企业会计准则——基本准则》规定，企业财务会计的目标是向企业财务报告使用者提供与企业财务状况、经营成果和现金流量等有关的会计信息，反映企业管理层受托责任履行情况，有助于财务报告使用者做出经济决策。

1.1.2　会计基本假设

会计基本假设，是企业财务会计确认、计量和报告的前提，是对会计核算所处时间、空间环境等所做的合理设定。会计基本假设包括会计主体、持续经营、会计分期和货币计量。

1. 会计主体

会计主体,是指企业财务会计确认、计量和报告的空间范围。

明确界定会计主体是开展会计确认、计量和报告的重要前提。会计主体可以是一个企业,也可以是企业的一个独立核算的部门;可以是法人,也可以是不具备法人资格的组织;可以是一个营利组织,也可以是一个非营利组织。但凡作为会计主体,都应该进行独立核算。

会计主体不同于法律主体。法律主体在法律上具有法人资格。一般而言,法律主体必然是一个会计主体,但会计主体不一定是法律主体。

2. 持续经营

持续经营,是指在可以预见的将来,企业将会按当前的规模和状态继续经营下去,不会停业,也不会大规模削减业务。在持续经营前提下,会计确认、计量和报告应当以企业持续、正常的生产经营活动为前提。

3. 会计分期

会计分期,是指将一个企业持续经营的生产经营活动划分为一个个连续的、长短相同的期间。会计分期的目的在于通过会计期间的划分,将持续经营的生产经营活动划分成连续、相等的期间,据以结算盈亏,按期编报财务报告,从而及时向财务报告使用者提供有关企业财务状况、经营成果和现金流量的信息。

4. 货币计量

货币计量,是指会计主体在企业财务会计确认、计量和报告时以货币作为计量尺度,反映会计主体的生产经营活动。通常,计量单位有实物量度、劳动量度和货币量度三种。在企业经营过程中,前两种计量均无法一贯到底和综合汇总,只能从一个侧面反映企业的生产经营状况,不便于会计计量和经营管理。而货币作为商品交换的一般等价物,可以对各种商品进行综合汇总反映,综合、全面地反映企业的经营成果和财务状况。

1.1.3 会计核算基础

企业财务会计核算的基础是权责发生制。

权责发生制要求,凡是当期已经实现的收入和已经发生或应当负担的费用,无论款项是否收付,都应当作为当期的收入和费用,计入利润表;凡是不属于当期的收入和费用,即使款项已在当期收付,也不应当作为当期的收入和费用。

与权责发生制相对应的一种会计核算基础是收付实现制。收付实现制是以收到或支付的现金作为确认收入和费用等的依据。自2019年1月1日起,我国各级各类行政单位和事业单位会计核算应当具备财务会计与预算会计双重功能,其中财务会计核算实行权责发生制,预算会计核算实行收付实现制。

1.1.4 会计信息质量要求

1. 可靠性

可靠性要求企业应当以实际发生的交易或者事项为依据进行确认、计量和报告,如实反映符合确认和计量要求的各项会计要素及其他相关信息,保证会计信息真实可靠、内容完整。可靠性要求是高质量会计信息的重要基础和关键所在。

2. 相关性

相关性要求企业提供的会计信息应当与投资者等财务报告使用者的经济决策需要相关，有助于投资者等财务报告使用者对企业过去、现在或者未来的情况做出评价或者预测。

3. 可理解性

可理解性要求企业提供的会计信息应当清晰明了，便于投资者等财务报告使用者理解和使用。只有这样才能提高会计信息的有用性，实现财务报告的目标，满足向投资者等财务报告使用者提供决策信息的要求。

4. 可比性

可比性要求企业提供的会计信息应当相互可比，表现为同一企业不同时期可比(这要求企业不同时期发生的相同或者相似的交易或者事项，应当采用一致的会计政策)和不同企业相同会计期间可比(这要求不同企业同一会计期间发生的相同或者相似的交易或者事项，应当采用统一的会计政策，确保会计信息口径一致，相互可比)。

5. 实质重于形式

实质重于形式要求企业应当按照交易或者事项的经济实质进行会计确认、计量和报告，不仅仅以交易或者事项的法律形式为依据。例如，企业按照销售合同销售商品，但又签订了售后回购协议，虽然从法律上看实现了收入，但企业没有将商品所有权上的主要风险和报酬转移给购买方，没有满足收入确认的各项条件，因此，不应当确认销售收入。

6. 重要性

重要性要求企业提供的会计信息应当反映与企业财务状况、经营成果和现金流量有关的所有重要交易或者事项。一项会计信息是否具有重要性，关键看该会计信息的省略或者错报是否会影响投资者等使用者据此做出的决策。

7. 谨慎性

谨慎性要求企业对交易或者事项进行会计确认、计量和报告时保持应有的谨慎，不应高估资产或者收益、低估负债或者费用。

8. 及时性

及时性要求企业对于已经发生的交易或者事项，应当及时进行确认、计量和报告，不得提前或者延后。

1.2 企业财务会计要素

1.2.1 会计要素及其特征

会计要素是根据交易或者事项的经济特征确定的会计对象所进行的基本分类。《企业会计准则——基本准则》规定，会计要素按照其性质分为资产、负债、所有者权益、收入、费用和利润。

1. 资产及其特征

1) 资产的定义

资产是指企业过去的交易或者事项形成的、由企业拥有或者控制的、预期会给企业带来经济利益的资源。资产按其流动性从大到小分类，可分为流动资产和非流动资产。

2）资产的特征

(1) 资产应为企业拥有或者控制的资源。资产作为一项资源，应当由企业拥有或者控制，具体是指企业享有该项资源的所有权，或者虽然不享有该项资源的所有权，但该资源能被企业所控制。

(2) 资产预期会给企业带来经济利益。资产预期会给企业带来经济利益，是指资产直接或者间接导致现金和现金等价物流入企业的潜力。这种潜力可以来自企业日常的生产经营活动，也可以是非日常活动。

(3) 资产是由企业过去的交易或者事项形成的。资产应当由企业过去的交易或者事项形成，过去的交易或者事项包括购买、生产、建造行为或者其他交易或者事项。换句话说，只有过去的交易或者事项才能产生资产，企业预期在未来发生的交易或者事项不形成资产。

2. 负债及其特征

1）负债的定义

负债是指企业过去的交易或者事项形成的、预期会导致经济利益流出企业的现时义务。负债按其偿还期从短到长分类，可分为流动负债和非流动负债。

2）负债的特征

(1) 负债是企业承担的现时义务。负债必须是企业承担的现时义务，这是负债的一个基本特征。现时义务是指企业在现行条件下已承担的义务。未来发生的交易或者事项形成的义务，不属于现时义务，不应当确认为负债。

(2) 负债预期会导致经济利益流出企业。预期会导致经济利益流出企业，是负债的一个本质特征。企业在履行现时义务清偿负债时，导致经济利益流出企业的形式多种多样，包括用现金偿还或以实物资产偿还，以提供劳务形式偿还，以部分转移资产、部分提供劳务形式偿还等。

(3) 负债是由企业过去的交易或者事项形成的。负债应当由企业过去的交易或者事项形成。换句话说，只有过去的交易或者事项才形成负债，企业将在未来发生的承诺、签订的合同等交易或者事项，不形成负债。

3. 所有者权益及其特征

1）所有者权益的定义

所有者权益是指企业资产扣除负债后由所有者享有的剩余权益。公司的所有者权益又称为股东权益。所有者权益通常由实收资本（或股本）、资本公积（含资本溢价或股本溢价、其他资本公积）、盈余公积和未分配利润构成。

2）所有者权益的特征

(1) 除非发生减资、清算或分派现金股利，企业不需要偿还所有者权益。

(2) 企业清算时，只有在清偿所有的负债后，所有者权益才返还给所有者。

(3) 所有者凭借所有者权益能够参与企业利润的分配。

4. 收入及其特征

1）收入的定义

收入是指企业在日常活动中形成的、会导致所有者权益增加的、与所有者投入资本无关的经济利益的总流入。收入按业务主次的不同，可分为主营业务收入和其他业务收入。

2）收入的特征

（1）收入是企业在日常活动中形成的。日常活动是指企业为完成其经营目标所从事的经常性活动以及与之相关的活动。如工业企业制造并销售产品、商业企业销售商品、软件企业为客户开发软件、安装公司提供安装服务等。日常活动是确认收入的重要判断标准，凡是日常活动所形成的经济利益的流入应当确认为收入；反之，非日常活动所形成的经济利益流入不能确认为收入，而应确认为利得（营业外收入）。

（2）收入会导致所有者权益的增加。与收入相关的经济利益的流入应当会导致所有者权益的增加，不会导致所有者权益增加的经济利益的流入不符合收入的定义，不应确认为收入。如企业向银行借入款项，应当确认为一项负债。

（3）收入是与所有者投入资本无关的经济利益的总流入。收入应当会导致经济利益的流入，从而导致资产的增加。但是，经济利益的流入有时是所有者投入资本的增加所致，所有者投入资本的增加不应当确认为收入，应当将其直接确认为所有者权益。

5. 费用及其特征

1）费用的定义

费用是指企业在日常活动中发生的、会导致所有者权益减少的、与向所有者分配利润无关的经济利益的总流出。

2）费用的特征

（1）费用是企业在日常活动中发生的。费用必须是企业在其日常活动中发生的，日常活动所产生的费用通常包括销售成本（营业成本）、管理费用和销售费用等。企业非日常活动所形成的经济利益的流出不能确认为费用，而应当计入损失（营业外支出）。

（2）费用会导致所有者权益的减少。与费用相关的经济利益的流出应当导致所有者权益的减少，不会导致所有者权益减少的经济利益的流出不符合费用的定义，不应确认为费用。

（3）费用导致的经济利益总流出与向所有者分配利润无关。费用的发生应当会导致经济利益的流出，从而导致资产的减少或者负债的增加。企业向所有者分配利润也会导致经济利益的流出，而该流出属于投资者投资回报的分配，是所有者权益的直接抵减项目，不应确认为费用。

6. 利润及其特征

1）利润的定义

利润是指企业在一定会计期间的经营成果，利润包括收入减去费用后的净额、直接计入当期利润的利得和损失等。

2）利润的特征

（1）利润代表企业能用货币表现的、最终的和综合的经营成果。

（2）利润金额取决于收入和费用、直接计入当期利润的利得和损失金额的计量。直接计入当期利润的利得和损失，是指应当计入当期损益、会导致所有者权益发生增减变动的、与所有者投入资本或者向所有者分配利润无关的利得或者损失。

1.2.2 会计要素计量

会计要素计量是指为了将符合确认条件的会计要素登记入账并列报于财务报表而确定

其金额的过程。企业应当按照规定的会计计量属性进行计量,确定相关金额。会计要素的计量属性主要包括历史成本、重置成本、可变现净值、现值和公允价值等。

1. 历史成本

历史成本又称实际成本,是指取得或制造某项财产物资时所实际支付的现金或其他等价物。在历史成本计量下,资产按照其购置时支付的现金或者现金等价物的金额,或者按照购置资产时所付出的对价的公允价值计量。负债按照其因承担现时义务而实际收到的款项或者资产的金额,或者承担现时义务的合同金额,或者按照日常活动中为偿还负债预期需要支付的现金或者现金等价物的金额计量。

2. 重置成本

重置成本又称现行成本,是指按照当前市场条件下,重新取得同样一项资产所需支付的现金或者现金等价物金额。在重置成本计量下,资产按照现在购买相同或者相似资产所需支付的现金或者现金等价物的金额计量。负债按照现在偿付该项债务所需支付的现金或者现金等价物的金额计量。重置成本通常应用于盘盈固定资产的计量。

3. 可变现净值

可变现净值,是指在正常生产经营过程中,以资产预计售价减去进一步加工成本和预计销售费用以及相关税费后的净值。在可变现净值计量下,资产按照其正常对外销售所能收到现金或者现金等价物的金额扣除该资产至完工时估计将要发生的成本、估计的销售费用以及相关税费后的金额计量。可变现净值通常应用于存货的期末计量。

4. 现值

现值,是指对未来现金流量以恰当的折现率进行折现后的价值,是考虑货币时间价值的一种计量属性。在现值计量下,资产按照预计从其持续使用和最终处置中所取得的未来净现金流入量的折现金额计量。负债按照预计期限内需要偿还的未来净现金流出量的折现金额计量。现值通常应用于非流动资产可收回金额和以摊余成本计量的金融资产价值的确定等。

5. 公允价值

公允价值,是指在计量日发生的有序交易中,市场参与者出售资产所能收到或者转移负债所需支付的金额。在公允价值计量下,资产和负债按照市场参与者在计量日发生的有序交易中,出售资产所能收到或者转移负债所需支付的价格计量。公允价值通常应用于交易性金融资产、可供出售金融资产的计量等。

《企业会计准则——基本准则》规定,企业在对会计要素进行计量时,一般应当采用历史成本计量。采用重置成本、可变现净值、现值、公允价值计量的,应当保证所确定的会计要素金额能够取得并可靠计量。

1.3 企业财务会计规范

企业财务会计规范是指所有能对企业财务会计实务起约束作用的原则、准则、法规、条例和道德守则等的总和,是为适应会计实践活动需要而发展起来而又用于指导和约束会计行为的准绳。企业财务会计规范从范围来看,包括会计法律规范和会计道德规范两种。

1.3.1 会计法律规范

会计法律规范，即会计法规，是指国家为管理会计工作而颁布的法律、法令、条例、规章、制度等规范性文件的总称，是组织和从事会计工作必须遵守的规范。

目前，我国的会计法律规范体系主要包括四个层次，即会计法律、会计行政法规、会计部门规章和地方性会计法规。

1. 会计法律

会计法律，是指由全国人民代表大会及其常委会经过一定立法程序制定的有关会计工作的法律，是调整我国经济生活中会计关系的法律总规范。

我国目前有两部会计法律，分别是《会计法》和《注册会计师法》。我国现行的《会计法》是于1999年10月31日由第九届全国人大常委会第十二次会议审议通过，自2000年7月1日起施行的。《会计法》是会计法律制度中层次最高的法律规范，是制定其他会计法规的依据，是指导会计工作的最高准则。

《会计法》的立法宗旨是规范会计行为，保证会计资料真实、完整，加强经济管理和财务管理，提高经济效益，维护社会主义市场经济秩序。《会计法》主要规定了会计工作的基本目的、会计管理权限、会计责任主体、会计核算和会计监督的基本要求、会计机构和会计人员的职责权限，并对会计法律责任做出了详细规定。

2. 会计行政法规

会计行政法规，是指国务院制定发布或者国务院有关部门拟订、经国务院批准发布，调整经济生活中某些方面会计关系的法律规范。它的制定依据是《会计法》，如1990年12月31日国务院发布的《总会计师条例》；2000年6月21日国务院发布的《企业财务会计报告条例》。

3. 会计部门规章

会计部门规章，是指国家主管会计工作的行政部门(即财政部)以及其他相关部委根据法律和行政法规，在本部门的权限范围内制定的、调整会计工作中某些方面内容的国家统一的会计准则制度和规范性文件，包括国家统一的会计核算制度、会计监督制度、会计机构和会计人员管理制度以及会计工作管理制度等，如《企业会计准则——基本准则》《企业会计准则第1号——存货》等42项具体准则，《企业会计准则——应用指南》《会计基础工作规范》《会计档案管理办法》等。

《企业会计准则——基本准则》处于整个会计准则体系的最高层次，对42项具体准则起到统驭和指导作用。《企业会计准则——基本准则》主要包括财务报告目标、会计基本假设、会计核算基础、会计信息质量要求、会计要素及其确认与计量原则、财务报告等内容。

企业会计准则的具体准则是根据基本准则的要求，就企业发生的经济业务的具体交易或者事项的会计处理及其程序做出具体规定。目前，我国已颁布的具体准则包括《财务报表列报》《资产负债表日后事项》《现金流量表》《收入》《长期股权投资》《债务重组》《非货币性交易》《建造合同》《会计政策、会计估计变更和会计差错更正》《借款费用》《租赁》《无形资产》《固定资产》《存货》《或有负债》《中期财务报告》《公允价值计量》《合营安排》《在其他主体中权益的披露》《持有待售的非流动资产、处置组和终止经营》等42项。

4. 地方性会计法规

地方性会计法规,是指省、自治区、直辖市的人民代表大会及其常务委员会在与《宪法》、法律和行政法规不相抵触的前提下,根据本地区情况制定、发布的关于会计核算、会计监督、会计机构和会计人员以及会计工作管理的会计规范性文件,如《广东省会计从业资格管理实施办法》《浙江省会计从业资格管理实施办法》等。

1.3.2 会计道德规范

会计道德规范,即会计职业道德,是指在会计职业活动中应遵循的、体现会计职业特征的、调整会计职业关系的职业行为准则和规范。会计职业道德包括他律和自律两个方面。他律是以会计职业责任和义务为核心,侧重于防范会计从业人员的不正当的职业行为;自律是以职业良心、职业精神为核心,侧重于倡导会计从业人员应自觉遵循的职业行为。自律是会计从业人员职业道德建设的基石。

我国的会计职业道德规范的主要内容包括以下八个方面:爱岗敬业、诚实守信、廉洁自律、客观公正、坚持准则、提高技能、参与管理和强化服务。

1. 爱岗敬业

爱岗是指热爱自己的工作岗位,热爱本职工作;敬业是指用一种严肃的态度对待自己的工作,勤勤恳恳,兢兢业业,忠于职守,尽职尽责。爱岗敬业是会计职业道德的基本要求,是每个会计从业者是否有会计职业道德的首要标志。

2. 诚实守信

诚实是指言行跟内心思想一致,不弄虚作假、不欺上瞒下,做老实人、说老实话、办老实事;守信是指要遵守自己所做出的承诺,讲信用、重信用,信守诺言,保守秘密。诚实守信是会计职业道德的根本,是会计从业人员在职业活动中处理人与人之间关系的道德准则。

3. 廉洁自律

廉洁是指不贪污钱财,不收受贿赂,保持清白;自律是指自律主体按照一定的标准,自己约束自己,自己控制自己的言行和思想的过程。廉洁自律要求会计人员公私分明、不贪不占、遵纪守法、清正廉洁。会计工作的特点决定了廉洁自律是会计职业道德的内在要求,是会计人员的行为准则。保持廉洁主要靠会计人员的觉悟、良知和道德水准,主要靠自律。

4. 客观公正

客观是指按事物的本来面目去反映,不掺杂个人的主观意愿,不为他人意见所左右;公正是指平等、公平、正直,没有偏失。客观公正要求会计人员在履行职责时,应摒弃自我利益威胁,避免各种可能影响其职业判断的利益冲突,按实际办事,实事求是地办事,在会计工作中保持公正客观的立场。客观公正是会计人员必须具备的行为品德,是会计职业道德规范的灵魂。

5.坚持准则

坚持准则是指会计人员在处理业务过程中,要严格按照会计法律制度办事,不为主观或他人意志左右。这里所说的准则,不仅指会计准则,而且包括会计法律、会计行政法规以及与会计工作相关的法律、法规制度等规范。会计人员在进行核算和监督的过程中要依法办事,坚持准则。坚持准则是会计人员职业道德的重中之重。

6. 提高技能

提高技能是指会计人员通过学习、培训、实践等途径，持续提高会计职业技能，以达到和维持足够的专业胜任能力的活动。提高技能既是会计人员的义务，也是会计人员做到客观公正、坚持准则的基础，是参与管理的前提，是会计人员职业道德水平的保证。会计职业技能的内容主要包括：①专业基础知识；②会计理论、专业操作的创新能力；③组织协调能力；④主动更新知识的能力；⑤提供会计信息能力。

7. 参与管理

参与管理是指会计人员间接参与管理活动，为管理者当参谋，为管理活动服务。参与管理中的“管理”，不是指会计本身的管理，而是指企事业单位的管理活动或业务活动的管理。参与管理要求会计人员在做好会计本职工作的基础上，参与本单位的经营活动或业务活动，利用会计工作的优势，为本单位的经营活动或业务活动出谋划策，发挥参谋服务作用。

8. 强化服务

强化服务要求会计人员具有文明的服务态度，树立服务意识，提高服务质量，努力维护和提升会计职业的良好社会形象。强化服务的关键是提高服务质量。对于会计人员，强化服务就是要真实、客观地记账、算账和报账，积极主动地向单位领导反映经营活动情况和存在的问题，提出合理化建议，协助领导决策，参与经营管理活动。

【本 章 小 结】

1. 企业财务会计，是指以企业会计准则和会计制度为依据，通过一系列会计核算的专门方法，确认和计量企业资产、负债和所有者权益的增减变化，反映收入的取得、费用的发生和归属及利润的形成与分配，定期以财务报告的形式，向会计信息使用者提供企业的财务状况、经营成果和现金流量等情况的对外报告会计。

2. 会计基本假设，是企业财务会计确认、计量和报告的前提，是对会计核算所处时间、空间环境等所做的合理设定。会计基本假设包括会计主体、持续经营、会计分期和货币计量。会计信息质量要求包括可靠性、相关性、可理解性、可比性、实质重于形式、重要性、谨慎性和及时性。

3. 企业财务会计核算的基础是权责发生制。权责发生制要求，凡是当期已经实现的收入和已经发生或应当负担的费用，无论款项是否收付，都应当作为当期的收入和费用，计入利润表；凡是不属于当期的收入和费用，即使款项已在当期收付，也不应当作为当期的收入和费用。

4. 会计要素是根据交易或者事项的经济特征确定的会计对象所进行的基本分类。《企业会计准则——基本准则》规定，会计要素按照其性质分为资产、负债、所有者权益、收入、费用和利润。

5. 会计要素计量是指为了将符合确认条件的会计要素登记入账并列报于财务报表而确定其金额的过程。企业应当按照规定的会计计量属性进行计量，确定相关金额。会计要素的计量属性主要包括历史成本、重置成本、可变现净值、现值和公允价值等。

6. 企业财务会计规范是指所有能对企业财务会计实务起约束作用的原则、准则、法规、条例和道德守则等的总和，是为适应会计实践活动需要而发展起来而又用于指导和约束会计行为的准绳。企业财务会计规范从范围来看,包括会计法律规范和会计道德规范两种。

7. 会计法律规范,即会计法规,是指国家为管理会计工作而颁布的法律、法令、条例、规章、制度等规范性文件的总称,是组织和从事会计工作必须遵守的规范。目前,我国的会计法律规范体系主要包括四个层次,即会计法律、会计行政法规、会计部门规章和地方性会计法规。

8. 会计道德规范,即会计职业道德,是指在会计职业活动中应遵循的、体现会计职业特征的、调整会计职业关系的职业行为准则和规范。我国的会计职业道德规范的主要内容包括以下八个方面:爱岗敬业、诚实守信、廉洁自律、客观公正、坚持准则、提高技能、参与管理和强化服务。

第2章　货币资金核算

【目的要求】

1. 能熟记和列举库存现金管理的规定。
2. 能掌握库存现金的会计核算。
3. 能掌握库存现金清查方法与核算。
4. 能叙述和列举银行存款结算方式。
5. 能掌握银行存款的会计核算。
6. 能掌握银行存款清查方法与核算。
7. 能叙述和列举其他货币资金的内容。
8. 能掌握其他货币资金的会计核算。

【重点难点】

1. 库存现金清查核算。
2. 银行存款核算。
3. 银行存款余额调节。
4. 其他货币资金核算。

【基础知识】

货币资金，是指企业生产经营过程中处于货币状态的资产，包括库存现金、银行存款和其他货币资金。

2.1　库存现金核算

2.1.1　库存现金管理

库存现金简称现金，是指由出纳员保管并存放于企业财务部门，用于企业日常零星开支的货币，包括人民币和外币。现金是流动性最强的资产，企业必须加强对现金的管理，严格按照国务院颁布的《现金管理暂行条例》的规定，正确进行现金收支的核算。

1. 现金使用范围

《现金管理暂行条例》明确规定了现金使用的范围，具体包括：

(1) 职工工资、津贴。

(2) 个人劳务报酬。

(3) 根据国家规定颁发给个人的科学技术、文化艺术、体育等各种奖金。

(4) 各种劳保、福利费用以及国家规定的对个人的其他支出。

(5) 向个人收购农副产品和其他物资的价款。

(6) 出差人员必须随身携带的差旅费。

(7) 结算起点(1 000元)以下的零星支出。

(8) 中国人民银行确定需要支付现金的其他支出。

上述除第(5)、第(6)项外,开户单位支付给个人的款项,超过使用现金限额的部分,应当以支票或者银行本票支付;确需全额支付现金的,经开户银行审核后,予以支付现金。

2. 库存现金限额

库存现金限额,是指为了保证企业日常零星开支的需要,允许企业留存现金的最高限额。这一限额是由开户银行根据各企业的实际需要核定的。

一般是按照企业3～5天的日常零星开支所需的库存现金来核定限额。边远地区和交通不便地区的企业的库存现金限额,可以多于5天,但不得超过15天的日常零星开支。

经开户银行核定的库存现金限额,企业必须严格遵守。需要增加或者减少库存现金限额的,应当向开户银行提出申请,由开户银行核定。

3. 现金收支规定

(1) 企业现金收入应当于当日送存开户银行。当日送存确有困难的,由开户银行确定送存时间。

(2) 企业支付现金,可以从本单位库存现金限额中支付或者从开户银行提取,不得从本单位的现金收入中直接支付(即坐支)。因特殊情况需要坐支现金的,应当事先报经开户银行审查批准,由开户银行核定坐支范围和限额。坐支单位应当定期向开户银行报送坐支金额和使用情况。

(3) 企业从开户银行提取现金,应当在现金支票上写明用途,由本单位财会部门负责人签字盖章,经开户银行审核后,予以支付现金。

(4) 因采购地点不固定,交通不便,生产或者市场急需,抢险救灾以及其他特殊情况必须使用现金的,企业应当向开户银行提出申请,由本单位财会部门负责人签字盖章,经开户银行审核后,予以支付现金。

(5) 企业不得用不符合财务制度的凭证顶替库存现金(即白条抵库),不得将本单位收入的现金以个人名义存入银行(即公款私存),不得私设小金库。

2.1.2 现金收支核算

1. 账户设置

企业应设置"库存现金"账户,核算企业库存现金的收支结存情况。

该账户属于资产类账户,借方登记企业库存现金的增加,贷方登记企业库存现金的减少,期末余额在借方,表示企业库存现金的结存(实有)数。"库存现金"账户结构,如图2-1所示。

2. 会计核算

(1) 企业收入现金时,借记"库存现金"账户,贷记有关账户。

(2) 企业支出现金时,借记有关账户,贷记"库存现金"账户。

库存现金	
期初:库存现金的实有数 本期:登记企业库存现金的增加	登记企业库存现金的减少
期末:库存现金的结存(实有)数	

图 2-1 "库存现金"账户结构

【例 2-1】 广东炎华服饰有限公司 2019 年 6 月 1 日签发现金支票一张,从银行提取现金 2 000 元补足现金限额。炎华公司账务处理如下:

借: 库存现金　　2 000.00

　贷: 银行存款　　2 000.00

附原始凭证:支票存根(见图 2-2)

中国建设银行支票存根(粤)

GS 07384001

附加信息

出票日期　2019 年 06 月 01 日

收款人:广东炎华服饰有限公司
金　额:¥2 000.00
用　途:备用金

单位主管 郭天怡　会计 李源珍

图 2-2 支票存根

【例 2-2】 广东炎华服饰有限公司 2019 年 6 月 4 日销售工作服 10 套给味美佳美食店,开出增值税普通发票一张,发票注明价款 500 元,增值税税率为 13%,当日收到现金收入 565 元。炎华公司账务处理如下:

借: 库存现金　　565.00

　贷: 主营业务收入——工作服　　500.00

　　应交税费——应交增值税——销项税额　　65.00

附原始凭证:增值税普通发票和产品出库单(见图 2-3 和图 2-4)

4400041140　　**广东增值税普通发票**　　№ 191042001

此联不作报销、扣税凭证使用　　开票日期:2019 年 06 月 04 日

购货单位	名　　称:味美佳美食店 纳税人识别号:44010623518032 地 址 、电 话:广州天河中路 126 号 86696521 开户行及账号:建行天河支行 11682685283				密码区	(略)		
货物或应税劳务、服务名称		规格型号	单位	数 量	单 价	金 额	税率	税 额
工作服			套	10	50.00	500.00	13%	65.00
合计						¥50.00		¥65.00
价税合计(大写)	⊗伍佰陆拾伍圆整						(小写)	¥565.00
销货单位	名　　称:广东炎华服饰有限公司 纳税人识别号:440106868268025 地 址 、电 话:广州天河中路 2 号 86697584 开户行及账号:建行天河支行 11682683056				备注			

第一联:记账联　销售方记账凭证

收款人:李芬　　复核:李源珍　　开票人:李欣　　销货单位:(章)

图 2-3　增值税普通发票

产品出库单

2019 年 06 月 04 日　　第　号

产品名称	规格	型号	单位	数量	单位成本	金额(元)
工作服			套	10		

仓库主管:郑明德　　复核:李源珍　　发货:李永林　　制单:陈晓芳

图 2-4　产品出库单

知识拓展 2-1

财政部 税务总局 海关总署关于深化增值税改革有关政策的公告

2019 年第 39 号

为贯彻落实党中央、国务院决策部署,推进增值税实质性减税,现将 2019 年增值税改革有关事项公告如下:

一、增值税一般纳税人(以下称纳税人)发生增值税应税销售行为或者进口货物,原适用 16%税率的,税率调整为 13%;原适用 10%税率的,税率调整为 9%。

二、纳税人购进农产品,原适用 10%扣除率的,扣除率调整为 9%。纳税人购进用于生产或者委托加工 13%税率货物的农产品,按照 10%的扣除率计算进项税额。

三、原适用 16%税率且出口退税率为 16%的出口货物劳务,出口退税率调整为 13%;原适用 10%税率且出口退税率为 10%的出口货物、跨境应税行为,出口退税率调整为 9%。

四、适用 13%税率的境外旅客购物离境退税物品,退税率为 11%;适用 9%税率的境外旅客购物离境退税物品,退税率为 8%。

五、自2019年4月1日起,《营业税改征增值税试点有关事项的规定》(财税〔2016〕36号印发)第一条第(四)项第1点、第二条第(一)项第1点停止执行,纳税人取得不动产或者不动产在建工程的进项税额不再分2年抵扣。此前按照上述规定尚未抵扣完毕的待抵扣进项税额,可自2019年4月税款所属期起从销项税额中抵扣。

六、纳税人购进国内旅客运输服务,其进项税额允许从销项税额中抵扣。

七、自2019年4月1日至2021年12月31日,允许生产、生活性服务业纳税人按照当期可抵扣进项税额加计10%,抵减应纳税额(以下称加计抵减政策)。

八、自2019年4月1日起,试行增值税期末留抵税额退税制度。

九、本公告自2019年4月1日起执行。

特此公告。

财政部　税务总局　海关总署

2019年3月20日

【例2-3】 广东炎华服饰有限公司2019年6月4日将销售工作服货款565元,送存银行。炎华公司账务处理如下:

借:银行存款　565.00

　贷:库存现金　565.00

附原始凭证:现金交款单(见图2-5)

中国建设银行 China Construction Bank　现金交款单

币别:人民币　2019年06月04日　流水号:0020130546

单位填写	收款单位	广东炎华服饰有限公司	交款人	李芬
	账　号	11682683056	款项来源	销货款
	(大写)伍佰陆拾伍元整		亿千百十万千百十元角分	¥56500
银行确认栏	本交款单的现金,业已如数收讫。			

现金回单(无银行打印记录及银行签章此单无效)

第二联 客户回单

复核:　录入:　出纳:

图2-5 现金交款单

【例2-4】 2019年6月9日以现金支付司机陈锋报销汽油费339元。炎华公司账务处理如下:

借:管理费用　339.00

　贷:库存现金　339.00

附原始凭证:增值税普通发票和费用报销单(见图 2-6 和图 2-7)

4389541528

广东增值税普通发票

№ 289361652

发票联

开票日期:2019 年 06 月 09 日

购货单位	名　　称:广东炎华服饰有限公司 纳税人识别号:440106868268025 地 址 、电 话:广州天河中路 2 号 86697584 开户行及账号:建行天河支行 11682683056				密码区	(略)		
货物或应税劳务、服务名称	规格型号	单位	数 量	单 价	金 额	税率	税 额	
95 汽油					300.00	13%	39.00	
合 计					¥300.00		¥39.00	
价税合计(大写)	⊗叁佰叁拾玖圆整					(小写)¥339.00		
销货单位	名　　称:中国石油广州有限公司 纳税人识别号:440108968668986 地 址 、电 话:广州市中山大道 108 号 86989858 开户行及账号:工行中山大道支行 11695213256				备注			

收款人:　　复核:　　开票人:李晓燕　　销货单位:(章)

第二联:发票联　购买方记账凭证

图 2-6　增值税普通发票

费用报销单

2019 年 6 月 9 日

报销部门	管理部门	报销人	陈锋
费用项目	单据张数	金额(元)	备注
汽油费	1	339.00	
			现金付讫
合计		¥339.00	
金额(大写)　人民币叁佰叁拾玖元整			
单位领导审批:同意　郭天怡		部门主管审批:同意　李景秀	

会计主管:陈利民　　复核:李源珍　　出纳:李芬　　领款人:陈锋

图 2-7　费用报销单

2.1.3　现金清查核算

1. 现金清查方法

现金清查,是指清点库存现金,并将现金实存数(现款数)与现金日记账上的余额进行核对。现金清查的目的主要是检查是否存在挪用现金、白条抵库、超限额留存现金以及账实是否相符等。

现金清查一般采用实地盘点法。清查人员应在出纳人员在场时清点现金,核对账实,并根据清查结果填制"现金清查报告单",注明实存数与账面余额。如发现现金账实不符或有其他问题，应及时查明原因，报告主管负责人或上级领导部门处理。

2. 账户设置

企业应设置“待处理财产损溢”账户，核算企业在财产清查中查明的各种财产的盘盈、盘亏和毁损情况。物资在运输途中发生的非正常短缺与损耗，也通过本账户核算。该账户属于资产类账户，借方登记各种财产的盘亏、毁损金额及批准转销的盘盈金额，贷方登记各种财产的盘盈金额和批准转销的盘亏金额。

企业各种财产的损溢应及时查明原因，在期末结账前处理完毕，期末处理后，该账户应无余额。该账户应设置“待处理流动资产损溢”和“待处理非流动资产损溢”两个明细账户，进行明细分类核算。“待处理财产损溢”账户结构，如图2-8所示。

待处理财产损溢	
本期：登记各种财产的盘亏、毁损金额及批准转销的盘盈金额	期初：无余额 登记各种财产的盘盈金额和批准转销的盘亏金额
	期末：无余额

图2-8 “待处理财产损溢”账户结构

3. 现金清查核算

1）查明原因前的核算

现金清查中如发现有待查明原因的长款(现金溢余)或短款(现金短缺)，应通过“待处理财产损溢——待处理流动资产损溢”账户及时做出处理，以保证账实相符。

(1) 现金长款。现金清查中发现现金长款，应按长款金额，借记“库存现金”账户，贷记“待处理财产损溢——待处理流动资产损溢”账户。

(2) 现金短款。现金清查中发现现金短款，应按短款金额，借记“待处理财产损溢——待处理流动资产损溢”账户，贷记“库存现金”账户。

2）查明原因后的核算

(1) 现金长款。现金长款查明原因后，属于多收或少付，应支付给有关人员或单位的，应借记“待处理财产损溢——待处理流动资产损溢”账户，贷记“其他应付款”账户；属于无法查明原因的现金长款，经批准后转入营业外收入，借记“待处理财产损溢——待处理流动资产损溢”账户，贷记“营业外收入”账户。

(2) 现金短款。现金短款查明原因后，属于少收或多付的，以及应由责任人赔偿和保险公司赔偿的部分，借记“其他应收款”或“库存现金”等账户，贷记“待处理财产损溢——待处理流动资产损溢”账户；属于无法查明原因的现金短款，经批准后计入当期管理费用，借记“管理费用”账户，贷记“待处理财产损溢——待处理流动资产损溢”账户。

【例2-5】 广东炎华服饰有限公司在2019年6月20日的现金清查中，发现库存现金长款120元。炎华公司账务处理如下：

借：库存现金 120.00

　贷：待处理财产损溢——待处理流动资产损溢 120.00

附原始凭证：现金清查报告单(见图2-9)

现金清查报告单

2019 年 6 月 20 日

现金清点结果					
货币面值	张数	金额(元)	货币面值	张数	金额(元)
100 元	10	1 000.00	5 角	10	5.00
50 元	5	250.00	2 角	20	4.00
20 元	20	400.00	1 角	0	0
10 元	16	160.00	5 分	0	0
5 元	8	40.00	2 分	0	0
2 元	5	10.00	1 分	0	0
1 元	10	10.00	—		
现金清点合计	¥1 870.00		现金长款	¥120.00	
现金账面余额	¥1 750.00		现金短款	—	
备注			原因待查		

负责人：　　会计主管：陈利民　　出纳：李芬　　清点人员：朱玲玲

图 2-9　现金清查报告单

【例 2-6】 广东炎华服饰有限公司董事会 2019 年 6 月 22 日做出决定，对 6 月 20 日的现金长款，经核查无法查明原因，经批准列为营业外收入。炎华公司账务处理如下：

借：待处理财产损溢——待处理流动资产损溢　　120.00
　贷：营业外收入　　120.00

【例 2-7】 广东炎华服饰有限公司在 2019 年 6 月 28 日的现金清查中，发现库存现金短款 150 元。炎华公司账务处理如下：

借：待处理财产损溢——待处理流动资产损溢　　150.00
　贷：库存现金　　150.00

【例 2-8】 广东炎华服饰有限公司董事会 2019 年 6 月 29 日做出决定，对 6 月 28 日发生的现金短款，经核查，其中 100 元属于出纳员李芬的责任，应由其赔偿，另 50 元无法查明原因，经批准列为管理费用。炎华公司账务处理如下：

借：其他应收款——李芬　　100.00
　　管理费用——其他　　50.00
　贷：待处理财产损溢——待处理流动资产损溢　　150.00

【例 2-9】 广东炎华服饰有限公司 2019 年 6 月 30 日收到出纳员李芬交来的现金短款赔偿款 100 元。炎华公司账务处理如下：

借：库存现金　　100.00
　贷：其他应收款——李芬　　100.00

2.2 银行存款核算

2.2.1 银行存款概念

银行存款,是指各单位存放在银行或其他金融机构的各种存款,包括人民币存款和外币存款两种。

1. 银行存款账户

为了存放存款,企业必须先到银行开立存款账户。存款账户,即银行结算账户,是指银行为存款人开立的办理资金收付结算的人民币活期存款账户。

根据中国人民银行颁布的《人民币银行结算账户管理办法》,一个企业可以根据需要在银行开立四种存款账户,包括基本存款账户、一般存款账户、专用存款账户和临时存款账户。

1) 基本存款账户

基本存款账户是企业因办理日常转账结算和现金收付需要而开立的银行结算账户。基本存款账户是企业的主办账户。企业日常经营活动的资金收付及其工资、奖金和现金的支取,只能通过该账户办理。

2) 一般存款账户

一般存款账户是企业因借款或其他结算需要,在基本存款账户开户银行以外的银行营业机构开立的银行结算账户。一般存款账户用于办理存款人借款转存、借款归还和其他结算的资金收付。该账户可以办理现金缴存,但不得办理现金支取。

3) 专用存款账户

专用存款账户是企业按照法律、行政法规和规章,对其特定用途资金进行专项管理和使用而开立的银行结算账户。专用存款账户用于办理各项专用资金的收付。企业对下列资金的管理与使用,可以申请开立专用存款账户,包括:①基本建设资金;②更新改造资金;③财政预算外资金;④粮、棉、油收购资金;⑤证券交易结算资金;⑥期货交易保证金等。

4) 临时存款账户

临时存款账户是企业因临时需要并在规定期限内使用而开立的银行结算账户。临时存款账户用于办理临时机构以及存款人临时经营活动发生的资金收付。临时存款账户的有效期最长不得超过2年。有下列情况的,企业可以申请开立临时存款账户:①设立临时机构;②异地临时经营活动;③注册验资。

2. 银行结算方式

根据中国人民银行颁布的《支付结算办法》,企业可以采用的银行结算方式包括支票、银行汇票、银行本票、商业汇票、汇兑、委托收款、托收承付和信用卡等。

不同的银行结算方式,其账务处理不太相同,其中,支票、委托收款、托收承付等结算方式通过"银行存款"账户核算;银行汇票、银行本票、汇兑(外埠存款)、信用卡等结算方式通过"其他货币资金"账户核算;商业汇票结算方式通过"应收票据""应付票据"账户核算。

3. 银行存款账户设置

企业应设置"银行存款"账户,核算企业银行存款的增减变动及结余情况。该账户属于资产类账户,借方登记企业银行存款的增加,贷方登记企业银行存款的减少,期末余额在借方,表示企业银行存款的结余额。“银行存款”账户结构,如图 2-10 所示。

银行存款

期初:银行存款的实有数 本期:登记企业银行存款的增加	登记企业银行存款的减少
期末:银行存款的结余数	

图 2-10 “银行存款”账户结构

2.2.2 银行存款核算

1. 支票结算

1) 支票概念

支票是出票人签发的,委托办理支票存款业务的银行在见票时无条件支付确定的金额给收款人或者持票人的票据。支票可以分为现金支票、转账支票和普通支票三种。

(1) 现金支票,是指印有“现金”字样的支票,该种支票只能用于支取现金。

(2) 转账支票,是指印有“转账”字样的支票,该种支票只能用于转账。

(3) 普通支票,是指未印有“现金”或“转账”字样的支票,该种支票既能用于支取现金,也能用于转账。在普通支票左上角划有两条 45°倾角的平行线的为划线支票,划线支票只能用于转账,不得支取现金。

2) 支票适用范围

一般来说,单位和个人在同一票据交换区域的各种款项结算,均可使用支票。2007 年 7 月 8 日,中国人民银行宣布,支票可以实现全国范围内互通使用,而且在同一票据交换区域内可以进行背书转让。

3) 支票结算

(1) 支票签发。一般而言,支票是由出纳人员填写支票上的各要素,由会计机构负责人审核并加盖预留银行印鉴。如果签发支票提取现金,应在“收款人”栏填写本单位名称,并在支票背面写上出纳员的个人信息(身份证号码、个人签名等)和在背书人签章处加盖预留银行印鉴,才能到银行办理取款。如果签发支票办理转账,可以将支票交给收款人,由其办理结算。

签发支票时,请注意以下事项:

第一,签发支票必须使用碳素墨水或墨汁填写,或用专用的支票打印机打印。

第二,签发支票必须记载下列事项:表明“支票”的字样;无条件支付的委托;确定的金额;付款人名称;出票日期;出票人签章。欠缺记载上列事项之一的,支票无效。

第三,支票的金额、收款人名称,可以由出票人授权补记。未补记前不得背书转让和提示付款。

第四,出票人禁止签发空头支票,不得签发与其预留本名的签名式样或者印鉴不符的支票。出票人签发的支票金额超过其付款时在付款人处实有的存款金额的,为空头支票。

签发空头支票、签章与预留银行签章不符的支票、使用支付密码地区,支付密码错误的支票,银行应予以退票,并按票面金额处以 5%但不低于 1 000 元的罚款;持票人有权要求出票人赔偿支票金额 2%的赔偿金。

（2）提示付款。支票的提示付款期限自出票日起 10 日，但中国人民银行另有规定的除外。超过提示付款期限提示付款的，持票人开户银行不予受理，付款人不予付款。付款人不予付款的，出票人仍应当对持票人承担票据责任。

收款单位出纳员收到付款单位交来的支票后，应立即对支票各要素进行审查，审查无误后应在提示付款期内及时提示付款。

第一，对于受理现金支票的，应在背面"背书人签章"栏盖上预留银行印鉴，记载背书日期和个人证件名称、号码、发证机关，然后向银行提取现金，如图 2-11 所示。

附加信息： 李芬 身份证：440101197307082156	被背书人： 广东炎华服饰有限公司财务专用章　郭天怡 背书人签章 2019 年 6 月 12 日	被背书人： 背书人签章 年　月　日

图 2-11　现金支票背书格式

第二，对于受理转账支票的，应做委托收款背书，在支票背面"背书人签章"栏盖上预留银行印鉴，记载"委托收款"字样、背书日期，在"被背书人"栏记载开户银行名称，并填写"银行进账单"，然后将支票和银行进账单送交开户银行，如图 2-12 所示。

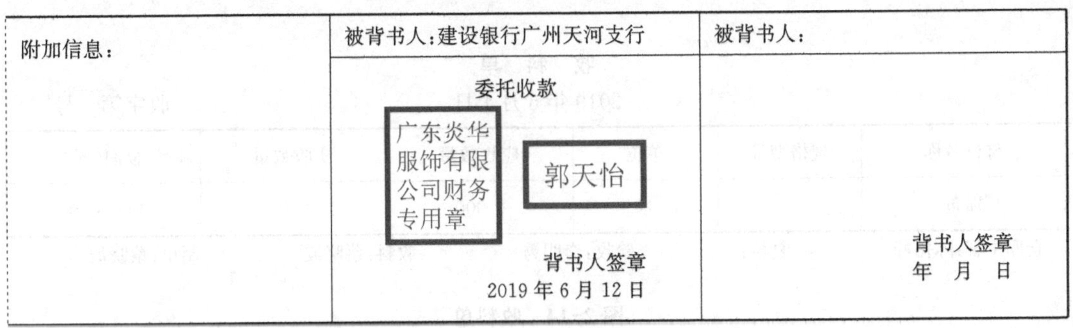

附加信息：	被背书人：建设银行广州天河支行 委托收款 广东炎华服饰有限公司财务专用章　郭天怡 背书人签章 2019 年 6 月 12 日	被背书人： 背书人签章 年　月　日

图 2-12　转账支票背书格式

4）会计核算

（1）企业签发支票时，根据支票存根和相关凭证，借记"库存现金""在途物资""原材料""应交税费"等账户，贷记"银行存款"账户。

（2）企业收到支票时，应在当日将支票送存银行并根据银行盖章退回的进账单和有关的原始凭证，借记"银行存款"账户，贷记"主营业务收入""应交税费"等账户。

【例 2-10】　广东炎华服饰有限公司 2019 年 6 月 1 日向广州顺棉布业有限公司购进棉布一批，收到增值税专用发票一张，发票注明价款为 30 000 元，增值税额为 3 900 元，棉布已验收入库，公司开出一张转账支票支付采购款。炎华公司账务处理如下：

借:原材料——棉布　　30 000.00
　应交税费——应交增值税——进项税额　　3 900.00
　贷:银行存款　　33 900.00

附原始凭证:增值税专用发票、收料单(见图 2-13 和图 2-14)

4401241141　　广东增值税专用发票　　№ 491043001

发票联

开票日期:2019 年 06 月 01 日

购货单位	名称:广东炎华服饰有限公司 纳税人识别号:440106868268025 地址、电话:天河中路 2 号 86697584 开户行及账号:建行天河支行 11682683056					密码区	(略)	
货物或应税劳务、服务名称	规格型号	单位	数量	单价	金额	税率	税额	
棉布		米	2 000	15.00	30 000.00	13%	3 900.00	
合计					¥30 000.00		¥3 900.00	
价税合计(大写)	⊗叁万叁仟玖佰圆整					(小写)¥33 900.00		
销货单位	名称:广州顺棉布业有限公司 纳税人识别号:440105282268415 地址、电话:科华西路 216 号 28695284 开户行及账号:工行科华支行 11642685486					备注		

第三联:发票联 购买方记账凭证

收款人:展盛利　　复核:陈富明　　开票人:李少敏　　销货单位:(章)

广州顺棉布业有限公司 440105282268415 发票专用章

图 2-13 增值税专用发票

收料单

2019 年 6 月 1 日　　收字第　号

材料名称	规格型号	单位	应收数量	实收数量	金额(元)
棉布		米	2 000	2 000	30 000.00

仓库主管:陈伟峰　　复核:　　验收:李明秀　　收料:蔡晓波　　制单:蔡晓波

图 2-14 收料单

【例 2-11】 广东炎华服饰有限公司 2019 年 6 月 6 日向广东恒盛服装有限公司销售休闲服一批,开出增值税专用发票一张,发票注明价款为 100 000 元,增值税额为 13 000 元,产品已发出,收到恒盛公司开出的支票一张,当日送存银行。炎华公司账务处理如下:

借:银行存款　　113 000.00
　贷:主营业务收入——休闲服　　100 000.00
　　应交税费——应交增值税——销项税额　　13 000.00

附原始凭证:增值税专用发票、银行进账单(见图 2-15 和图 2-16)

4400041141 **广东增值税专用发票** No 201342001

此联不作报销、扣税凭证使用 开票日期：2019年06月06日

购货单位	名　　称：广东恒盛服装有限公司 纳税人识别号：440106695268028 地 址 、电 话：广州芳村中路8号 73695652 开户行及账号：建行芳村支行 11652683082			密码区	（略）		
货物或应税劳务、服务名称	规格型号	单位	数 量	单 价	金 额	税率	税 额
休闲服		件	1 000	100.00	100 000.00	13%	13 000.00
合 计					￥100 000.00		￥13 000.00
价税合计（大写）	⊗壹拾壹万叁仟圆整						（小写）￥113 000.00
销货单位	名　　称：广东炎华服饰有限公司 纳税人识别号：440106868268025 地 址 、电 话：广州天河中路2号 86697584 开户行及账号：建行天河支行 11682683056			备注			

收款人：李芬　　复核：李源珍　　开票人：李欣　　销货单位：（章）

第一联：记账联 销售方记账凭证

图 2-15 增值税专用发票记账联

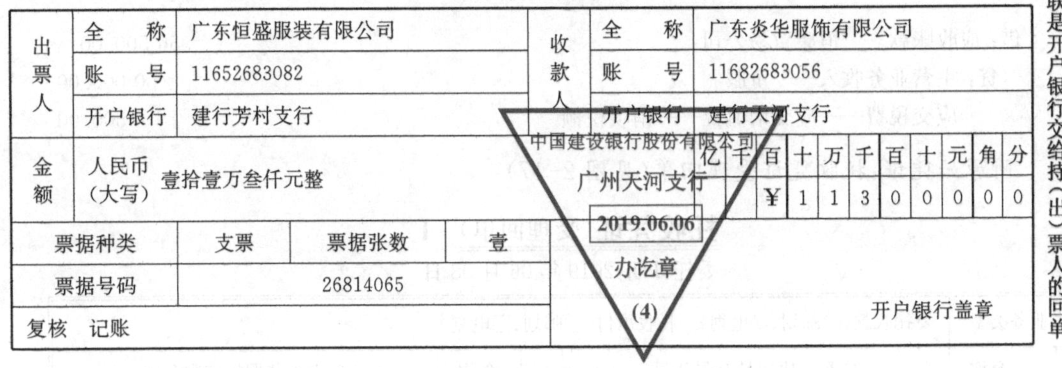

中国建设银行进账单（回 单） 1

2019年06月06日

出票人	全 称	广东恒盛服装有限公司	收款人	全 称	广东炎华服饰有限公司
	账 号	11652683082		账 号	11682683056
	开户银行	建行芳村支行		开户银行	建行天河支行
金额	人民币（大写）	壹拾壹万叁仟元整		亿千百十万千百十元角分	￥1 1 3 0 0 0 0 0
票据种类	支票	票据张数	壹		
票据号码		26814065			
复核 记账					开户银行盖章

此联是开户银行交给持（出）票人的回单

图 2-16 银行进账单

2. 委托收款结算

1）委托收款概念

委托收款，是指收款人委托银行向付款人收取款项的一种结算方式。根据结算款项的划回方式，委托收款可分为邮寄和电报两种，收款人可根据所收款项到达的快慢要求选择使用。

2）委托收款适用范围

单位和个人凭已承兑商业汇票、债券、存单等付款人债务证明办理的款项结算，均可以采用委托收款结算方式。

3）委托收款结算

(1) 委托。收款人办理委托收款应填制“委托收款凭证”，连同有关的债务证明一并提交给银行，并以银行加盖印章后退回的受理回单作为托收凭证。

(2) 承付。付款人收到银行转来的债务证明后，应于接到付款通知的当日通知银行付

款。按照有关规定，付款人在接到通知日的次日起3日内未通知银行付款的，视同付款人同意付款，银行将于付款人接到通知的次日起第4日上午营业时，将款项主动划给收款人。

(3) 拒绝付款。付款人审查有关债务证明后，对收款人委托收取的款项存在疑问，可以办理拒绝付款。以银行为付款人的，应自收到委托收款及债务证明的次日起3日内出具拒付理由书，连同有关债务证明、凭证交还给被委托银行，转交收款人。以单位为付款人的，应在付款人接到通知日的次日起3日内出具拒付理由书，连同债务证明、凭证，送交银行。

(4) 无款支付。付款人存款账户不足支付或无款支付的，应通过被委托银行向收款人发出未付款通知书。收款人收到开户银行转来的有关单证和未付款通知书后应立即与付款人联系协商解决。

4) 会计核算

(1) 收款人委托收款时，根据银行盖章退回的委托收款受理回单和发票等有关凭证，借记“应收账款”账户，贷记“主营业务收入”“应交税费”等账户；收到款项时，根据银行的收账通知，借记“银行存款”账户，贷记“应收账款”账户。

(2) 付款人付款时，根据付款通知等凭证，借记“原材料”“库存商品”“应交税费”等账户，贷记“银行存款”账户；全部拒绝付款的，不做账务处理。

【例2-12】 广东炎华服饰有限公司2019年6月8日向广东恒康贸易有限公司销售童服一批，开出增值税专用发票一张，发票注明价款为50 000元，增值税额为6 500元，产品已发运并办妥委托收款手续。炎华公司账务处理如下：

借：应收账款——恒康贸易公司	56 500.00
贷：主营业务收入——童服	50 000.00
应交税费——应交增值税——销项税额	6 500.00

附原始凭证：托收凭证受理回单(见图2-17)

托收凭证(受理回单)　**1**

委托日期：2019年06月08日

<table>
<tr><td colspan="2">业务类型</td><td colspan="14">委托收款(□邮划、√电划)　托收承付(□邮划、□电划)</td></tr>
<tr><td rowspan="3">付款人</td><td>全称</td><td colspan="3">广东恒康贸易有限公司</td><td rowspan="3">收款人</td><td>全称</td><td colspan="9">广东炎华服饰有限公司</td></tr>
<tr><td>账号</td><td colspan="3">11382683725</td><td>账号</td><td colspan="9">11682683056</td></tr>
<tr><td>地址</td><td>广东省 广州 市/县</td><td>开户行</td><td>建行科韵支行</td><td>地址</td><td>广东省 广州 市/县</td><td>开户行</td><td colspan="7">建行天河支行</td></tr>
<tr><td rowspan="2">金额</td><td rowspan="2">人民币(大写)</td><td colspan="3" rowspan="2">伍万陆仟伍佰元整</td><td>亿</td><td>千</td><td>百</td><td>十</td><td>万</td><td>千</td><td>百</td><td>十</td><td>元</td><td>角</td><td>分</td></tr>
<tr><td></td><td></td><td></td><td>¥</td><td>5</td><td>6</td><td>5</td><td>0</td><td>0</td><td>0</td><td>0</td></tr>
<tr><td colspan="2">款项内容</td><td>销货款</td><td>托收凭据名称</td><td>发票、出库单</td><td colspan="6">附寄单证张数</td><td colspan="5">2</td></tr>
<tr><td colspan="2">商品发运情况</td><td colspan="3">已发运</td><td colspan="6">合同名称号码</td><td colspan="5">T00001</td></tr>
<tr><td colspan="3">备注：
复核　记账</td><td colspan="2">款项收妥日期：
年　月　日</td><td colspan="11">中国建设银行股份有限公司 广州天河支行 2019.06.08 办讫章 (4)
收款人开户银行签章</td></tr>
</table>

此联作收款人开户银行给收款人的受理回单

图2-17　托收凭证受理回单

【例 2-13】 承[例 2-12],广东炎华服饰有限公司 2019 年 6 月 11 日收到开户银行转来的收账通知,系恒康贸易公司偿还 6 月 8 日购买童服的欠款。炎华公司账务处理如下:

借:银行存款　　　　　　　　　　　　　　　　　　　　　56 500.00

　贷:应收账款——恒康贸易公司　　　　　　　　　　　　　56 500.00

附原始凭证:托收凭证收账通知(见图 2-18)

托收凭证(收账通知) **4**

委托日期:2019 年 06 月 08 日　　　　付款期限 2019 年 06 月 11 日

业务类型		委托收款(□邮划、√电划)　托收承付(□邮划、□电划)					
付款人	全称	广东恒康贸易有限公司		收款人	全称	广东炎华服饰有限公司	
	账号	11382683725			账号	11682683056	
	地址	广东省 广州 市/县	开户行 建行科韵支行		地址	广东省 广州 市/县	开户行 建行天河支行
金额	人民币(大写)	伍万陆仟伍佰元整				亿 千 百 十 万 千 百 十 元 角 分 ¥ 5 6 5 0 0 0 0	
款项内容		销货款	托收凭据名称	发票、出库单		附寄单证张数	2
商品发运情况		已发运				合同名称号码	T00001
备注: 复核　记账		款项收妥日期: 2019 年 6 月 11 日				中国建设银行股份有限公司 广州天河支行 2019.06.11 办讫章 (4) 收款人开户银行签章	

此联作收款人开户银行给收款人的收账通知

图 2-18　托收凭证收账通知

3. 托收承付结算

1) 托收承付概念

托收承付,是指根据购销合同由收款人发货后委托银行向异地付款人收取款项,由付款人向银行承认付款的一种结算方式。根据结算款项的划回方式,托收承付可分为邮寄和电报两种,收款人可以根据实际需要选择使用。

2) 托收承付适用范围

托收承付结算方式适用于异地单位之间订有购销合同的商品交易及相关劳务款项的结算。使用托收承付结算方式的收付双方,必须签有符合《合同法》的购销合同,并在合同上订明使用托收承付结算方式。

收款单位和付款单位,必须是国有企业、供销合作社以及经营管理较好,并经开户银行审查同意的城乡集体所有制工业企业。办理托收承付结算的款项,必须是商品交易,以及因商品交易而产生的劳务供应的款项。代销、寄销、赊销商品的款项,不得办理托收承付的结算。

3）托收承付结算

托收承付结算每笔金额起点为1万元，新华书店系统每笔金额起点为1 000元。

(1) 托收。收款人按照签订的购销合同发货后，应将托收凭证并附商品确已发运证件(包括铁路、航运、公路等运输部门签发的运单、运单副本或邮局包裹回执)或其他符合托收承付结算的有关证明和交易单送交银行。

(2) 承付。付款人收到其开户银行转来的托收凭证及附件后，应在承付期内审查核对，安排资金并根据合同条款中确定的验单付款或验货付款方式办理货款承付。验单付款的承付款为3天，从付款人开户银行发出承付通知的次日算起(承付期内遇法定休假日顺延)。验货付款的承付期为10天，从运输部门向付款人发出提货通知的次日算起。不论是验单付款还是验货付款，付款人都可以在承付期内提前向银行表示承付，并通知银行提前付款，银行应立即办理划款。

(3) 拒绝付款。付款人在承付期内，对于没有签订购销合同或购销合同未订明托收承付结算方式以及经查验货物与合同规定不符的款项，可以向银行提出全部或部分拒绝付款。付款人办理拒绝付款时，必须填写“拒绝付款理由书”并签章，注明拒绝付款理由，涉及合同的，应引证合同上的有关条款，并提交相关证明给银行审查。

4）会计核算

(1) 收款人办理托收时，根据银行盖章退回的托收承付受理回单及有关凭证，借记“应收账款”账户，贷记“主营业务收入”“应交税费”等账户；收到款项时，根据托收承付收账通知，借记“银行存款”账户，贷记“应收账款”账户。

(2) 付款人付款时，根据托收承付付款通知，借记“原材料”“库存商品”“应交税费”等账户，贷记“银行存款”账户；全部拒绝付款的，不做账务处理。

【例2-14】 广东炎华服饰有限公司2019年6月14日根据购销合同，向深圳联谊百货有限公司销售童服一批，开出增值税专用发票一张，发票注明价款为60 000元，增值税额为7 800元，以现金代垫运费800元，增值税额72元，产品已发运并办妥托收承付手续。炎华公司账务处理如下：

借：应收账款——联谊百货公司　　68 672.00
　贷：主营业务收入——童服　　60 000.00
　　应交税费——应交增值税——销项税额　　7 800.00
　　库存现金　　872.00

附原始凭证：托收承付受理回单(见图2-19)

【例2-15】 承[例2-14]，广东炎华服饰有限公司2019年6月17日收到开户银行转来的收账通知，系联谊百货公司偿还6月14日购买童服的欠款。炎华公司账务处理如下：

借：银行存款　　68 672.00
　贷：应收账款——联谊百货公司　　68 672.00

附原始凭证：托收承付收账通知(见图2-20)

托收凭证（受理回单） **1**

委托日期：2019年06月14日

业务类型		委托收款（□邮划、□电划） 托收承付（□邮划、√电划）						
付款人	全称	深圳联谊百货有限公司			收款人	全称	广东炎华服饰有限公司	
	账号	12682683346				账号	11682683056	
	地址	广东省 深圳 市/县	开户行	建行香梅支行		地址	广东省 广州 市/县	开户行：建行天河支行
金额	人民币（大写）	陆万捌仟陆佰柒拾贰元整			亿千百十万千百十元角分	¥ 6 8 6 7 2 0 0		
款项内容	销货款	托收凭据名称	发票、运费增值税专用发票、出库单		附寄单证张数	3		
商品发运情况		已发运			合同名称号码	T0 0002		
备注： 复核 记账		款项收妥日期： 年 月 日			中国建设银行股份有限公司 广州天河支行 2019.06.14 办讫章 (4) 收款人开户银行签章			

此联作收款人开户银行给收款人的受理回单

图2-19 托收承付受理回单

托收凭证（收账通知） **4**

委托日期：2019年06月14日　　付款期限2019年06月17日

业务类型		委托收款（□邮划、□电划） 托收承付（□邮划、√电划）						
付款人	全称	深圳联谊百货有限公司			收款人	全称	广东炎华服饰有限公司	
	账号	12682683346				账号	11682683056	
	地址	广东省 深圳 市/县	开户行	建行香梅支行		地址	广东省 广州 市/县	开户行：建行天河支行
金额	人民币（大写）	陆万捌仟陆佰柒拾贰元整			亿千百十万千百十元角分	¥ 6 8 6 7 2 0 0		
款项内容	销货款	托收凭据名称	发票、运费增值税专用发票、出库单		附寄单证张数	3		
商品发运情况		已发运			合同名称号码	T0 0002		
备注： 复核 记账		款项收妥日期： 2019年06月17日			中国建设银行股份有限公司 广州天河支行 2019.06.17 办讫章 (4) 收款人开户银行签章			

此联作收款人开户银行给收款人的收账通知

图2-20 托收承付收账通知

【例2-16】 广东炎华服饰有限公司2019年6月20日根据采购合同，向珠海丰华印染有限公司购进印花布一批，收到增值税专用发票一张，发票注明价款为40 000元，增值税额为5 200元，运费增值税专用发票一张，发票注明运费600元、增值税额54元，布料尚未收到，款项未付。炎华公司账务处理如下：

借:在途物资——丰华印染公司　　40 600.00
　应交税费——应交增值税——进项税额　　5 254.00
　贷:应付账款——丰华印染公司　　45 854.00

附原始凭证:运费增值税专用发票(见图 2-21)

4406235372　　**广东增值税专用发票**　　№ 201303101

发票联

开票日期:2019 年 06 月 20 日

购货单位	名　　称:广东炎华服饰有限公司 纳税人识别号:440106868268025 地 址 、电 话:天河中路 2 号 86697584 开户行及账号:建行天河支行 11682683056				密码区	(略)	
货物或应税劳务、服务名称	规格型号	单位	数　量	单　价	金　额	税率	税　额
运输					600.00	9%	54.00
合　计					¥600.00		¥54.00
价税合计(大写)	⊗陆佰伍拾肆圆整						(小写)¥654.00
销货单位	名　　称:珠海快通货运有限公司 纳税人识别号:440606735268624 地 址 、电 话:珠海市景山路 80 号 86697282 开户行及账号:交行景山支行 16658643031				备注	珠海——广州 印花布	

收款人:　　复核:　　开票人:李晓红　　销货单位:(章)

第三联:发票联　购买方记账凭证

图 2-21　运费增值税专用发票

知识拓展 2-2

国家税务总局关于停止使用货物运输业增值税专用发票有关问题的公告

国家税务总局公告 2015 年第 99 号

为规范增值税发票管理,方便纳税人发票使用,税务总局决定停止使用货物运输业增值税专用发票(以下简称货运专票),现将有关问题公告如下:

一、增值税一般纳税人提供货物运输服务,使用增值税专用发票和增值税普通发票,开具发票时应将起运地、到达地、车种车号以及运输货物信息等内容填写在发票备注栏中,如内容较多可另附清单。

二、为避免浪费,方便纳税人发票使用衔接,货运专票最迟可使用至 2018 年 6 月 30 日,7 月 1 日起停止使用。

三、铁路运输企业受托代征的印花税款信息,可填写在发票备注栏中。中国铁路总公司及其所属运输企业(含分支机构)提供货物运输服务,可自 2015 年 11 月 1 日起使用增值税专用发票和增值税普通发票,所开具的铁路货票、运费杂费收据可作为发票清单使用。

四、除本公告第三条外,其他规定自 2018 年 1 月 1 日起施行,《国家税务总局关于铁路运输和邮政业营业税改征增值税发票及税控系统使用问题的公告》(国家税务总局公告 2018 年第 76 号)第一条第一项、第二条、第三条同时废止。

特此公告。

国家税务总局
2015年12月31日

【例2-17】 承[例2-16],广东炎华服饰有限公司2019年6月22日收到开户银行转来的珠海丰华印染有限公司托收承付付款通知,公司审核无误后同意付款。炎华公司账务处理如下:

借:应付账款——丰华印染公司　　45 854.00
　贷:银行存款　　45 854.00

附原始凭证:托收承付付款通知(见图2-22)

托收凭证(付款通知) 5

付款期限 2019年06月23日

委托日期:2019年06月20日

业务类型	委托收款(□邮划、□电划) 托收承付(□邮划、√电划)						
付款人 全称	广东炎华服饰有限公司			收款人 全称	珠海丰华印染有限公司		
账号	11682683056			账号	16682683352		
地址	广东省 广州 市/县	开户行	建行天河支行	地址	广东省 珠海 市/县	开户行	工行景山支行
金额	人民币(大写) 肆万伍仟捌佰伍拾肆元整			亿 千 百 十 万 千 百 十 元 角 分	¥ 4 5 8 5 4 0 0		
款项内容	销货款	托收凭据名称	发票、运费增值税专用发票	附寄单证张数			
商品发运情况	已发运			合同名称号码	Y0001		
备注: 付款人开户银行收到日期 2019年06月22日 复核 记账	款项支付日期: 2019年06月22日			中国建设银行股份有限公司 广州天河支行 2019.06.22 办讫章 (4) 付款人开户银行签章			

此联作付款人开户银行给付款人按期付款通知

图2-22 托收承付付款通知

2.2.3 银行存款清查

1. 银行存款清查概念

银行存款清查,是指企业将银行存款日记账账面记录与银行对账单逐笔核对,做到账实一致。

根据企业内部控制基本规范要求,银行对账单的核对应由非出纳的会计人员进行核对并签章。核对人员进行核对时,应将银行存款日记账上的每笔业务与银行对账单逐笔勾对。

银行对账单余额与本单位银行存款日记账余额经常不一致,出现这种情况,主要有两种可能:一是企业或银行记录有误,应及时更正;二是发生未达账项,应编制“银行存款余额调节表"进行调节。

2. 未达账项类型

未达账项,是指企业和银行之间由于凭证传递的时间差,造成一方已登记入账,而另一方尚未入账的款项。未达账项具体可分为四种:

(1) 企业已收款入账,而银行尚未收款入账。如企业已送存银行的转账支票,银行尚未收妥款项。

(2) 企业已付款入账,而银行尚未付款入账。如企业开出支票,持票人尚未办理转账。

(3) 银行已收款入账,而企业尚未收款入账。如银行已收妥托收款项,企业尚未收到相关凭证。

(4) 银行已付款入账,而企业尚未付款入账。如银行已从企业存款账户扣除借款利息,企业尚未收到相关凭证。

3. 未达账项调节

当发生未达账项,核对人员应编制"银行存款余额调节表"进行调节。银行存款余额调节表的编制方法是:在银行存款日记账和银行对账单账面余额的基础上,各自加上对方已收己方未收的款项,减去对方已付己方未付的款项,最后求出各自调节后的存款余额。调节后的银行存款余额表明企业当日银行存款实有数。

调节后的银行存款日记账余额与银行对账单余额应相等。如果不相等,表明双方或一方账面记录有误,存在错账或漏账,需要进一步核对账目,查明原因并更正。

编制银行存款余额调节表,只是为了核对账目,并不能以此作为调整银行存款账面记录的原始凭证。对于未达账项,企业会计人员必须等到银行结算凭证到达后,才能据以编制银行存款收、付款凭证,出纳人员才能据以登记银行存款日记账。

【例 2-18】 广东炎华服饰有限公司 2019 年 7 月份银行存款日记账(见表 2-1),银行对账单(见表 2-2),试对炎华公司的银行存款日记账进行对账,并编制未达账项列表和银行存款余额调节表。

表 2-1　　银行存款日记账

日期	摘　要	借方	贷方	借或贷	余额(元)
7.1	承上月			借	83 300.00
7.1	支付棉布款		34 800.00	借	48 500.00
7.6	收到货款	116 000.00		借	164 500.00
7.11	收到货款	58 000.00		借	222 500.00
7.18	收到货款	70 480.00		借	292 980.00
7.22	支付印花布款		47 060.00	借	245 920.00
7.28	收到货款	40 000.00		借	285 920.00
7.29	支付材料款		30 000.00	借	255 920.00
7.31	本月合计	284 480.00	111 860.00	借	255 920.00

表 2-2　　中国建设银行对账单

存款单位:炎华服饰有限公司　　账号:11682683056　　2019年07月31日

交易日期	摘　要	借方	贷方	借或贷	余额(元)
7.1	期初余额			贷	83 300.00
7.1	支付棉布款	34 800.00		贷	48 500.00
7.6	收到货款		116 000.00	贷	164 500.00
7.11	收到货款		58 000.00	贷	222 500.00
7.18	收到货款		70 480.00	贷	292 980.00
7.22	支付印花布款	47 060.00		贷	245 920.00
7.29	支付电费	1 900.00		贷	244 020.00
7.30	收到货款		50 000.00	贷	294 020.00
7.30	支付借款利息	10 000.00		贷	284 020.00
7.31	本月合计	93 760.00	294 480.00	贷	284 020.00

(1) 编制未达账项列表,如表 2-3 所示。

表 2-3　　未达账项列表

2019年7月31日

企业未达账项				银行未达账项			
日期	摘要	未收(元)	未付(元)	日期	摘要	未收(元)	未付(元)
7.29	支付电费		1 900.00	7.28	收到货款	40 000.00	
7.30	收到货款	50 000.00		7.29	支付材料款		30 000.00
7.30	支付借款利息		10 000.00				
合计		50 000.00	11 900.00	合计		40 000.00	30 000.00

会计主管:陈利民　　复核:李源珍　　清查:朱玲玲

(2) 编制银行存款余额调节表,如表 2-4 所示。

表 2-4　　银行存款余额调节表

2019年7月31日

项　目	金额(元)	项　目	金额(元)
银行存款日记账余额	255 920.00	银行对账单余额	284 020.00
加:银行已收,企业未收	50 000.00	加:企业已收,银行未收	40 000.00
减:银行已付,企业未付	11 900.00	减:企业已付,银行未付	30 000.00
调节后余额	294 020.00	调节后余额	294 020.00

会计主管:陈利民　　复核:李源珍　　清查:朱玲玲

2.3 其他货币资金核算

2.3.1 其他货币资金概述

1. 其他货币资金概念

其他货币资金,是指除库存现金、银行存款之外的货币资金,包括银行汇票存款、银行本票存款、外埠存款、信用卡存款、信用证保证金存款和存出投资款等。

(1) 银行汇票存款,是指企业为取得银行汇票而按照规定存入银行的款项。

(2) 银行本票存款,是指企业为取得银行本票而按照规定存入银行的款项。

(3) 外埠存款,是指企业到外地进行临时或零星采购时,汇往采购地银行开立采购专户的款项。

(4) 信用卡存款,是指企业为取得信用卡而按照规定存入银行的款项。

(5) 信用证保证金存款,是指企业为取得信用证而按照规定存入银行的保证金。

(6) 存出投资款,是指企业已存入证券交易账户但尚未进行投资的款项。

2. 账户设置

企业应设置"其他货币资金"账户,核算企业其他货币资金的收支及结存情况。该账户属于资产类账户,借方登记企业其他货币资金的增加数,贷方登记企业其他货币资金的减少数,期末余额一般在借方,表示企业实际持有的其他货币资金的数额。

"其他货币资金"账户可按银行汇票存款、银行本票存款、外埠存款、信用卡存款、信用证保证金存款和存出投资款等设置明细分类账,进行明细分类核算。"其他货币资金"账户结构,如图 2-23 所示。

其他货币资金	
期初:结存其他货币资金的数额 本期:登记其他货币资金的增加数	登记其他货币资金的减少数
期末:其他货币资金实有数额	

图 2-23 "其他货币资金"账户结构

2.3.2 其他货币资金核算

1. 银行汇票结算

1) 银行汇票概念

银行汇票,是出票银行签发的,由其在见票时按照实际结算金额无条件支付给收款人或者持票人的票据。银行汇票的出票银行为银行汇票的付款人。

2) 适用范围

单位和个人各种款项结算,均可使用银行汇票。银行汇票结算方式主要用于异地结算。银行汇票可以用于转账,填明"现金"字样的银行汇票也可以用于支取现金。

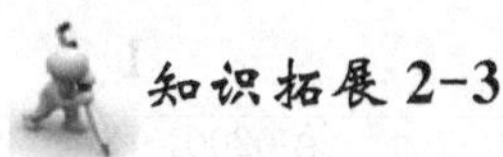

知识拓展 2-3

银行汇票使用规定

申请人和收款人均为个人，需要使用银行汇票向代理付款人支取现金的，申请人须在“银行汇票申请书”上填明代理付款人名称，在“汇票金额”栏先填写“现金”字样，后填写汇票金额。

申请人或者收款人为单位的，不得在“银行汇票申请书”上填明“现金”字样。即申请人或者收款人为单位的，银行不得为其签发现金银行汇票。

3）银行汇票结算

（1）申请使用银行汇票。申请人使用银行汇票，应向出票银行填写“银行汇票申请书”，填明收款人名称、汇票金额、申请人名称、申请日期等事项并签章，签章为其预留银行的签章。银行审核后签发银行汇票，并用压数机压印出票金额，之后将银行汇票和解讫通知一并交给申请人。申请人取得银行汇票后，应将银行汇票和解讫通知一并交给银行汇票上注明的收款人办理结算。

（2）提示付款。银行汇票的提示付款期限自出票日起1个月。收款人收到银行汇票和解讫通知后，应在出票金额以内，根据实际需要的款项办理结算，将实际结算金额和多余金额准确、清晰地填入银行汇票和解讫通知的有关栏内（未填明实际结算金额和多余金额或实际结算金额超过出票金额的，银行不予受理），并在银行汇票背面“持票人向银行提示付款签章”处加盖预留银行印鉴并填写银行进账单，将银行汇票、解讫通知、银行进账单在提示付款期限内送交开户银行办理转账。

（3）银行汇票多余款退回。银行汇票的实际结算金额低于出票金额的，其多余金额由出票银行退交申请人，并将多余款的收账通知（银行汇票第四联）送交申请人。

4）会计核算

（1）付款单位从结算账户划款申请银行汇票时，根据银行盖章退回的申请书存根联，借记“其他货币资金——银行汇票存款”账户，贷记“银行存款”账户。

使用银行汇票办理结算时，根据发票等结算凭证，借记“在途物资”“原材料”“应交税费——应交增值税——进项税额”等账户，贷记“其他货币资金——银行汇票存款”账户。

收到银行退回多余款项时，根据开户银行转来的银行汇票第四联（多余款收账通知），借记“银行存款”账户，贷记“其他货币资金——银行汇票存款”账户。

（2）收款单位收到银行汇票时，借记“银行存款”账户，贷记“主营业务收入”“其他业务收入”“应交税费——应交增值税——销项税额”等账户。

【例2-19】 广东炎华服饰有限公司2019年6月7日从银行结算账户划款50 000元，申请签发银行汇票，准备向浙江嘉兴丝绸有限公司采购丝绸一批。炎华公司账务处理如下：

借：其他货币资金——银行汇票存款　　50 000.00
　贷：银行存款　　50 000.00

附原始凭证：银行汇票申请书存根联（见图2-24）

中国建设银行银行汇票申请书(存根)　　**1**

申请日期　2019 年 6 月 7 日　　第 02001 号

申请人	广东炎华服饰有限公司	收款人	浙江嘉兴丝绸有限公司
账　号 或住址	11682683056	账　号 或住址	23658683034
用途	支付采购材料款	代　理 付款行	
汇票金额	人民币 (大写)　伍万元整	千 百 十 万 千 百 十 元 角 分	0 0 0 0 0 0
上列款项请从我账户内支付 郭天怡　广东炎华服饰有限公司财务专用章 申请人盖章		科　　目(借)________ 对方科目(贷)________ 财务主管　　复核　　经办	中国建设银行银行汇票专用章 440100868268453

此联出票行给汇款人的回单

图 2-24　银行汇票申请书存根联

【例 2-20】　承[例 2-19],广东炎华服饰有限公司 2019 年 6 月 8 日向浙江嘉兴丝绸有限公司采购丝绸一批,取得增值税专用发票,发票注明价款 36 000 元,增值税额 4 680 元,以 6 月 7 日签发的银行汇票结算,丝绸尚未收到。炎华公司账务处理如下:

借:在途物资——嘉兴丝绸公司　　36 000.00

　　应交税费——应交增值税——进项税额　　4 680.00

　贷:其他货币资金——银行汇票存款　　40 680.00

【例 2-21】　承[例 2-19][例 2-20],广东炎华服饰有限公司 2019 年 6 月 11 日收到银行转来的银行汇票多余款收账通知。炎华公司账务处理如下:

借:银行存款　　9 320.00

　贷:其他货币资金——银行汇票存款　　9 320.00

附原始凭证:银行汇票多余款收账通知(见图 2-25)

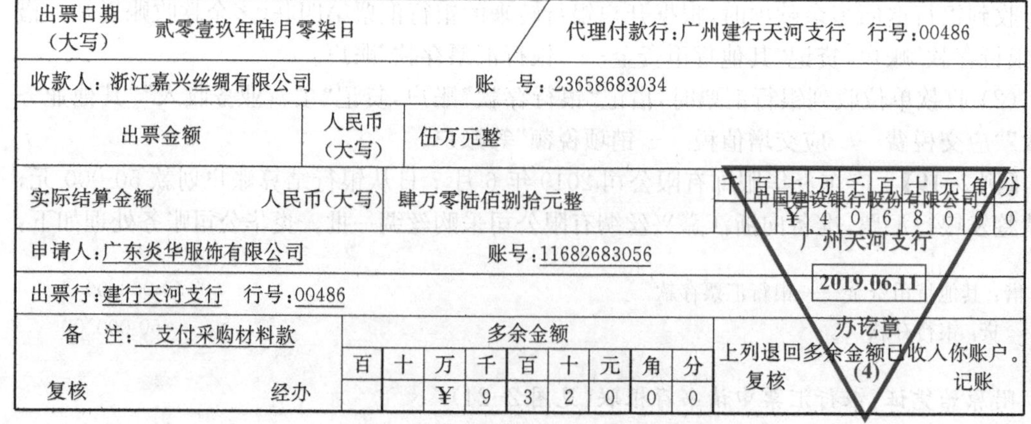

付款期限 壹个月

中国建设银行

银行汇票(多余款收账通知)　**4**　　汇票号码 01369872106

出票日期 (大写)	贰零壹玖年陆月零柒日	代理付款行:广州建行天河支行　行号:00486
收款人:浙江嘉兴丝绸有限公司		账　号:23658683034
出票金额	人民币 (大写)	伍万元整
实际结算金额	人民币(大写)　肆万零陆佰捌拾元整	千 百 十 万 千 百 十 元 角 分 ¥ 4 0 6 8 0 0 0
申请人:广东炎华服饰有限公司		账号:11682683056
出票行:建行天河支行　行号:00486		
备　注:支付采购材料款 复核　　经办	多余金额 百 十 万 千 百 十 元 角 分 ¥ 9 3 2 0 0 0	上列退回多余金额已收入你账户。 复核　　记账

中国建设银行股份有限公司 广州天河支行 2019.06.11 办讫章 (4)

此联出票行结算汇票时作多余款收账通知

图 2-25　银行汇票多余款收账通知

2. 银行本票结算

1) 银行本票概念

银行本票，是银行签发的，承诺自己在见票时无条件支付确定的金额给收款人或者持票人的票据。银行本票的出票人，为经中国人民银行当地分支行批准办理银行本票业务的银行机构。

2) 适用范围

单位和个人在同一票据交换区域需要支付的各种款项，均可以使用银行本票。银行本票可以用于转账，注明"现金"字样的银行本票可以用于支取现金。

知识拓展2-4

银行本票使用规定

申请人和收款人均为个人，需要支取现金的，应在"支付金额"栏先填写"现金"字样，后填写支付金额。

申请人或收款人为单位的，不得申请签发现金银行本票。即申请人或收款人为单位的，银行不得为其签发现金银行本票。

3) 银行本票结算

(1) 申请使用银行本票。银行本票分为不定额本票和定额本票(有1 000元、5 000元、10 000元和50 000元四种面额)两种。申请人使用银行本票，应向银行填写"银行本票申请书"，填明收款人名称、申请人名称、支付金额、申请日期等事项并签章，用于转账的，在银行本票上划去"现金"字样。

出票银行受理银行本票申请书，收妥款项，并在不定额银行本票上用压数机压印出票金额，签章后交给申请人。申请人收到银行本票后可将本票交付给本票上记明的收款人办理结算。

(2) 提示付款。银行本票的提示付款期限自出票日起最长不得超过2个月。收款人收到银行本票后，应在银行本票背面"持票人向银行提示付款签章"处加盖预留银行印鉴并填写银行进账单，将银行本票、进账单在提示付款期限内送交开户银行办理转账。

收款人收到银行本票必须办理全额结算，如有多余款，需用支票或现金退回给申请人。

4) 会计核算

(1) 付款单位从结算账户划款申请银行本票时，根据银行盖章退回的申请书存根联，借记"其他货币资金——银行本票存款"账户，贷记"银行存款"账户。

使用银行本票办理结算时，根据发票等结算凭证，借记"在途物资""原材料""应交税费——应交增值税——进项税额"等账户，按收款人退回的多余款项，借记"银行存款""库存现金"等账户，按银行本票金额，贷记"其他货币资金——银行本票存款"账户。

(2) 收款单位收到银行本票时，按银行本票金额，借记"银行存款"账户，按发票注明价款，贷记"主营业务收入""其他业务收入"等账户，按发票注明的增值税额，贷记"应交税费——应交增值税——销项税额"账户，按退回的多余款项，贷记"银行存款""库存现金"等账户。

【例2-22】 广东炎华服饰有限公司2019年6月15日销售给广州华谊百货有限公司

丝绸套装一批，开出增值税专用发票，发票注明价款 80 000 元，增值税额 10 400 元，收到华谊公司申请的银行本票一张，金额为 100 000 元。当日开出支票一张，退回多余款项。炎华公司账务处理如下：

借：银行存款　　100 000.00
　贷：主营业务收入——丝绸套装　　80 000.00
　　应交税费——应交增值税——销项税额　　10 400.00
　　银行存款　　9 600.00

3. 汇兑结算

1) 汇兑概念

汇兑，是指汇款人委托银行将其款项支付给收款人的一种结算方式。汇兑分为信汇和电汇两种。信汇相对电汇，其汇款速度慢一些。汇款人可以根据需要选用。

2) 适用范围

汇兑结算方式适用于单位和个人的各种款项的结算。如企业到外地进行临时或零星采购，汇款到采购地银行开立临时存款账户，企业支付在异地就医的职工医药费等。

3) 汇兑结算

(1) 办理汇款。汇款人委托银行办理汇款，应填写信汇或电汇凭证。汇款人到外地采购需要分次支取汇款的，应在信汇或电汇凭证上注明“留行待取”字样，并指定收款人。当款项汇入采购地后，可在汇入行以收款人姓名开立临时存款账户，分次支取。临时存款账户只付不收，付完清户，且不计付利息。

(2) 领取汇款。对已开立存款账户的收款人，汇入银行可将款项直接转入收款人账户，并向其发出收账通知。收账通知是银行将款项确已收入收款人账户的凭据。

未在银行开立账户的收款人或“留行待取”的，收款人凭信汇、电汇的取款通知向汇入银行支取款项，同时必须交验本人的身份证件，在信汇、电汇凭证上注明证件名称、号码及发证机关，并在“收款人签盖章”处签章。

4) 会计核算

(1) 汇款单位汇出款项时，借记有关账户，贷记“银行存款”账户。

若是企业到外地进行临时或零星采购，汇款到采购地银行开立采购专用账户时，根据汇出款项凭证，借记“其他货币资金——外埠存款”账户，贷记“银行存款”账户；收到采购人员转来供应单位发票等结算凭证时，借记“在途物资”“原材料”“应交税费——应交增值税——进项税额”等账户，贷记“其他货币资金——外埠存款”账户；采购完毕，收回剩余的外埠存款时，根据银行转来的收账通知，借记“银行存款”账户，贷记“其他货币资金——外埠存款”账户。

(2) 收款单位收到汇款时，借记“银行存款”账户，贷记有关账户。

【例 2-23】 广东炎华服饰有限公司 2019 年 6 月 15 日从开户银行向江苏省苏州市建设银行东湖支行汇款 60 000 元，设立采购专户。炎华公司账务处理如下：

借：其他货币资金——外埠存款　　60 000.00
　贷：银行存款　　60 000.00

附原始凭证：电汇凭证回单(见图 2-26)

电 汇 凭 证(回单)　　**1**　　№ 006829001

第 020081 号　　　　　　　　　　　　委托日期　2019 年 6 月 15 日

汇款人				收款人											
汇款人	全称	广东炎华服饰有限公司		收款人	全称	广东炎华服饰有限公司陈伟建									
	账号或住址	11682683056			账号或住址	留行待取									
	汇出地点	广东省广州	汇出行名称　建行天河支行		汇入地点	江苏苏州	汇入行名称　建行东湖支行								
金额	人民币(大写)	⊗陆万元整			千	百	十	万	千	百	十	元	角	分	
							¥	6	0	0	0	0	0	0	
汇款用途：设立采购专户，留行待取															
上列款项已根据委托办理，如需查询，请持此回单来行面谈					(汇出行盖章)										

中国建设银行股份有限公司 广州天河支行 2019.06.15 办讫章 (4)

此联汇出行给汇款人的回单

图 2-26　电汇回单

【例 2-24】　承[例 2-23]，广东炎华服饰有限公司 2019 年 6 月 20 日向江苏苏州苏绣布业公司采购锦纶布一批，取得增值税专用发票，发票注明价款 48 000 元，增值税额 6 240 元，运费增值税专用发票一张，发票注明运费 400 元、增值税额 36 元，采购款及运费等款项已用外埠存款支付，锦纶布尚未收到。炎华公司账务处理如下：

借：在途物资——苏州苏绣公司　　　　　　　　　　48 400.00

　　应交税费——应交增值税——进项税额　　　　　　6 276.00

　贷：其他货币资金——外埠存款　　　　　　　　　　54 676.00

附原始凭证：付款通知单(见图 2-27)

中国建设银行对公客户付款通知单

账别：人民币　　　　　2019 年 06 月 20 日　　　　　交易种类：支付材料费

付款人	全称	广东炎华服饰有限公司	收款人	全称	江苏苏州苏绣布业公司
	账号	32682683756		账号	32682683058
	开户行	建行苏州市东湖支行		开户行	
大写金额	(人民币)伍万肆仟陆佰柒拾陆元整				¥54 676.00
上述款项已从你单位存款账户 *32682683756* 支付。				(银行盖章)	

中国建设银行股份有限公司 苏州东湖支行 2019.06.20 办讫章 (2)

会计主管：　　　　　　　复核：　　　　　　　记账：

此联为付款人付款通知

图 2-27　付款通知单

4. 信用卡结算

1) 信用卡概念

信用卡，是指商业银行向个人和单位发行的，凭以向特约单位购物、消费和向银行存取现金，且具有消费信用的特制载体卡片。

信用卡按使用对象,分为单位卡和个人卡;按信誉等级,分为金卡和普通卡;按是否向发卡银行交存备用金,分为贷记卡和准贷记卡。

知识拓展 2-5

单位卡、个人卡、贷记卡和准贷记卡

凡在中国境内金融机构开立基本存款账户的单位均可申领单位卡。单位卡可申领若干张,持卡人资格由申领单位法定代表人或其委托代理人书面指定和注销。单位卡账户的资金一律从其基本存款账户转账存入,不得交存现金,不得将销货收入直接存入单位卡。单位卡不得用于10万元以上的商品交易、劳务供应款项的结算,不得支出现金。

凡具有完全民事行为能力的公民可申领个人卡。个人卡的主卡持卡人可为其配偶及年满18周岁的亲属申领附属卡,申领的附属卡最多不得超过2张,也有权要求注销其附属卡。

贷记卡,是指发卡银行给予持卡人一定的信用额度,持卡人可在信用额度内先消费,后还款的信用卡。贷记卡首月最低还款额不得低于其当月透支余额的10%。

准贷记卡,是指持卡人须先按发卡银行要求交存一定金额的备用金,当备用金账户余额不足支付时,可在发卡银行规定的信用额度内透支的信用卡。准贷记卡的透支期限最长为60天。

2) 适用范围

信用卡既可以用于同城结算,也可用于异地结算。

3) 信用卡结算

(1) 申请办理信用卡。单位或个人申领信用卡,应按规定填制申请表,连同有关资料一并送交发卡银行。符合条件并按银行要求交存一定金额的备用金后,银行为申领人开立信用卡存款账户,并发给信用卡。

(2) 持卡消费。持卡人可持信用卡在特约单位购物、消费。持卡人凭卡购物、消费时,需将信用卡和身份证件一并交特约单位。特约单位在每日营业终了,应将当日受理的信用卡签购单汇总,计算手续费和净计金额,并填写汇(总)计单和进账单,连同签购单一并送交收单银行办理进账。

知识拓展 2-6

信用卡透支金额及透支利息

信用卡透支额,金卡最高不得超过1万元,普通卡最高不得超过5 000元。信用卡透支期限最长为60天。

信用卡透支利息,自签单日或银行记账日起15日内按日息5‱计算,超过15日按日息10‱计算,超过30日或透支金额超过规定限额的,按日息15‱计算。透支计息不分段,按最后期限或者最高透支额的最高利率档次计息。

持卡人使用信用卡不得发生恶意透支。恶意透支是指持卡人超过规定限额或规定期限,并且经发卡银行催收无效的透支行为。

4) 会计核算

(1) 申请办理信用卡时,企业应根据支票存根、银行退回的进账单第一联回单以及支付手续费收据，借记“其他货币资金——信用卡存款”“财务费用”等账户，贷记“银行存款”账户。

(2) 持信用卡消费时，企业应根据开户银行转来的信用卡存款的付款凭证和发票等凭证，借记“在途物资”“原材料”“管理费用”等账户，贷记“其他货币资金——信用卡存款”账户。

(3) 取得信用卡利息收入时，企业应根据银行收款通知，借记“其他货币资金——信用卡存款”账户，贷记“财务费用”账户。

5. 信用证保证金存款核算

信用证，是指银行用以保证买方(或进口方)有支付能力的凭证。它是开证行依据申请人的申请开出的，凭符合信用证条款的单据支付货款的付款承诺。

购货单位采用信用证结算方式进行结算时，其信用证保证金存款核算主要包括三个环节：申请信用证、使用信用证采购商品和信用证保证金多余款转回开户银行。

1) 申请信用证

企业申请信用证，应填写“信用证申请书”，将信用证保证金交存银行时，应根据银行盖章退回的“信用证申请书”回单，借记“其他货币资金——信用证保证金”账户，贷记“银行存款”账户。

2) 使用信用证采购商品

企业使用信用证采购商品，在接到开证行通知时，根据供货单位信用证结算凭证及所附发票账单，借记“在途物资”“原材料”“库存商品”“应交税费——应交增值税——进项税额”等账户，贷记“其他货币资金——信用证保证金”账户。

3) 信用证保证金多余款退回

企业使用信用证采购商品，未用完的信用证保证金将转回开户银行，企业根据银行的收账通知，借记“银行存款”账户，贷记“其他货币资金——信用证保证金”账户。

销货单位发出商品，收到货款时，根据银行退回的信用证结算凭证的回单和销货发票等凭证，借记“银行存款”账户，贷记“主营业务收入”“应交税费——应交增值税——销项税额”等账户。

6. 存出投资款核算

存出投资款，是指企业存入证券交易结算资金管理账户但尚未进行投资的货币资金。投资款的核算主要包括两个环节：存出投资款和使用投资款。

1) 存出投资款

企业开展证券投资前，应向证券公司申请资金账户并划出资金，在划出资金时，企业应根据实际划出的金额，借记“其他货币资金——存出投资款”账户，贷记“银行存款”账户。

2) 使用投资款

企业使用投资款购买股票、债券时，应按实际支付的金额，借记“交易性金融资产”等账户，贷记“其他货币资金——存出投资款”账户。

【本 章 小 结】

1. 库存现金简称现金，是指由出纳员保管并存放于企业财务部门，用于企业日常零星开支的货币,包括人民币和外币。现金是流动性最强的资产,企业必须加强对现金的管理,严格按照国务院颁布的《现金管理暂行条例》的规定,正确进行现金收支的核算。

2. 库存现金限额,是指为了保证企业日常零星开支的需要,允许企业留存现金的最高限额。这一限额是由开户银行根据各企业的实际需要核定的。一般是按照企业3～5天的日常零星开支所需的库存现金来核定限额。边远地区和交通不便地区的企业的库存现金限额,可以多于5天,但不得超过15天的日常零星开支。

3. 现金清查,是指清点库存现金,并将现金实存数(现款数)与现金日记账上的余额进行核对。现金清查的目的主要是检查是否存在挪用现金、白条抵库、超限额留存现金以及账实是否相符等。现金清查一般采用实地盘点法。

4. 银行存款,是指各单位存放在银行或其他金融机构的各种存款,包括人民币存款和外币存款两种。根据中国人民银行颁布的《人民币银行结算账户管理办法》,一个企业可以根据需要在银行开立四种存款账户,包括基本存款账户、一般存款账户、专用存款账户和临时存款账户。

5. 根据中国人民银行颁布的《支付结算办法》,企业可以采用的银行结算方式包括支票、银行汇票、银行本票、商业汇票、汇兑、委托收款、托收承付、信用卡等。不同的银行结算方式,所适用的区域、能结算的款项、到账时间、手续费等都有所不同,出纳人员应熟悉各种支付结算方式,在办理业务时选择合适的结算方式。

6. 银行存款清查,是指企业将银行存款日记账账面记录与银行对账单逐笔核对,做到账实一致。银行对账单余额与本单位银行存款日记账余额经常不一致,出现这种情况,主要有两种可能:一是企业或银行记录有误,应及时更正;二是发生未达账项,应编制"银行存款余额调节表"进行调节。调节后的银行存款日记账余额与银行对账单余额应相等。如果不相等,表明双方或一方账面记录有误,存在错账或漏账,需要进一步核对账目,查明原因并更正。

7. 未达账项,是指企业和银行之间由于凭证传递的时间差,造成一方已登记入账,而另一方尚未入账的款项。未达账项具体可分为四种:①企业已收款入账,而银行尚未收款入账;②企业已付款入账,而银行尚未付款入账;③银行已收款入账,而企业尚未收款入账;④银行已付款入账,而企业尚未付款入账。

8. 其他货币资金,是指除库存现金、银行存款之外的货币资金,包括银行汇票存款、银行本票存款、外埠存款、信用卡存款、信用证保证金存款和存出投资款等。

第3章 存货核算

【目的要求】

1. 能正确叙述存货的期初计价。
2. 能叙述和运用存货确认的条件。
3. 能掌握原材料实际成本法核算。
4. 能掌握原材料计划成本法核算。
5. 能掌握包装物和低值易耗品核算。
6. 能掌握委托加工物资核算。
7. 能掌握产成品入库与发出核算。
8. 能掌握存货清查与减值核算。

【重点难点】

1. 发出材料成本计算。
2. 材料成本差异计算。
3. 五五摊销法的核算。
4. 存货减值计算及核算。

【基础知识】

3.1 存货概述

3.1.1 存货概念及确认

存货，是指企业在日常经营活动中持有以备出售的产品或商品、处在生产过程中的在产品、在生产过程或提供劳务过程中耗用的材料或物料等。存货包括各类材料、在产品、半成品、产成品、商品以及包装物、低值易耗品、委托代销商品等。

确认一项货物是否属于企业的存货，首先，需要符合存货的概念；其次，要满足存货确认的两个条件：一是该存货包含的经济利益很可能流入企业；二是该存货的成本能够可靠地计量。

一般来说，凡在盘存日期，所有权属于企业的物品，不论其存放在何处或处于何种状态，都应确认为企业的存货，如存放在本企业仓库的存货、存放在本企业门市部和陈列室的存货、已购买但尚未办理入库手续的在途货物等；反之，凡是所有权不属于企业的物品，即使存放在本企业,也不应确认为企业的存货,如受托加工来料、受托代销商品等。

3.1.2 存货期初计价

企业取得存货时,应当按其实际成本入账。存货的实际成本是指在取得存货的过程中发生的全部实际支出。存货取得的途径不同,其实际成本的构成也有所不同。企业取得存货的途径主要有外购、自制、委托加工、投资者投入和接受捐赠等。

1. 外购存货成本

外购存货成本由买价、采购费用和相关税费三部分组成。

(1) 买价,是指购买存货时实际支付的不含税价款。

(2) 采购费用,是指存货采购过程中发生的应计入存货成本的费用,包括运输费、包装费、装卸费、途中保险费、运输途中合理损耗以及入库前的挑选整理费用等。

如果同时购入多种存货,其共同发生的采购费用,应在各种存货之间进行合理分配,分配标准可以是重量、价值、长度等,分配后计入各存货的采购成本。其计算公式为:

采购费用分配率=共同采购费用÷各存货重量(价值或长度)之和

某存货应分配的采购费用=采购费用分配率×该存货的重量(价值或长度)

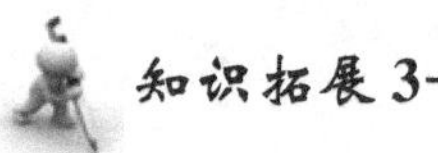

知识拓展3-1

购料短缺与损耗的处理

(1) 属于运输途中合理损耗,计入材料采购成本,不另做账务处理。原材料的总成本不变,但原材料的单位成本提高。

(2) 属于不合理损耗,一方面应冲减购进材料采购成本,另一方面应确定责任人造成的损耗,由责任人赔偿。供应单位负责赔偿的,记入"应付账款"账户,运输单位、保险公司或其他过失人负责赔偿的,记入"其他应收款"账户,借记"应付账款""其他应收款"账户,贷记"原材料"或"在途物资""应交税费——应交增值税——进项税额转出"账户。

(3) 属于待查明原因或需要报经审批处理的损耗,查明原因或审批前,记入"待处理财产损溢"账户,借记"待处理财产损溢"账户,贷记"原材料"或"在途物资""应交税费——应交增值税——进项税额转出"账户;查明原因或审批后,属于自然灾害、意外事故造成的,扣除残料价值与保险公司的赔偿后的净损失,记入"营业外支出"账户,属于无法收回的其他损失,记入"管理费用"账户,借记"其他应收款""营业外支出""管理费用"账户,贷记"待处理财产损溢"账户。

(3) 相关税费,是指购买存货而发生的应计入存货成本的税费,包括进口关税、消费税、资源税和不能抵扣的增值税进项税额等。

2. 自制存货成本

企业自制的存货主要是产成品、自制半成品和在产品。企业自制存货按其制造过程中发生的各项实际支出计价,包括制造过程中发生的直接材料费用、直接人工费用和制造费用等。

3. 委托加工存货成本

委托加工存货,应以实际耗用的原材料或者半成品的成本、支付的加工费、运输费、装卸费、保险费以及按规定应计入存货成本的税费,作为实际成本。

4. 投资者投入存货成本

投资者投入存货,应按照投资合同或协议约定的价值作为实际成本(不含可以抵扣的增值税),但合同或协议约定价值不公允的除外。

5. 接受捐赠存货成本

接受捐赠存货,应按以下规定确定其存货成本:

(1) 捐赠方提供了有关凭据(如发票、报关单、有关协议)的,按凭据上标明的金额加上应支付的相关税费(不含可以抵扣的增值税),作为实际成本。

(2) 捐赠方没有提供有关凭据的,应参照同类或类似存货的市场价格估计的金额,加上应支付的相关税费,作为实际成本。

3.1.3 存货盘存制度

存货核算正确与否,取决于存货数量的确定和存货计价方法的选择。存货数量的确定通常通过盘存来确定,常用的存货数量盘存方法有两种:永续盘存法和实地盘存法。

1. 永续盘存法

永续盘存法也称账面盘存法,是指企业通过设置详细的存货明细账,逐笔或逐日登记存货收入、发出的数量与金额,并随时结出存货结存的数量与金额的一种存货盘存方法。其计算公式为:

期末存货结存数=期初存货结存数+本期存货收入数-本期存货发出数

由于永续盘存法手续比较严密,有利于对存货进行管理,一般企业均采用这一方法。但为使存货账面数与实际数保持一致,需要定期或不定期对存货进行实地盘点。

2. 实地盘存法

实地盘存法也称定期盘存法,是指企业平时在存货明细账中只登记存货收入的数量与金额,不登记存货发出的数量与金额,期末通过实地盘点确定存货的实际结存数量,然后倒轧出本期发出存货数量和金额的一种存货盘存方法。其计算公式为:

本期存货发出数=期初存货结存数+本期存货收入数-期末存货结存数

这种方法由于采用“以存计耗”和“以存计销”倒轧发出成本,可能使因非正常销售或耗用的存货损失、差错等原因所引起的短缺全部轧入耗用或销货成本中,容易掩盖存货管理中存在的问题。因此,这一方法通常只适用于那些自然损耗较大、数量不稳定的鲜活商品及单位价值低、进出频繁的存货的核算。

3.2 原材料核算

3.2.1 原材料核算内容及方法

1. 核算内容

原材料,是指企业在生产过程中经过加工改变其形态或性质并构成产品主要实体的各种原料、主要材料和外购半成品,以及不构成产品实体但有助于产品形成的辅助材料。原材

料按其经济用途,具体包括:

(1) 原料及主要材料,是指直接用于产品制造,构成产品主要实体的各种原料和材料。

(2) 辅助材料,是指不构成产品的主要实体,但直接用于产品生产,有助于产品形成的各种材料。

(3) 外购半成品,是指已经过一定生产过程,但尚未制造完工,需进一步加工的中间产品。

(4) 修理用备件,是指为修理本企业的机器、设备等而从外部购入的专用零部件。

(5) 包装材料,是指包装产品用的,除包装物以外的各种材料,如纸、绳、铁丝等。

(6) 燃料,是指为生产提供动力使用的煤炭、汽油、天然气等。

2. 核算方法

原材料的日常核算方法有两种:实际成本法核算和计划成本法核算。企业可以根据自身生产经营的特点和管理要求,自行决定采用哪一种核算方法。

(1) 实际成本法核算,是指原材料的日常收入、发出及结存,无论是总分类核算,还是明细分类核算,全部按实际成本进行核算。

(2) 计划成本法核算,是指原材料的日常收入、发出及结存,无论是总分类核算,还是明细分类核算,全部按计划成本进行核算。

3.2.2 实际成本法核算

1. 账户设置

1)"原材料"账户

"原材料"账户属于资产类账户,核算企业库存的各种材料的收入、发出及结存情况。该账户按实际成本法核算时,借方登记已验收入库的各种材料的实际成本,贷方登记发出的各种材料的实际成本,期末余额在借方,反映企业库存的各种材料的实际成本。

"原材料"账户应按材料的保管地点(仓库)、材料类别、品种和规格设置明细账,进行明细分类核算。"原材料"账户结构,如图 3-1 所示。

原材料	
期初:库存的各种材料的实际成本 本期:登记已验收入库的各种材料的实际成本	登记发出的各种材料的实际成本
期末:库存的各种材料的实际成本	

图 3-1 "原材料"账户结构

2)"在途物资"账户

"在途物资"账户属于资产类账户,适用于采用实际成本(进价)法进行材料、商品等物资的日常核算的企业,核算已购买但尚未验收入库的各种物资的采购成本。该账户借方登记企业购入在途物资的实际成本,贷方登记验收入库的在途物资的实际成本,期末余额在借方,反映企业在途物资的采购成本。

"在途物资"账户应按供应单位和物资品种设置明细账,进行明细分类核算。"在途物资"账户结构,如图 3-2 所示。

在途物资

借方	贷方
期初：在途物资的采购成本 本期：登记购入在途物资的实际成本	登记验收入库的在途物资的实际成本
期末：在途物资的采购成本	

图 3-2 “在途物资”账户结构

2. 材料购进核算

由于结算方式和采购地点的不同，材料入库和货款的结算在时间上不一定完全同步，因此，应当根据具体情况进行账务处理。

1) 结算凭证与材料同时到达

企业应根据取得的发票等结算凭证所记载的材料实际成本，借记“原材料”账户，根据增值税专用发票上注明的税额，借记“应交税费——应交增值税——进项税额”账户，根据实际付款金额，贷记“银行存款”“其他货币资金”等账户，或根据已开出、承兑的商业汇票的票面价值，贷记“应付票据”账户。

【例 3-1】 广东炎华服饰有限公司 2019 年 6 月 22 日向广州顺棉布业有限公司购入棉布一批，收到增值税专用发票，发票注明价款 40 000 元，增值税额 5 200 元，棉布已验收入库，货款已支付。炎华公司账务处理如下：

借：原材料——棉布　　40 000.00
　　应交税费——应交增值税——进项税额　　5 200.00
　贷：银行存款　　45 200.00

附原始凭证：增值税专用发票（见图 3-3）

4401241141　　**广东增值税专用发票**　　№ 491043002

开票日期：2019 年 06 月 22 日

购货单位	名　　称：广东炎华服饰有限公司 纳税人识别号：440106868268025 地 址 、电 话：天河中路 2 号 86697584 开户行及账号：建行天河支行 11682683056	密码区	（略）

货物或应税劳务、服务名称	规格型号	单位	数 量	单 价	金 额	税率	税 额
棉布		米	2 500	16.00	40 000.00	13%	5 200.00
合 计					¥40 000.00		¥5 200.00
价税合计(大写)	⊗肆万伍仟贰佰圆整						(小写)¥45 200.00

销货单位	名　　称：广州顺棉布业有限公司 纳税人识别号：440105282268415 地 址 、电 话：科华西路 216 号 28695284 开户行及账号：工行科华支行 11642685486	备注	广州顺棉布业有限公司 440105282268415 发票专用章

收款人：展盛利　　复核：陈富明　　开票人：李少敏　　销货单位：(章)

第三联：发票联　购买方记账凭证

图 3-3 增值税专用发票

2）结算凭证先到，材料后到

企业应根据取得的发票等结算凭证所记载的材料实际成本，记入“在途物资”账户，待收到材料并验收入库后，再根据收料单，由“在途物资”账户结转到“原材料”账户。

【例 3-2】 广东炎华服饰有限公司 2019 年 6 月 25 日根据合同，向江苏苏州苏绣布业公司采购锦纶、涤纶布一批。27 日，收到增值税专用发票一张，发票注明锦纶(3 000 米)价款 36 000 元，涤纶(2 000 米)价款 12 000 元，增值税税率为 13%，运费增值税专用发票一张，注明运费 1 000 元、增值税税率为 9%，结算凭证经审核无误，同意付款，材料尚未收到。炎华公司账务处理如下：

借：在途物资——苏绣布业公司	49 000.00
应交税费——应交增值税——进项税额	6 330.00
贷：银行存款	55 330.00

附原始凭证：增值税专用发票(见图 3-4)

3206241141　　**江苏增值税专用发票**　　№ 320066001

发　票　联

开票日期：2019 年 06 月 25 日

购货单位	名　　称：广东炎华服饰有限公司 纳税人识别号：440106868268025 地 址 、电 话：天河中路 2 号 86697584 开户行及账号：建行天河支行 11682683056				密码区	(略)	
货物或应税劳务、服务名称	规格型号	单位	数　量	单　价	金　额	税率	税　额
锦纶		米	3 000	12.00	36 000.00	13%	4 680.00
涤纶		米	2 000	6.00	12 000.0	13%	1 560.00
合　计					￥48 000.00		￥6 240.00
价税合计(大写)	⊗伍万肆仟贰佰肆拾圆整						(小写)￥54 240.00
销货单位	名　　称：江苏苏州苏绣布业公司 纳税人识别号：360206835268025 地 址 、电 话：东湖北路 6 号 88695423 开户行及账号：建行东湖支行 32682683058				备注	江苏苏州苏绣布业公司 360206835268025 发票专用章	

收款人：李煜丰　　复核：陈明才　　开票人：王丽敏　　销货单位：(章)

第三联：发票联　购买方记账凭证

图 3-4　增值税专用发票

【例 3-3】 承[例 3-2]，广东炎华服饰有限公司 2019 年 6 月 28 日收到 6 月 25 日向苏州苏绣布业公司采购的锦纶、涤纶布，并验收入库。炎华公司账务处理如下：

(1) 计算材料采购成本：

材料采购费用分配率＝1 000÷(3 000＋2 000)＝0.2(元/米)

锦纶采购成本＝36 000＋0.2×3 000＝36 600(元)

涤纶采购成本＝12 000＋0.2×2 000＝12 400(元)

(2) 账务处理：

借：原材料——锦纶　　36 600.00
　　　　　——涤纶　　12 400.00
　贷：在途物资——苏绣布业公司　　49 000.00

附原始凭证：收料单(见图 3-5)

收 料 单

2019 年 6 月 28 日　　收字第　号

材料名称	规格型号	单位	应收数量	实收数量	金额(元)
锦纶		米	3 000	3 000	36 600.00
涤纶		米	2 000	2 000	12 400.00

仓库主管：陈伟峰　复核：　验收：李明秀　收料：蔡晓波　制单：蔡晓波

图 3-5　收料单

3) 材料先到，结算凭证后到

因企业尚未收到有关结算凭证，无法准确计算已入库材料的实际成本，通常暂不进行账务处理，待结算凭证收到后才按"结算凭证与材料同时到达"的情况进行账务处理。若到月末，结算凭证还未收到，则需按材料的合同价暂估入账，借记"原材料"账户，贷记"应付账款——暂估应付账款"账户，下月初再做相反的会计分录予以冲回，以便下月付款或开出、承兑商业汇票时能按正常程序进行账务处理。

【例 3-4】 广东炎华服饰有限公司 2019 年 6 月 28 日，向浙江嘉兴丝绸有限公司采购丝绸一批，合同价为 60 000 元，丝绸已验收入库，但发票等结算凭证尚未收到，货款尚未支付；6 月 30 日，发票等结算凭证还未收到；7 月 5 日，收到开户银行转来的增值税专用发票等结算凭证，发票注明价款 60 000 元，增值税额 7 800 元，运费增值税专用发票注明运费 800 元、增值税额 72 元，结算凭证经审核无误，同意付款。炎华公司账务处理如下：

(1) 6 月 28 日，丝绸验收入库时，发票等结算凭证尚未收到，暂不入账。

(2) 6 月 30 日(月末)，发票等结算凭证还未收到，按合同价暂估入账。

借：原材料——丝绸　　60 000.00
　贷：应付账款——暂估应付账款　　60 000.00

(3) 7 月 1 日(下月初)，做相反的会计分录予以冲回。

借：应付账款——暂估应付账款　　60 000.00
　贷：原材料——丝绸　　60 000.00

(4) 7 月 5 日，收到发票等结算凭证，支付货款。

借：原材料——丝绸　　60 800.00
　　应交税费——应交增值税——进项税额　　7 872.00
　贷：银行存款　　68 672.00

附原始凭证:增值税专用发票(见图 3-6)

2308241161　　**浙江增值税专用发票**　　No 230366001

发票联　　开票日期:2019 年 06 月 28 日

购货单位	名　　称:广东炎华服饰有限公司 纳税人识别号:440106868268025 地 址 、电 话:天河中路 2 号 86697584 开户行及账号:建行天河支行 11682683056	密码区	(略)				
货物或应税劳务、服务名称	规格型号	单位	数 量	单 价	金 额	税率	税 额
丝绸		米	2 000	30.00	60 000.00	13%	7 800.00
合 计					¥60 000.00		¥7 800.00
价税合计(大写)	⊗陆万柒仟捌佰圆整				(小写)¥67 800.00		
销货单位	名　　称:浙江嘉兴丝绸有限公司 纳税人识别号:280306868268036 地 址 、电 话:南湖大道 9 号 62697283 开户行及账号:建行南湖支行 23658683034	备注					

收款人:李兴安　　复核:陈培和　　开票人:王敏发　　销货单位:(章)

第三联:发票联　购买方记账凭证

图 3-6　增值税专用发票

4) 货款先付,材料后到

货款先付,材料后到,是指企业采用预付货款方式购进材料,应通过"预付账款"账户进行核算,具体账务处理参见第 4 章 4.3 其他流动资产核算。

3. 材料发出核算

原材料按实际成本法核算时,由于不同批次购入的材料的单位成本不一定相同,发出、领用材料时,应按一定的方法计算确定发出、领用材料的实际成本。根据现行会计制度规定,发出材料成本计算的方法有个别计价法、先进先出法、月末一次加权平均法和移动加权平均法等。企业可以根据实际情况选择使用,一旦选用,不得随意变更。

1) 个别计价法

个别计价法也称个别认定法、分批认定法、具体辨认法,是指原材料发出、领用时,认定每件或每批材料的单价,以此为基础计算该种材料的发出成本与期末结存成本的一种方法。其具体计算公式为:

$$本期发出材料成本 = \sum 发出材料数量 \times 该件(或批)材料单价$$

$$期末结存材料成本 = 期初结存材料成本 + 本期收入材料成本 - 本期发出材料成本$$

【例 3-5】 广东炎华服饰有限公司对丝绸布采用个别计价法进行核算,2019 年 7 月份丝绸布的收入、发出、结存等明细资料,如表 3-1 所示。

7 月份丝绸布的发出成本与期末结存成本的计算如下:

$$本期发出材料成本 = 500 \times 30 + 300 \times 32 + 400 \times 35 + 100 \times 30 + 100 \times 32 = 44\ 800(元)$$

$$期末结存材料成本 = 18\ 000 + (400 \times 32 + 500 \times 35 + 600 \times 30) - 44\ 800 = 21\ 500(元)$$

表 3-1　　原材料明细账

明细科目:丝绸布　　单位:米

日期	摘要	收入			发出			结存		
		数量	单价	金额	数量	单价	金额	数量	单价	金额
7.1	上月结存							600	30.00	18 000
7.6	购入	400	32.00	12 800				600 400	30.00 32.00	18 000 12 800
7.11	发出				500 300	30.00 32.00	15 000 9 600	100 100	30.00 32.00	3 000 3 200
7.15	购入	500	35.00	17 500				100 100 500	30.00 32.00 35.00	3 000 3 200 17 500
7.20	发出				400 100 100	35.00 30.00 32.00	14 000 3 000 3 200	100	35.00	3 500
7.27	购入	600	30.00	18 000				100 600	35.00 30.00	3 500 18 000
7.31	本月合计	1 500		48 300	1 400		44 800	100 600	35.00 30.00	3 500 18 000

采用个别计价法一般需具备两个条件:一是材料项目必须是可以辨别认定的;二是必须有详细的记录,包括每一材料的品种、规格、入账时间、单位成本、存放地点等情况。

采用这一方法能随时计算出发出材料成本和期末结存材料成本,但计算工作量大,适用于能分清批别的材料的核算。

2) 先进先出法

先进先出法,是指假定"先入库的材料先发出",并根据这种假定的成本流转程序对发出材料成本与期末结存材料成本进行计算的一种方法。其具体计算公式为:

$$\text{本期发出材料成本} = \sum \text{先购进先发出材料数量} \times \text{先购进先发出材料单价}$$

$$\text{期末结存材料成本} = \text{期初结存材料成本} + \text{本期收入材料成本} - \text{本期发出材料成本}$$

【例 3-6】 广东炎华服饰有限公司对棉布采用先进先出法进行核算,2019 年 7 月份棉布的收入、发出、结存等明细资料,如表 3-2 所示。

表 3-2　　原材料明细账

明细科目:棉布　　单位:米

日期	摘要	收入			发出			结存		
		数量	单价	金额	数量	单价	金额	数量	单价	金额
7.1	上月结存							900	15.00	13 500
7.6	购入	1 600	16.00	25 600				900 1 600	15.00 16.00	13 500 25 600

（续表）

日期	摘要	收入			发出			结存		
		数量	单价	金额	数量	单价	金额	数量	单价	金额
7.11	发出				900 1 100	15.00 16.00	13 500 17 600	500	16.00	8 000
7.18	购入	1 800	15.50	27 900				500 1 800	16.00 15.50	8 000 27 900
7.25	发出				500 1 600	16.00 15.50	8 000 24 800	200	15.50	3 100
7.27	购入	800	15.00	12 000				200 800	15.50 15.00	3 100 12 000
7.31	本月合计	4 200		65 500	4 100		63 900	200 800	15.50 15.00	15 100

7 月份棉布的发出成本与期末结存成本的计算如下：

本期发出材料成本＝900×15＋1 100×16＋500×16＋1 600×15.5＝63 900(元)

期末结存材料成本＝13 500＋(1 600×16＋1 800×15.5＋800×15)－63 900＝15 100(元)

采用先进先出法进行材料成本核算，购入材料时，需逐笔登记收入材料的数量、单价和金额；发出材料时，按照先进先出的原则，逐笔登记材料的发出数量、单价和金额以及结存数量、单价和金额。

采用这一方法，期末结存材料成本反映的是近期入库材料的成本，因而期末结存成本近于市场价。同时，该方法能随时结转发出材料成本，但计算工作量大，适用于收发材料次数不多的材料计价。

3) 月末一次加权平均法

月末一次加权平均法，是指以本月期初结存材料数量和本月购进材料数量作为权数，计算本月材料的加权平均单价，以此为基础计算本月发出材料成本和期末结存材料成本的一种方法。具体计算公式为：

$$材料加权平均单价=\frac{期初结存材料成本+本期收入材料成本}{期初结存材料量+本期收入材料量}$$

本期发出材料成本＝本期发出材料数量×材料加权平均单价

期末结存材料成本＝期末结存材料数量×材料加权平均单价

如果计算出的材料加权平均单价需要进行四舍五入，为了保证账面数字之间的平衡关系，需采用倒轧法计算本期发出材料成本。具体计算公式为：

期末结存材料成本＝期末结存材料数量×材料加权平均单价

本期发出材料成本＝期初结存材料成本＋本期收入材料成本－期末结存材料成本

【例 3-7】 广东炎华服饰有限公司对印花布采用月末一次加权平均法进行核算，2019 年 7 月份印花布的收入、发出、结存等明细资料，如表 3-3 所示。

表 3-3　　　　原材料明细账

明细科目：印花布　　　　单位：米

日期	摘要	收入			发出			结存		
		数量	单价	金额	数量	单价	金额	数量	单价	金额
7.1	上月结存							1 200	10.00	12 000
7.8	购入	1 000	11.00	11 000				2 200		
7.12	发出				1 800			400		
7.15	购入	1 600	10.50	16 800				2 000		
7.20	发出				1 800			200		
7.26	购入	1 200	10.00	12 000				1 400	10.36	14 504
7.31	本月合计	3 800		39 800	3 600	10.36	37 296	1 400	10.36	14 504

7月份印花布的发出成本与期末结存成本的计算如下：

材料加权平均单价＝(12 000＋39 800)÷(1 200＋3 800)＝10.36(元)

本期发出材料成本＝3 600×10.36＝37 296(元)

期末结存材料成本＝1 400×10.36＝14 504(元)

采用月末一次加权平均法，只在月末进行一次加权平均单价的计算，比较简单，有利于简化成本计算工作，但由于平时无法从账上提供结存材料的单价与金额，因此，不利于材料的日常管理和控制。

4）移动加权平均法

移动加权平均法，是指每次收到材料后，立即根据库存材料的数量和总成本，计算出材料的移动加权平均单价，以此为基础计算发出材料成本的一种方法。具体计算公式为：

$$\text{移动加权平均单价} = \frac{\text{上次结存材料成本} + \text{本次收入材料成本}}{\text{上次结存材料量} + \text{本次收入材料量}}$$

$$\text{本期发出材料成本} = \sum \text{某次发出材料数量} \times \text{该次移动加权平均单价}$$

$$\text{期末结存材料成本} = \text{期末结存材料数量} \times \text{期末材料移动加权平均单价}$$

$$\text{或期末结存材料成本} = \text{期初结存材料成本} + \text{本期收入材料成本} - \text{本期发出材料成本}$$

【例 3-8】 广东炎华服饰有限公司对锦纶布采用移动加权平均法进行核算，2019 年 7 月份锦纶布的收入、发出、结存等明细资料，如表 3-4 所示。

表 3-4　　　　原材料明细账

明细科目：锦纶布　　　　单位：米

日期	摘要	收入			发出			结存		
		数量	单价	金额	数量	单价	金额	数量	单价	金额
7.1	上月结存							1 200	12.00	14 400
7.8	购入	1 300	13.00	16 900				2 500	12.52	31 300
7.12	发出				2 000	12.52	25 040	500	12.52	6 260

(续表)

日期	摘要	收入			发出			结存		
		数量	单价	金额	数量	单价	金额	数量	单价	金额
7.15	购入	1 500	12.50	18 750				2 000	12.505	25 010
7.20	发出				1 800	12.505	22 509	200	12.505	2 501
7.26	购入	800	12.00	9 600				1 000	12.101	12 101
7.31	本月合计	3 600		45 250	3 800		47 549	1 000	12.101	12 101

7月份锦纶布的发出成本与期末结存成本的计算如下：

7月8日购入,材料加权平均单价=(14 400+169 00)÷(1 200+1 300)=12.52(元)

7月12日发出,发出材料成本=12.52×2 000=25 040(元)

7月15日购入,材料加权平均单价=(6 260+18 750)÷(500+1 500)=12.505(元)

7月20日发出,发出材料成本=12.505×1 800=22 509(元)

7月26日购入,材料加权平均单价=(2 501+9 600)÷(200+800)=12.101(元)

7月31日结存,月末结存材料成本=12.101×1 000=12 101(元)

采用移动加权平均法,可以随时结账,便于加强存货的日常管理与控制,计算出的材料加权平均单价以及发出与结存材料的成本比较客观,但每次收到材料都要计算一次加权平均单价,计算工作量较大,主要适用于采购次数不多的材料的计价。

5）发出材料会计核算

企业按照前述发出材料成本计算方法确定发出材料的成本之后,应根据领料单等发料凭证编制发出材料汇总表,据以进行材料发出的总分类核算。发出材料,按其用途或领用部门,借记有关成本费用账户,贷记"原材料"账户。其中,生产产品领用的,借记"生产成本——基本生产成本"账户;辅助生产领用的,借记"生产成本——辅助生产成本"账户;车间管理及一般耗用而领用的,借记"制造费用"账户;厂部(行政)管理部门领用的,借记"管理费用"账户;专设销售机构领用的,借记"销售费用"账户;用于职工集体福利的,借记"应付职工薪酬"账户;专项工程领用的,借记"在建工程"账户。

【例 3-9】 广东炎华服饰有限公司对原材料采用实际成本法进行核算,根据2019年7月份领料单等发料凭证汇总编制本月发出材料汇总表,如表3-5所示。

表 3-5 **发出材料汇总表**

2019年7月 单位:元

部门或用途	丝绸		棉布		印花布		锦纶布		合计
	数量	金额	数量	金额	数量	金额	数量	金额	
生产西服用	900	29 000	400	6 400			2 000	25 040	60 440
生产休闲服用			2 000	31 100			1 800	22 509	53 609
生产童装用	400	12 800	1 600	24 800	3 600	39 240			76 840

（续表）

部门或用途	丝绸		棉布		印花布		锦纶布		合计
	数量	金额	数量	金额	数量	金额	数量	金额	
车间一般耗用			50	800					800
管理部门领用	100	3 000	50	800					3 800
合计	1 400	44 800	4 100	63 900	3 600	39 240	3 800	47 549	195 489

会计主管：陈利民　　　　会计：李源珍　　　　制单：朱玲玲

根据表 3-5 进行本月发出材料的总分类核算。炎华公司账务处理如下：

借：生产成本——基本生产成本——西服　　60 440.00
　　　　　　　　　　　　　　　——休闲服　　53 609.00
　　　　　　　　　　　　　　　——童装　　76 840.00
　　制造费用　　800.00
　　管理费用　　3 800.00
　贷：原材料——丝绸　　44 800.00
　　　　　　——棉布　　63 900.00
　　　　　　——印花布　　39 240.00
　　　　　　——锦纶布　　47 549.00

3.2.3 计划成本法核算

1. 账户设置

1）“原材料”账户

“原材料”账户与按实际成本法核算的内容相同，区别在于该账户借方、贷方及余额均按计划成本计价。“原材料”账户结构，如图 3-7 所示。

原材料

借方	贷方
期初：库存的各种材料的计划成本 本期：登记已验收入库的各种材料的计划成本	登记发出的各种材料的计划成本
期末：库存的各种材料的计划成本	

图 3-7 “原材料”账户结构

2）“材料采购”账户

“材料采购”账户，适用于企业采用计划成本法核算材料、商品等物资，核算已购买但尚未验收入库的各种物资的实际采购成本。该账户属于资产类账户，借方登记企业购入但尚未到达或尚未验收入库物资的实际采购成本，贷方登记验收入库物资的实际采购成本，期末余额在借方，反映企业在途物资的实际采购成本。

“材料采购”账户应按供应单位和物资品种设置明细账，进行明细分类核算。“材料采购”账户结构，如图 3-8 所示。

材料采购

借方	贷方
期初:在途物资的实际采购成本 本期:登记购入但尚未到达或尚未验收入库物资的实际采购成本	登记验收入库物资的实际采购成本
期末:在途物资的实际采购成本	

图 3-8 "材料采购"账户结构

3) "材料成本差异"账户

"材料成本差异"账户核算企业采用计划成本法核算收入、发出及结存材料、商品等物资的实际成本与计划成本的差异。该账户属于资产类账户,是"原材料"账户的备抵调整账户,借方登记验收入库材料等物资的实际成本大于计划成本的差异(超支差异)及发出材料等物资应负担的节约差异,贷方登记验收入库材料等物资的实际成本小于计划成本的差异(节约差异)及发出材料等物资应负担的超支差异,期末余额若在贷方,反映企业库存材料等物资的节约差异,期末余额若在借方,反映企业库存材料等物资的超支差异。

"材料成本差异"账户应按材料等物资的类别或品种设置明细账,进行明细分类核算。"材料成本差异"账户结构,如图 3-9 所示。

材料成本差异

借方	贷方
本期:登记验收入库材料等物资的实际成本大于计划成本的差异(超支差异)及发出材料等物资应负担的节约差异	期初:库存材料等物资的节约差异 登记验收入库材料等物资的实际成本小于计划成本的差异(节约差异)及发出材料等物资应负担的超支差异
	期末:库存材料等物资的节约差异

图 3-9 "材料成本差异"账户结构

2. 材料购进核算

1) 结算凭证与材料同时到达

(1) 收到结算凭证时,企业应按取得的发票等结算凭证所记载的材料价款(材料实际采购成本),借记"材料采购"账户,按增值税专用发票上注明的税额,借记"应交税费——应交增值税——进项税额"账户,按实际支付或应付款项,贷记"银行存款""其他货币资金""应付账款"等账户。

(2) 材料验收入库时,企业应按材料的计划成本,借记"原材料"账户,按材料的实际采购成本,贷记"材料采购"账户,按材料的实际成本与计划成本的差异,借记或贷记"材料成本差异"账户。

【例 3-10】 广东炎华服饰有限公司 2019 年 7 月 4 日向珠海丰华印染有限公司购入印花布一批,收到增值税专用发票,发票注明价款 14 250 元,增值税额 1 852.5 元。印花布按计划成本法核算,计划成本为 15 000 元,印花布已验收入库,货款已支付。炎华公司账务处理如下:

(1) 收到发票等结算凭证时

借：材料采购——丰华印染公司　　14 250.00
　　应交税费——应交增值税——进项税额　　1 852.50
　贷：银行存款　　16 102.50

附原始凭证：增值税专用发票(见图3-10)

4406241141　　广东增值税专用发票　　№ 491066051

发票联　　开票日期：2019年07月04日

购货单位	名　　称：广东炎华服饰有限公司 纳税人识别号：440106868268025 地 址 、电 话：天河中路2号86697584 开户行及账号：建行天河支行11682683056					密码区	(略)	
货物或应税劳务、服务名称	规格型号	单位	数　量	单　价	金　额	税率	税　额	
印花布		米	1 500	9.50	14 250.00	13%	1 852.50	
合　计					¥14 250.00		¥1 852.50	
价税合计(大写)	⊗壹万陆仟壹佰零贰圆伍角整				(小写)¥16 102.50			
销货单位	名　　称：珠海丰华印染有限公司 纳税人识别号：440606258268020 地 址 、电 话：景山路122号86697584 开户行及账号：工行景山支行、16682683352					备注	珠海丰华印染有限公司 440606258268020 发票专用章	

第三联：发票联　购买方记账凭证

收款人：陈盛丰　　复核：李富明　　开票人：王晓敏　　销货单位：(章)

图3-10　增值税专用发票

(2) 材料验收入库时：

借：原材料——印花布　　15 000.00
　贷：材料采购——丰华印染公司　　14 250.00
　　　材料成本差异——印花布　　750.00

附原始凭证：收料单(见图3-11)

收　料　单

2019年7月4日　　收字第304号

材料名称	规格型号	单位	应收数量	实收数量	计划成本	材料成本差异
印花布		米	1 500	1 500	15 000.00	−750.00

仓库主管：陈伟峰　　复核：　　验收：李明秀　　收料：蔡晓波　　制单：蔡晓波

图3-11　收料单

2) 结算凭证先到，材料后到

企业应根据取得的发票等结算凭证所记载的材料实际成本，记入"材料采购"账户，待收到材料并验收入库后，再根据收料单，由"材料采购"账户结转到"原材料"账户，并计算材料成本差异，按其差异额，借记或贷记"材料成本差异"账户。

【例3-11】 广东炎华服饰有限公司2019年7月5日，向江苏苏州苏绣布业公司采购锦纶布一批，收到增值税专用发票一张，发票注明价款24 000元，增值税额3 120元，运费增值税专用发票一张，注明运费420元、增值税额37.8元，结算凭证经审核无误，同意付款，材料尚未收到。炎华公司账务处理如下：

借：材料采购——苏绣布业公司 24 420.00
　　应交税费——应交增值税——进项税额 3 157.80
　贷：银行存款 27 577.80

附原始凭证：增值税专用发票(见图 3-12)

3206241141　　**江苏增值税专用发票**　　№ 320066002

发　票　联

开票日期：2019 年 07 月 05 日

购货单位	名　　称：广东炎华服饰有限公司 纳税人识别号：440106868268025 地 址 、电 话：天河中路 2 号 86697584 开户行及账号：建行天河支行 11682683056			密码区	(略)		
货物或应税劳务、服务名称	规格型号	单位	数　量	单　价	金　额	税率	税　额
锦纶		米	2 000	12.00	24 000.00	13%	3 120.00
合　计					¥24 000.00		¥3 120.00
价税合计(大写)	⊗贰万柒仟壹佰贰拾圆整				(小写)¥27 120.00		
销货单位	名　　称：江苏苏州苏绣布业公司 纳税人识别号：360206835268025 地 址 、电 话：东湖北路 6 号 88695423 开户行及账号：建行东湖支行 32682683058			备注	江苏苏州苏绣布业公司 360206835268025 发票专用章		

收款人：李煜丰　　复核：陈明才　　开票人：王丽敏　　销货单位：(章)

第三联：发票联　购买方记账凭证

图 3-12　增值税专用发票

【例 3-12】 承[例 3-11]，广东炎华服饰有限公司 2019 年 7 月 10 日收到 7 月 5 日向苏州苏绣布业公司采购的锦纶布，并验收入库。锦纶布按计划成本法核算，计划成本为 20 000 元。炎华公司账务处理如下：

借：原材料——锦纶布 20 000.00
　　材料成本差异——锦纶布 4 420.00
　贷：材料采购——苏绣布业公司 24 420.00

附原始凭证：收料单(见图 3-13)。

收　料　单

2019 年 7 月 10 日　　收字第 305 号

材料名称	规格型号	单位	应收数量	实收数量	计划成本	材料成本差异
锦纶布		米	2 000	2 000	20 000.00	4 420.00

仓库主管：陈伟峰　　复核：　　验收：李明秀　　收料：蔡晓波　　制单：蔡晓波

图 3-13　收料单

3）材料先到，结算凭证后到

对于发票等结算凭证尚未收到的，平时暂不进行账务处理，待发票等结算凭证收到后才按“结算凭证与材料同时到达”的情况进行账务处理。若到月末，结算凭证还未收到，则需按材料的计划成本暂估入账，借记“原材料”账户，贷记“应付账款——暂估应付账款”账户，下月初再做相反的会计分录予以冲回，以便下月付款或开出、承兑商业汇票时能按正常程序通过“材料采购”账户进行核算。

【例3-13】 广东炎华服饰有限公司2019年6月28日，向江苏苏州苏绣布业公司采购涤纶布一批。涤纶布按计划成本核算，计划成本为16 000元，涤纶布已验收入库，但发票等结算凭证尚未收到，货款尚未支付；6月30日，发票等结算凭证还未收到；7月4日，收到开户银行转来的增值税专用发票等结算凭证，发票注明价款15 000元，增值税额1 950元，运费增值税专用发票一张，发票注明运费400元、增值税额36元，结算凭证经审核无误，同意付款。炎华公司账务处理如下：

(1) 6月28日，涤纶布验收入库时，发票等结算凭证尚未收到，暂不入账。

(2) 6月30日(月末)，发票等结算凭证还未收到，按计划成本暂估入账。

借：原材料——涤纶布　16 000.00
　贷：应付账款——暂估应付账款　16 000.00

(3) 7月1日(下月初)，做相反的会计分录予以冲回。

借：应付账款——暂估应付账款　16 000.00
　贷：原材料——涤纶布　16 000.00

(4) 7月4日，收到发票等结算凭证，支付货款。

第一，支付货款时：

借：材料采购——苏绣布业公司　15 400.00
　　应交税费——应交增值税——进项税额　1 986.00
　贷：银行存款　17 386.00

附原始凭证：增值税专用发票(见图3-14)

江苏增值税专用发票

3206241141　发票联　№ 320066003

开票日期：2019年06月28日

购货单位	名称：广东炎华服饰有限公司 纳税人识别号：440106868268025 地址、电话：天河中路2号 86697584 开户行及账号：建行天河支行 11682683056			密码区	(略)		
货物或应税劳务、服务名称	规格型号	单位	数量	单价	金额	税率	税额
涤纶		米	2 000	7.50	15 000.00	13%	1 950.00
合计					¥15 000.00		¥1 950.00
价税合计(大写)	⊗壹万陆仟玖佰伍拾圆整				(小写)¥16 950.00		
销货单位	名称：江苏苏州苏绣布业公司 纳税人识别号：360206835268025 地址、电话：东湖北路6号 88695423 开户行及账号：建行东湖支行 32682683058			备注	江苏苏州苏绣布业公司 360206835268025 发票专用章		

第三联：发票联　购买方记账凭证

收款人：李煜丰　复核：陈明才　开票人：王丽敏　销货单位：(章)

图3-14　增值税专用发票

第二,结转"材料采购",转入"原材料"账户,并计算材料成本差异:

借:原材料——涤纶布 16 000.00
　贷:材料采购——苏绣布业公司 15 400.00
　　材料成本差异——涤纶布 600.00

附原始凭证:收料单(见图 3-15)

收 料 单

2019 年 7 月 4 日 收字第 306 号

材料名称	规格型号	单位	应收数量	实收数量	计划成本	材料成本差异
涤纶布		米	2 000	2 000	16 000.00	−600.00

仓库主管:陈伟峰 复核: 验收:李明秀 收料:蔡晓波 制单:蔡晓波

图 3-15 收料单

3. 材料发出核算

在计划成本法核算下,发出材料的核算主要包括以下三个方面的内容。

1) 结转发出材料的计划成本

月末,企业应根据领料单等发料凭证按计划成本编制发出材料汇总表,按照材料的用途或领用部门,借记有关成本费用账户,贷记"原材料"账户。

【例 3-14】 广东炎华服饰有限公司对原材料采用计划成本法进行核算,根据 2019 年 7 月份领料单等发料凭证汇总编制本月发出材料汇总表,如表 3-6 所示。

表 3-6 发出材料汇总表

2019 年 7 月 单位:元

部门或用途	印花布		锦纶布		涤纶布		合计
	数量	计划成本	数量	计划成本	数量	计划成本	
生产休闲服用	800	8 000.00	1 800	18 000.00	1 000	8 000.00	34 000.00
生产童装用	1 000	10 000.00	1 600	16 000.00	1 500	12 000.00	38 000.00
车间一般耗用	100	1 000.00					1 000.00
管理部门领用	100	1 000.00	100	1 000.00			2 000.00
合计	2 000	20 000.00	3 500	35 000.00	2 500	20 000.00	75 000.00

会计主管:陈利民 会计:李源珍 制单:朱玲玲

根据表 3-6 进行本月发出材料的总分类核算。炎华公司账务处理如下:

借:生产成本——基本生产成本——休闲服 34 000.00
　　　　　　　　　　　——童装 38 000.00
　制造费用 1 000.00
　管理费用 2 000.00
　贷:原材料——印花布 20 000.00
　　　　——锦纶布 35 000.00
　　　　——涤纶布 20 000.00

2）计算并结转发出材料成本差异

（1）计算发出材料成本差异。

发出材料成本差异是根据发出材料计划成本与材料成本差异率计算确定的，具体计算公式为：

$$材料成本差异率=\frac{期初结存材料成本差异+本期收入材料成本差异}{期初结存材料计划成本+本期收入材料计划成本}$$

本期发出材料成本差异＝本期发出材料计划成本×材料成本差异率

期末结存材料成本差异＝期末结存材料计划成本×材料成本差异率

如果计算出的材料成本差异率，需要进行四舍五入，则需采用倒轧法计算本期发出材料成本差异，具体计算公式为：

期末结存材料成本差异＝期末结存材料计划成本×材料成本差异率

本期发出材料成本差异＝期初结存材料成本差异＋本期收入材料成本差异－期末结存材料成本差异

（2）结转发出材料成本差异。

如果计算出的发出材料成本差异额为正数（超支差异、借方差异），则结转发出材料成本差异时，应借记有关成本费用账户，贷记“材料成本差异”账户。

如果计算出的发出材料成本差异额为负数（节约差异、贷方差异），则结转发出材料成本差异时，应借记“材料成本差异”账户，贷记有关成本费用账户。

【例3-15】 广东炎华服饰有限公司对原材料采用计划成本法进行核算，2019年7月发出材料情况见表3-6所示，7月份收、发、存材料的计划成本及成本差异情况，如表3-7所示。

表3-7　　材料计划成本及成本差异汇总表

2019年7月　　单位：元

材料类别	计划成本				材料成本差异			
	期初	收入	发出	期末	期初	收入	发出	期末
印花布	10 000.00	15 000.00	20 000.00	5 000.00	150.00	−750.00		
锦纶布	25 000.00	20 000.00	35 000.00	10 000.00	−1 000.00	4 420.00		
涤纶布	12 000.00	16 000.00	20 000.00	8 000.00	180.00	−600.00		
合计	47 000.00	51 000.00	75 000.00	23 000.00	−670.00	3070.00		

会计主管：陈利民　　会计：李源珍　　制单：朱玲玲

根据表3-6和表3-7计算并结转本月发出材料成本差异。

（1）印花布材料成本差异的计算。

材料成本差异率＝(150－750)÷(10 000＋15 000)×100%＝－2.4%

本月发出材料成本差异＝20 000×(－2.4%)＝－480(元)

月末结存材料成本差异＝5 000×(－2.4%)＝－120(元)

炎华公司账务处理如下：

借：材料成本差异——印花布　480.00
　贷：生产成本——基本生产成本——休闲服　192.00
　　　　　　　　　　　　　　——童装　240.00
　　　制造费用　24.00
　　　管理费用　24.00

(2) 锦纶布材料成本差异的计算。

材料成本差异率＝(－1 000＋4 420)÷(25 000＋20 000)×100%＝7.6%
本月发出材料成本差异＝35 000×7.6%＝2 660(元)
月末结存材料成本差异＝10 000×7.6%＝760(元)

炎华公司账务处理如下：

借：生产成本——基本生产成本——休闲服　1 368.00
　　　　　　　　　　　　　　——童装　1 216.00
　　管理费用　76.00
　贷：材料成本差异——锦纶布　2 660.00

(3) 涤纶布材料成本差异的计算。

材料成本差异率＝(180－600)÷(12 000＋16 000)×100%＝－1.5%
本月发出材料成本差异＝20 000×(－1.5%)＝－300(元)
月末结存材料成本差异＝8 000×(－1.5%)＝－120(元)

炎华公司账务处理如下：

借：材料成本差异——涤纶布　300.00
　贷：生产成本——基本生产成本——休闲服　120.00
　　　　　　　　　　　　　　——童装　180.00

3) 计算材料实际成本

企业必须按月计算并结转发出材料成本差异，将发出材料计划成本调整为实际成本。本期发出材料与期末结存材料的实际成本的计算公式为：

本期发出材料实际成本＝本期发出材料计划成本＋本期发出材料成本差异
期末结存材料实际成本＝期末结存材料计划成本＋期末结存材料成本差异

【例 3-16】 承[例 3-15]，计算 2019 年 7 月份发出材料与结存材料的实际成本。

(1) 印花布实际成本计算：

发出材料实际成本＝20 000＋(－480)＝19 520(元)
结存材料实际成本＝5 000＋(－120)＝4 880(元)

(2) 锦纶布实际成本计算：

发出材料实际成本＝35 000＋2 660＝37 660(元)
结存材料实际成本＝10 000＋760＝10 760(元)

(3) 涤纶布实际成本计算：

$$发出材料实际成本=20\,000+(-300)=19\,700(元)$$
$$结存材料实际成本=8\,000+(-120)=7\,880(元)$$

3.3 周转材料核算

周转材料，是指企业能够多次使用，逐渐转移其价值但仍保持原有形态，不能确认为固定资产的材料。周转材料主要包括低值易耗品和包装物。

3.3.1 低值易耗品核算

1. 核算内容

低值易耗品，是指不能作为固定资产的各种用具物品，如工具、管理用具、玻璃器皿以及在经营过程中周转使用的包装容器等。由于其价值较低、使用年限较短，且易于损坏，不能作为固定资产管理，在会计上归为存货类，视同存货进行管理。低值易耗品按其用途可以划分为：

(1) 一般用具，是指生产中常用的工具，如刀具、量具、夹具、装配工具等。

(2) 专用工具，是指专用于制造某一特定产品，或在某一特定工序上使用的工具、专用模具等。

(3) 替换设备，是指容易磨损或为制造不同产品需要替换使用的各种设备。

(4) 管理用具，是指在管理上使用的各种家具、用具，如办公用具等。

(5) 劳保用品，是指为了安全生产而发给工人作为劳动保护用的工作服、工作鞋和各种防护用品等。

(6) 其他，是指不属于上述各类的低值易耗品。

2. 账户设置

企业应设置“周转材料——低值易耗品”账户，核算低值易耗品的增减变动及其结存情况。该账户属于资产类账户，借方登记验收入库的低值易耗品的成本，贷方登记发出或摊销低值易耗品的成本，期末余额在借方，表示在库低值易耗品的成本以及在用低值易耗品的摊余价值。

该账户应分别设置“在库”“在用”“摊销”等明细账户进行明细分类核算。“周转材料——低值易耗品”账户结构，如图 3-16 所示。

周转材料——低值易耗品

期初：库存低值易耗品的成本 本期：登记验收入库的低值易耗品的成本	登记发出或摊销低值易耗品的成本
期末：在库低值易耗品的成本以及在用低值易耗品的摊余价值	

图 3-16 “低值易耗品”账户结构

3. 会计核算

企业购进低值易耗品的核算与原材料购进的核算基本相同，这里不再复述。企业领用低值易耗品,根据其价值大小,可以分别采用一次摊销法和五五摊销法进行核算。

1) 一次摊销法

一次摊销法,是指在领用低值易耗品时,就将其价值一次性(全部)计入当期成本费用的摊销方法。一次摊销法适用于一次领用数量不多、价值较低、使用期限较短的低值易耗品的摊销。

领用低值易耗品时,应按领用部门或用途,借记"制造费用""管理费用"等费用类账户,贷记"周转材料——低值易耗品——在库"账户。低值易耗品报废时,应按其残料价值或变卖收入,借记"原材料"或"银行存款"账户,贷记"制造费用""管理费用"等账户。

【例3-17】 广东炎华服饰有限公司生产车间2019年7月3日领用专用修理工具1套,实际成本为500元,行政办公室领用办公椅2张,价值320元。该专用修理工具与办公椅采用一次摊销法进行核算。炎华公司账务处理如下:

借:制造费用　　500.00
　　管理费用　　320.00
　贷:周转材料——低值易耗品——在库　　820.00

附原始凭证:低值易耗品出库单(见图3-17和图3-18)

低值易耗品出库单

用途:生产车间用　　2019年7月3日　　No:10101

名称及规格	单位	请领数量	实发数量	单价	金额(元)
修理工具	套	1	1	500.00	500.00

仓库主管:陈伟峰　　经手人:刘江　　保管员:谢丽敏

图3-17　低值易耗品出库单

低值易耗品出库单

用途:行政办公室用　　2019年7月3日　　No:10102

名称及规格	单位	请领数量	实发数量	单价	金额(元)
办公椅	张	2	2	160.00	320.00

仓库主管:陈伟峰　　经手人:刘江　　保管员:谢丽敏

图3-18　低值易耗品出库单

2) 五五摊销法

五五摊销法,是指在领用低值易耗品时,摊销其价值的50%,待低值易耗品报废时,再摊销剩余的50%的摊销方法。五五摊销法适用于使用期限较长,单位价值较高或一次领用数量较多的低值易耗品的摊销。低值易耗品采用该方法进行核算,主要有以下几个环节:

(1) 领用低值易耗品时,按其成本,借记"周转材料——低值易耗品——在用"账户,贷记"周转材料——低值易耗品——在库"账户。

(2) 按其成本摊销50%时,借记有关成本费用类账户,贷记"周转材料——低值易耗品——摊销"账户。

(3) 报废低值易耗品时,一方面应摊销剩余的50%成本,核算时,低值易耗品残料价值或残料变价收入记入"原材料"或"银行存款"账户,剩余成本(账面价值)与残料价值或残料变价收入的差额记入相关成本费用类账户，借记“原材料”“银行存款”“制造费用”“管理费用”等账户，贷记“周转材料——低值易耗品——摊销”账户；另一方面应转销低值易耗品的成本及其摊销的价值，借记“周转材料——低值易耗品——摊销”账户，贷记“周转材料——低值易耗品——在用”账户。

【例3-18】 广东炎华服饰有限公司生产车间2019年7月5日领用文件柜1个，实际成本为1 500元，预计使用3年，使用期满，文件柜报废，入库残料作价100元。该文件柜采用五五摊销法进行核算。炎华公司账务处理如下：

（1）领用文件柜时：

借：周转材料——低值易耗品——在用　　1 500.00

　贷：周转材料——低值易耗品——在库　　1 500.00

（2）领用时摊销其50%的成本：

借：制造费用　　750.00

　贷：周转材料——低值易耗品——摊销　　750.00

（3）文件柜报废时，残料入库并摊销剩余50%成本：

借：原材料　　100.00

　　制造费用　　650.00

　贷：周转材料——低值易耗品——摊销　　750.00

（4）转销低值易耗品的成本及其摊销价值：

借：周转材料——低值易耗品——摊销　　1 500.00

　贷：周转材料——低值易耗品——在用　　1 500.00

3.3.2 包装物核算

1. 核算内容

包装物，是指为包装本企业商品或产品而储备的各种包装物，如桶、箱、瓶、坛、袋等。

1）包装物核算内容

（1）生产过程领用作为产品组成部分的包装物。

（2）随产品出售单独计价的包装物。

（3）随产品出售不单独计价的包装物。

（4）在销售中出租给购货方使用的包装物。

（5）在销售中出借给购货方使用的包装物。

2）不属于包装物核算范围

（1）各种包装材料，如纸、绳、铁丝、铁皮等，应作为“原材料”进行核算。

（2）用于储存和保管商品、材料而不对外出售的包装物，应按其价值大小分别作为“固定资产”或“周转材料——低值易耗品”进行管理和核算。

（3）单独作为企业商品或产品的自制包装物，应作为“库存商品”进行核算。

2. 账户设置

企业应设置“周转材料——包装物”账户，核算包装物的增减变动及其价值损耗、结存等情况。该账户属于资产类账户，借方登记验收入库的包装物的成本，贷方登记企业领用、摊销、对外销售而减少包装物的成本,期末余额在借方,表示企业库存包装物的成本以及在用包装物的摊余价值。

该账户应分别设置"在库""在用""摊销"等明细账户进行明细分类核算。"周转材料——包装物"账户结构,如图 3-19 所示。

周转材料——包装物	
期初:库存包装物的成本 本期:登记验收入库的包装物的成本	登记领用、摊销、对外销售而减少包装物的成本
期末:库存包装物的成本以及在用包装物的摊余价值	

图 3-19 "周转材料——包装物"账户结构

3. 会计核算

企业购进包装物的核算与原材料购进的核算基本相同,这里不再复述。发出包装物主要包括生产领用、随产品出售、出租、出借等情形。

1) 生产领用包装物核算

生产领用包装物,应按领用包装物的实际成本,借记"生产成本"账户,贷记"周转材料——包装物"账户。

【例 3-19】 广东炎华服饰有限公司生产车间 2019 年 7 月 6 日为包装休闲服而领用包装纸箱一批,实际成本为 800 元。炎华公司账务处理如下:

借:生产成本——基本生产成本——休闲服　　800.00

　贷:周转材料——包装物——在库　　800.00

附原始凭证:包装物出库单(见图 3-20)

包装物出库单

用途:包装休闲服用　　2019 年 7 月 6 日　　No:20101

名称及规格	单位	请领数量	实发数量	单价	金额(元)
包装箱	批	1	1	800.00	800.00

仓库主管:陈伟峰　　经手人:刘江　　保管员:谢丽敏

图 3-20 包装物出库单

2) 随产品出售不单独计价包装物核算

随产品出售不单独计价包装物,主要是为了保证产品销售的顺利进行而提供的服务,因此,这部分包装物的成本应作为企业的销售费用处理,记入"销售费用"账户。

【例 3-20】 广东炎华服饰有限公司 2019 年 7 月 8 日为销售童装而领用不单独计价的包装纸箱一批,实际成本为 400 元。炎华公司账务处理如下:

借:销售费用　　400.00

　贷:周转材料——包装物——在库　　400.00

3) 随产品出售单独计价包装物核算

随产品出售单独计价包装物,实际上是出售包装物。核算时,一方面,应反映包装物销售收入，记入“其他业务收入”账户；另一方面，应反映包装物实际销售成本，记入“其他业务成本”账户。

【例 3-21】 广东炎华服饰有限公司 2019 年 7 月 12 日在销售高级西服时，领用单独计价的皮制包装箱一批，实际成本为 1 200 元，售价为 1 500 元，增值税额 195 元，款项已收到。炎华公司账务处理如下：

(1) 取得出售包装物收入时：

借：银行存款　　1 695.00

　贷：其他业务收入——皮制包装箱　　1 500.00

　　应交税费——应交增值税——销项税额　　195.00

附原始凭证：增值税专用发票（见图 3-21）

4400041141　　**广东增值税专用发票**　　№ 201343001

此联不作报销、扣税凭证使用　　开票日期：2019 年 07 月 12 日

购货单位	名　　称：广东恒盛服装有限公司 纳税人识别号：440106695268028 地 址 、电 话：广州芳村中路 8 号 73695652 开户行及账号：建行芳村支行 11652683082					密码区	（略）
货物或应税劳务、服务名称	规格型号	单位	数　量	单　价	金　额	税率	税　额
皮制包装箱		批	1	1 500.00	1 500.00	13%	195.00
合　计					￥1 500.00		￥195.00
价税合计（大写）	⊗壹仟陆佰玖拾伍圆整						（小写）￥1 695.00
销货单位	名　　称：广东炎华服饰有限公司 纳税人识别号：440106868268025 地 址 、电 话：广州天河中路 2 号 86697584 开户行及账号：建行天河支行 11682683056					备注	

第一联：记账联　销售方记账凭证

收款人：李芬　　复核：李源珍　　开票人：李欣　　销货单位：（章）

图 3-21　增值税专用发票

(2) 结转出售包装箱成本：

借：其他业务成本——皮制包装箱　　1 200.00

　贷：周转材料——包装物——在库　　1 200.00

4) 出租包装物核算

包装物出租，是指企业因销售产品，以出租方式有偿提供给购货单位暂时使用的包装物。出租包装物的核算主要包括：

(1) 收取出租包装物的押金时，借记“银行存款”账户，贷记“其他应付款”账户。

(2) 取得包装物出租的租金时，借记“银行存款”账户，贷记“其他业务收入”“应交税费——应交增值税——销项税额”等账户。

(3) 领用、发出包装物时，一方面应按包装物的实际成本，借记“周转材料——包装物——在用”账户，贷记“周转材料——包装物——在库”账户；另一方面应选用包装物成本摊销方法（可选用一次摊销法或五五摊销法）摊销出租包装物的成本，借记“其他业务成本”

账户,贷记“周转材料——包装物——摊销”账户。

(4)出租包装物期间,发生包装物的维护、修理费用,若该费用由出租方承担,则按其实际发生额,借记“其他业务成本”账户,贷记“库存现金”等账户。

(5)出租包装物到期,如数收回包装物,退回押金,借记“其他应付款”账户,贷记“银行存款”账户;若包装物逾期不能收回或者包装物破损而没收押金时,借记“其他应付款”账户,贷记“其他业务收入”“应交税费——应交增值税——销项税额”等账户。

(6)出租包装物报废时,一方面应摊销包装物的剩余价值,核算时,残料价值或残料变价收入记入“原材料”或“银行存款”账户,剩余价值(账面价值)与残料价值或残料变价收入的差额记入“其他业务成本”账户,借记“原材料”“银行存款”“其他业务成本”等账户,贷记“周转材料——包装物——摊销”账户;另一方面应转销包装物的成本及其摊销的价值,借记“周转材料——包装物——摊销”账户,贷记“周转材料——包装物——在用”账户。

【例3-22】 广东炎华服饰有限公司2019年7月13日在销售高级西服时,租给广州华谊百货有限公司皮制包装箱一批,实际成本为1 500元,收取押金1 695元和租金339元(其中增值税额39元),款项已收存银行。租期为1个月,期满未能收回包装箱,没收押金。该批包装箱采用五五摊销法进行成本摊销。炎华公司账务处理如下:

(1)收取包装物押金时:

借:银行存款　　1 695.00

　贷:其他应付款——华谊百货公司　　1 695.00

(2)取得包装物租金时:

借:银行存款　　339.00

　贷:其他业务收入——皮制包装箱　　300.00

　　应交税费——应交增值税——销项税额　　39.00

附原始凭证:增值税专用发票(见图3-22)

4400041141　　**广东增值税专用发票**　　No 201343002

此联不作报销、扣税凭证使用　　开票日期:2019年07月13日

<table>
<tr><td>购货单位</td><td colspan="4">名　　称:广州华谊百货有限公司
纳税人识别号:440106458268326
地 址 、电 话:广州文德路20号 86495295
开户行及账号:建行文德支行 11682533052</td><td>密码区</td><td colspan="3">(略)</td></tr>
<tr><td colspan="2">货物或应税劳务、服务名称</td><td>规格型号</td><td>单位</td><td>数 量</td><td>单 价</td><td>金 额</td><td>税率</td><td>税 额</td></tr>
<tr><td colspan="2">包装箱租金</td><td></td><td></td><td></td><td></td><td>300.00</td><td>13%</td><td>39.00</td></tr>
<tr><td colspan="2">合 计</td><td></td><td></td><td></td><td></td><td>¥300.00</td><td></td><td>¥39.00</td></tr>
<tr><td colspan="2">价税合计(大写)</td><td colspan="5">⊗叁佰叁拾玖圆整</td><td colspan="2">(小写)¥339.00</td></tr>
<tr><td>销货单位</td><td colspan="4">名　　称:广东炎华服饰有限公司
纳税人识别号:440106868268025
地 址 、电 话:广州天河中路2号 86697584
开户行及账号:建行天河支行 11682683056</td><td>备注</td><td colspan="3"></td></tr>
</table>

第一联:记账联 销售方记账凭证

收款人:李芬　　复核:李源珍　　开票人:李欣　　销货单位:(章)

图3-22 增值税专用发票

(3) 发出包装箱时：

借：周转材料——包装物——在用　　1 500.00
　贷：周转材料——包装物——在库　　1 500.00

(4) 发出时摊销其50%的成本：

借：其他业务成本——皮制包装箱　　750.00
　贷：周转材料——包装物——摊销　　750.00

(5) 租期到，没收包装物押金时：

其他业务收入＝1 695÷(1＋13%)＝1 500(元)

借：其他应付款——华谊百货公司　　1 695.00
　贷：其他业务收入——皮制包装箱　　1 500.00
　　　应交税费——应交增值税——销项税额　　195.00

附原始凭证：包装物处理意见函和增值税专用发票(见图3-23和图3-24)

关于所租包装物处理意见函

广东炎华服饰有限公司：

我单位于7月13日购货时从贵公司租用一批包装箱，因在拆封时有部分被损坏，另外还有部分尚在使用中，因而无法如期全数归还。我公司同意用原来已交的1 695元押金抵偿这些包装箱，请贵公司将与此有关的发票转交给我公司。不便之处，万望原谅。

特此函告

广州华谊百货有限公司
2019年8月15日

（印章：广州华谊百货有限公司 440106458268326）

图3-23　包装物处理意见函

4400041141　　**广东增值税专用发票**　　No 201343003

此联不作报销、扣税凭证使用　　开票日期：2019年08月15日

购货单位	名　　称：广州华谊百货有限公司 纳税人识别号：440106458268326 地 址 、电 话：广州文德路20号，86495295 开户行及账号：建行文德支行、11682533052	密码区	(略)				
货物或应税劳务、服务名称	规格型号	单位	数　量	单　价	金　额	税率	税　额
包装箱		批	1	1 500	1 500.00	13%	195.00
合　计					¥1 500.00		¥195.00
价税合计(大写)	⊗壹仟陆佰玖拾伍圆整				(小写)¥1 695.00		
销货单位	名　　称：广东炎华服饰有限公司 纳税人识别号：440106868268025 地 址 、电 话：广州天河中路2号 86697584 开户行及账号：建行天河支行 11682683056	备注					

收款人：李芬　　复核：李源珍　　开票人：李欣　　销货单位：(章)

第一联：记账联　销售方记账凭证

图3-24　增值税专用发票

(6) 包装箱报废,摊销其剩余50%成本:

借:其他业务成本——皮制包装箱　　750.00
　贷:周转材料——包装物——摊销　　750.00

(7) 转销包装箱的成本及其摊销价值:

借:周转材料——包装物——摊销　　1 500.00
　贷:周转材料——包装物——在用　　1 500.00

5) 出借包装物核算

出借包装物,是指企业因销售产品,以出借形式无偿提供给购货单位使用的包装物。企业出借包装物的会计核算与出租包装物大体相同,所不同的是,出借包装物不取得收入,出借包装物的成本及相关维护维修费用应直接列为销售费用。

【例3-23】 广东炎华服饰有限公司2019年7月18日在销售休闲服时,出借给广州友联服装有限公司包装箱一批,实际成本为1 000元,收取押金1 000元,款项已收存银行。7月25日,如数收回包装箱,退还押金,同时包装箱报废,残料作价200元入库。该批包装箱采用一次摊销法进行成本摊销。炎华公司账务处理如下。

(1) 收取包装物押金时:

借:银行存款　　1 000.00
　贷:其他应付款——友联服装公司　　1 000.00

(2) 发出包装箱并摊销其成本时:

借:销售费用　　1 000.00
　贷:周转材料——包装物——在库　　1 000.00

(3) 收回包装箱,退还押金时:

借:其他应付款——友联服装公司　　1 000.00
　贷:银行存款　　1 000.00

(4) 包装箱报废,残料入库时:

借:原材料　　200.00
　贷:销售费用　　200.00

3.4 委托加工物资与库存商品核算

3.4.1 委托加工物资核算

1. 核算内容

委托加工物资,是指企业委托外单位加工的各种材料、商品等物资。委托加工物资虽然存放在外单位,但其所有权属委托企业,加工完成后要收回,是企业的存货资产。

委托加工物资一般应按实际成本计价核算,其实际成本包括发出加工材料、半成品或商品的实际成本、支付的加工费用、应负担的往返运杂费以及相关税费(但不包括可以抵扣的增值税）。

2. 账户设置

企业应设置“委托加工物资”账户，核算委托加工物资增减变动及其结存情况。该账户属于资产类账户，借方登记发出加工物资的成本、支付的加工费、应负担的运杂费以及应计入委托加工物资的相关税费等，贷方登记加工完成收回并验收入库物资的成本和退还剩余物资的实际成本，期末余额在借方，表示企业尚未完工的委托加工物资的实际成本。

“委托加工物资”账户应按加工合同、委托加工单位以及加工物资的品种设置明细分类账，进行明细分类核算。“委托加工物资”账户结构，如图3-25所示。

委托加工物资

借方	贷方
期初：结存委托加工物资的实际成本 本期：登记发出加工物资的成本、支付的加工费、应负担的运杂费以及应计入委托加工物资的相关税费	登记加工完成收回并验收入库物资的成本和退还剩余物资的实际成本
期末：尚未完工的委托加工物资的实际成本	

图3-25 “委托加工物资”账户结构

3. 会计核算

委托加工物资的核算主要包括发出加工物资、支付加工费用和相关税费、收回委托加工物资和剩余加工物资等几个环节。

1）发出加工物资

企业发出委托外单位加工的物资时，应按物资的实际成本，借记“委托加工物资”账户，贷记“原材料”“库存商品”等账户。

2）支付加工费、运杂费

企业支付加工费、应负担的运杂费等时，应借记“委托加工物资”“应交税费——应交增值税——进项税额”账户，贷记“银行存款”等账户。如果加工物资收回后用于免征增值税项目的，以及未能取得增值税专用发票的一般纳税人或小规模纳税人的加工物资，应将缴纳的增值税计入加工物资成本，借记“委托加工物资”账户，贷记“银行存款”等账户。

3）支付应缴纳的消费税

委托加工物资属于应纳消费税的应税消费品，应由受托方在向委托方交货时代收代缴消费税。委托方在支付应缴纳的消费税时，应视不同情况区别处理：

（1）如果委托加工的应税消费品收回后直接用于销售的，所支付的消费税应计入委托加工物资的成本，借记“委托加工物资”账户，贷记“银行存款”等账户。

（2）如果委托加工的应税消费品收回后用于连续生产应税消费品的，所支付的消费税按规定准予抵扣以后销售环节应缴纳的消费税，核算时，借记“应交税费——应交消费税”账户，贷记“银行存款”等账户。

4）加工完成收回加工物资和退回剩余物资

委托加工物资加工完成，收回加工物资并验收入库以及退回多余物资，应按加工收回物资的实际成本、剩余物资的成本，借记“原材料”“库存商品”等账户，贷记“委托加工物资”账户。

3.4.2 库存商品核算

1. 核算内容

库存商品,是指企业已完成全部生产过程并已验收入库、合乎标准规格和技术条件,可以按照合同规定的条件送交订货单位,或可以作为商品对外销售的产品以及外购或委托加工完成验收入库用于销售的各种商品。

库存商品具体包括库存产成品、外购商品、存放在门市部准备出售的商品、发出展览的商品、寄存在外的商品、接受来料加工制造的代制品和为外单位加工修理的代修品等。

2. 账户设置

企业应设置"库存商品"账户,核算企业库存商品的增减变动及其结存情况。该账户属于资产类账户,借方登记已完成生产过程并已验收入库的产成品的实际成本,以及盘盈产成品的实际成本,贷方登记发出(售出)产成品的实际成本,以及结转记入"待处理财产损溢"账户的盘亏、毁损产成品的实际成本,期末余额在借方,表示企业各种库存商品的实际成本。

"库存商品"账户应按其品种、规格等设置明细分类账,进行明细分类核算。"库存商品"账户结构,如图 3-26 所示。

库存商品

借方	贷方
期初:结存库存商品的实际成本 本期:登记已完成生产过程并已验收入库的产成品的实际成本,以及盘盈产成品的实际成本	登记发出(售出)产成品的实际成本,以及结转计入"待处理财产损溢"账户的盘亏、毁损产成品的实际成本
期末:企业各种库存商品的实际成本	

图 3-26 "库存商品"账户结构

3. 会计核算

1) 产品完工验收入库核算

产品生产完工并验收入库时,应由生产车间按照交库数量填写"完工产品入库单",交仓库点收数量并登记明细账。月末,根据完工产品入库单和成本计算资料,编制"完工产品入库汇总表",按其实际成本,借记"库存商品"账户,贷记"生产成本——基本生产成本"账户。

【例 3-24】 广东炎华服饰有限公司 2019 年 7 月 31 日汇总编制本月完工产品入库汇总表,如表 3-8 所示。

表 3-8　完工产品入库汇总表

2019 年 7 月 31 日　　单位:元

产品名称	单位	数量	单位成本	总成本
西服	套	650	126.00	81 900.00
休闲服	件	1 000	64.00	64 000.00
童装	套	2 200	38.00	83 600.00
合计	—	—	—	229 500.00

会计主管:陈利民　　会计:李源珍　　制单:朱玲玲

根据上述完工产品入库汇总表，炎华公司账务处理如下：

借：库存商品——西服　81 900.00
　　　　　　——休闲服　64 000.00
　　　　　　——童装　83 600.00
贷：生产成本——基本生产成本——西服　81 900.00
　　　　　　　　　　　　　　——休闲服　64 000.00
　　　　　　　　　　　　　　——童装　83 600.00

2）产品销售并发出核算

产品销售并发出时，应由仓库按照出库数量，填写产品出库单，并登记明细账。月末，根据产品出库单计列出库数量和库存商品明细账所列产品的实际单位成本，编制“产品发出汇总表”，结转已经实现销售的产品成本，借记“主营业务成本”账户，贷记“库存商品”账户。

【例3-25】 广东炎华服饰有限公司2019年7月31日汇总编制本月已销产品发出汇总表，如表3-9所示。

表3-9　产品发出汇总表

用途：销售　2019年7月31日　单位：元

产品名称	单位	数量	单位成本	总成本
西服	套	580	126.00	73 080.00
休闲服	件	860	64.00	55 040.00
童装	套	1 960	38.00	74 480.00
合计	—	—	—	202 600.00

会计主管：陈利民　会计：李源珍　制单：朱玲玲

根据上述已销产品发出汇总表，炎华公司账务处理如下：

借：主营业务成本——西服　73 080.00
　　　　　　　　——休闲服　55 040.00
　　　　　　　　——童装　74 480.00
贷：库存商品——西服　73 080.00
　　　　　　——休闲服　55 040.00
　　　　　　——童装　74 480.00

知识拓展3-2

商品流通企业库存商品核算

商品流通企业库存商品通常采用售价金额核算法进行核算。售价金额核算法，是指平时商品的购入、销售均按售价记账，售价与进价的差额通过“商品进销差价”账户核算，期末计算进销差价率和本期已销售商品应分摊的进销差价，并据以调整本期销售成本的一种方法。具体计算公式为：

$$商品进销差价率=\frac{期初库存商品进销差价+本期购入商品进销差价}{期初库存商品售价+本期购入商品售价}\times 100\%$$

本期销售商品应分摊进销差价=本期商品销售收入×商品进销差价率

本期销售商品成本=本期商品销售收入-本期销售商品应分摊进销差价

期末结存商品成本=期初库存商品成本+本期购进商品成本-本期销售商品成本

在售价金额核算法中,"库存商品"账户的借方、贷方和余额均反映商品的售价(含税零售价),同时还应设置"商品进销差价"账户,核算商品售价与进价之间的差额。该账户是"库存商品"账户的备抵调整账户,贷方登记入库商品售价大于进价的差额,借方登记分摊已销商品的进销差价和因商品发出加工、出租、发生损失等减少的进销差价,期末余额在贷方,表示尚未销售也尚未摊销的商品进销差价。"商品进销差价"账户应按商品类别或实物负责人设置明细分类账,进行明细分类核算。

3.5 存货清查与减值核算

3.5.1 存货清查核算

1. 核算内容

存货清查,是指通过对存货的实际盘点,确定存货的实有数量,并与账面结存数进行核对,从而确定存货实存数与账面结存数是否相符的一种专门方法。

存货清查的内容包括核对存货的账存数和实存数,查明盘盈、盘亏存货的品种、规格和数量,查明变质、毁损、积压的品种、规格和数量。对于存货的盘盈、盘亏,应填写存货盘点报告(如实存账存对比表),及时查明原因,按规定程序报经股东大会、董事会或经理(厂长)会议批准。

2. 会计核算

企业发生存货盘盈、盘亏或毁损通过"待处理财产损溢"账户进行核算。

1) 存货盘盈核算

企业发生存货盘盈时,应按同类或类似存货的市场价格,借记"原材料""库存商品"等账户,贷记"待处理财产损溢——待处理流动资产损溢"账户;查明原因,报经批准后,借记"待处理财产损溢——待处理流动资产损溢"账户,贷记"管理费用"或"应付账款"等账户。

【例 3-26】 广东炎华服饰有限公司 2019 年 7 月 31 日对原材料进行盘点,盘盈棉布 50 米,实际成本为 650 元,印花布 20 米,实际成本为 200 元,经查属于材料收发计量方面的错误,经批准冲减企业管理费用。炎华公司账务处理如下:

(1) 查明原因前:

借:原材料——棉布	650.00	
——印花布	200.00	
贷:待处理财产损溢——待处理流动资产损溢		850.00

附原始凭证:存货盘点报告单(见图 3-27)

存货盘点报告单

2019年7月31日 单位:元

存货名称	规格型号	单位	数量		单价	盘盈		盘亏	
			账存	实存		数量	金额	数量	金额
棉布		米	1 000	1 050	15.00	50	650.00		
印花布		米	1 400	1 420	10.00	20	200.00		
合计		—	—	—	—	—	850.00		

仓库主管:陈伟峰 清查人:刘江 保管员:谢丽敏

图3-27 存货盘点报告单

(2) 查明原因,报经批准后:

借:待处理财产损溢——待处理流动资产损溢 850.00

贷:管理费用 850.00

2) 存货盘亏核算

企业发生存货盘亏或毁损时,应按其账面成本及时转销,借记"待处理财产损溢——待处理流动资产损溢"账户,贷记"原材料""库存商品""应交税费——应交增值税——进项税额转出"(因管理不善造成被盗、丢失、霉烂变质的损失部分所含的进项税额应转出)等账户;待查明原因,报经批准处理后,根据造成盘亏或毁损的原因,分别进行核算处理。入库的残料价值,借记"原材料"等账户,应由保险公司和过失人赔偿的,借记"其他应收款"账户,扣除残料价值和保险公司、过失人的赔款后的净损失,属于定额内损耗或自然损耗以及因材料收发计量方面的错误而发生的损耗,借记"管理费用"账户,属于自然灾害等不可抗力造成的损失,借记"营业外支出"账户,贷记"待处理财产损溢——待处理流动资产损溢"账户。

【例3-27】 广东炎华服饰有限公司2019年8月31日对原材料进行盘点,发现丝绸布短缺100米,单位成本为30元;锦纶布短缺200米,单位成本为12元,经查,丝绸布属于仓管谢丽敏管理不善毁损所致,应收过失人赔偿500元,锦纶布属于自然灾害损失,应收保险公司赔偿1 000元。炎华公司账务处理如下:

(1) 查明原因前:

丝绸布盘亏=100×30=3 000(元)

丝绸布进项税额转出=3 000×13%=390(元)

锦纶布盘亏=200×12=2 400(元)

借:待处理财产损溢——待处理流动资产损溢 5 790.00

贷:原材料——丝绸布 3 000.00

——锦纶布 2 400.00

应交税费——应交增值税——进项税额转出 390.00

(2) 查明原因,报经批准后:

管理费用=3 000×(1+13%)-500=2 890(元)

营业外支出＝2 400－1 000＝1 400(元)

借：其他应收款——谢丽敏　　500.00

　　　　　　——太平洋保险　　1 000.00

　　管理费用　　2 890.00

　　营业外支出　　1 400.00

　贷：待处理财产损溢——待处理流动资产损溢　　5 790.00

附原始凭证：保险赔偿确认单(见图 3-28)

关于保险赔偿确认函

广东炎华服饰有限公司：

贵单位于 8 月 31 日发生自然灾害，造成锦纶布受到损失，损失金额 2 400 元。按照双方签订的保险合同，我公司同意赔偿贵公司 1 000 元损失。

特此函告

中国太平洋财产保险公司

2019 年 8 月 31 日

图 3-28　保险赔偿确认单

知识拓展 3-3

在产品清查结果处理

在产品清查工作应定期进行，也可以不定期轮流清查。对于没有建立在产品收发日常核算的车间，应当每月月末清查一次在产品，以取得在产品的实际盘存资料，用来计算产品成本。在产品盘存盈亏处理的核算，应在制造费用结账前进行。

清查结果，在产品发生盘盈的，按盘盈在产品成本(一般按定额成本计算)，借记"生产成本——基本生产成本"账户，贷记"待处理财产损溢——待处理流动资产损溢"账户，经批准后转入"制造费用"账户；在产品发生盘亏或毁损的，借记"待处理财产损溢——待处理流动资产损溢"账户，贷记"生产成本——基本生产成本"账户；取得的残料，借记"原材料"等账户，贷记"待处理财产损溢——待处理流动资产损溢"账户，经批准处理时，应分别转入相应账户，其中由于车间管理不善造成的损失，转入"制造费用"账户。

3.5.2　存货减值核算

1. 核算内容

企业期末存货应按成本与可变现净值孰低法进行计价。成本与可变现净值孰低法是指期末存货按照成本与可变现净值两者之中较低者计价的方法，即当成本低于可变现净值时，期末存货按成本计价；当成本高于可变现净值时，期末存货按可变现净值计价。其中，成本是指期末存货的实际成本(历史成本)；可变现净值是指在日常活动中，存货的估计售价减去至完工时估计将要发生的成本、估计的销售费用以及相关税费后的金额。

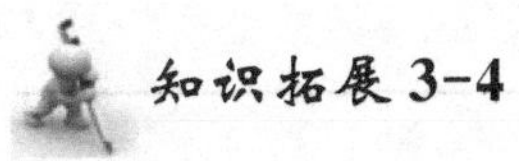

知识拓展3-4

存货可变现净值的确定

企业确定存货的可变现净值,应当以取得的确凿证据为基础,并且考虑持有存货的目的、资产负债表日后事项的影响等因素。

1) 存货的可变现净值应依据不同情况分别确定

(1) 产成品、商品等直接用于出售的存货,没有销售合同约定的,其可变现净值为正常生产经营过程中,产成品或商品的一般销售价格(即市场价格)减去估计的销售费用和相关税费等后的金额。

(2) 用于出售的材料等,应当以市场价格减去估计的销售费用和相关税费等后的金额作为其可变现净值。

(3) 为执行销售合同或者劳务合同而持有的存货,其可变现净值应以合同价格为基础,而不是估计售价,减去估计的销售费用和相关税费等后的金额确定。

2) 如果存在以下情形之一,则存货的可变现净值为零

(1) 已霉烂变质的存货。

(2) 已过期且无转让价值的存货。

(3) 生产中已不再需要,并且已无使用价值和转让价值的存货。

(4) 其他足以证明已无使用价值和转让价值的存货。

存货存在下列情形之一的,通常表明存货发生减值(成本高于可变现净值),应当计提存货跌价准备。

(1) 该存货市价持续下跌,并且在可预见的未来无回升的希望。

(2) 企业使用该项原材料生产的产品的成本大于产品的销售价格。

(3) 企业因产品更新换代,原有库存原材料已不适应新产品的需要,而该原材料的市场价格又低于其账面成本。

(4) 因企业所提供的商品或劳务过时或消费者偏好改变而使市场需求发生变化,导致市场价格逐渐下跌。

(5) 其他足以证明该项存货实质上已经发生减值的情形。

2. 账户设置

1) "资产减值损失"账户

"资产减值损失"账户,核算企业根据资产减值等准则计提各项资产减值准备(存货跌价准备、固定资产减值准备、无形资产减值准备等)所形成的损失。该账户属于损益类账户,借方登记企业计提各项资产减值准备(存货跌价准备、固定资产减值准备、无形资产减值准备等)所形成的损失,贷方登记企业计提各项资产减值损失准备后,相关资产的价值又得以恢复,应恢复的减值准备金额,以及期末转入"本年利润"账户的减值损失余额,期末结转后,该账户没有余额。

"资产减值损失"账户应按资产减值损失的项目(存货跌价准备、固定资产减值准备、无形资产减值准备等)设置明细分类账,进行明细分类核算。"资产减值损失"账户结构,如图3-29所示。

资产减值损失

期初:无余额 本期:登记企业计提各项资产减值准备(存货跌价准备、固定资产减值准备、无形资产减值准备等)所形成的损失	登记企业计提各项资产减值损失准备后,相关资产的价值又得以恢复,应恢复的减值准备金额,以及期末转入"本年利润"账户的减值损失余额
期末:无余额	

图 3-29 "资产减值损失"账户结构

2)"存货跌价准备"账户

"存货跌价准备"账户,核算企业计提的存货跌价准备。该账户属于资产类账户,借方登记实际发生的存货跌价损失金额和冲减的存货跌价准备金额,贷方登记计提的存货跌价准备金额,期末余额一般在贷方,表示企业已计提但尚未转销的存货跌价准备。

"存货跌价准备"账户是有关存货类账户的备抵调整账户,有关存货类账户的期末借方余额减去"存货跌价准备"账户的期末贷方余额,即为该存货的期末实际价值。"存货跌价准备"账户结构,如图 3-30 所示。

存货跌价准备

本期:登记实际发生的存货跌价损失金额和冲减的存货跌价准备金额	期初:已计提但尚未转销的存货跌价准备 登记计提的存货跌价准备金额
	期末:已计提但尚未转销的存货跌价准备

图 3-30 "存货跌价准备"账户结构

3. 会计核算

1) 存货跌价准备的计提(可变现净值低于成本)

当有迹象表明存货发生减值时,企业应于期末计算存货的可变现净值,计提存货跌价准备。具体计算公式为:

(1) 期末应计提存货跌价准备=存货成本-可变现净值

(2) 实际计提存货跌价准备=期末应计提存货跌价准备-计提前"存货跌价准备"账户贷方余额

其中,计提前"存货跌价准备"账户贷方余额即为已计提存货跌价准备的金额。

该计算公式用"T 字账"表示,如图 3-31 所示。

存货跌价准备计算

	计提前存货跌价准备贷方余额 实际计提存货跌价准备金额
	期末应计提存货跌价准备

图 3-31 存货跌价准备计算

若实际计提存货跌价准备的计算结果为正数，表示应计提存货跌价准备，按其金额，借记“资产减值损失”账户，贷记“存货跌价准备”账户。

若实际计提存货跌价准备的计算结果为负数，表示应冲减存货跌价准备，按其金额，借记“存货跌价准备”账户，贷记“资产减值损失”账户。

2）存货跌价准备的转回（可变现净值高于成本）

当以前减计存货价值的影响因素已经消失，使得已计提跌价准备的存货的价值得以恢复，则应冲减跌价准备金额，但冲减金额以已计提存货跌价准备为限。具体计算公式为：

存货跌价准备冲减数＝冲减前“存货跌价准备”账户贷方余额（即已计提存货跌价准备的金额）

实际上存货跌价准备转回的计算公式也可利用存货跌价准备计提的计算公式来计算，计算过程如下：

（1）期末应计提存货跌价准备＝0

（2）实际计提存货跌价准备＝－计提前“存货跌价准备”账户贷方余额

【例 3-28】 广东炎华服饰有限公司 2014 年开始采用成本与可变现净值孰低法对存货进行期末计价。2014—2017 年年末丝绸布的成本与可变现净值资料，如表 3-10 所示。

表 3-10　　丝绸布成本与可变现净值资料表　　单位：元

年度	成本	可变现净值
2014	21 500.00	20 000.00
2015	24 000.00	23 500.00
2016	26 500.00	25 600.00
2017	28 000.00	30 000.00

炎华公司期末计价有关计算及账务处理如下：

（1）2014 年年末（可变现净值低于成本）：

期末应计提存货跌价准备＝21 500－20 000＝1 500（元）

实际计提存货跌价准备＝1 500－0＝1 500（元）

借：资产减值损失——计提存货跌价准备　　1 500.00

　贷：存货跌价准备　　1 500.00

（2）2015 年年末（可变现净值低于成本）：

期末应计提存货跌价准备＝24 000－23 500＝500（元）

计提前“存货跌价准备”账户贷方余额＝1 500（元）

实际计提存货跌价准备＝500－1 500＝－1 000（元）

借：存货跌价准备　　1 000.00

　贷：资产减值损失——计提存货跌价准备　　1 000.00

（3）2016 年年末（可变现净值低于成本）：

期末应计提存货跌价准备＝26 500－25 600＝900（元）

计提前“存货跌价准备”账户贷方余额＝500（元）

实际计提存货跌价准备＝900－500＝400（元）

借：资产减值损失——计提存货跌价准备　　400.00
　贷：存货跌价准备　　400.00

(4) 2017年年末(可变现净值高于成本)：

期末应计提存货跌价准备＝0
计提前“存货跌价准备”账户贷方余额＝900(元)
实际计提存货跌价准备＝0－900＝－900(元)

借：存货跌价准备　　900.00
　贷：资产减值损失——计提存货跌价准备　　900.00

3) 存货跌价准备的结转

企业销售计提了存货跌价准备的存货,在结转销售成本时,应同时结转其已计提的存货跌价准备,结转时,借记“主营业务成本”“存货跌价准备”账户,贷记“库存商品”账户。对于因债务重组、非货币性资产交换转出的存货,也应同时结转已计提的存货跌价准备。

【本章小结】

1. 存货,是指企业在日常经营活动中持有以备出售的产品或商品、处在生产过程中的在产品、在生产过程或提供劳务过程中耗用的材料或物料等。确认一项货物是否属于企业的存货,首先,需要符合存货的概念。其次,要满足存货确认的两个条件:一是该存货包含的经济利益很可能流入企业;二是该存货的成本能够可靠的计量。

2. 企业取得存货时,应当按其实际成本入账。存货的实际成本是指在取得存货的过程中发生的全部实际支出。存货取得的途径不同,其实际成本的构成也有所不同。企业取得存货的途径主要有购入、自制、委托加工、投资者投入和接受捐赠等。

3. 原材料,是指企业在生产过程中经过加工改变其形态或性质并构成产品主要实体的各种原料、主要材料和外购半成品,以及不构成产品实体但有助于产品形成的辅助材料。原材料的日常核算方法有两种:实际成本法核算和计划成本法核算。实际成本法核算是指原材料的日常收入、发出及结存,无论是总分类核算,还是明细分类核算,全部按实际成本进行核算。计划成本法核算是指原材料的日常收入、发出及结存,无论是总分类核算,还是明细分类核算,全部按计划成本进行核算。

4. 周转材料,是指企业能够多次使用,逐渐转移其价值但仍保持原有形态,不能确认为固定资产的材料。周转材料主要包括低值易耗品和包装物。低值易耗品,是指不能作为固定资产的各种用具物品,如工具、管理用具、玻璃器皿以及在经营过程中周转使用的包装容器等。包装物,是指为包装本企业商品或产品而储备的各种包装物,如桶、箱、瓶、坛、袋等。

5. 委托加工物资,是指企业委托外单位加工的各种材料、商品等物资。委托加工物资一般应按实际成本计价核算,其实际成本包括发出加工材料、半成品或商品的实际成本、支付的加工费用、应负担的往返运杂费以及相关税费(但不包括可以抵扣的增值税)。

6. 库存商品,是指企业已完成全部生产过程并已验收入库、合乎标准规格和技术条件,可以按照合同规定的条件送交订货单位,或可以作为商品对外销售的产品以及外购或委托加工完成验收入库用于销售的各种商品。库存商品具体包括库存产成品、外购商品、存放在门市部准备出售的商品、发出展览的商品、寄存在外的商品、接受来料加工制造的代制品和为外单位加工修理的代修品等。

7. 存货清查，是指通过对存货的实际盘点，确定存货的实有数量，并与账面结存数进行核对，从而确定存货实存数与账面结存数是否相符的一种专门方法。存货清查的内容包括核对存货的账存数和实存数，查明盘盈、盘亏存货的品种、规格和数量，查明变质、毁损、积压的品种、规格和数量。

8. 企业期末存货应按成本与可变现净值孰低法进行计价。成本与可变现净值孰低法，是指期末存货按照成本与可变现净值两者之中较低者计价的方法，即当成本低于可变现净值时，期末存货按成本计价；当成本高于可变现净值时，期末存货按可变现净值计价。

第4章 应收款项核算

【目的要求】

1. 能掌握应收账款的确认及其核算。
2. 能叙述应收票据的概念及其分类。
3. 能掌握应收票据取得与收回票款核算。
4. 能掌握应收票据转让与贴现核算。
5. 能掌握预付账款发生与结算的核算。
6. 能叙述和列举其他应收款的概念与内容。
7. 能掌握其他应收款的会计核算。
8. 能叙述和列举坏账的概念与条件。
9. 能掌握坏账准备计提的会计核算。

【重点难点】

1. 应收账款核算。
2. 应收票据取得核算。
3. 应收票据贴现核算。
4. 坏账准备计提核算。

【基础知识】

应收款项，是指企业在日常生产经营过程中发生的各项债权，包括应收账款、应收票据、预付账款和其他应收款等。

4.1 应收账款核算

4.1.1 应收账款概述

1. 应收账款概念

应收账款，是指企业因销售商品（产品）或提供劳务等经营活动，应向购货单位或接受劳务单位收取的款项。

2. 应收账款确认

应收账款是因企业销售商品或提供劳务等产生的债权，应当按照实际发生额入账，其入账价值包括销售商品或提供劳务的价款、增值税款及代购货单位垫付的包装费、运输费、装卸费等费用等。

3. 账户设置

企业应设置“应收账款”账户，核算企业应收账款的增减变动及其结存情况。该账户属于资产类账户，借方登记企业应收账款的增加，贷方登记企业应收账款的收回及确认的坏账损失，期末余额一般在借方，表示企业尚未收回的应收账款。如果期末余额在贷方，则表示企业预收的账款。

“应收账款”账户应按购货单位或接受劳务单位设置明细分类账，进行明细分类核算。“应收账款”账户结构，如图 4-1 所示。

应收账款	
期初：结存尚未收回的应收账款 本期：登记企业应收账款的增加	登记企业应收账款的收回及确认的坏账损失
期末：企业尚未收回的应收账款	

图 4-1　“应收账款”账户结构

不单独设置“预收账款”账户的企业，其预收的账款也在“应收账款”账户核算。

4.1.2　应收账款核算

1. 没有销售折扣的情形

在没有销售折扣的情况下，企业发生的应收账款按应收的全部金额入账。

(1) 企业销售商品(产品)或提供劳务而产生应收账款时，借记“应收账款”账户，贷记“主营业务收入”“其他业务收入”“应交税费——应交增值税——销项税额”等账户。

(2) 企业代购货单位垫付运输费、包装费、装卸费等费用时，借记“应收账款”账户，贷记“银行存款”等账户。

(3) 企业收回应收账款时，借记“银行存款”等账户，贷记“应收账款”账户。

【例 4-1】　广东炎华服饰有限公司 2019 年 8 月 3 日向广东恒盛服装有限公司销售针织衬衣一批，开出增值税专用发票一张，发票注明价款 50 000 元，增值税额 6 500 元，并以现金支付代垫运杂费及增值税额 130.8 元，产品已发出，已办妥委托收款手续。6 日接到银行收账通知，收到恒盛公司支付货款。炎华公司账务处理如下：

(1) 销售针织衬衣时：

借：应收账款——恒盛服装公司	56 630.80	
贷：主营业务收入——针织衬衣		50 000.00
应交税费——应交增值税——销项税额		6 500.00
库存现金		130.80

附原始凭证：增值税专用发票(见图 4-2)

4400041141　　**广东增值税专用发票**　　№ 201304101

此联不作报销、扣税凭证使用　　开票日期：2019 年 08 月 03 日

购货单位	名　　称：广东恒盛服装有限公司 纳税人识别号：440106695268028 地址、电话：广州芳村中路 8 号 73695652 开户行及账号：建行芳村支行 11652683082				密码区	(略)		
货物或应税劳务、服务名称	规格型号	单位	数量	单价	金额	税率	税额	
针织衬衣		件	1 000	50.00	50 000.00	13%	6 500.00	
合　计					￥50 000.00		￥6 500.00	
价税合计(大写)	⊗伍万陆仟伍佰圆整					(小写)￥56 500.00		
销货单位	名　　称：广东炎华服饰有限公司 纳税人识别号：440106868268025 地址、电话：广州天河中路 2 号 86697584 开户行及账号：建行天河支行 11682683056				备注			

收款人：李芬　　复核：李源珍　　开票人：李欣　　销货单位：(章)

第一联：记账联　销售方记账凭证

图 4-2　增值税专用发票

(2) 收到货款时：

借：银行存款　　56 630.80

　贷：应收账款——恒盛服装公司　　56 630.80

附原始凭证：委托收款收账通知(见图 4-3)

托收凭证(收账通知)　4

委托日期：2019 年 08 月 03 日　　付款期限 2019 年 08 月 06 日

业务类型	委托收款(□邮划、√电划)　托收承付(□邮划、□电划)					
付款人	全称	广东恒盛服装有限公司	收款人	全称	广东炎华服饰有限公司	
	账号	11652683082		账号	11682683056	
	地址	广东省 广州 市/县　开户行 建行芳村支行		地址	广东省 广州 市/县　开户行 建行天河支行	
金额	人民币(大写)	伍万陆仟陆佰叁拾元捌角整			亿 千 百 十 万 千 百 十 元 角 分 ￥ 5 6 6 3 0 8 0	
款项内容	销货款	托收凭据名称	发票、承运单		附寄单证张数 2	
商品发运情况	已发运				合同名称号码 T00101	
备注： 复核　记账	款项收妥日期： 2019 年 8 月 6 日				中国建设银行股份有限公司广州天河支行 2019.08.06 办讫章 (4) 收款人开户银行签章	

此联作收款人开户银行给收款人的收账通知

图 4-3　委托收款收账通知

2. 存在销售折扣的情形

销售折扣包括商业折扣和现金折扣两种。

1) 商业折扣

商业折扣,是指企业为促进商品销售而在商品标价上给予的价格扣除。商业折扣是企业最常用的促销手段,它的特点是"薄利多销"。商业折扣通常用百分数表示,如5%、10%等。

存在商业折扣时,企业应收账款应按净价法进行入账,即按扣除商业折扣后的实际售价作为应收账款的入账价值。

【例4-2】 广东炎华服饰有限公司2019年8月8日向广州友联服装有限公司销售针织套装1 000套,原价为150元/套,因一次性购买数量较多,公司决定给予友联公司10%的折扣,产品已发出,货款已收妥,增值税税率为13%。炎华公司账务处理如下:

主营业务收入=(150×90%)×1 000=135 000(元)

增值税销项税额=135 000×13%=17 550(元)

借:银行存款	152 550.00
贷:主营业务收入——针织套装	135 000.00
应交税费——应交增值税——销项税额	17 550.00

附原始凭证:增值税专用发票、银行进账单(见图4-4和图4-5)

4400041141　　**广东增值税专用发票**　　№ 201304102

此联不作报销、扣税凭证使用　　开票日期:2019年08月08日

购货单位	名称:广州友联服装有限公司 纳税人识别号:440106932268423 地址、电话:广州小北路96号 86428298 开户行及账号:建行小北支行 11642683985				密码区	(略)		
货物或应税劳务、服务名称	规格型号	单位	数量	单价	金额	税率	税额	
针织套装		套	1 000	135.00	135 000.00	13%	17 550.00	
合计					¥135 000.00		¥17 550.00	
价税合计(大写)	⊗壹拾伍万贰仟伍佰伍拾圆整						(小写)¥152 550.00	
销货单位	名称:广东炎华服饰有限公司 纳税人识别号:440106868268025 地址、电话:广州天河中路2号 86697584 开户行及账号:建行天河支行 11682683056				备注			

第一联:记账联 销售方记账凭证

收款人:李芬　　复核:李源珍　　开票人:李欣　　销货单位:(章)

图4-4 增值税专用发票

中国建设银行进账单 （回　单）　　**1**

2019 年 08 月 08 日

<table>
<tr><td rowspan="3">出票人</td><td>全　称</td><td>广州友联服装有限公司</td><td rowspan="3">收款人</td><td>全　称</td><td colspan="11">广东炎华服饰有限公司</td></tr>
<tr><td>账　号</td><td>11642683985</td><td>账　号</td><td colspan="11">11682683056</td></tr>
<tr><td>开户银行</td><td>建行小北支行</td><td>开户银行</td><td colspan="11">建行天河支行</td></tr>
<tr><td rowspan="2">金额</td><td rowspan="2">人民币
(大写)</td><td colspan="3" rowspan="2">壹拾伍万贰仟伍佰伍拾元整</td><td>亿</td><td>千</td><td>百</td><td>十</td><td>万</td><td>千</td><td>百</td><td>十</td><td>元</td><td>角</td><td>分</td></tr>
<tr><td></td><td></td><td>¥</td><td>1</td><td>5</td><td>2</td><td>5</td><td>5</td><td>0</td><td>0</td><td>0</td></tr>
<tr><td colspan="2">票据种类</td><td>支票</td><td>票据张数</td><td>壹</td><td colspan="11" rowspan="3">中国建设银行股份有限公司
广州天河支行
2019.08.08
办讫章
(4)
开户银行盖章</td></tr>
<tr><td colspan="2">票据号码</td><td colspan="3">17614062</td></tr>
<tr><td colspan="5">复核　记账</td></tr>
</table>

此联是开户银行交给持(出)票人的回单

图 4-5　银行进账单

2）现金折扣

现金折扣，是指债权人为鼓励债务人在规定的期限内付款而向债务人提供的债务扣除。

存在现金折扣时，企业应收账款应按总价法进行入账，即按不扣除现金折扣的总售价金额作为应收账款的入账价值。现金折扣只有客户在折扣期内支付货款时，才予以确认。销售方给予客户的现金折扣，从融资角度分析，属于一种理财费用，会计上应当在其发生时，作为财务费用处理。

知识拓展 4-1

现金折扣的表示方法

现金折扣一般用符号“折扣率/付款期限”表示，如“2/10，1/20，n/30”表示：销售方允许客户最长的付款期限为 30 天，如果客户在 10 天内付款，销售方可按商品售价给予客户 2%的折扣；如果客户在 20 天内付款，销售方可按商品售价给予客户 1%的折扣；如果客户在 21～30 天内付款，将不能享受现金折扣。

【例 4-3】 广东炎华服饰有限公司 2019 年 8 月 8 日向广州华谊百货有限公司销售针织衬衣一批，开出增值税专用发票，发票注明价款为 40 000 元，增值税额 5 200 元。产品已发出，货款尚未收到。经双方商定，公司同意给予华谊公司按不包含增值税的价款提供现金折扣，现金折扣条件为“2/10，1/20，n/30”。8 月 16 日，收到华谊公司支付购货款。炎华公司账务处理如下：

（1）8 月 8 日，销售商品，确认收入时：

科目	借方	贷方
借：应收账款——华谊百货公司	45 200.00	
贷：主营业务收入——针织衬衣		40 000.00
应交税费——应交增值税——销项税额		5 200.00

附原始凭证：增值税专用发票（见图 4-6）

4400041141　　　　**广东增值税专用发票**　　　　№ 201304103

此联不作报销、扣税凭证使用　　开票日期：2019 年 08 月 08 日

<table>
<tr><td>购货单位</td><td colspan="4">名　　称：广州华谊百货有限公司
纳税人识别号：440106458268326
地 址 、电 话：广州文德路 20 号 86495295
开户行及账号：建行文德支行 11682533052</td><td>密码区</td><td colspan="3">（略）</td></tr>
<tr><td colspan="2">货物或应税劳务、服务名称
针织衬衣</td><td>规格型号</td><td>单位
件</td><td>数 量
800</td><td>单 价
50.00</td><td>金 额
40 000.00</td><td>税率
13%</td><td>税 额
5 200.00</td></tr>
<tr><td colspan="2">合 计</td><td></td><td></td><td></td><td></td><td>￥40 000.00</td><td></td><td>￥5 200.00</td></tr>
<tr><td colspan="2">价税合计（大写）</td><td colspan="5">⊗肆万伍仟贰佰圆整</td><td colspan="2">（小写）￥45 200.00</td></tr>
<tr><td>销货单位</td><td colspan="4">名　　称：广东炎华服饰有限公司
纳税人识别号：440106868268025
地 址 、电 话：广州天河中路 2 号 86697584
开户行及账号：建行天河支行 11682683056</td><td>备注</td><td colspan="3"></td></tr>
</table>

收款人：李芬　　复核：李源珍　　开票人：李欣　　销货单位：（章）

第一联：记账联　销售方记账凭证

图 4-6　增值税专用发票

（2）8 月 16 日，收到货款时：

现金折扣＝40 000×2%＝800（元）

借：银行存款　　44 400.00

　　财务费用　　800.00

　贷：应收账款——华谊百货公司　　45 200.00

附原始凭证：银行进账单（见图 4-7）

中国建设银行进账单　（回　单）　　1

2019 年 08 月 16 日

<table>
<tr><td rowspan="3">出票人</td><td>全　称</td><td colspan="4">广州华谊百货有限公司</td><td rowspan="3">收款人</td><td>全　称</td><td colspan="11">广东炎华服饰有限公司</td></tr>
<tr><td>账　号</td><td colspan="4">11682533052</td><td>账　号</td><td colspan="11">11682683056</td></tr>
<tr><td>开户银行</td><td colspan="4">建行文德支行</td><td>开户银行</td><td colspan="11">建行天河支行</td></tr>
<tr><td rowspan="2">金额</td><td rowspan="2">人民币（大写）</td><td colspan="5" rowspan="2">肆万肆仟肆佰元整</td><td></td><td>亿</td><td>千</td><td>百</td><td>十</td><td>万</td><td>千</td><td>百</td><td>十</td><td>元</td><td>角</td><td>分</td></tr>
<tr><td></td><td></td><td></td><td></td><td>￥</td><td>4</td><td>4</td><td>4</td><td>0</td><td>0</td><td>0</td><td>0</td></tr>
<tr><td colspan="2">票据种类</td><td>支票</td><td>票据张数</td><td>壹</td><td colspan="14" rowspan="3">中国建设银行股份有限公司
广州天河支行
2019.08.16
办讫章
(4)
开户银行盖章</td></tr>
<tr><td colspan="2">票据号码</td><td colspan="3">24613041</td></tr>
<tr><td colspan="5">复核　记账</td></tr>
</table>

此联是开户银行交给持（出）票人的回单

图 4-7　银行进账单

4.2 应收票据核算

4.2.1 应收票据概述

1. 应收票据概念

应收票据,是指企业因销售商品、产品或提供劳务等而收到的商业汇票。商业汇票是一种由出票人签发的,委托付款人在指定日期无条件支付确定金额给收款人或者持票人的票据。

知识拓展 4-2

商业汇票的管理

企业应当设置"应收票据备查簿",逐笔登记商业汇票的种类、号数和出票日期、票面金额、交易合同号和付款人、承兑人、背书人的姓名或单位名称、到期日、背书转让日、贴现日期、贴现率、贴现净额以及收款日期和收回金额、退票情况等资料。应收票据到期结清票款或退票后,应当在备查簿中予以注销。

2. 商业汇票类型

1) 商业承兑汇票和银行承兑汇票

根据承兑人的不同,商业汇票可分为商业承兑汇票和银行承兑汇票。

(1) 商业承兑汇票,是指由付款人签发并承兑,或由收款人签发交由付款人承兑的商业汇票。

(2) 银行承兑汇票,是指由在承兑银行开立存款账户的存款人(即出票人)签发,由承兑银行承兑的商业汇票。

2) 不带息商业汇票和带息商业汇票

根据票据是否带息,商业汇票可分为不带息商业汇票和带息商业汇票。

(1) 不带息商业汇票,是指商业汇票到期时,承兑人只按票据面值向收款人或持票人支付票据款的商业汇票。

(2) 带息商业汇票,是指商业汇票到期时,承兑人应按票据面值加上应计利息向收款人或持票人支付的商业汇票。

知识拓展 4-3

商业汇票的行为

1. 出票是指出票人签发票据并将其交付给收款人的票据行为。汇票的出票人必须与付款人具有真实的委托付款关系,并且具有支付汇票金额的可靠资金来源。

2. 承兑是指汇票付款人承诺在汇票到期日支付汇票金额的票据行为。定日付款或者出票后定期付款的汇票,持票人应当在汇票到期日前向付款人提示承兑。

交易双方经过协调签订商品购销合同,并在合同中注明采用银行承兑汇票进行结算的,才可使用银行承兑汇票。同时,出票人按票面金额的5‰向承兑银行支付承兑手续费。

3. 提示承兑是指持票人向付款人出示汇票,并要求付款人承诺付款的行为。见票后定期付款的汇票,持票人应当自出票日起1个月内向付款人提示承兑。见票即付的汇票无须提示承兑。

4. 背书是指在票据背面或者黏单上记载有关事项并签章的票据行为。以背书转让的汇票,背书应当连续。背书人在汇票上记载"不得转让"字样,其后手再背书转让的,原背书人对后手的被背书人不承担保证责任。背书时附有条件的,所附条件不具有汇票上的效力。

5. 付款期限。商业汇票的付款期限,最长不得超过6个月。定日付款的汇票付款期限自出票日起计算,并在汇票上记载具体的到期日。出票后定期付款的汇票付款期限自出票日起按月计算,并在汇票上记载。见票后定期付款的汇票付款期限自承兑或拒绝承兑日起按月计算,并在汇票上记载。

6. 提示付款。见票即付的汇票,自出票日起1个月内向付款人提示付款;定日付款、出票后定期付款或者见票后定期付款的汇票,自到期日起10日内向承兑人提示付款。持票人未按照前款规定期限提示付款的,在做出说明后,承兑人或者付款人仍应当继续对持票人承担付款责任。

3. 商业汇票适用范围

在银行开立存款账户的法人以及其他组织之间,必须具有真实的交易关系或债权债务关系,才能使用商业汇票。商业承兑汇票的出票人,必须是在银行开立存款账户的法人以及其他组织,与付款人具有真实的委托付款关系,具有支付汇票金额的可靠资金来源。

4. 商业汇票结算

1) 商业承兑汇票结算

(1) 签发汇票。商业承兑汇票由出票人签发,出票人按收付双方签订的购销合同或协议填写商业汇票,并按规定盖章。

(2) 承兑。商业承兑汇票由付款人在商业承兑汇票的第二联正面签署"承兑"字样并加盖预留银行印鉴后交给收款人。

(3) 委托收款。收款人在提示付款期内委托银行收款时,在商业承兑汇票第二联背面加盖收款人公章后,连同已填写的"委托收款凭证"一并送交开户银行,开户银行审核签章后退回"委托收款凭证"的第一联作为委托收款凭证。

(4) 到期兑付。商业承兑汇票到期,付款人收到开户银行的付款通知,应在当日内通知银行付款,3日内未通知银行付款的,视同付款人承诺付款。

付款人无款支付或不足支付时,付款人开户银行填制付款人未付票款通知书,在委托收款凭证备注栏注明"付款人无款支付"字样,将未付票款通知书的第二、第三联连同委托收款凭证第四联一并退回收款单位开户银行转交收款人。

2) 银行承兑汇票结算

(1) 签发汇票及承兑。出纳员填写银行承兑汇票,并将汇票的有关内容与交易合同进行核对,核对无误后填制"银行承兑协议"并加盖公章。经银行审查符合承兑条件的,即与承兑申请人签订承兑协议,并在汇票上盖章,将汇票和解讫通知书交承兑申请人转交收款人。

(2) 寄交汇票。付款单位按照交易合同规定,向供货方购货,将经过银行承兑后的汇票第二联(汇票联)、第三联(解讫通知联)寄交收款单位。

(3) 委托收款。汇票到期日,收款单位在银行承兑汇票第二联背书并加盖预留银行印鉴,并连同银行承兑汇票第三联、银行进账单一并送交开户银行,委托银行收款。

(4) 到期付款。承兑银行应在汇票到期日或到期日后的见票当日支付票款,出票人根据银行加盖办讫章后的对公客户付款通知书进行账务处理。

出票人于汇票到期日未能足额交存票款时,承兑银行除凭票向持票人无条件付款外,对出票人尚未支付的汇票金额转为逾期贷款,按照每天5‰计收利息。

5. 账户设置

企业应设置"应收票据"账户,核算企业应收票据的增减变动及其结存情况。该账户属于资产类账户,借方登记企业取得应收票据的面值和计提的票据利息,贷方登记到期收回票款、背书转让或到期前向银行贴现的应收票据的票面余额或因承兑人到期无力支付而转出的应收票据面值及利息,期末余额一般在借方,表示企业持有的尚未到期的应收票据的面值及应计利息。

"应收票据"账户应按开出、承兑商业汇票的单位设置明细分类账,进行明细分类核算。"应收票据"账户结构,如图4-8所示。

应收票据	
期初:结存尚未到期的应收票据的面值及应计利息 本期:登记企业取得应收票据的面值和计提的票据利息	登记到期收回票款、背书转让或到期前向银行贴现的应收票据的票面余额或因承兑人到期无力支付而转出的应收票据面值及利息
期末:企业持有的尚未到期的应收票据的面值及应计利息	

图4-8 "应收票据"账户结构

4.2.2 应收票据核算

1. 应收票据取得与收回到期票款核算

1) 应收票据取得

(1) 企业销售商品、提供劳务等而收到已承兑的商业汇票时,借记"应收票据"账户,贷记"主营业务收入""其他业务收入""应交税费——应交增值税——销项税额"等账户。

(2) 企业因债务人抵偿前欠货款而取得商业汇票时,借记"应收票据"账户,贷记"应收账款"账户。

【例4-4】 广东炎华服饰有限公司2019年8月9日向佛山联华服装有限公司销售童装300套,开出增值税专用发票,发票注明价款为18 000元,增值税额2 340元。产品已发出,当日收到联华公司签发的为期3个月的银行承兑汇票一张。炎华公司账务处理如下:

借:应收票据——佛山联华公司	20 340.00	
贷:主营业务收入——童装		18 000.00
应交税费——应交增值税——销项税额		2 340.00

附原始凭证:银行承兑汇票(见图4-9)

银行承兑汇票　　2

出票日期(大写):贰零壹玖年捌月零玖日　　　　汇票号码:0135842

<table>
<tr><td>出票人全称</td><td colspan="2">佛山联华服装有限公司</td><td rowspan="3">收款人</td><td>全　称</td><td colspan="3">广东炎华服饰有限公司</td></tr>
<tr><td>出票人账号</td><td colspan="2">13282683047</td><td>账　　号</td><td colspan="3">11682683056</td></tr>
<tr><td>付款行全称</td><td colspan="2">建行广佛支行</td><td>开户银行</td><td>建行天河支行</td><td>行号</td><td>00486</td></tr>
<tr><td>出票金额</td><td>人民币
(大写)</td><td colspan="3">贰万零叁佰肆拾元整</td><td colspan="3">亿 千 百 十 万 千 百 十 元 角 分
¥ 2 0 3 4 0 0 0</td></tr>
<tr><td>汇票到期日
(大写)</td><td colspan="2">贰零壹玖年壹拾壹月零玖日</td><td rowspan="2">付款行</td><td>行号</td><td colspan="3">00897</td></tr>
<tr><td>承兑协议编号</td><td colspan="2">0040110432</td><td>地址</td><td colspan="3">佛山广佛路82号</td></tr>
<tr><td colspan="3">本汇票请你行承兑,此项汇票款我单位承兑协议于到期日前足额交存银行,到期请予以支付。
李栋材　佛山联华服装有限公司财务专用章　出票人签章</td><td colspan="5">本汇票已承兑,到期由本行承付。
承兑行签章
承兑日期:2019.08.09　　复核　记账
(中国建设银行银行承兑汇票专用章 440305876268326)
备注:</td></tr>
</table>

此联收款人开户行随托收凭证寄付款行作借方凭证附件

图4-9　银行承兑汇票

2) 带息票据期末计息

企业收到带息应收票据,应于期末(通常指6月30日或12月31日)按规定计提票据利息,并增加应收票据的账面余额,同时冲减财务费用。应收票据期末计息有两种计算方法:

(1) 按月计算:应计利息=票据面值×(年利率/12)×计息月数

(2) 按日计算:应计利息=票据面值×(年利率/360)×计息日数

其中,计息日数在计算时按“算头不算尾”或“算尾不算头”的原则计算。

【例4-5】 广东炎华服饰有限公司2019年6月1日向深圳南华商场有限公司销售针织衬衣一批,开出增值税专用发票,发票注明价款为30 000元,增值税额3 900元。产品已发出,当日收到南华公司签发并承兑的、为期3个月、票面利率为6%的商业承兑汇票一张,票面金额为33 900元。6月30日进行期末计息。炎华公司账务处理如下:

(1) 6月1日,销售产品,收到商业承兑汇票时:

借:应收票据——深圳南华公司	33 900.00	
贷:主营业务收入——针织衬衣		30 000.00
应交税费——应交增值税——销项税额		3 900.00

附原始凭证:商业承兑汇票(见图4-10)

(2) 6月30日,期末计息时:

计息月数=1个月

应收票据利息=33 900×(6%/12)×1=169.5(元)

借:应收票据——深圳南华公司	169.50	
贷:财务费用		169.50

商业承兑汇票　　2

出票日期(大写):贰零壹玖年陆月零壹日　　　　汇票号码:0136345

<table>
<tr><td rowspan="3">付款人</td><td>全　称</td><td>深圳南华商场有限公司</td><td rowspan="3">收款人</td><td>全　称</td><td colspan="3">广东炎华服饰有限公司</td></tr>
<tr><td>账　号</td><td>12942683172</td><td>账　号</td><td colspan="3">11682683056</td></tr>
<tr><td>开户银行</td><td>工行农林支行</td><td>开户银行</td><td>建行天河支行</td><td>行号</td><td>00486</td></tr>
<tr><td colspan="2">出票金额</td><td>人民币(大写)　叁万叁仟玖佰元整</td><td colspan="5">亿 千 百 十 万 千 百 十 元 角 分
¥ 3 3 9 0 0 0 0</td></tr>
<tr><td colspan="2">汇票到期日(大写)</td><td>贰零壹玖年玖月零壹日</td><td rowspan="2">付款人开户行</td><td>行号</td><td colspan="3">01349</td></tr>
<tr><td colspan="2">交易合同号码</td><td>T04228</td><td>地址</td><td colspan="3">深圳农林路 36 号</td></tr>
<tr><td colspan="3">本汇票已经承兑,到期无条件支付票款,票面利率为 6%。
张林华　深圳南华商场有限公司财务专用章
承兑人签章
承兑日期:2019 年 6 月 1 日</td><td colspan="5">本汇票请予以承兑于到期日付款,票面利率为 6%。
张林华　深圳南华商场有限公司财务专用章
出票人签章</td></tr>
</table>

此联持票人开户行随托收凭证寄付款人开户行作借方凭证附件

图 4-10　商业承兑汇票

3) 到期收回票据款

(1) 到期收回不带息票据款时,按票面金额(面值),借记“银行存款”账户,贷记“应收票据”账户。

到期收回带息票据款时,按实际收到金额,借记“银行存款”账户,按应收票据的账面余额(包括期末计息部分),贷记“应收票据”账户,按其差额(未计提利息部分),贷记“财务费用”账户。

(2) 商业承兑汇票到期,承兑人违约拒付或无力支付票款,企业收到银行退回的商业承兑汇票、委托收款凭证、未付票款通知书或拒绝付款证明等,按应收票据的账面余额(尚未计提的利息不再计提),借记“应收账款”账户,贷记“应收票据”账户。

【例 4-6】 广东炎华服饰有限公司 2019 年 6 月 7 日向深圳联谊百货有限公司销售西服 200 套,开出增值税专用发票,发票注明价款为 40 000 元,增值税额 5 200 元。产品已发出,当日收到联谊公司签发并承兑的、为期 3 个月、票面利率为 6%的商业承兑汇票一张,票面金额为 45 200 元。6 月 30 日进行期末计息。9 月 7 日收到票据款。炎华公司账务处理如下:

(1) 6 月 7 日,销售产品,收到商业承兑汇票时:

借:应收票据——深圳联谊公司　　45 200.00

　贷:主营业务收入——西服　　40 000.00

　　应交税费——应交增值税——销项税额　　5 200.00

附原始凭证:商业承兑汇票(见图 4-11)

商业承兑汇票　　2

出票日期(大写):贰零壹玖年陆月零柒日　　　　汇票号码:0136631

<table>
<tr><td rowspan="3">付款人</td><td>全　称</td><td colspan="2">深圳联谊百货有限公司</td><td rowspan="3">收款人</td><td>全　称</td><td colspan="12">广东炎华服饰有限公司</td></tr>
<tr><td>账　　号</td><td colspan="2">12682683346</td><td>账　　号</td><td colspan="12">11682683056</td></tr>
<tr><td>开户银行</td><td colspan="2">建行香梅支行</td><td>开户银行</td><td>建行天河支行</td><td>行号</td><td colspan="10">00486</td></tr>
<tr><td colspan="2" rowspan="2">出票金额</td><td rowspan="2">人民币
(大写)</td><td colspan="5" rowspan="2">肆万伍仟贰佰元整</td><td>亿</td><td>千</td><td>百</td><td>十</td><td>万</td><td>千</td><td>百</td><td>十</td><td>元</td><td>角</td><td>分</td></tr>
<tr><td></td><td></td><td></td><td>¥</td><td>4</td><td>5</td><td>2</td><td>0</td><td>0</td><td>0</td><td>0</td></tr>
<tr><td colspan="2">汇票到期日
(大写)</td><td colspan="2">贰零壹玖年玖月零柒日</td><td colspan="2" rowspan="2">付款人
开户行</td><td>行号</td><td colspan="11">01254</td></tr>
<tr><td colspan="2">交易合同号码</td><td colspan="2">T00402</td><td>地址</td><td colspan="11">深圳香梅路 52 号</td></tr>
<tr><td colspan="4">本汇票已经承兑,到期无条件支付票款,票面利率为 6%。
林强华　深圳联谊百货有限公司财务专用章
承兑人签章
承兑日期:2019 年 6 月 7 日</td><td colspan="14">本汇票请予以承兑于到期日付款,票面利率为 6%。
林强华　深圳联谊百货有限公司财务专用章
出票人签章</td></tr>
</table>

此联持票人开户行随托收凭证寄付款人开户行作借方凭证附件

图 4-11　商业承兑汇票

(2) 6 月 30 日,期末计息时:

计息天数＝30－7＝23(天)

应收票据利息＝45 200×(6%/360)×23＝173.27(元)

借:应收票据——深圳联谊公司	173.27
贷:财务费用	173.27

(3) 9 月 7 日,票据到期收到票据款时:

未计提票据利息天数＝31＋31＋7＝69(天)

未计提票据利息＝45 200×(6%/360)×69＝519.8(元)

借:银行存款	45 893.07	
贷:应收票据——深圳联谊公司		45 373.27
财务费用		519.80

(4) 若 9 月 7 日,票据到期无法收到票据款时:

借:应收账款——深圳联谊公司	45 373.27	
贷:应收票据——深圳联谊公司		45 373.27

附原始凭证:未付票款通知书(见图 4-12)

支付结算 通知 查询查复 (第3联)

主送:深圳联谊百货有限公司
抄送:广东炎华服饰有限公司　　填发日期:2019年09月07日

结算种类	商业承兑汇票	凭证号码	0136631
凭证日期	2019年06月07日	凭证金额	人民币肆万伍仟贰佰元整
付款人名称	深圳联谊百货有限公司	收款人名称	广东炎华服饰有限公司
付款人账号	12682683346	收款人账号	11682683056
通知(或查询查复)事由 付款人无款支付。		中国建设银行股份有限公司广州东湖支行 2019.09.07 办讫章 (4) 填发银行签章	复核　经办

此联是开户银行交给收款人的通知

图 4-12　未付票款通知书

2. 应收票据转让核算

根据《支付结算办法》规定,企业可以将持有的未到期的商业汇票进行背书转让,用以购买所需物资或偿还债务。背书,是指在票据背面或者粘单上记载有关事项并签章的票据行为。

企业将持有的商业汇票背书转让以取得所需物资时,按应计入取得物资成本的金额,借记"在途物资"或"原材料""库存商品"等账户,按增值税专用发票注明的可抵扣的增值税额,借记"应交税费——应交增值税——进项税额"账户,按商业汇票的票面金额,贷记"应收票据"账户,如有差额,借记或贷记"银行存款"等账户。

【例 4-7】 广东炎华服饰有限公司 2019 年 8 月 8 日向珠海丰华印染有限公司采购印花布一批,取得增值税专用发票,发票注明价款为 10 000 元,增值税额 1 300 元。公司将一张由广州友联服装有限公司 7 月 1 日签发的、为期 3 个月、票面金额为 12 000 元的、不带息的商业承兑汇票进行背书转让,以抵付该批印花布的价税款。印花布已验收入库,同时收到差额款 700 元存入银行。炎华公司账务处理如下:

借:原材料——印花布　10 000.00
　　应交税费——应交增值税——进项税额　1 300.00
　　银行存款　700.00
　贷:应收票据——广州友联公司　12 000.00

附原始凭证:增值税专用发票(见图 4-13)

3. 应收票据贴现核算

1) 票据贴现概念

应收票据贴现,是指持票人因急需资金,将未到期的商业汇票背书后转让给银行,银行受理后,从票面金额中扣除按银行规定的贴现率计算确定的贴现利息后,将余额付给贴现企业的业务。应收票据贴现实质上是一种特殊的短期银行借款。

4406241141 **广东增值税专用发票** No 491064001

发 票 联

开票日期:2019年08月08日

购货单位	名　　称:广东炎华服饰有限公司 纳税人识别号:440106868268025 地 址 、电 话:天河中路2号 86697584 开户行及账号:建行天河支行 11682683056			密码区	(略)		
货物或应税劳务、服务名称	规格型号	单位	数 量	单 价	金 额	税率	税 额
印花布		米	1 000	10.00	10 000.00	13%	1 300.00
合 计					¥10 000.00		¥1 300.00
价税合计(大写)	⊗壹万壹仟叁佰圆整					(小写)¥11 300.00	
销货单位	名　　称:珠海丰华印染有限公司 纳税人识别号:440606258268020 地 址 、电 话:景山路122号 86697584 开户行及账号:工行景山支行 16682683352			备注			

收款人:陈盛丰　　复核:李富明　　开票人:王晓敏　　销货单位:(章)

第三联:发票联 购买方记账凭证

图4-13 增值税专用发票

2) 票据贴现计算

票据贴现款(贴现所得)=票据到期值-贴现利息

票据到期值=票据面值+票据到期利息

票据到期利息=票据面值×票面利率×票据期限

贴现利息=票据到期值×贴现率×贴现期

其中:贴现率,是指银行计算贴现利息的利率,由银行统一规定;贴现期,按银行规定,通常是指从贴现日起至票据到期前一日止的实际天数。无论商业汇票的到期日是按日计算还是按月计算,贴现期一律按实际贴现天数(一般是算头不算尾)计算。

3) 票据贴现核算

(1) 不带息票据贴现。不带息商业汇票向银行贴现,应按实际收到的贴现款,借记“银行存款”账户,按支付给银行的贴现利息,借记“财务费用”账户,按应收票据的票面金额(面值),贷记“应收票据”账户(银行无追索权情况下)或“短期借款”账户(银行有追索权情况下)。

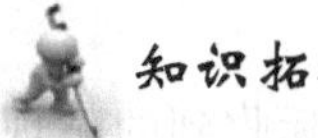

知识拓展4-4

银行是否享有追索权

1. 不享有追索权的情形。企业与银行签订的协议中规定,在贴现的商业汇票到期而债务人未能按期偿还时,申请贴现的企业不负有任何偿还责任,即银行不享有追索权,应视同出售商业汇票进行会计处理。

2. 享有追索权的情形。企业与银行签订的协议中规定,在贴现的商业汇票到期而债务人未能按期偿还时,申请贴现的企业负有向银行还款的责任,即银行享有追索权,应视同以商业汇票为质押取得银行借款。

【例 4-8】 广东炎华服饰有限公司 2019 年 8 月 10 日将一张由佛山联华服装有限公司 7 月 10 日签发的、为期 4 个月、票面金额为 58 500 元的、不带息的银行承兑汇票向银行申请贴现(银行享有追索权),银行规定贴现率为 8%。炎华公司账务处理如下。

(1) 票据贴现计算:

贴现天数(8 月 10 日至 11 月 10 日)=(31−10)+30+31+10=92(天)
贴现利息=58 500×(8%/360)×92=1 196(元)
贴现款=58 500−1 196=57 304(元)

(2) 账务处理:

借:银行存款　　57 304.00
　财务费用　　1 196.00
　贷:短期借款　　58 500.00

附原始凭证:贴现凭证收账通知(见图 4-14)

贴现凭证(收账通知)

2019 年 08 月 10 日　　凭证编号:006597

<table>
<tr><td rowspan="3">申请人</td><td>全　称</td><td colspan="2">广东炎华服饰有限公司</td><td rowspan="3">贴现汇票</td><td>种　类</td><td colspan="10">银行承兑汇票</td></tr>
<tr><td>账号地址</td><td colspan="2">11682683056</td><td>出票日</td><td colspan="10">2019 年 07 月 10 日</td></tr>
<tr><td>开户银行</td><td colspan="2">建行天河支行</td><td>到期日</td><td colspan="10">2019 年 11 月 10 日</td></tr>
<tr><td rowspan="2">汇票金额</td><td rowspan="2">人民币(大写)</td><td colspan="4" rowspan="2">⊗伍万捌仟伍佰元整</td><td>千</td><td>百</td><td>十</td><td>万</td><td>千</td><td>百</td><td>十</td><td>元</td><td>角</td><td>分</td></tr>
<tr><td></td><td></td><td>¥</td><td>5</td><td>8</td><td>5</td><td>0</td><td>0</td><td>0</td><td>0</td></tr>
<tr><td>年贴现率</td><td>8%</td><td>贴现利息</td><td>¥1 196.00</td><td colspan="2">贴现金额</td><td colspan="10">¥57 304.00</td></tr>
<tr><td colspan="3">汇票承兑人:佛山建行广佛支行</td><td rowspan="2">中国建设银行股份有限公司
广州天河支行
开户行
2019.08.10
办讫章
(4)
银行盖章:
2019 年 8 月 10 日</td><td colspan="2">账号</td><td colspan="10"></td></tr>
<tr><td colspan="3">备注:贴现款已存入你单位账户。</td><td colspan="12">科目(付)
对方科目(收)
复　核　　记　账</td></tr>
</table>

此联是贴现银行交贴现申请单位的收账通知

图 4-14　贴现凭证收账通知

(2) 带息票据贴现。企业将未到期的带息商业汇票向银行贴现,应按实际收到的贴现款,借记“银行存款”账户,按应收票据的账面价值(即账面余额,包括已计提的票据利息),贷记“应收票据”账户(银行无追索权情况下)或“短期借款”账户(银行有追索权情况下),按其差额,借记或贷记“财务费用”账户。

【例 4-9】 广东炎华服饰有限公司 2019 年 8 月 15 日将一张由广东恒康贸易有限公司 6 月 15 日签发的、为期 5 个月、利率为 9.6%、票面金额为 35 100 元的商业承兑汇票向银行申请贴现(银行不享有追索权),银行规定贴现率为 8%。炎华公司账务处理如下。

(1) 票据贴现计算:

票据到期利息=35 100×(9.6%/12)×5=1 404(元)

票据到期值=35 100+1 404=36 504(元)

贴现天数(8月15日至11月15日)=(31−15)+30+31+15=92(天)

贴现利息=36 504×(8%/360)×92=746.30(元)

贴现款=36 504−746.30=35 757.70(元)

(2) 账务处理:

借:银行存款　　35 757.70

　贷:应收票据——恒康贸易公司　　35 100.00

　　财务费用　　657.70

4.3 其他流动资产核算

4.3.1 预付账款核算

1. 预付账款概念

预付账款,是指企业按照购货合同规定预先支付给供货单位的款项。预付账款是企业的短期债权。企业预付货款后,有权要求供应商按照购货合同条款发货。

2. 账户设置

企业应设置"预付账款"账户,核算企业预付账款的增减变动及其结余情况。该账户属于资产类账户,借方登记企业预付或补付的款项,贷方登记企业收到采购货物时按发票金额转销的预付账款、退回或转出的预付款,期末余额一般在借方,表示企业已预付的款项。若出现贷方余额,表示企业应补付的款项。

"预付账款"账户应按供货单位设置明细分类账,进行明细分类核算。"预付账款"账户结构,如图4-15所示。

预付账款	
期初:结存的预付账款 本期:登记企业预付或补付的款项	登记企业收到采购货物时按发票金额转销的预付账款、退回或转出的预付款
期末:企业已预付的款项	

图4-15 "预付账款"账户结构

预付账款情况不多的企业,可以不设置"预付账款"账户,而直接通过"应付账款"账户核算。

3. 会计核算

1) 预付货款

企业根据购货合同的规定向供货单位预付货款时,借记"预付账款"账户,贷记"银行存款"账户。

2）收到采购物资结算凭证

企业收到所购物资结算凭证时，应按发票等结算凭证的金额，借记“在途物资”“原材料”“库存商品”“应交税费——应交增值税——进项税额”等账户，贷记“预付账款”账户。

3）补付或收回多余款项

（1）当预付账款小于购入物资所需支付的金额时，应按不足部分补付货款，借记“预付账款”账户，贷记“银行存款”账户。

（2）当预付账款多于购入物资所需支付的金额时，企业应按实收退回的多余款项，借记“银行存款”账户，贷记“预付账款”账户。

4）无法收回预付账款或所购物资

企业的预付账款，如有确凿证据表明其不符合预付账款性质，或者供货单位破产、撤销等原因已无望再收到所购货物和退款，应将原计入预付账款的金额转入“其他应收款”账户。企业应按预计不能收到所购货物和退款的预付账款账面余额，借记“其他应收款”账户，贷记“预付账款”账户。

【例 4-10】 广东炎华服饰有限公司 2019 年 8 月 14 日根据棉布采购合同向珠海丰华印染有限公司预付货款 20 000 元，款项已汇出；8 月 24 日，收到丰华公司发来的棉布和增值税专用发票，发票注明价款为 30 000 元，增值税额 3 900 元，棉布已验收入库，同时补付不足货款。炎华公司账务处理如下：

（1）根据合同预付货款时：

借：预付账款——丰华印染公司　　20 000.00

　贷：银行存款　　20 000.00

附原始凭证：电汇凭证回单（见图 4-16）

电 汇 凭 证（回单）　**1**　　No 006840001

第 0401 号　　委托日期　2019 年 08 月 14 日

汇款人	全　称	广东炎华服饰有限公司				收款人	全　称	珠海丰华印染有限公司			
	账　号 或住址	11682683056					账　号 或住址	16682683352			
	汇　出 地　点	广东 广州	汇出行 名　称	建行天 河支行			汇　入 地　点	广东 珠海	汇　入 行名称	工行 景山支行	

金额	人民币 （大写）	⊗贰万元整	十	万	千	百	十	元	角	分
			¥	2	0	0	0	0	0	0
汇款用途：预付货款										
上列款项已根据委托办理，如需查询，请持此回单来行面谈			（汇出行盖章）							

中国建设银行股份有限公司 广州天河支行 2019.08.14 办讫章 (4)

此联汇出行给汇款人的回单

图 4-16　电汇回单

（2）收到采购货物和结算凭证时：

借：原材料——棉布　　30 000.00

　　应交税费——应交增值税——进项税额　　3 900.00

　贷：预付账款——丰华印染公司　　33 900.00

附原始凭证：增值税专用发票（见图 4-17）

4406241141　　**广东增值税专用发票**　　No 491064002

发　票　联

开票日期：2019 年 08 月 24 日

购货单位	名　　　称：广东炎华服饰有限公司 纳税人识别号：440106868268025 地 址 、电 话：天河中路 2 号 86697584 开户行及账号：建行天河支行 11682683056					密码区	（略）		
货物或应税劳务、服务名称		规格型号	单位	数　量	单　价	金　额		税率	税　额
棉布			米	2 000	15.00	30 000.00		13%	3 900.00
合　计						¥30 000.00			¥3 900.00
价税合计（大写）		⊗叁万叁仟玖佰圆整						（小写）¥33 900.00	
销货单位	名　　　称：珠海丰华印染有限公司 纳税人识别号：440606258268020 地 址 、电 话：景山路 122 号 86697584 开户行及账号：工行景山支行 16682683352					备注	珠海丰华印染有限公司 440606258268020 发票专用章		

收款人：陈盛丰　　复核：李富明　　开票人：王晓敏　　销货单位：（章）

第三联：发票联　购买方记账凭证

图 4-17　增值税专用发票

（3）补付货款时：

借：预付账款——丰华印染公司　　13 900.00

　贷：银行存款　　13 900.00

4.3.2　其他应收款核算

1. 其他应收款内容

其他应收款，是指企业发生的除应收票据、应收账款、预付账款等经营活动以外的其他各种应收或暂付的款项。其他应收款的内容主要包括：

（1）预付给企业内部各部门或个人使用的备用金。

（2）应收的各种罚款、赔款。

（3）应收出租包装物的租金。

（4）存出的保证金，如支付租入包装物的押金。

（5）应向职工收回的各种代垫款项，如为职工垫付的房租、水电费等。

（6）其他各种应收、暂付的款项。

2. 账户设置

企业应设置“其他应收款”账户，核算企业其他应收款的增减变动及其结余情况。该账户属于资产类账户，借方登记企业发生的各种其他应收款项，贷方登记企业收到的其他应收款项和结转情况，期末余额一般在借方，表示企业尚未收回的其他应收款项。

“其他应收款”账户应按其他应收款的项目和对方单位或个人设置明细分类账，进行明细分类核算。“其他应收款”账户结构，如图 4-18 所示。

其他应收款	
期初:结存尚未收回的其他应收款 本期:登记企业发生的各种其他应收款项	登记企业收到的其他应收款项和结转情况
期末:企业尚未收回的其他应收款	

图 4-18 "其他应收款"账户结构

3. 会计核算

1) 一般其他应收款核算

一般情况下,企业发生各种其他应收或暂付款项时,应借记"其他应收款"账户,贷记"银行存款""库存现金"等账户;收回或结转其他应收款项时,借记"管理费用""库存现金"等账户,贷记"其他应收款"账户。

【例 4-11】 广东炎华服饰有限公司 2019 年 8 月 22 日因自然灾害造成材料毁损,按保险合同规定,应由太平洋保险公司赔偿损失,保险公司已确认赔偿损失 20 000 元,赔偿款尚未收到。炎华公司账务处理如下:

借:其他应收款——太平洋保险公司　　20 000.00

　贷:待处理财产损溢——待处理流动资产损溢　　20 000.00

附原始凭证 1 张:保险赔偿确认单(见图 4-19)

关于保险赔偿确认函

广东炎华服饰有限公司:

贵单位于 8 月 22 日发生自然灾害,造成材料毁损,损失金额 20 000 元。按照双方签订的保险合同,我公司同意赔偿贵公司 20 000 元损失。

特此函告

中国太平洋财产保险公司
2019 年 8 月 22 日

图 4-19 保险赔偿确认单

【例 4-12】 广东炎华服饰有限公司 2019 年 8 月 15 日向广州石油销售有限公司购入燃料柴油,借用石油公司油桶,以银行存款支付油桶押金 1 200 元;8 月 30 日,如数退回石油公司油桶,收回押金 1 200 元。炎华公司账务处理如下:

(1) 支付油桶押金时:

借:其他应收款——广州石油公司　　1 200.00

　贷:银行存款　　1 200.00

(2) 收回油桶押金时:

借:银行存款　　1 200.00

　贷:其他应收款——广州石油公司　　1 200.00

2）备用金核算

备用金是企业拨付给企业内部各部门或职工个人作为零星开支的备用款项。对于备用金，一般应通过“其他应收款——备用金”账户进行核算。企业拨付给各部门或个人备用金时，借记“其他应收款”账户，贷记有关账户；备用金报销时，按使用部门的不同，借记有关成本费用账户，贷记“其他应收款”账户。

备用金制度有两种类型：非定额备用金制度和定额备用金制度。

（1）非定额备用金制度。非定额备用金制度也称借款报账制，是指用款单位或个人需要使用备用金时，按需要逐次借用和报销的制度。这种制度方便灵活，但将增加备用金日常核算的工作量。

【例4-13】 广东炎华服饰有限公司采购员王涛2019年8月17日外出采购，预借差旅费2 000元，财务部门以现金支付；8月22日，出差归来，报销差旅费1 800元，交还多余款200元。炎华公司账务处理如下：

（1）预借差旅费时：

借：其他应收款——王涛　　2 000.00
　贷：库存现金　　2 000.00

附原始凭证：借据（见图4-20）

借　据

№0001045

2019年8月17日

借款人	王　涛	借款事由	外出采购
借款金额	人民币（大写）：⊗拾⊗万贰仟零佰零拾零元零角零分　¥2 000.00		
负责人审批	同意 张敏辉　　现金付讫		

第三联　记账

会计主管：陈利民　　复核：李源珍　　出纳：李芬　　签收：王涛

图4-20　借据

（2）报销并退还多余款时：

借：管理费用　　1 800.00
　　库存现金　　200.00
　贷：其他应收款——王涛　　2 000.00

附原始凭证：差旅费报销单（见图4-21）

差旅费报销单

2019年8月22日　　附原始单据9张

出差人	王涛	出差事由	外出采购	
项目	单据张数	金额（元）	出差补贴（元）	
火车票、汽车票	2	600.00	出差地点	
飞机票、轮船票			出差时间	
市内交通费	6	12.00	出差天数	

(续表)

食宿费	1	1 188.00	补贴标准	
其他			补贴金额	
小计		￥1 800.00	小计	
合计	人民币壹仟捌佰元整			￥1 800.00
单位领导审批:同意 郭天怡			部门主管审批:同意 张敏辉	

会计主管:陈利民　　复核:李源珍　　出纳:李芬　　出差人:王涛

图 4-21　差旅费报销单

(2) 定额备用金制度。定额备用金制度,是指根据用款单位的实际需要,由财会部门会同有关用款部门核定备用金定额并拨付款项,同时规定其用途和报销期限,待用款部门实际支用后,凭有效单据向财会部门报销,财会部门再根据报销数额用现金补足备用金定额的制度。

这种方法便于企业对备用金的使用进行控制,并可减少财会部门的日常核算工作。一般适用于有经常性费用开支的内部用款单位。

【例 4-14】 广东炎华服饰有限公司对行政办公室实行定额备用金制度,核定的备用金定额为 3 000 元。2019 年 8 月 1 日,以现金拨付定额备用金;8 月 30 日,行政办公室报销日常办公用品购置费 2 460 元,财会部门审核有关单据后,同意报销,并以现金补足定额。炎华公司账务处理如下:

(1) 8 月 1 日,拨付定额备用金时:

借:其他应收款——行政办公室	3 000.00	
贷:库存现金		3 000.00

(2) 8 月 30 日,报销并补足定额时:

借:管理费用	2 460.00	
贷:库存现金		2 460.00

4.4　坏账准备核算

4.4.1　坏账及其确认

坏账,是指企业因购货人拒付、破产、死亡等原因而无法收回或收回可能性很小的应收款项。企业由于发生坏账而产生的损失,称为坏账损失。一般而言,企业应收款项符合下列条件之一时,应确认为坏账。

(1) 债务人死亡或破产,其破产财产或遗产清偿后,仍然无法收回的。

(2) 因债务单位撤销、资不抵债或现金流量严重不足,确实无法收回的。

(3) 因发生严重自然灾害导致债务单位停产而在短期内无法偿付债务,确实不能收回的。

(4) 债务人逾期未履行其偿债义务超过3年,并有足够的证据表明无法收回或收回可能性很小的。

4.4.2 坏账准备核算

1. 核算方法

企业应收款项的坏账准备应采用备抵法进行核算。备抵法,是指采用一定的方法按期估计坏账损失,形成坏账准备,当某一应收款项全部或部分被确认为坏账时,根据其金额冲减坏账准备,同时转销相应的应收款项的一种方法。

2. 账户设置

1)"坏账准备"账户

企业应设置"坏账准备"账户,核算企业应收款项的坏账准备的计提、转销等情况。该账户是应收款项的备抵账户,贷方登记当期计提的坏账准备金额和已核销又予以收回的坏账,借方登记实际发生的坏账损失和转回多计提的坏账准备金额,期末余额一般在贷方,表示企业已计提但尚未转销的坏账准备。"坏账准备"账户结构,如图4-22所示。

坏账准备	
	期初:已计提的坏账准备
本期:登记实际发生的坏账损失和转回多计提的坏账准备金额	登记当期计提的坏账准备金额和已核销又予以收回的坏账
	期末:已计提但尚未转销的坏账准备

图4-22 "坏账准备"账户结构

2)"信用减值损失"账户

"信用减值损失"账户,核算企业按照《企业会计准则第22号——金融工具确认和计量》的要求计提的各项金融工具减值准备所形成的预期信用损失。该账户属于损益类账户,借方登记企业资产负债表日金融工具(或金融工具组合)预期信用损失大于该工具(或组合)当前减值准备的账面金额所形成的损失,贷方登记企业计提各项信用减值损失准备后,相关资产的价值又得以恢复,应恢复的减值准备金额,以及期末转入"本年利润"账户的减值损失余额,期末结转后,该账户没有余额。

"信用减值损失"账户应按信用减值损失的项目(贷款损失准备、债权投资减值准备、坏账准备、合同资产减值准备、租赁应收款减值准备等)设置明细分类账,进行明细分类核算。"信用减值损失"账户结构,如图4-23所示。

信用减值损失	
期初:无余额 本期:登记企业资产负债表日金融工具(或金融工具组合)预期信用损失大于该工具(或组合)当前减值准备的账面金额所形成的损失	登记企业计提各项信用减值损失准备后,相关资产的价值又得以恢复,应恢复的减值准备金额,以及期末转入"本年利润"账户的减值损失余额
期末:无余额	

图4-23 "信用减值损失"账户结构

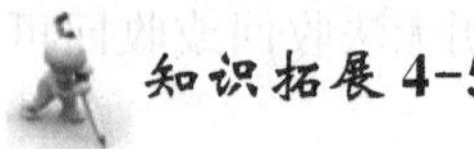

知识拓展 4-5

资产减值损失与信用减值损失

一、资产减值损失

资产减值损失是指企业在资产负债表日,经过对资产的测试,判断资产的可收回金额低于其账面价值而计提资产减值损失准备所确认的相应损失。《企业会计准则第 8 号——资产减值》规定的资产减值范围主要是固定资产、无形资产以及除特别规定外的其他资产减值的处理。该准则规定资产减值损失一经确认,在以后会计期间不得转回。

企业所有的资产在发生减值时,原则上都应当对所发生的减值损失及时加以确认和计量,因此,资产减值包括所有资产的减值。但由于资产的性质不同,所适用的具体准则也不尽相同。例如,存货、消耗性生物资产分别适用《企业会计准则第 1 号——存货》《企业会计准则第 5 号——生物性资产》,建造合同形成的资产适用于《企业会计准则——建造合同》,投资性房地产适用《企业会计准则 3 号——投资性房地产》等。

二、信用减值损失

企业应当在资产负债表日计算金融工具(或金融工具组合)预期信用损失。如果该预期信用损失大于该工具(或组合)当前减值准备的账面金额,企业应当将其差额确认为减值损失,借记"信用减值损失"科目,根据金融工具的种类,贷记"贷款损失准备""债权投资减值准备""坏账准备""合同资产减值准备""租赁应收款减值准备""预计负债"(用于贷款承诺及财务担保合同)或"其他综合收益"(用于以公允价值计量且其变动计入其他综合收益的债权类资产(如可供出售金融资产),企业可设置二级科目"其他综合收益——信用减值准备"核算此类工具的减值准备)等;如果资产负债表日计算的预期信用损失小于该工具(或组合)当前减值准备的账面金额,则企业应当将差额确认为利得,做相反的会计分录。

应收账款、其他应收款的坏账准备、可供出售金融资产减值、持有至到期投资减值属于"信用减值损失",计提时,借记"信用减值损失"科目,贷记"坏账准备""其他综合收益""持有至到期投资减值准备"科目;固定资产、无形资产、存货、生物资产、投资性房地产、长期股权投资等的减值损失属于"资产减值损失",发生资产减值时,借记"资产减值损失"科目,贷记相关准备科目。"资产减值损失"和"信用减值损失"均属于损益类科目,在利润表中单列"资产减值损失"和"信用减值损失"行。

3. 应收款项减值确认

企业应当在资产负债表日对应收款项的账面价值进行核查,有客观证据表明该应收款项发生减值的,应当确认其减值损失,计提坏账准备。应收款项发生减值的客观证据,主要包括:

(1) 债务人发生严重财务困难。

(2) 债务人违反合同条款,如发生违约或逾期等。

(3) 债权人出于经济或法律等方面因素的考虑,对发生财务困难的债务人做出让步。

(4) 债务人很可能倒闭或进行其他财务重组。

(5) 债务人支付能力逐步恶化,或债务人所在国家或地区失业率提高、担保物在其所在地区的价格明显下降、所处行业不景气等。

(6) 其他表明应收款项发生减值的客观证据。

4.4.3　坏账准备计提

备抵法下，企业应当根据实际情况合理估计当期坏账损失金额。企业估计坏账损失，计提坏账准备的方法有：应收款项余额百分比法、账龄分析法、销货百分比法、个别认定法等。企业可以根据具体情况，自行选择确定计提方法，方法一经确定，不得随意变更。

1. 应收款项余额百分比法

应收款项余额百分比法，是指根据会计期末应收款项的余额与估计的坏账率，计算当期估计的坏账损失，以计提坏账准备的方法。企业可以根据以往的资料，结合实际情况估计坏账率，确定坏账准备计提比例，一般为 3‰～5‰。

1) 当期实际计提坏账准备的计算

(1) 当期应计提坏账准备(坏账准备账户期末余额)＝当期应收款项的期末余额×计提比例

(2) 当期实际计提坏账准备＝当期应计提坏账准备－坏账准备计提前该账户的贷方余额

其中：

$$\frac{\text{坏账准备计提前该}}{\text{账户的贷方余额}} = \frac{\text{该账户期初}}{\text{贷方余额}} + \frac{\text{计提前的}}{\text{贷方发生额}} - \frac{\text{计提前的借}}{\text{方发生额}}$$

当期实际计提坏账准备的计算公式用 T 型账表示，如图 4-24 所示。

坏账准备

借方	贷方
本期：计提前借方发生额	期初贷方余额 计提前贷方发生额 当期实际计提坏账准备
	期末余额(当期应计提坏账准备)

图 4-24　当期实际计提坏账准备的计算

上述公式(2)中计算数额(当期实际计提坏账准备)为正数，则表示应计提坏账准备；如果计算数额为负数，表示应冲减多提的坏账准备；如果计算数额为 0，表示不需要计提坏账准备。

2) 会计核算

(1) 企业提取坏账准备时，借记“信用减值损失”账户，贷记“坏账准备”账户；冲减多提坏账准备时，编制相反会计分录。

(2) 企业确实无法收回的应收款项，按管理权限报经批准后作为坏账核销时，借记“坏账准备”账户，贷记“应收账款”“其他应收款”等账户。

(3) 企业已确认坏账并转销的应收款项以后又收回的，应按实际收回金额，借记“应收账款”“其他应收款”等账户，贷记“坏账准备”账户；同时，借记“银行存款”账户，贷记“应收账款”“其他应收款”等账户。

【例 4-15】 广东炎华服饰有限公司 2014 年 1 月 1 日起采用应收款项余额百分比法计

算企业应计提的坏账准备，企业确定的坏账准备计提比例为5‰，2014年年末应收账款余额为2 000 000元；2015年没有发生坏账，年末应收账款余额为1 800 000元；2016年8月20日，确认广州友联服装有限公司的应收账款无法收回，经批准确认发生坏账5 000元，2016年年末应收账款余额为2 500 000元；2017年5月26日，收回上年已核销的坏账中的2 000元，2017年年末应收账款余额为2 200 000元。炎华公司账务处理如下：

(1) 2014年年末计提坏账准备时：

当期应计提坏账准备＝2 000 000×5‰＝10 000(元)

当期实际计提坏账准备＝10 000－0＝10 000(元)

借：信用减值损失——计提坏账准备　　10 000.00

　贷：坏账准备　　10 000.00

(2) 2015年年末计提坏账准备时：

当期应计提坏账准备＝1 800 000×5‰＝9 000(元)

坏账准备计提前该账户的贷方余额＝10 000(元)

当期实际计提坏账准备＝9 000－10 000＝－1 000(元)

借：坏账准备　　1 000.00

　贷：信用减值损失——计提坏账准备　　1 000.00

(3) 2016年8月20日，确认发生坏账时：

借：坏账准备　　5 000.00

　贷：应收账款——广州友联公司　　5 000.00

(4) 2016年年末计提坏账准备时：

当期应计提坏账准备＝2 500 000×5‰＝12 500(元)

坏账准备计提前该账户的贷方余额＝9 000－5 000＝4 000(元)

当期实际计提坏账准备＝12 500－4 000＝8 500(元)

借：信用减值损失——计提坏账准备　　8 500.00

　贷：坏账准备　　8 500.00

(5) 2017年5月26日，收回已核销的坏账时：

1/2 转回已冲减的坏账准备：

借：应收账款——广州友联公司　　2 000.00

　贷：坏账准备　　2 000.00

2/2 实际收到货款时：

借：银行存款　　2 000.00

　贷：应收账款——广州友联公司　　2 000.00

(6) 2017年年末计提坏账准备时：

当期应计提坏账准备＝2 200 000×5‰＝11 000(元)

坏账准备计提前该账户的贷方余额＝12 500＋2 000＝14 500(元)

当期实际计提坏账准备＝11 000－14 500＝－3 500(元)

借：坏账准备　　3 500.00

　　贷：信用减值损失——计提坏账准备　　3 500.00

2. 账龄分析法

账龄分析法，是指根据应收款项账龄的长短来估计坏账的方法。其中，账龄是指顾客所欠账款的时间。虽然应收款项能否及时收回或收回多少，不一定完全取决于时间的长短，但一般来说，账款拖欠的时间越长，发生坏账的可能性越大。

采用账龄分析法，应先将企业的应收款项按账龄分类排列，分别估计不同账龄的坏账损失，然后汇总形成坏账损失估计金额。具体计算公式为：

当期应计提坏账准备（“坏账准备”账户期末余额）$=\sum$ 某种账龄应收款项期末余额 $\times$ 该账龄的坏账损失率

当期实际计提坏账准备 = 当期应计提坏账准备 − 坏账准备计提前该账户的贷方余额

账龄分析法的账务处理与应收款项余额百分比法基本相同。

【例 4-16】 广东米奇实业有限公司采用账龄分析法计算企业应计提的坏账准备。2015 年年末估计坏账损失前，“坏账准备”账户有贷方余额 20 000 元，2015 年年末应收账款账龄及估计坏账损失比例，如表 4-1 所示。

表 4-1　　2015 年年末应收账款账龄分析表

应收账款账龄	应收账款金额（元）	估计坏账损失率	估计坏账金额（元）
未到期	400 000	1%	4 000
过期 3 个月以上	100 000	2%	2 000
过期 3～6 个月	80 000	3%	2 400
过期 6～12 个月	120 000	4%	4 800
过期 1 年以上	50 000	5%	2 500
破产或追诉中	10 000	50%	5 000
合计	760 000.00	—	20 700.00

2016 年 6 月 24 日，确认深圳联华实业有限公司的应收账款无法收回，经批准确认发生坏账 10 000 元，2016 年年末应收账款账龄及估计坏账损失比例，如表 4-2 所示。

表 4-2　　2016 年年末应收账款账龄分析表

应收账款账龄	应收账款金额（元）	估计坏账损失率	估计坏账金额（元）
未到期	500 000	1%	5 000
过期 3 个月以上	120 000	2%	2 400
过期 3～6 个月	60 000	3%	1 800
过期 6～12 个月	100 000	4%	4 000
过期 1 年以上	60 000	5%	3 000
破产或追诉中	—	50%	—
合计	840 000.00	—	16 200.00

2017 年 7 月 21 日，收回上年已核销的坏账中的 8 000 元，2017 年年末应收账款账龄及估计坏账损失比例，如表 4-3 所示。

表 4-3　　　　2017 年年末应收账款账龄分析表

应收账款账龄	应收账款金额(元)	估计坏账损失率	估计坏账金额(元)
未到期	600 000	1%	6 000
过期 3 个月以上	200 000	2%	4 000
过期 3～6 个月	40 000	3%	1 200
过期 6～12 个月	60 000	4%	2 400
过期 1 年以上	80 000	5%	4 000
破产或追诉中	—	50%	—
合计	980 000.00	—	17 600.00

根据以上资料，核算该公司各年的坏账准备。米奇公司账务处理如下：

(1) 2015 年年末计提坏账准备时：

当期应计提坏账准备＝20 700(元)

坏账准备计提前该账户的贷方余额＝20 000(元)

当期实际计提坏账准备＝20 700－20 000＝700(元)

借：信用减值损失——计提坏账准备　　700.00

　贷：坏账准备　　700.00

(2) 2016 年 6 月 24 日，确认发生坏账时：

借：坏账准备　　10 000.00

　贷：应收账款——深圳联华公司　　10 000.00

(3) 2016 年年末计提坏账准备时：

当期应计提坏账准备＝16 200(元)

坏账准备计提前该账户的贷方余额＝20 700－10 000＝10 700(元)

当期实际计提坏账准备＝16 200－10 700＝5 500(元)

借：信用减值损失——计提坏账准备　　5 500.00

　贷：坏账准备　　5 500.00

(4) 2017 年 7 月 21 日，收回已转销的坏账时：

1/2 转回已冲减的坏账准备：

借：应收账款——深圳联华公司　　8 000.00

　贷：坏账准备　　8 000.00

2/2 实际收到货款时：

借：银行存款　　8 000.00

　贷：应收账款——深圳联华公司　　8 000.00

(5) 2017 年年末计提坏账准备时：

当期应计提坏账准备＝17 600(元)

坏账准备计提前该账户的贷方余额＝16 200＋8 000＝24 200(元)

当期实际计提坏账准备＝17 600－24 200＝－6 600(元)

借：坏账准备　　6 600.00

　贷：信用减值损失——计提坏账准备　　6 600.00

3. 销货百分比法

销货百分比法也称赊销百分比法，是指根据企业赊销金额的一定比例估计坏账损失的方法。

各期按当期赊销金额的一定比例估计坏账损失，是因为应收账款的坏账，只与赊销有关，而与现销无关。赊销业务越多，赊销金额越大，发生坏账的可能性也就越大。因此，企业可以根据历史经验估计发生坏账占赊销金额的比例，并按此比例估计各期赊销金额中可能发生的坏账。

销货百分比法的账务处理与应收款项余额百分比法基本相同。

4. 个别认定法

个别认定法，是指逐项认定每笔应收款项发生坏账的可能性并计提坏账准备的方法。

在采用应收款项余额百分比法、账龄分析法等方法时，如果某项应收款项的收回可能性与其他各项应收款项存在明显的差别（如债务单位所处的特定地区等），导致该项应收款项如果按照与其他应收款项同样的方法计提坏账准备，将无法真实地反映其可收回金额的，可对该项应收款项采用个别认定法计提坏账准备。

在同一会计期间内运用个别认定法计提坏账准备的应收款项，应从采用其他方法计提坏账准备的应收款项中剔除。个别认定法的账务处理与应收款项余额百分比法基本相同。

【本 章 小 结】

1. 应收账款，是指企业因销售商品（产品）或提供劳务等经营活动，应向购货单位或接受劳务单位收取的款项。应收账款是因企业销售商品或提供劳务等产生的债权，应当按照实际发生额入账，其入账价值包括销售商品或提供劳务的价款、增值税款及代购货单位垫付的包装费、运输费、装卸费等费用。

2. 应收票据，是指企业因销售商品、产品或提供劳务等而收到的商业汇票。根据承兑人的不同，商业汇票可分为商业承兑汇票和银行承兑汇票。根据票据是否带息，商业汇票可分为不带息商业汇票和带息商业汇票。

3. 在银行开立存款账户的法人以及其他组织之间，必须具有真实的交易关系或债权债务关系，才能使用商业汇票。根据《银行支付结算办法》，企业可以将持有的未到期的商业汇票进行背书转让，用以购买所需物资或偿还债务。应收票据贴现，是指持票人因急需资金，将未到期的商业汇票背书后转让给银行，银行受理后，从票面金额中扣除按银行规定的贴现率计算确定的贴现利息后，将余额付给贴现企业的业务。

4. 预付账款，是指企业按照购货合同规定预先支付给供货单位的款项。预付账款是企业的短期债权。企业预付货款后，有权要求供应商按照购货合同条款发货。其他应收款，是指企业发生的除应收票据、应收账款、预付账款等经营活动以外的其他各种应收或暂付的款项。

5. 坏账，是指企业因购货人拒付、破产、死亡等原因而无法收回或收回可能性很小的应收款项。企业由于发生坏账而产生的损失，称为坏账损失。

6. 企业应当在资产负债表日对应收款项的账面价值进行核查,有客观证据表明该应收款项发生减值的,应当确认其减值损失,计提坏账准备。企业应收款项的坏账准备应采用备抵法进行核算。备抵法下,企业应当根据实际情况合理估计当期坏账损失金额。企业估计坏账损失,计提坏账准备的方法有:应收款项余额百分比法、账龄分析法、销货百分比法和个别认定法等。

第5章 金融资产核算

【目的要求】

1. 能叙述和列举金融资产的概念与分类。
2. 能掌握交易性金融资产取得与出售核算。
3. 能掌握交易性金融资产应收股利或利息核算。
4. 能掌握交易性金融资产期末公允价值变动核算。
5. 能掌握持有至到期投资的会计核算。
6. 能掌握持有至到期投资减值准备的会计核算。
7. 能掌握可供出售金融资产的会计核算。
8. 能掌握可供出售金融资产公允价值变动会计核算。
9. 能叙述长期股权投资概念及其核算方法种类。
10. 能掌握长期股权投资成本法与权益法核算。

【重点难点】

1. 交易性金融资产的会计核算。
2. 可供出售金融资产的会计核算。
3. 持有至到期投资的会计核算。
4. 长期股权投资成本法与权益法核算

【基础知识】

5.1 交易性金融资产核算

5.1.1 金融资产概述

金融资产,通常是指企业的下列资产:库存现金、银行存款、应收账款、应收票据、贷款、股权投资、债权投资等。我国《企业会计准则》规定,企业应结合自身业务特点和风险管理要求,将取得的金融资产在初始确认时分为以下几类。

1. 以公允价值计量且其变动计入当期损益的金融资产

以公允价值计量且其变动计入当期损益的金融资产可以进一步分为交易性金融资产和直接指定为以公允价值计量且其变动计入当期损益的金融资产。其中,交易性金融资产,主要是指企业为了近期内出售以交易为目的而持有的金融资产,如企业从公开市场购入的,以赚取差价为目的的股票、债券、基金等。

2. 持有至到期投资

持有至到期投资,是指到期日固定、回收金额固定或可确定,且企业有明确意图和能力持有至到期的非衍生金融资产。持有至到期投资,主要是指债权性投资,如企业从公开市场上购入的固定利率国债、金融债券、企业债券等。

3. 贷款和应收款项

贷款和应收款项,是指在活跃市场中没有报价、回收金额固定或可确定的非衍生金融资产。贷款和应收款项泛指一类金融资产,主要是指金融企业发放的贷款和其他债权,但不限于金融企业发放的贷款和其他债权。

4. 可供出售金融资产

可供出售金融资产,是指初始确认时即指定为可供出售的非衍生金融资产,以及没有划分为持有至到期投资、贷款和应收款项、以公允价值计量且其变动计入当期损益的金融资产的金融资产。通常情况下,在活跃市场上有报价,持有意图不明确(持有期限不确定),且对上市公司不具有控制、共同控制或重大影响的金融资产,如企业从公开市场上购入的持有意图不明确的股票、债券等,可划分为可供出售金融资产。

知识拓展 5-1

金融资产的初始计量

企业初始确认时,应当按照公允价值计量。以公允价值计量且其变动计入当期损益的金融资产(按照公允价值计量),所发生的相关交易费用应当直接计入当期损益(即投资收益);对于其他类别的金融资产(持有至到期投资采用实际利率法,按摊余成本计量;可供出售金融资产按公允价值计量),所发生的相关交易费用应当计入初始确认金额(即资产成本)。

实际利率法,是指按照金融资产或金融负债的实际利率计算其摊余成本及各期利息收入或利息费用的方法。实际利率,是指将金融资产或金融负债在预期存续期间或适用的更短期间内的未来现金流量折现为该金融资产或金融负债当前账面价值所使用的利率。摊余成本,是指将该金融资产或金融负债的初始确认金额扣除已偿还的本金,加上或减去采用实际利率法将该初始确认金额与到期日金额之间的差额进行摊销形成的累计摊销额,再扣除已发生的减值损失后的金额。

5.1.2 交易性金融资产账户设置

为了核算交易性金融资产的取得、收取现金股利或利息、处置等业务,企业应当设置"交易性金融资产""公允价值变动损益""投资收益""应收股利""应收利息"等账户。

1. "交易性金融资产"账户

"交易性金融资产"账户,核算企业以交易为目的所持有的债券投资、股票投资、基金投资等交易性金融资产的公允价值。该账户属于资产类账户,借方登记交易性金融资产的取得成本、资产负债表日其公允价值高于账面余额的差额等,贷方登记企业出售交易性金融资产时结转的成本和公允价值变动损益以及资产负债表日其公允价值低于账面余额的差额等,期末余额一般在借方,表示企业结存交易性金融资产的公允价值。

该账户应按交易性金融资产的类别和品种，分别设置“成本”“公允价值变动”等明细分类账，进行明细分类核算。“交易性金融资产”账户结构，如图 5-1 所示。

交易性金融资产	
期初：结存交易性金融资产的公允价值 本期：登记交易性金融资产的取得成本、资产负债表日其公允价值高于账面余额的差额等	登记企业出售交易性金融资产时结转的成本和公允价值变动损益以及资产负债表日其公允价值低于账面余额的差额等
期末：结存交易性金融资产的公允价值	

图 5-1 “交易性金融资产”账户结构

2.“公允价值变动损益”账户

“公允价值变动损益”账户，核算企业交易性金融资产等公允价值变动而形成的应计入当期损益的利得或损失。该账户属于损益类账户，借方登记资产负债表日企业持有的交易性金融资产等的公允价值小于账面余额的差额，贷方登记资产负债表日企业持有的交易性金融资产等的公允价值大于账面余额的差额。

出售交易性金融资产时，应将该账户的余额转入“投资收益”账户，结转后该账户应无余额。“公允价值变动损益”账户结构，如图 5-2 所示。

公允价值变动损益	
本期：登记资产负债表日企业持有的交易性金融资产等的公允价值小于账面余额的差额	期初：未结转的公允价值变动损益 登记资产负债表日企业持有的交易性金融资产等的公允价值大于账面余额的差额
	期末：未结转的公允价值变动损益

图 5-2 “公允价值变动损益”账户结构

3.“投资收益”账户

“投资收益”账户，核算企业持有交易性金融资产期间内取得的投资收益以及处置交易性金融资产等实现的投资收益或投资损失。该账户属于损益类账户，借方登记企业出售交易性金融资产等发生的投资损失，贷方登记企业出售交易性金融资产等实现的投资收益。

期末应将该账户的余额转入“本年利润”账户，结转后该账户应无余额。“投资收益”账户结构，如图 5-3 所示。

投资收益	
本期：登记企业出售交易性金融资产等发生的投资损失以及期末转入“本年利润”账户的投资收益	期初：无余额 登记企业出售交易性金融资产等实现的投资收益以及期末转入“本年利润”账户的投资损失
	期末：无余额

图 5-3 “投资收益”账户结构

4.“应收股利”账户

“应收股利”账户，核算企业因投资而应收取的现金股利或利润。该账户属于资产类账户,借方登记企业应收未收的现金股利或利润,贷方登记企业实际收到的现金股利或利润,期末余额一般在借方,表示企业尚未收回的现金股利或利润。

该账户应按被投资单位设置明细分类账,进行明细分类核算。"应收股利"账户结构,如图 5-4 所示。

应收股利	
期初:尚未收回的现金股利或利润 本期:登记企业应收未收的现金股利或利润	登记企业实际收到的现金股利或利润
期末:尚未收回的现金股利或利润	

图 5-4 "应收股利"账户结构

5. "应收利息"账户

"应收利息"账户,核算企业因债券投资而应收取的债券利息。该账户属于资产类账户,借方登记企业应收未收的债券利息,贷方登记企业实际收回的债券利息,期末余额一般在借方,表示企业尚未收回的债券利息。

该账户应按被投资单位设置明细分类账,进行明细分类核算。"应收利息"账户结构,如图 5-5 所示。

应收利息	
期初:尚未收回的债券利息 本期:登记企业应收未收的债券利息	登记企业实际收到的债券利息
期末:尚未收回的债券利息	

图 5-5 "应收利息"账户结构

5.1.3 交易性金融资产会计核算

1. 交易性金融资产取得核算

企业取得交易性金融资产,应按取得时的公允价值,借记"交易性金融资产——成本"账户,按发生的相关交易费用(包括支付给代理机构、咨询公司、券商等的手续费、佣金及其他必要支出),借记"投资收益"账户,发生交易费用取得增值税专用发票的,按其注明的增值税税额,借记"应交税费——应交增值税——进项税额"账户,按所支付价款中包含了已宣告但尚未发放的现金股利或已到付息期但尚未领取的债券利息,借记"应收股利"或"应收利息"账户,按实际支付的金额,贷记"银行存款""其他货币资金——存出投资款"等账户。

【例 5-1】 广东炎华服饰有限公司 2019 年 7 月 4 日以交易为目的从公开市场购入中粮生化股票 10 000 股,每股市价 8.20 元,另支付交易手续费等相关费用 180 元,取得增值税专用发票,增值税税率为 6%。中粮生化公司于 6 月 28 日宣告每 10 股派发现金股利 2 元,该现金股利将按 7 月 9 日的股东名册发放。炎华公司购入股票时账务处理如下:

增值税=180×6%=10.80(元)

应收股利=10 000×(2/10)=2 000(元)

交易性金融资产成本=10 000×8.2−2 000=80 000(元)

借：交易性金融资产——成本——中粮生化　　80 000.00
　　应交税费——应交增值税——进项税额　　10.80
　　应收股利——中粮生化公司　　2 000.00
　　投资收益　　180.00
　贷：其他货币资金——存出投资款　　82 190.80

附原始凭证：委托买入交割单（见图5-6）

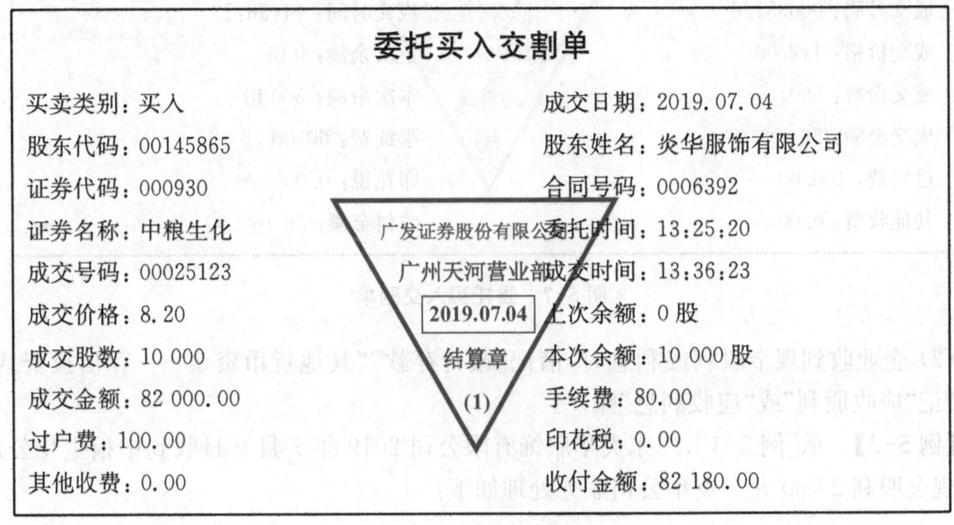

委托买入交割单

买卖类别：买入　　成交日期：2019.07.04
股东代码：00145865　　股东姓名：炎华服饰有限公司
证券代码：000930　　合同号码：0006392
证券名称：中粮生化　　委托时间：13:25:20
成交号码：00025123　　成交时间：13:36:23
成交价格：8.20　　上次余额：0股
成交股数：10 000　　本次余额：10 000股
成交金额：82 000.00　　手续费：80.00
过户费：100.00　　印花税：0.00
其他收费：0.00　　收付金额：82 180.00

图5-6　委托买入交割单

【例5-2】 广东炎华服饰有限公司2019年7月5日以交易为目的从公开市场购入中信国安公司2019年1月1日发行的5年期企业债券500份，每份市价112元。该债券年利率为10%，每份债券面值为100元，半年计息一次，每年7月10日和下年1月10日付息，到期偿还本金。购入时另支付交易手续费等相关费用160元，取得增值税专用发票，增值税税率为6%。炎华公司购入债券时账务处理如下：

增值税＝160×6%＝9.6（元）
应收利息＝(500×100)×10%×(6/12)＝2 500（元）
交易性金融资产成本＝500×112－2 500＝53 500（元）

借：交易性金融资产——成本——国安债券　　53 500.00
　　应交税费——应交增值税——进项税额　　9.60
　　应收利息——中信国安公司　　2 500.00
　　投资收益　　160.00
　贷：其他货币资金——存出投资款　　56 169.60

附原始凭证：委托买入交割单（见图5-7）

2. 应收股利或利息核算

(1) 企业持有交易性金融资产期间对于被投资单位宣告发放的现金股利或企业在资产负债表日按分期付息、一次还本债券的票面利率计算的利息收入，应当确认为应收项目，借记“应收股利”或“应收利息”账户，贷记“投资收益”账户。

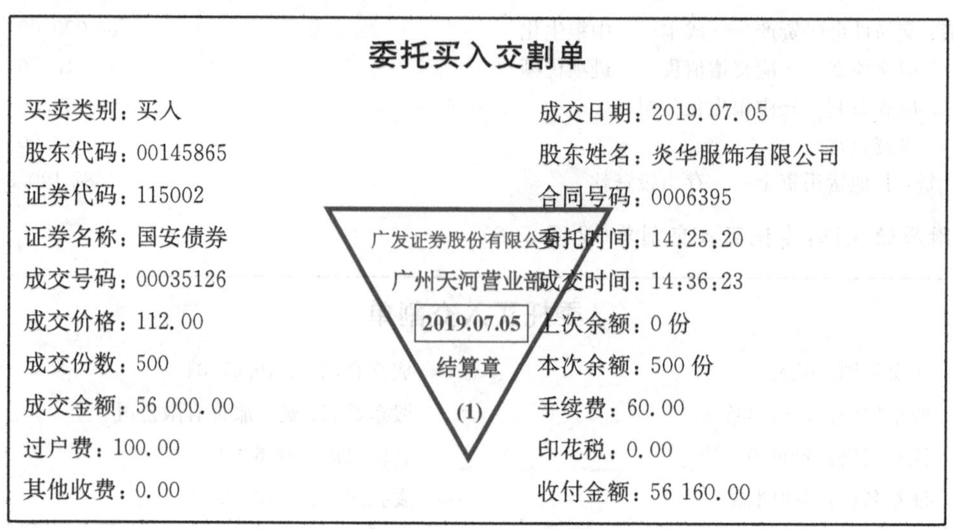

委托买入交割单

买卖类别：买入	成交日期：2019.07.05
股东代码：00145865	股东姓名：炎华服饰有限公司
证券代码：115002	合同号码：0006395
证券名称：国安债券	委托时间：14:25:20
成交号码：00035126	成交时间：14:36:23
成交价格：112.00	上次余额：0 份
成交份数：500	本次余额：500 份
成交金额：56 000.00	手续费：60.00
过户费：100.00	印花税：0.00
其他收费：0.00	收付金额：56 160.00

图 5-7　委托买入交割单

(2) 企业收到现金股利或利息时，借记“银行存款”“其他货币资金——存出投资款”账户，贷记“应收股利”或“应收利息”账户。

【例 5-3】 承[例 5-1]，广东炎华服饰有限公司 2019 年 7 月 9 日收到中粮生化公司发放的现金股利 2 000 元。炎华公司账务处理如下：

借：其他货币资金——存出投资款　　2 000.00

　贷：应收股利——中粮生化公司　　2 000.00

附原始凭证：中国建设银行收款通知单(见图 5-8)

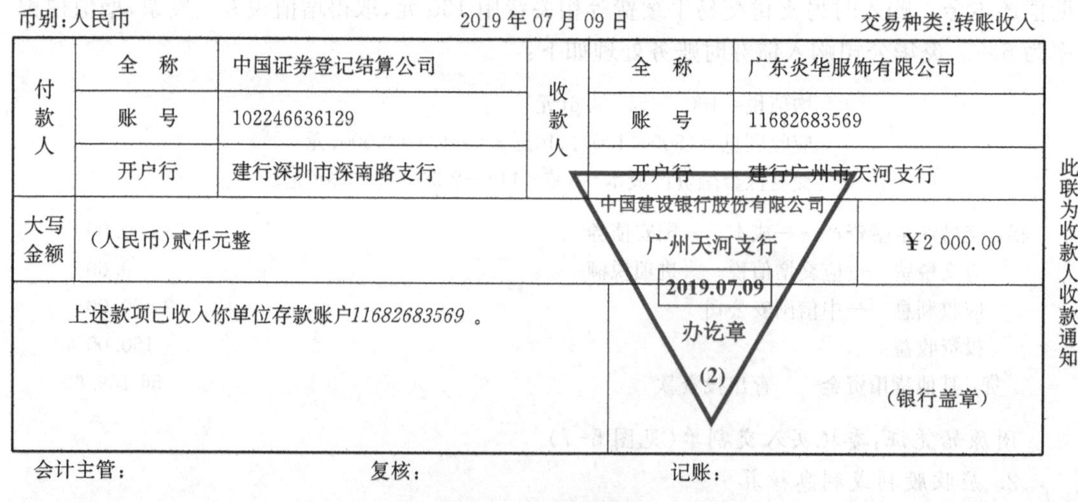

中国建设银行对公客户收款通知单

币别：人民币　　2019 年 07 月 09 日　　交易种类：转账收入

付款人	全　称	中国证券登记结算公司	收款人	全　称	广东炎华服饰有限公司
	账　号	102246636129		账　号	11682683569
	开户行	建行深圳市深南路支行		开户行	建行广州市天河支行
大写金额	(人民币)贰仟元整				¥2 000.00
上述款项已收入你单位存款账户11682683569 。			(银行盖章)		

此联为收款人收款通知

会计主管：　　复核：　　记账：

图 5-8　收款通知单

【例 5-4】 承[例 5-2]，广东炎华服饰有限公司 2019 年 7 月 10 日收到中信国安公司发放的债券利息 2 500 元。炎华公司账务处理如下：

借：其他货币资金——存出投资款　　2 500.00

　贷：应收利息——中信国安公司　　2 500.00

附原始凭证：中国建设银行收款通知单（见图 5-9）

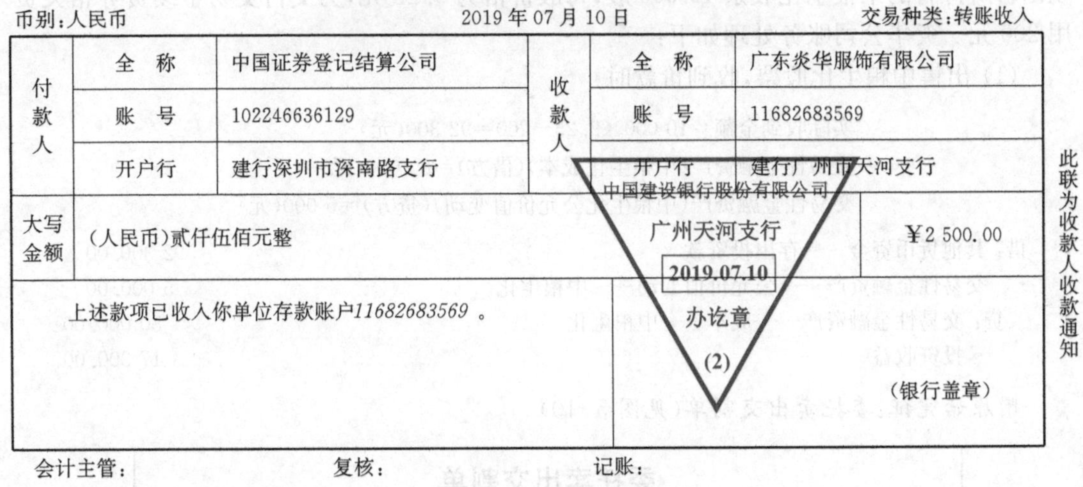

中国建设银行对公客户收款通知单

币别：人民币　　2019 年 07 月 10 日　　交易种类：转账收入

付款人	全　称	中国证券登记结算公司	收款人	全　称	广东炎华服饰有限公司
	账　号	102246636129		账　号	11682683569
	开户行	建行深圳市深南路支行		开户行	建行广州市天河支行
大写金额	(人民币)贰仟伍佰元整				¥2 500.00
上述款项已收入你单位存款账户11682683569 。				(银行盖章)	

此联为收款人收款通知

会计主管：　　复核：　　记账：

图 5-9　收款通知单

3. 期末公允价值变动核算

企业应在资产负债表日按照公允价值对交易性金融资产进行计量，并将公允价值与账面余额之间的差额计入当期损益。

(1) 当期末交易性金融资产的公允价值大于其账面余额时，借记“交易性金融资产——公允价值变动”账户，贷记“公允价值变动损益”账户。

(2) 当期末交易性金融资产的公允价值小于其账面余额时，借记“公允价值变动损益”账户，贷记“交易性金融资产——公允价值变动”账户。

【例 5-5】 承[例 5-1]，2019 年 7 月 31 日中粮生化每股市价为 7.5 元。炎华公司账务处理如下：

公允价值变动损益＝10 000×7.5－80 000＝－5 000(元)

借：公允价值变动损益——中粮生化　　5 000.00

　贷：交易性金融资产——公允价值变动——中粮生化　　5 000.00

【例 5-6】 承[例 5-2]，2019 年 7 月 31 日国安债券每份市价为 115 元。炎华公司账务处理如下：

公允价值变动损益＝500×115－53 500＝4 000(元)

借：交易性金融资产——公允价值变动——国安债券　　4 000.00

　贷：公允价值变动损益——国安债券　　4 000.00

4. 交易性金融资产出售核算

(1) 企业出售交易性金融资产应按实际收到的金额，借记“银行存款”“其他货币资金——存出投资款”等账户，按该金融资产的账面余额，贷记“交易性金融资产”账户，按其差额，贷记或借记“投资收益”账户。

(2) 企业还应将该金融资产的公允价值变动损益转出，借记或贷记“公允价值变动损益”账户，贷记或借记“投资收益”账户。

【例5-7】 承[例5-1][例5-5]，广东炎华服饰有限公司2019年8月10日通过公开市场出售所持有的中粮生化股票10 000股，每股价格为9.25元，另支付交易手续费等相关费用200元。炎华公司账务处理如下：

(1) 出售中粮生化股票，收到价款时：

实际收到金额＝10 000×9.25－200＝92 300(元)

交易性金融资产(中粮生化成本)(借方)＝80 000(元)

交易性金融资产(中粮生化公允价值变动)(贷方)＝5 000(元)

借：其他货币资金——存出投资款	92 300.00
交易性金融资产——公允价值变动——中粮生化	5 000.00
贷：交易性金融资产——成本——中粮生化	80 000.00
投资收益	17 300.00

附原始凭证：委托卖出交割单(见图5-10)

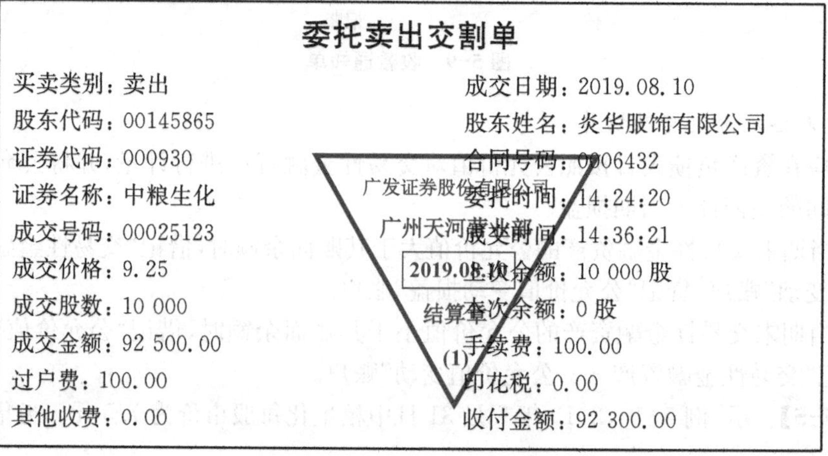
委托卖出交割单

买卖类别：卖出　　成交日期：2019.08.10
股东代码：00145865　　股东姓名：炎华服饰有限公司
证券代码：000930　　合同号码：0006432
证券名称：中粮生化　　委托时间：14:24:20
成交号码：00025123　　成交时间：14:36:21
成交价格：9.25　　上次余额：10 000股
成交股数：10 000　　本次余额：0股
成交金额：92 500.00　　手续费：100.00
过户费：100.00　　印花税：0.00
其他收费：0.00　　收付金额：92 300.00

图5-10　委托卖出交割单

(2) 结转中粮生化股票公允价值变动损益时：

公允价值变动损益(中粮生化)(借方)＝5 000(元)

借：投资收益	5 000.00
贷：公允价值变动损益——中粮生化	5 000.00

【例5-8】 承[例5-2][例5-6]，广东炎华服饰有限公司2019年8月16日通过公开市场出售所持有的中信国安债券500份，每份价格为116元，另支付交易手续费等相关费用180元。炎华公司账务处理如下：

(1) 出售中信国安债券，收到价款时：

实际收到金额＝500×116－180＝57 820(元)

交易性金融资产(国安债券成本)(借方)＝53 500(元)

交易性金融资产(国安债券公允价值变动)(借方)＝4 000(元)

借：其他货币资金——存出投资款　57 820.00
　贷：交易性金融资产——成本——国安债券　53 500.00
　　　　　　　　　　——公允价值变动——国安债券　4 000.00
　　投资收益　320.00

附原始凭证：委托卖出交割单（见图 5-11）

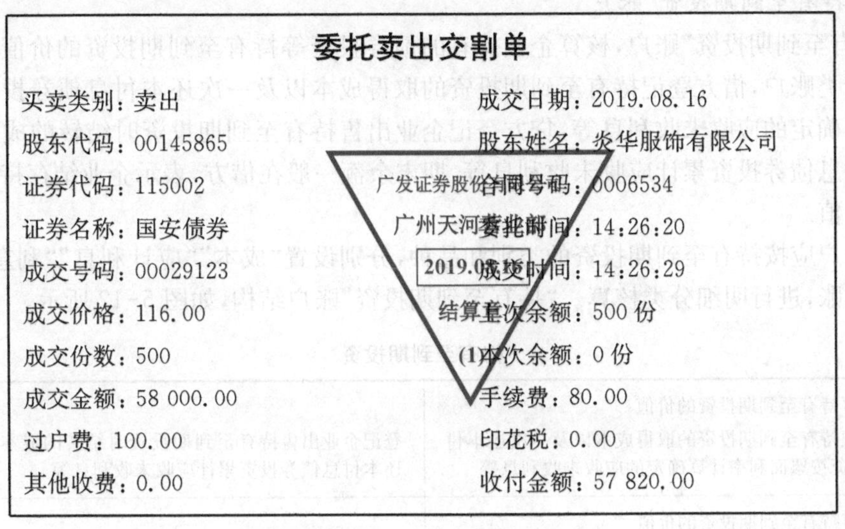

委托卖出交割单

买卖类别：卖出	成交日期：2019.08.16
股东代码：00145865	股东姓名：炎华服饰有限公司
证券代码：115002	合同号码：0006534
证券名称：国安债券	委托时间：14:26:20
成交号码：00029123	成交时间：14:26:29
成交价格：116.00	结算上次余额：500 份
成交份数：500	本次余额：0 份
成交金额：58 000.00	手续费：80.00
过户费：100.00	印花税：0.00
其他收费：0.00	收付金额：57 820.00

图 5-11　委托卖出交割单

（2）结转中信国安债券公允价值变动损益时：

公允价值变动损益（国安债券）（贷方）＝4 000（元）

借：公允价值变动损益——国安债券　4 000.00
　贷：投资收益　4000.00

知识拓展 5-2

转让金融资产应交增值税

金融资产转让按照卖出价扣除买入价（不需要扣除已宣告未发放现金股利和已到付息期未领取的利息）后的余额作为销售额计算增值税，即转让金融资产按盈亏相抵后的余额为销售额。若相抵后出现负差，可结转下一纳税期与下期转让金融资产销售额互抵，但年末时仍出现负差的，不得转入下一会计年度。

转让金融资产当月月末，如产生转让收益，则按应纳税额，借记“投资收益”等科目，贷记“应交税费——转让金融商品应交增值税”科目；如产生转让损失，则按可结转下月抵扣税额，借记“应交税费——转让金融商品应交增值税”科目，贷记“投资收益”等科目。

年末，如果“应交税费——转让金融商品应交增值税”科目有借方余额，说明本年度的金融资产转让损失无法弥补，则应把“应交税费——转让金融商品应交增值税”科目的借方余额转出，借记“投资收益”等科目，贷记“应交税费——转让金融商品应交增值税”科目。

5.2 持有至到期投资核算

5.2.1 账户设置

1. “持有至到期投资”账户

“持有至到期投资”账户,核算企业持有的债券投资等持有至到期投资的价值。该账户属于资产类账户,借方登记持有至到期投资的取得成本以及一次还本付息债券投资按票面利率计算确定的应收未收利息等,贷方登记企业出售持有至到期投资时结转的成本以及一次还本付息债券投资累计应收未收利息等,期末余额一般在借方,表示企业结存持有至到期投资的价值。

该账户应按持有至到期投资的类别和品种,分别设置“成本”“应计利息”“利息调整”等明细分类账,进行明细分类核算。“持有至到期投资”账户结构,如图 5-12 所示。

持有至到期投资

期初:结存持有至到期投资的价值 本期:登记持有至到期投资的取得成本以及一次还本付息债券投资按票面利率计算确定的应收未收利息等	登记企业出售持有至到期投资时结转的成本以及一次还本付息债券投资累计应收未收利息等
期末:结存持有至到期投资的价值	

图 5-12 “持有至到期投资”账户结构

2. “持有至到期投资减值准备”账户

“持有至到期投资减值准备”账户,核算企业持有至到期投资发生减值时计提的减值准备。该账户属于资产类账户,借方登记实际发生的持有至到期投资减值损失金额和冲减的持有至到期投资减值准备金额,贷方登记计提的持有至到期投资减值准备金额,期末余额一般在贷方,表示企业已计提但尚未转销的持有至到期投资减值准备。

该账户应按持有至到期投资的类别和品种设置明细分类账,进行明细分类核算。“持有至到期投资减值准备”账户结构,如图 5-13 所示。

持有至到期投资减值准备

本期:登记实际发生的持有至到期投资减值损失金额和冲减的持有至到期投资减值准备金额	期初:已计提但尚未转销的持有至到期投资减值准备 登记计提的持有至到期投资减值准备金额
	期末:已计提但尚未转销的持有至到期投资减值准备

图 5-13 “持有至到期投资减值准备”账户结构

5.2.2 会计核算

1. 持有至到期投资取得核算

企业取得持有至到期投资,应按该投资的面值,借记“持有至到期投资——成本”账户,按支付的价款中包含的已到付息期但尚未领取的利息，借记"应收利息"账户，按实际支付的金额，贷记"银行存款"等账户，按其差额，借记或贷记"持有至到期投资——利息调整"账户。

2. 应收或应计利息核算

(1) 持有至到期投资为分期付息、一次还本债券投资的，资产负债表日，应按票面利率计算确定的应收未收利息，借记"应收利息"账户，按持有至到期投资摊余成本和实际利率计算确定的利息收入，贷记"投资收益"账户，按其差额，借记或贷记"持有至到期投资——利息调整"账户。

(2) 持有至到期投资为一次还本付息债券投资的，资产负债表日，应按票面利率计算确定的应收未收利息，借记"持有至到期投资——应计利息"账户，按持有至到期投资摊余成本和实际利率计算确定的利息收入，贷记"投资收益"账户，按其差额，借记或贷记"持有至到期投资——利息调整"账户。

3. 持有至到期投资减值核算

确定持有至到期投资发生减值的，按应减计的金额，借记"信用减值损失"账户，贷记"持有至到期投资减值准备"账户。

对于已确认减值损失的持有至到期投资，如有客观证据表明该持有至到期投资的价值已恢复，且客观上与确认该损失后发生的事项有关的，应在原确认的减值损失范围内按已恢复的金额，借记"持有至到期投资减值准备"账户，贷记"信用减值损失"账户。

4. 持有至到期投资出售核算

出售持有至到期投资，应按实际收到的金额，借记"银行存款"等账户，按其账面余额，贷记"持有至到期投资——成本""持有至到期投资——利息调整""持有至到期投资——应计利息"账户，按已计提的减值准备，借记"持有至到期投资减值准备"账户，按其差额，贷记或借记"投资收益"账户。

【例5-9】 广东米勒科技有限公司2013年1月1日以银行存款1 050 000元(含交易费用)购买广东东楚科技有限公司2013年1月1日发行的5年期债券10 000份，债券面值100元，票面年利率8%，于每年年末支付本年度债券利息，本金到期一次性偿还。米勒公司有意图也有能力将该债券持有至到期，划分为持有至到期投资。假定不考虑所得税、减值损失等因素，米勒公司账务处理如下：

(1) 2013年1月1日，购买债券时：

借：持有至到期投资——成本——东楚债券	1 000 000.00
——利息调整——东楚债券	50 000.00
贷：银行存款	1 050 000.00

(2) 2013年12月31日，确认利息收入，收到债券利息时：

第一，应收利息＝年债券利息＝1 000 000×8%＝80 000(元)

第二，计算债券的实际利率 i：

$$1\,000\,000\times(1+i)^{-5}+80\,000\times(1+i)^{-5}+80\,000\times(1+i)^{-4}+80\,000\times(1+i)^{-3}+80\,000\times(1+i)^{-2}+80\,000\times(1+i)^{-1}=1\,050\,000$$

利用插值法，计算得到实际利率 $i=6.79\%$

第三，摊余成本计算表，如表5-1所示。

表 5-1　　　　　　　　　　　　摊余成本计算

年份	期初摊余成本 (a)	实际利息 (b=a×i)	实收利息 (c)	期末摊余成本 (d=a+b−c)	应收利息 (e)	利息调整 (f=b−e)
2013	1 050 000.00	71 295.00	80 000.00	1 041 295.00	80 000.00	−8 705.00
2014	1 041 295.00	70 703.93	80 000.00	1 031 998.93	80 000.00	−9 296.07
2015	1 031 998.93	70 072.73	80 000.00	1 022 071.66	80 000.00	−9 927.27
2016	1 022 071.66	69 398.67	80 000.00	1 011 470.32	80 000.00	−10 601.33
2017	1 011 470.32	68 529.68	80 000.00	1 000 000.00	80 000.00	−11 470.32

说明：2017 年实际利息：68 529.68=1 000 000.00+80 000−1011 470.32

确认利息收入时：

借：应收利息——东楚公司　　80 000.00
　贷：投资收益——东楚债券　　71 295.00
　　持有至到期投资——利息调整——东楚债券　　8 705.00

收到债券利息时：

借：银行存款　　80 000.00
　贷：应收利息——东楚公司　　80 000.00

(3) 2014 年 12 月 31 日，确认利息收入，收到债券利息时：

确认利息收入时：

借：应收利息——东楚公司　　80 000.00
　贷：投资收益——东楚债券　　70 703.93
　　持有至到期投资——利息调整——东楚债券　　9 296.07

收到债券利息时：

借：银行存款　　80 000.00
　贷：应收利息——东楚公司　　80 000.00

(4) 2015 年 12 月 31 日，确认利息收入，收到债券利息时：

确认利息收入时：

借：应收利息——东楚公司　　80 000.00
　贷：投资收益——东楚债券　　70 072.73
　　持有至到期投资——利息调整——东楚债券　　9 927.27

收到债券利息时：

借：银行存款　　80 000.00
　贷：应收利息——东楚公司　　80 000.00

(5) 2016 年 12 月 31 日，确认利息收入，收到债券利息时：

确认利息收入时：

借：应收利息——东楚公司　　80 000.00
　贷：投资收益——东楚债券　　69 398.67
　　持有至到期投资——利息调整——东楚债券　　10 601.33

收到债券利息时：

借：银行存款　　80 000.00
　贷：应收利息——东楚公司　　80 000.00

(6) 2017年12月31日，确认利息收入，收到债券利息和本金时：

确认利息收入时：

借：应收利息——东楚公司　　80 000.00
　贷：投资收益——东楚债券　　68 529.68
　　持有至到期投资——利息调整——东楚债券　　11 470.32

收到债券利息时：

借：银行存款　　80 000.00
　贷：应收利息——东楚公司　　80 000.00

收回债券本金时：

借：银行存款　　1 000 000.00
　贷：持有至到期投资——成本——东楚债券　　1 000 000.00

【例5-10】 广东米勒科技有限公司2013年1月1日以银行存款1 000 000元(含交易费用)购买广东美林科技有限公司2013年1月1日发行的5年期债券10 000份，债券面值100元，票面年利率8%，到期一次性还本付息。米勒公司有意图也有能力将该债券持有至到期，划分为持有至到期投资。

2014年12月31日，有客观证据表明美林公司发生了严重的财务困难，米勒公司据此认定对美林公司的债券投资发生了减值，预计债券利息能全部收到，但本金只能收回800 000元。

2016年12月31日，有客观证据表明美林公司财务状况显著改善，其偿债能力有所恢复，预计债券利息能全部收到，但本金只能收回950 000元。假定不考虑所得税等因素。

米勒公司账务处理如下：

(1) 2013年1月1日，购买债券时：

借：持有至到期投资——成本——美林债券　　1 000 000.00
　贷：银行存款　　1 000 000.00

(2) 2013年12月31日，确认利息收入时：

第一，应收利息＝年债券利息＝1 000 000×8%＝80 000(元)

第二，计算债券的实际利率i：

$$1\,000\,000\times(1+i)^{-5}+80\,000\times5\times(1+i)^{-5}=1\,000\,000$$

利用插值法，计算得到实际利率i＝6.96%

第三，摊余成本计算表，如表5-2所示。

表 5-2　　没有减值准备的摊余成本计算

年份	期初摊余成本(a)	实际利息($b=a\times i$)	实收利息(c)	期末摊余成本(d=a+b−c)	应收利息(e)	利息调整(f=b−e)
2013	1 000 000.00	69 600.00	0.00	1 069 600.00	80 000.00	−10 400.00
2014	1 069 600.00	74 444.16	0.00	1 144 044.16	80 000.00	−5 555.84
2015	1 144 044.16	79 625.47	0.00	1 223 669.63	80 000.00	−374.53
2016	1 223 669.63	85 167.41	0.00	1 308 837.04	80 000.00	5 167.41
2017	1 308 837.04	91 162.96	400 000.00	1 000 000.00	80 000.00	11 162.96

说明:2017 年实际利息:91 162.96=1 000 000.00+400 000.00−1 308 837.04

借:应收利息——美林公司　　80 000.00
　贷:投资收益——美林债券　　69 600.00
　　持有至到期投资——利息调整——美林债券　　10 400.00

(3) 2014 年 12 月 31 日,确认利息收入时:

借:应收利息——美林公司　　80 000.00
　贷:投资收益——美林债券　　74 444.16
　　持有至到期投资——利息调整——美林债券　　5 555.84

(4) 2015 年 12 月 31 日,确认利息收入与减值准备时:

第一,确认利息收入时:

借:应收利息——美林公司　　80 000.00
　贷:投资收益——美林债券　　79 625.47
　　持有至到期投资——利息调整——美林债券　　374.53

第二,确认减值准备时:

2015 年期末摊余成本(预计收入现值)$=800\ 000\times(1+i)^{-2}+80\ 000\times5\times(1+i)^{-2}$

$=800\ 000\times(1+6.96\%)^{-2}+80\ 000\times5\times(1+6.96\%)^{-2}$

=1 048 910.56(元)

预计减值=1 048 910.56−1 223 669.63(没有减值时 2015 年期末摊余成本)

=174 759.07(元)

借:信用减值损失——美林债券　　174 759.07
　贷:持有至到期投资减值准备——美林债券　　174 759.07

存在减值准备的摊余成本计算表,如表 5-3 所示。

表 5-3　　存在减值准备的摊余成本计算

年份	期初摊余成本(a)	实际利息($b=a\times i$)	实收利息(c)	期末摊余成本(d=a+b−c)	应收利息(e)	利息调整(f=b−e)
2013	1 000 000.00	69 600.00	0.00	1 069 600.00	80 000.00	−10 400.00
2014	1 069 600.00	74 444.16	0.00	1 144 044.16	80 000.00	−5 555.84
2015	1 144 044.16	79 625.47	0.00	1 048 910.56	80 000.00	−374.53
2016	1 048 910.56	73 004.17	0.00	1 121 914.73	80 000.00	−6 995.83
2017	1 121 914.73	78 085.27	400 000.00	800 000.00	80 000.00	−1 914.73

说明:2017 年实际利息:78 085.27=800 000.00+400 000.00−1 121 914.73

(5) 2016年12月31日，确认利息收入、转回减值准备时：

第一，确认利息收入时：

借：应收利息——美林公司　　80 000.00

　贷：投资收益——美林债券　　73 004.17

　　持有至到期投资——利息调整——美林债券　　6 995.83

第二，转回减值准备时：

2016年期末摊余成本（预计收入现值）＝950 000×$(1+i)^{-1}$＋80 000×5×$(1+i)^{-1}$

＝950 000×$(1+6.96\%)^{-1}$＋80 000×5×$(1+6.96\%)^{-1}$

＝1 262 154.08（元）

预计转回减值＝1 262 154.08－1 121 914.73（计提减值准备时2016年期末摊余成本）

＝140 239.35（元）

借：持有至到期投资减值准备——美林债券　　140 239.35

　贷：信用减值损失——美林债券　　140 239.35

转回减值准备的摊余成本计算表，如表5-4所示。

表5-4　　转回减值准备的摊余成本计算

年份	期初摊余成本 (a)	实际利息 (b=a×i)	实收利息 (c)	期末摊余成本 (d=a+b−c)	应收利息 (e)	利息调整 (f=b−e)
2013	1 000 000.00	69 600.00	0.00	1 069 600.00	80 000.00	−10 400.00
2014	1 069 600.00	74 444.16	0.00	1 144 044.16	80 000.00	−5 555.84
2015	1 144 044.16	79 625.47	0.00	1 048 910.56	80 000.00	−374.53
2016	1 048 910.56	73 004.17	0.00	1 262 154.08	80 000.00	−6 995.83
2017	1 262 154.08	87 845.92	400 000.00	950 000.00	80 000.00	7 845.92

说明：2017年实际利息：87 845.92＝950 000.00＋400 000.00－1 262 154.08

(6) 2017年12月31日，确认利息收入、收到债券利息与本金时：

第一，确认利息收入时：

借：应收利息——美林公司　　80 000.00

　持有至到期投资——利息调整——美林债券　　7 845.92

　贷：投资收益——美林债券　　87 845.92

第二，收到债券利息时：

借：银行存款　　400 000.00

　贷：应收利息——美林公司　　400 000.00

第三，收到债券本金时：

借：银行存款　　950 000.00

　持有至到期投资减值准备——美林债券　　34 519.72

　　　　　　　——利息调整——美林债券　　15 480.28

　贷：持有至到期投资——成本——美林债券　　1 000 000.00

5.3 可供出售金融资产核算

5.3.1 账户设置

1."可供出售金融资产"账户

"可供出售金融资产"账户,核算企业持有的债券、股票等可供出售金融资产的公允价值。该账户属于资产类账户,借方登记可供出售金融资产的取得成本、资产负债表日其公允价值高于账面余额的差额等,贷方登记企业出售可供出售金融资产时结转的成本和公允价值变动损益以及资产负债表日其公允价值低于账面余额的差额等,期末余额一般在借方,表示企业结存可供出售金融资产的公允价值。

该账户应按可供出售金融资产的类别和品种,分别设置"成本""应计利息""利息调整""公允价值变动"等明细分类账,进行明细分类核算。"可供出售金融资产"账户结构,如图5-14所示。

可供出售金融资产	
期初:结存可供出售金融资产的公允价值 本期:登记可供出售金融资产的取得成本、资产负债表日其公允价值高于账面余额的差额等	登记企业出售可供出售金融资产时结转的成本和公允价值变动损益以及资产负债表日其公允价值低于账面余额的差额等
期末:结存可供出售金融资产的公允价值	

图5-14 "可供出售金融资产"账户结构

2."其他综合收益"账户

"其他综合收益"账户,核算企业根据企业会计准则规定未在当期损益中确认的各项利得和损失。该账户属于所有者权益类账户,借方登记资产负债表日企业持有的可供出售金融资产等的公允价值小于账面余额的差额,贷方登记资产负债表日企业持有的可供出售金融资产等的公允价值大于账面余额的差额,期末余额在贷方,表示企业结存可供出售金融资产的公允价值累计变动利得,期末余额在借方,表示企业结存可供出售金融资产的公允价值累计变动损失。

该账户应按可供出售金融资产的类别和品种等设置明细分类账,进行明细分类核算。"其他综合收益"账户结构,如图5-15所示。

其他综合收益	
	期初:结存可供出售金融资产的公允价值累计变动利得
本期:登记资产负债表日企业持有的可供出售金融资产等的公允价值小于账面余额的差额以及出售时转出的公允价值累计变动利得	登记资产负债表日企业持有的可供出售金融资产等的公允价值大于账面余额的差额以及出售时转出的公允价值累计变动损失
	期末:结存可供出售金融资产的公允价值累计变动利得

图5-15 "其他综合收益"账户结构

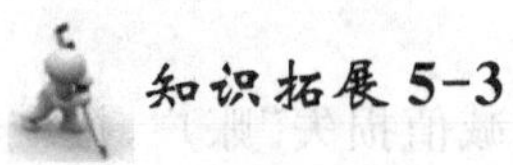

知识拓展5-3

其他综合收益

综合收益，是指企业在某一期间除与所有者以其所有者身份进行的交易之外的其他交易或事项所引起的所有者权益变动。综合收益总额项目反映净利润和其他综合收益扣除所得税影响后的净额相加后的合计金额。

其他综合收益，是指企业根据企业会计准则规定未在当期损益中确认的各项利得和损失，主要包括按照权益法核算的在被投资单位以后会计期间在满足规定条件时将重分类进损益的其他综合收益中所享有的份额、可供出售金融资产公允价值变动形成的利得或损失、持有至到期投资重分类为可供出售金融资产形成的利得或损失等。

5.3.2　会计核算

1. 可供出售金融资产取得核算

(1) 取得股权类可供出售金融资产，应按其公允价值与交易费用之和，借记"可供出售金融资产——成本"账户，按支付的价款中包含的已宣告但尚未发放的现金股利，借记"应收股利"账户，按实际支付的金额，贷记"银行存款"等账户。

(2) 取得债券类可供出售金融资产，应按债券的面值，借记"可供出售金融资产——成本"账户，按支付的价款中包含的已到付息期但尚未领取的利息，借记"应收利息"账户，按实际支付的金额，贷记"银行存款"等账户。

2. 应收、应计利息或公允价值变动核算

(1) 可供出售金融资产为分期付息、一次还本债券投资的，资产负债表日，应按票面利率计算确定的应收未收的利息，借记"应收利息"账户，按可供出售债券的摊余成本和实际利率计算确定的利息收入，贷记"投资收益"账户，按其差额，借记或贷记"可供出售金融资产——利息调整"账户。同时，调整其公允价值变动金额，若可供出售金融资产的公允价值高于其账面余额，按其差额，借记"可供出售金融资产——公允价值变动"账户，贷记"其他综合收益"账户；若低于其账面余额，按其差额，借记"其他综合收益"账户，贷记"可供出售金融资产——公允价值变动"账户。

(2) 可供出售金融资产为一次还本付息债券投资的，资产负债表日，应按票面利率计算确定的应收未收的利息，借记"可供出售金融资产——应计利息"账户，按可供出售债券的摊余成本和实际利率计算确定的利息收入，贷记"投资收益"账户，按其差额，借记或贷记"可供出售金融资产——利息调整"账户。同时，调整其公允价值变动金额，若可供出售金融资产的公允价值高于其账面余额，按其差额，借记"可供出售金融资产——公允价值变动"账户，贷记"其他综合收益"账户；若低于其账面余额，按其差额，借记"其他综合收益"账户，贷记"可供出售金融资产——公允价值变动"账户。

(3) 对于股权类可供出售金融资产，资产负债表日，可供出售金融资产的公允价值高于其账面余额，按其差额，借记"可供出售金融资产——公允价值变动"账户，贷记"其他综合收益"账户；若低于其账面余额，按其差额，借记"其他综合收益"账户，贷记"可供出售金融资产——公允价值变动"账户。

3. 可供出售金融资产减值核算

确定可供出售金融资产发生减值的,按应减记的金额,借记“信用减值损失”账户,按应从所有者权益中转出原计入其他综合收益的累计损失金额,贷记“其他综合收益”账户,按其差额,贷记“可供出售金融资产——减值准备”账户。

对于已确认减值损失的可供出售金融资产,在随后的会计期间内公允价值已上升且客观上与确认原减值损失后事项有关的,应在原确认的减值损失范围内按已恢复的金额,借记“可供出售金融资产——减值准备”等账户,贷记“信用减值损失”账户。

4. 可供出售金融资产出售核算

出售可供出售金融资产,应按实际收到的金额,借记“银行存款”等账户,按其账面余额,贷记“可供出售金融资产——成本”“可供出售金融资产——公允价值变动”“可供出售金融资产——利息调整”“可供出售金融资产——应计利息”“可供出售金融资产——减值准备”账户,按其差额,贷记或借记“投资收益”账户。同时,按应从所有者权益中转出的公允价值累计变动额,借记或贷记“其他综合收益”账户,贷记或借记“投资收益”账户。

【例 5-11】 广东米勒科技有限公司 2015 年 5 月 20 日以银行存款 5 072 000 元(其中含有证券交易税费 8 000 元,已宣告发放但尚未领取的 2014 年现金股利 72 000 元)购买广东东楚科技有限公司增发股票 1 000 000 股,占东楚公司有表决权股份的 5%。米勒公司没有在东楚公司董事会派出代表,米勒公司将其划分为可供出售金融资产。2015 年 6 月 20 日,米勒公司收到东楚公司发放的 2014 年现金股利 72 000 元;6 月 30 日,东楚公司股票收盘价为每股 5.2 元;12 月 31 日,东楚公司股票收盘价为每股 4.9 元。

2016 年 4 月 20 日,东楚公司宣告发放 2015 年现金股利 2 000 000 元;5 月 30 日,收到东楚公司发放的现金股利;6 月 30 日,东楚公司股票收盘价为每股 4.9 元;12 月 31 日,东楚公司股票收盘价为每股 4.9 元。

2017 年 5 月 10 日,东楚公司宣告发放 2016 年现金股利 3 000 000 元;6 月 12 日,收到东楚公司发放的现金股利;6 月 30 日,东楚公司股票收盘价为每股 4.9 元;7 月 18 日,米勒公司以每股 5.4 元的价格将东楚公司股票全部转让,同时支付证券交易税费 8 400 元。

假定不考虑其他因素,米勒公司账务处理如下:

1) 2015 年可供出售金融资产业务处理

(1) 购买股票时:

东楚公司股票单位成本=5 000 000.00÷1 000 000=5.00(元/股)

借:可供出售金融资产——成本——东楚股票　　5 000 000.00
　　应收股利——东楚公司　　72 000.00
　贷:银行存款　　5 072 000.00

(2) 收到 2014 年现金股利:

借:银行存款　　72 000.00
　贷:应收股利——东楚公司　　72 000.00

(3) 6 月 30 日,公允价值变动时:

公允价值变动＝(5.20－5.00)×1 000 000＝200 000.00(元)

借：可供出售金融资产——公允价值变动——东楚股票　200 000.00
　贷：其他综合收益——公允价值变动——东楚股票　200 000.00

(4) 12 月 31 日公允价值变动时：

公允价值变动＝(4.90－5.20)×1 000 000＝－300 000.00(元)

借：其他综合收益——公允价值变动——东楚股票　300 000.00
　贷：可供出售金融资产——公允价值变动——东楚股票　300 000.00

2) 2016 年可供出售金融资产业务处理

(1) 宣告发放现金股利时：

现金股利＝2 000 000.00 ×5％＝100 000.00(元)

借：应收股利——东楚公司　100 000.00
　贷：投资收益——东楚股票　100 000.00

(2) 收到 2015 年现金股利：

借：银行存款　100 000.00
　贷：应收股利——东楚公司　100 000.00

(3) 6 月 30 日、12 月 31 日公允价值变动为 0，不做账务处理。

3) 2017 年可供出售金融资产业务处理

(1) 宣告发放现金股利时：

现金股利＝3 000 000.00×5％＝150 000.00(元)

借：应收股利——东楚公司　150 000.00
　贷：投资收益——东楚股票　150 000.00

(2) 收到 2016 年现金股利：

借：银行存款　150 000.00
　贷：应收股利——东楚公司　150 000.00

(3) 6 月 30 日公允价值变动为 0，不做账务处理。

(4) 出售股票时：

借：银行存款　5 391 600.00
　　可供出售金融资产——公允价值变动——东楚股票　100 000.00
　贷：可供出售金融资产——成本——东楚股票　5 000 000.00
　　　投资收益——东楚股票　491 600.00

同时，从所有者权益中转出公允价值累计变动额(其他综合收益)：

借：投资收益——东楚股票　100 000.00
　贷：其他综合收益——公允价值变动——东楚股票　100 000.00

【例 5-12】 广东米勒科技有限公司 2013 年 1 月 1 日以银行存款 1 000 000 元(含交易费用)购买广东利林电器有限公司 2013 年 1 月 1 日发行的 5 年期债券 12 500 份，债券面值 100 元，票面年利率 4.72％，于每年年末支付本年度债券利息，本金到期一次性偿还。米勒公司没有意图将该债券持有至到期,划分为可供出售金融资产。

米勒公司持有利林公司债券期间,债券的公允价值有发生变动,其中2013年12月31日,利林公司债券的公允价值(不含利息)为1 200 000元;2014年12月31日,利林公司债券的公允价值(不含利息)为1 300 000元;2015年12月31日,利林公司债券的公允价值(不含利息)为1 250 000元;2016年12月31日,利林公司债券的公允价值(不含利息)为1 200 000元。

2017年8月29日,将利林公司债券12 500份全部转让,取得价款1 260 000元。

假定不考虑所得税、减值损失等因素,米勒公司账务处理如下:

(1) 2013年1月1日,购买债券时:

借:可供出售金融资产——成本——利林债券　　1 250 000.00
　贷:银行存款　　1 000 000.00
　　可供出售金融资产——利息调整——利林债券　　250 000.00

(2) 2013年12月31日,确认利息收入、公允价值变动,收到债券利息时:

第一,应收利息=年债券利息=12 500×100×4.72%=59 000(元)

第二,计算债券的实际利率 i。

$$1\,250\,000\times(1+i)^{-5}+59\,000\times(1+i)^{-5}+59\,000\times(1+i)^{-4}+59\,000\times(1+i)^{-3}+59\,000\times(1+i)^{-2}+59\,000\times(1+i)^{-1}=1\,000\,000$$

利用插值法,计算得到实际利率 $i=10\%$

第三,摊余成本计算表,如表5-5所示。

表5-5　　摊余成本计算

年份	期初摊余成本(a)	实际利息(b=a×i)	实收利息(c)	期末摊余成本(d=a+b−c)	应收利息(e)	利息调整(f=b−e)
2013	1 000 000.00	100 000.00	59 000.00	1 041 000.00	59 000.00	41 000.00
2014	1 041 000.00	104 100.00	59 000.00	1 086 100.00	59 000.00	45 100.00
2015	1 086 100.00	108 610.00	59 000.00	1 135 710.00	59 000.00	49 610.00
2016	1 135 710.00	113 571.00	59 000.00	1 190 281.00	59 000.00	54 571.00
2017	1 190 281.00	118 719.00	59 000.00	1 250 000.00	59 000.00	59 719.00

说明:2017年实际利息:118 719.00=1 250 000.00+59 000.00−1 190 281.00

确认利息收入时:

借:应收利息——利林公司　　59 000.00
　　可供出售金融资产——利息调整——利林债券　　41 000.00
　贷:投资收益——利林债券　　100 000.00

收到债券利息时:

借:银行存款　　59 000.00
　贷:应收利息——利林公司　　59 000.00

公允价值变动时:

债券账面余额＝1 250 000－250 000＋41 000＝1 041 000(元)

公允价值变动＝1 200 000－1 041 000＝159 000(元)

借：可供出售金融资产——公允价值变动——利林债券　　159 000.00
　贷：其他综合收益——公允价值变动——利林债券　　159 000.00

(3) 2014 年 12 月 31 日，确认利息收入、公允价值变动，收到债券利息时：

确认利息收入时：

借：应收利息——利林公司　　59 000.00
　　可供出售金融资产——利息调整——利林债券　　45 100.00
　贷：投资收益——利林债券　　104 100.00

收到债券利息时：

借：银行存款　　59 000.00
　贷：应收利息——利林公司　　59 000.00

公允价值变动时：

债券账面余额＝1 200 000＋45 100＝1 245 100(元)

公允价值变动＝1 300 000－1 245 100＝54 900(元)

借：可供出售金融资产——公允价值变动——利林债券　　54 900.00
　贷：其他综合收益——公允价值变动——利林债券　　54 900.00

(4) 2015 年 12 月 31 日，确认利息收入、公允价值变动，收到债券利息时：

确认利息收入时：

借：应收利息——利林公司　　59 000.00
　　可供出售金融资产——利息调整——利林债券　　49 610.00
　贷：投资收益——利林债券　　108 610.00

收到债券利息时：

借：银行存款　　59 000.00
　贷：应收利息——利林公司　　59 000.00

公允价值变动时：

债券账面余额＝1 300 000＋49 610＝1 349 610(元)

公允价值变动＝1 250 000－1 349 610＝－99 610(元)

借：其他综合收益——公允价值变动——利林债券　　99 610.00
　贷：可供出售金融资产——公允价值变动——利林债券　　99 610.00

(5) 2016 年 12 月 31 日，确认利息收入、公允价值变动，收到债券利息时：

确认利息收入时：

借：应收利息——利林公司　　59 000.00
　　可供出售金融资产——利息调整——利林债券　　54 571.00
　贷：投资收益——利林债券　　113 571.00

收到债券利息时：

借:银行存款　　59 000.00

　贷:应收利息——利林公司　　59 000.00

公允价值变动时:

债券账面余额=1 250 000+54 571=1 304 571(元)

公允价值变动=1 200 000−1 304 571=−104 571(元)

借:其他综合收益——公允价值变动——利林债券　　104 571.00

　贷:可供出售金融资产——公允价值变动——利林债券　　104 571.00

(6) 2017 年 8 月 29 日,出售债券时:

借:银行存款　　1 260 000.00

　可供出售金融资产——利息调整——利林债券　　59 719.00

　贷:可供出售金融资产——成本——利林债券　　1 250 000.00

　　——公允价值变动——利林债券　　9 719.00

　　投资收益——利林债券　　60 000.00

同时,从所有者权益中转出公允价值累计变动额(其他综合收益):

借:其他综合收益——公允价值变动——利林债券　　9 719.00

　贷:投资收益——利林债券　　9 719.00

5.4 长期股权投资核算

5.4.1 长期股权投资概述

1. 长期股权投资概念

长期股权投资,是指投资方对被投资单位实施控制、重大影响的权益性投资,以及对其合营企业的权益性投资。

控制,是指有权决定一个企业的财务和经营政策,并能据以从该企业的经营活动中获取利益。投资企业能够对被投资单位实施控制的,被投资单位为其子公司。

重大影响,是指投资方对被投资单位的财务和经营政策有参与决策的权力,但并不能够控制或者与其他方一起共同控制这些政策的制定。投资方能够对被投资单位施加重大影响的,被投资单位为其联营企业。

共同控制,是指按照合同约定对某项经济活动所共有的控制,仅在与该项经济活动相关的重要财务和经营决策需要分享控制权的投资方一致同意时存在。投资企业与其他方对被投资单位实施共同控制的,被投资单位为其合营企业。

2. 长期股权投资核算方法

1) 成本法

成本法,是指投资取得时按实际成本计价,在投资持有期间除追加投资、收回投资、计提长期股权投资减值等情形外,长期股权投资的账面价值一般应保持不变的核算方法。即采用成本法核算的长期股权投资应当按照初始投资成本计价。追加或收回投资应当调整长期股权投资的成本。被投资单位宣告分派的现金股利或利润，应当确认为当期投资收益。投资方能够对被投资单位实施控制的长期股权投资，即企业对子公司的长期股权投资应当采用成本法核算。

2）权益法

权益法，是指投资取得时按实际成本计价，在投资持有期间需要根据投资企业享有被投资单位所有者权益份额的变动对长期股权投资的账面价值进行调整的核算方法。投资方对联营企业和合营企业的长期股权投资采用权益法核算。

3. 账户设置

企业应设置"长期股权投资"账户，核算企业持有的采用成本法和权益法核算的长期股权投资。该账户属于资产类账户，借方登记长期股权投资取得时的成本以及采用权益法核算时按被投资单位实现的净利润等计算的应分享的份额，贷方登记收回长期股权投资的价值与采用权益法核算时被投资单位宣告分派现金股利或利润时企业按持股比例计算应享有的份额，及按被投资单位发生的净亏损等计算的应分担的份额，期末余额一般在借方，表示企业持有的长期股权投资的价值。

该账户应按长期股权投资的类别或品种，分别设置"成本""损益调整""其他权益变动"等明细分类账，进行明细分类核算。"长期股权投资"账户结构，如图5-16所示。

长期股权投资	
期初：持有的长期股权投资的价值 本期：登记长期股权投资取得时的成本以及采用权益法核算时按被投资单位实现的净利润等计算的应分享的份额	登记收回长期股权投资的价值与采用权益法核算时被投资单位宣告分派现金股利或利润时企业按持股比例计算应享有的份额，及按被投资单位发生的净亏损等计算的应分担的份额
期末：持有的长期股权投资的价值	

图5-16　"长期股权投资"账户结构

5.4.2　成本法核算

1. 长期股权投资取得核算

企业以支付现金、非现金资产方式取得长期股权投资时，应按照实际支付的价款（包括与取得长期股权投资直接相关的费用、税金及其他必要支出）扣除已宣告但尚未支付的现金股利或利润，作为初始投资成本，借记"长期股权投资"账户，按实际支付价款中包含的已宣告但尚未支付的现金股利或利润，借记"应收股利"账户，按实际支付的价款，贷记"银行存款""其他货币资金"等账户。

【例5-13】　广东炎华服饰有限公司2014年1月6日从公开市场购买广东华诚股份有限公司股票20 000股作为长期投资，每股价格9.63元，另支付手续费等相关费用300元。炎华公司取得该部分股权后能够对华诚公司施加重大影响。炎华公司购入股票时账务处理如下：

长期股权投资（华诚股份成本）＝20 000×9.63＋300＝192 900（元）

借：长期股权投资——成本——华诚股份　　192 900.00

　贷：其他货币资金——存出投资款　　192 900.00

【例 5-14】 广东米勒科技有限公司 2017 年 4 月 10 日通过增发 3 000 000 股(每股面值 1 元)本企业普通股为对价，从非关联方处取得对广东华信高科股份有限公司 20%的股权，作为长期投资，所增发股份的公允价值为 52 000 000 元。为增发该部分普通股，米勒公司支付了 2 000 000 元的佣金和手续费。取得华信公司股权后，米勒公司能够对华信公司施加重大影响。米勒公司购入股票时账务处理如下：

借：长期股权投资——成本——华信高科　　52 000 000.00
　贷：股本　　30 000 000.00
　　　资本公积——股本溢价　　22 000 000.00

借：资本公积——股本溢价　　2 000 000.00
　贷：银行存款　　2 000 000.00

2. 应收现金股利或利润核算

采用成本法核算的长期股权投资，持有期间被投资单位宣告发放现金股利或利润时，投资企业应按应享有的部分确认为当期投资收益，但投资企业确认的投资收益仅限于所获得的被投资单位在接受投资后产生的累积净利润的分配额。

一般情况下，投资企业在取得投资当年从被投资单位分得的现金股利或利润应作为投资成本的收回，即应冲减长期股权投资的初始成本，原因是被投资单位当年分配的往往是以前年度实现的利润。

投资企业按应享有的、确认为当期投资收益的部分，借记“应收股利”账户，贷记“投资收益”账户。

【例 5-15】 承[例 5-13]，2014 年 4 月 16 日华诚股份公司宣告 2013 年度利润分配方案，当年实现净利润 500 万元，决定每 10 股派发现金股利 5 元。炎华公司账务处理如下：

冲减长期股权投资的初始成本＝20 000×(5/10)＝10 000(元)

借：应收股利——华诚公司　　10 000.00
　贷：长期股权投资——成本——华诚股份　　10 000.00

【例 5-16】 承[例 5-13][例 5-15]，2015 年 6 月 20 日，华诚股份公司宣告 2014 年度利润分配方案，当年实现净利润 600 万元，决定每 10 股派发现金股利 6 元。炎华公司账务处理如下：

投资收益＝20 000×(6/10)＝12 000(元)

借：应收股利——华诚公司　　12 000.00
　贷：投资收益　　12 000.00

3. 长期股权投资出售核算

企业出售长期股权投资时，应按实际收到的金额，借记“银行存款”等账户，按原已计提的减值准备，借记“长期股权投资减值准备”账户，按该项长期股权投资的账面余额，贷记“长期股权投资(成本)”账户，按其差额，借记或贷记“投资收益”账户。

【例 5-17】 承[例 5-13][例 5-15]，2018 年 3 月 22 日，广东炎华服饰有限公司通过公开市场出售所持有的华诚股份公司全部股票，每股成交价为 15.2 元，另支付手续费等相关费用 450 元。该项长期股权投资没有计提减值准备。炎华公司账务处理如下：

实际收到价款＝20 000×15.2－450＝303 550(元)

长期股权投资账面余额＝192 900－10 000＝182 900(元)

投资收益＝303 550－182 900＝120 650(元)

借：其他货币资金——存出投资款　　303 550.00
　贷：长期股权投资——成本——华诚股份　　182 900.00
　　　投资收益　　120 650.00

知识拓展5-4

长期股权投资减值

企业长期股权投资在资产负债表日存在可能发生减值的迹象时，其可收回金额低于账面价值的，应当将该长期股权投资的账面价值减计至可收回金额，减计的金额确认为减值损失，计入当期损益，同时计提相应的资产减值准备。

企业计提长期股权投资减值准备，应当设置"长期股权投资减值准备"账户进行核算。企业按应减记的金额，借记"资产减值损失——计提长期股权投资减值准备"账户，贷记"长期股权投资减值准备"账户。

长期股权投资减值损失一经确认，在以后会计期间不得转回。

5.4.3　权益法核算

1. 长期股权投资取得核算

(1) 企业以支付现金、非现金资产方式取得长期股权投资，长期股权投资的初始投资成本大于投资时应享有被投资单位可辨认净资产公允价值份额的，不调整已确认的初始投资成本，按实际支付的价款，借记"长期股权投资——成本"账户，贷记"银行存款"等账户。

(2) 长期股权投资的初始投资成本小于投资时应享有被投资单位可辨认净资产公允价值份额的，按投资时应享有被投资单位可辨认净资产公允价值份额，借记"长期股权投资——成本"账户，按实际支付的价款，贷记"银行存款"等账户，按其差额，贷记"营业外收入"账户。

【例5-18】　广东炎华服饰有限公司2016年6月12日以银行存款购买广东育源股份有限公司股票100 000股，作为长期投资，占育源公司股份总额的40%，每股价格为6元，另支付手续费等相关费用900元。2016年6月11日，育源公司所有者权益账面价值(与其公允价值不存在差异)为1 600 000元。炎华公司账务处理如下：

初始投资成本=100 000×6+900=600 900(元)
育源公司所有者权益的40%=1 600 000×40%=640 000(元)
营业外收入=640 000−600 900=39 100(元)

借：长期股权投资——成本——育源股份　　640 000.00
　贷：银行存款　　600 900.00
　　　营业外收入　　39 100.00

【例5-19】　广东炎华服饰有限公司2016年7月20日以银行存款购买广东荣盛股份有限公司股票50 000股，作为长期投资，占荣盛公司股份总额的30%，每股价格为8元，另支付手续费等相关费用600元。2016年7月19日，荣盛公司所有者权益账面价值(与其公允价值不存在差异)为1 200 000元。炎华公司账务处理如下：

初始投资成本＝50 000×8＋600＝400 600(元)

荣盛公司所有者权益的30%＝1 200 000×30%＝360 000(元)

借：长期股权投资——成本——荣盛股份　　400 600.00

　贷：银行存款　　400 600.00

2. 长期股权投资账面价值调整核算

1）持有期间被投资单位发生净损益和其他综合收益

持有期间投资方应当按照应享有或应分担的被投资单位实现的净损益和其他综合收益的份额，分别确认投资收益和其他综合收益，同时调整长期股权投资的账面价值。

投资企业在确认应享有被投资单位的净利润时，应以取得投资时被投资单位各项可辨认资产等的公允价值为基础，对被投资单位的净利润进行调整后确认。根据被投资单位调整后的净利润计算应享有的份额，借记"长期股权投资——损益调整"账户，贷记"投资收益"账户。被投资单位发生净亏损，则编制相反会计分录，冲减长期股权投资账面价值，冲减金额以长期股权投资账面价值减计为零为限。

被投资单位其他综合收益发生变动的，投资企业应当按照归属于本企业的部分，相应调整长期股权投资的账面价值，同时增加或减少其他综合收益。

【例5-20】 承[例5-18]，2016年广东育源股份有限公司实现净利润300 000元(与其公允价值不存在差异)。炎华公司账务处理如下：

长期股权投资损益调整＝300 000×40%＝120 000(元)

借：长期股权投资——损益调整——育源股份　　120 000.00

　贷：投资收益　　120 000.00

【例5-21】 广东米勒科技有限公司持有广东西林电器有限公司30%的股份，能够对西林公司施加重大影响。当期西林公司因持有的可供出售金融资产公允价值的变动计入其他综合收益的金额为2 000 000元，假定米勒公司与西林公司适用的会计政策、会计期间相同，两者在当期及以前期间未发生任何内部交易，投资时西林公司各项可辨认资产、负债的公允价值与其账面价值相同。米勒公司账务处理如下：

其他综合收益＝2 000 000×30%＝－600 000(元)

借：长期股权投资——其他综合收益——西林电器　　600 000.00

　贷：其他综合收益　　600 000.00

2）持有期间被投资单位所有者权益发生其他变动

在持股比例不变的情况下，被投资单位发生除净损益、其他综合收益和利润分配之外的所有者权益的其他变动(包括被投资企业接受其他股东的资本性投入、被投资企业发行可分离交易的可转债中包含的权益成分、以权益结算的股份支付、其他股东对被投资企业增资导致投资企业持股比例变动等)，企业应按持股比例计算应享有的份额，借记或贷记"长期股权投资——其他权益变动"账户，贷记或借记"资本公积——其他资本公积"账户。

3. 应收现金股利或利润核算

(1) 被投资单位宣告发放现金股利或利润时，投资企业计算应分得的部分，借记"应收股利"账户，贷记"长期股权投资——损益调整"账户。

(2) 被投资单位分派股票股利,投资企业不进行账务处理,但应在备查簿中登记增加的股份数,以反映股份的变动情况。

【例5-22】 承[例5-18][例5-20],2017年4月28日,广东育源股份有限公司宣告2016年度利润分配方案,决定每10股派发现金股利5元。炎华公司账务处理如下:

应收股利=100 000×(5/10)=50 000(元)

借:应收股利——育源股份 50 000.00

贷:长期股权投资——损益调整——育源股份 50 000.00

4. 长期股权投资出售核算

企业出售长期股权投资时,应按实际收到的金额,借记"银行存款"等账户,按原已计提的减值准备,借记"长期股权投资减值准备"账户,按该项长期股权投资的账面余额(包括成本、损益调整、其他综合收益和其他权益变动明细账余额),贷记"长期股权投资"账户,按其差额,借记或贷记"投资收益"账户。同时,还应结转原计入所有者权益中其他综合收益、资本公积(其他资本公积)的相关金额,借记或贷记"其他综合收益""资本公积——其他资本公积"账户,贷记或借记"投资收益"账户。

【本章小结】

1. 我国《企业会计准则》规定,企业应当结合自身业务特点和风险管理要求,将取得的金融资产在初始确认时分为以下几类:以公允价值计量且其变动计入当期损益的金融资产、持有至到期投资、贷款和应收款项、可供出售金融资产。

2. 企业取得交易性金融资产时,应当按照该金融资产取得时的公允价值作为初始确认金额,记入"交易性金融资产——成本"账户。取得交易性金融资产所支付价款中包含了已宣告但尚未发放的现金股利或已到付息期但尚未领取的债券利息的,应当单独确认为应收项目,记入"应收股利"或"应收利息"账户。企业取得交易性金融资产所发生的相关交易费用(包括支付给代理机构、咨询公司、券商等的手续费、佣金及其他必要支出),应当在其发生时记入"投资收益"账户。

3. 企业出售交易性金融资产应按实际收到的金额,借记"其他货币资金——存出投资款""银行存款"等账户,按该金融资产的账面余额,贷记"交易性金融资产"账户,按其差额,贷记或借记"投资收益"账户。同时,还应将该金融资产的公允价值变动损益转出,借记或贷记"公允价值变动损益"账户,贷记或借记"投资收益"账户。

4. 企业应在资产负债表日按照公允价值对交易性金融资产进行计量,并将公允价值与账面余额之间的差额计入当期损益。①当期末交易性金融资产的公允价值大于其账面余额时,借记"交易性金融资产——公允价值变动"账户,贷记"公允价值变动损益"账户。②当期末交易性金融资产的公允价值小于其账面余额时,借记"公允价值变动损益"账户,贷记"交易性金融资产——公允价值变动"账户。

5. "持有至到期投资"账户,核算企业持有的债券投资等持有至到期投资的价值。该账户属于资产类账户,借方登记持有至到期投资的取得成本以及一次还本付息债券投资按票面利率计算确定的应收未收利息等,贷方登记企业出售持有至到期投资时结转的成本以及一次还本付息债券投资累计应收未收利息等,期末余额一般在借方,表示企业结存持有至到期投资的价值。

6. “可供出售金融资产”账户,核算企业持有的债券、股票等可供出售金融资产的公允价值。该账户属于资产类账户,借方登记可供出售金融资产的取得成本、资产负债表日其公允价值高于账面余额的差额等,贷方登记企业出售可供出售金融资产时结转的成本和公允价值变动损益以及资产负债表日其公允价值低于账面余额的差额等,期末余额一般在借方,表示企业结存可供出售金融资产的公允价值。

7. 长期股权投资是指投资方对被投资单位实施控制、重大影响的权益性投资,以及对其合营企业的权益性投资。企业应设置“长期股权投资”账户,核算企业持有的采用成本法和权益法核算的长期股权投资。

8. 成本法,是指投资取得时按实际成本计价,在投资持有期间除追加投资、收回投资、计提长期股权投资减值等情形外,长期股权投资的账面价值一般应保持不变的核算方法。投资方能够对被投资单位实施控制的长期股权投资,即企业对子公司的长期股权投资应当采用成本法核算。

9. 权益法,是指投资取得时按实际成本计价,在投资持有期间需要根据投资企业享有被投资单位所有者权益份额的变动对长期股权投资的账面价值进行调整的核算方法。投资方对联营企业和合营企业的长期股权投资采用权益法核算。

第6章　固定资产核算

【目的要求】

1. 能叙述固定资产的概念及其特征。
2. 能叙述和列举固定资产的分类。
3. 能掌握固定资产购进的核算。
4. 能掌握固定资产建造的核算。
5. 能掌握固定资产折旧计算与核算。
6. 能掌握固定资产经营租赁的核算。
7. 能掌握固定资产后续支出核算。
8. 能掌握固定资产处置与清查核算。

【重点难点】

1. 固定资产购进核算。
2. 固定资产建造核算。
3. 固定资产折旧计算。
4. 固定资产处置核算。
5. 固定资产清查核算。

【基础知识】

6.1　固定资产概述

6.1.1　固定资产及其确认

1. 固定资产概念

固定资产，是指为生产产品、提供劳务、出租或经营管理而持有的、使用寿命超过一个会计年度的有形资产。其中，出租是指以经营租赁方式出租机器设备等，以经营租赁方式出租建筑物属于企业的投资性房地产。

从这一概念可以看出，作为企业的固定资产具有以下三个特征：

(1) 固定资产是为生产产品、提供劳务、出租或经营管理而持有。其中，出租的固定资产是指用以出租的机器设备类固定资产，不包括以经营租赁方式出租的建筑物，后者属于企业的投资性房地产，不属于固定资产。

(2) 固定资产使用寿命超过一个会计年度。表明固定资产属于长期资产,随着使用和磨损,通过计提折旧方式逐渐减少其账面价值。

(3) 固定资产为有形资产。固定资产具有实物特征,将固定资产与无形资产区别开来。

2. 固定资产确认

符合固定资产概念的资产,要确认为企业的固定资产,还需要同时满足以下两个条件:

(1) 与该固定资产有关的经济利益很可能流入企业。

(2) 该固定资产的成本能够可靠地计量。

判断某项固定资产所包含的经济利益是否很可能流入企业,主要依据与该固定资产所有权相关的风险和报酬是否转移到了企业。通常,只要与固定资产所有权相关的风险和报酬已转移到企业,即使没有所有权也应确认为企业的固定资产,如融资租入固定资产。

知识拓展 6-1

与固定资产所有权相关的风险和报酬

与固定资产所有权相关的风险,是指由于经营情况变化造成的相关收益的变动,以及由于资产闲置、技术陈旧等原因造成的损失。

与固定资产所有权相关的报酬,是指在固定资产使用寿命内直接使用该固定资产而获得的收入,以及处置该固定资产所实现的利得等。

6.1.2 固定资产分类

企业的固定资产种类繁多,在实际工作中为了满足固定资产日常管理和会计核算的需要,可以按不同的标准予以分类。

1. 按经济用途分类

固定资产按经济用途,可分为生产经营用固定资产和非生产经营用固定资产两类。

(1) 生产经营用固定资产,是指直接用于企业的生产经营活动中的固定资产,如厂房、机器设备等。

(2) 非生产经营用固定资产,是指不直接用于企业的生产经营活动中的固定资产,如办公楼、食堂、职工宿舍等。

2. 按使用情况分类

固定资产按使用情况,可分为使用中的固定资产、未使用的固定资产和不需用的固定资产三种。

(1) 使用中的固定资产,是指正在使用中的生产用和非生产用固定资产以及因季节性停工而暂停使用的固定资产和企业正在经营性出租中的固定资产。

(2) 未使用的固定资产,是指已完工尚未交付使用的固定资产、购入的尚未使用的固定资产,以及因改扩建等原因而暂停使用的固定资产。

(3) 不需用的固定资产,是指企业多余或不适用的固定资产。

3. 按所有权分类

固定资产按所有权，可分为自有的固定资产和租入的固定资产两种。

(1) 自有的固定资产，是指固定资产的所有权属于本企业的固定资产。

(2) 租入的固定资产，是指固定资产的所有权不属于本企业的固定资产。

4. 综合分类

固定资产按经济用途和使用情况进行综合分类，可分为：

(1) 生产经营用固定资产。

(2) 非生产经营用固定资产。

(3) 经营租赁租出固定资产。

(4) 未使用的固定资产。

(5) 不需用的固定资产。

(6) 土地，是指过去已经估价单独入账的土地。因征地而支付的补偿费，应计入与土地有关的房屋、建筑物的价值内，不单独作为土地价值入账。企业取得的土地使用权，应作为无形资产管理，不作为固定资产。

(7) 融资租入固定资产，是指企业以融资租赁方式租入的固定资产，在租赁期内，应视同自有固定资产进行管理。

6.1.3　固定资产初始计量

企业固定资产应当按照实际成本进行初始计量。由于企业取得固定资产的途径和方式不同，其入账成本也有所不同。

1. 外购固定资产入账成本

外购固定资产，应按实际支付的购买价款、进口关税等相关税费，以及为使固定资产达到预定可使用状态前所发生的可归属于该资产的运输费、装卸费、安装费和专业人员服务费等，作为入账成本，但不包括一般纳税人企业购进机器设备等生产经营用固定资产所支付的增值税进项税额。

知识拓展6-2

固定资产可抵扣进项税额的规定

根据财税〔2008〕170号文件规定：自2009年1月1日起，增值税一般纳税人购进、接受捐赠、接受实物投资或者自制(包括改扩建、安装)机器、机械、运输工具以及其他与生产、经营有关的设备、工具、器具等固定资产发生的进项税额，可凭增值税专用发票、海关进口增值税专用缴款书和运输费用发票从销项税额中抵扣，其进项税额应当记入"应交税费——应交增值税——进项税额"账户，但房屋、建筑物等不动产以及纳税人自用的应纳消费税的摩托车、汽车、游艇，其进项税额不得从销项税额中抵扣。

财政部、国家税务总局发布《关于在全国开展交通运输业和部分现代服务业营业税改征增值税试点税收政策的通知》财税〔2013〕37号文，自2013年8月1日起，原增值税一般纳税人[指按照《中华人民共和国增值税暂行条例》(以下称《增值税暂行条例》)缴纳增值税的纳税人]自用的应征消费税的摩托车、汽车、游艇，其进项税额准予从销项税额中抵扣。

依据财政部、税务总局、海关总署《关于深化增值税改革有关政策的公告》(2019 年第 39 号)规定，自 2019 年 4 月 1 日起，不动产进项税额实行一次性全额抵扣。

2. 自行建造固定资产入账成本

自行建造固定资产，应按建造该项固定资产达到预定可使用状态前所发生的必要支出，作为入账成本。

3. 改扩建固定资产入账成本

改扩建固定资产，应按原固定资产的账面价值加上由于改扩建而使该项固定资产达到预定可使用状态前所发生的必要支出(不含按规定可以抵扣的增值税)，减去改扩建过程中发生的变价收入和被替换部分的账面价值后的金额，作为入账成本。

4. 投资者投入固定资产入账成本

投资者投入固定资产，应按投资合同或协议约定的价值，作为入账成本，但合同或协议约定价值不公允的除外。

5. 融资租入固定资产入账成本

融资租入固定资产，应按租赁开始日租赁资产公允价值与最低租赁付款额现值两者中较低者，加上初始直接费用(指租赁谈判和签订租赁合同过程中发生的租赁手续费、律师费、差旅费、印花税等)后的金额，作为入账成本。

6. 接受捐赠固定资产入账成本

接受捐赠固定资产，应按不同情况分别确定其入账成本：

(1) 捐赠方提供了有关凭据的，应按凭据上标明的金额加上应当支付的相关税费，作为入账成本。

(2) 捐赠方没有提供有关凭据的，应按同类或类似固定资产的市场价格，加上应当支付的相关税费，作为入账成本。

7. 盘盈固定资产入账成本

盘盈固定资产，应按同类或类似固定资产的市场价格，减去按该项固定资产的新旧程度估计的折旧后的余额，作为入账成本。

6.2 固定资产购建核算

6.2.1 购建核算账户设置

企业固定资产购建的核算，一般需要设置“固定资产”“在建工程”和“工程物资”等账户。

1. “固定资产”账户

“固定资产”账户，核算企业固定资产原始价值增减变化及其结存情况。该账户属于资产类账户，借方登记企业增加固定资产的原价，贷方登记企业减少固定资产的原价，期末余额在借方，表示企业期末固定资产的账面原价。

该账户应按固定资产类别和项目设置明细分类账，进行明细分类核算。“固定资产”账户结构，如图 6-1 所示。

固定资产

借方	贷方
期初：期初固定资产的账面原价 本期：登记增加固定资产的原价	登记减少固定资产的原价
期末：期末固定资产的账面原价	

图6-1　"固定资产"账户结构

2. "在建工程"账户

"在建工程"账户，核算企业基建、更新改造等在建工程发生的支出。该账户属于资产类账户，借方登记企业各项在建工程发生的实际支出，包括领用工程物资、职工薪酬、安装设备、安装成本、出包工程价款和基建管理费等，贷方登记完工工程转出的成本，期末余额在借方，表示企业尚未达到预定可使用状态的在建工程的成本。

该账户按建筑工程、安装工程、在安装设备、待摊支出以及单项工程等设置明细分类账，进行明细分类核算。"在建工程"账户结构，如图6-2所示。

在建工程

借方	贷方
期初：期初在建工程的成本 本期：登记企业各项在建工程发生的实际支出	登记完工工程转出的成本
期末：期末尚未达到预定可使用状态的在建工程的成本	

图6-2　"在建工程"账户结构

3. "工程物资"账户

"工程物资"账户，核算企业为在建工程而准备的各种物资的实际成本。该账户属于资产类账户，借方登记企业购入工程物资的实际成本，贷方登记企业领用工程物资的实际成本，期末余额在借方，表示企业为在建工程准备、尚未领用的各种物资的成本。该账户可按专用材料、专用设备、工器具等设置明细分类账，进行明细分类核算。"工程物资"账户结构，如图6-3所示。

工程物资

借方	贷方
期初：期初为在建工程准备而结存尚未领用的各种物资的成本 本期：登记企业购入工程物资的实际成本	登记企业领用工程物资的实际成本
期末：期末为在建工程准备、尚未领用的各种物资的成本	

图6-3　"工程物资"账户结构

6.2.2　固定资产购进核算

1. 购进不需安装固定资产核算

不需安装固定资产，是指企业购进后不需要安装就可直接交付使用的固定资产。企业购进不需安装固定资产,应按实际支付的购买价款、相关税费、使固定资产达到预定可使用状态前所发生的可归属于该项固定资产的运输费、装卸费和专业人员服务费等,作为固定资产成本,借记"固定资产"账户,贷记"银行存款"等账户。一般纳税人企业购进机器设备等固定资产的进项税额可在销项税额中抵扣,不计入固定资产的成本。

【例 6-1】 广东炎华服饰有限公司 2019 年 7 月 12 日向珠海缝纫设备有限公司购入不需安装的电动缝纫机 10 台,取得增值税专用发票,发票注明价款 240 000 元,增值税额 31 200 元,运费增值税专用发票注明运杂费 2 000 元,增值税额 180 元,设备已交付使用,款项已通过银行汇出。炎华公司账务处理如下:

借:固定资产——电动缝纫机	242 000.00
应交税费——应交增值税——进项税额	31 380.00
贷:银行存款	273 380.00

附原始凭证:增值税专用发票、固定资产验收单(见图 6-4 和图 6-5)

4205241141　　**广东增值税专用发票**　　№ 420066201

发票联

开票日期:2019 年 07 月 12 日

购货单位	名　　称:广东炎华服饰有限公司 纳税人识别号:440106868268025 地 址 、电 话:天河中路 2 号 86697584 开户行及账号:建行天河支行 11682683056	密码区	(略)				
货物或应税劳务、服务名称	规格型号	单位	数　量	单　价	金　额	税率	税　额
电动缝纫机		台	10	24 000.00	240 000.00	13%	31 200.00
合　计					¥240 000.00		¥31 200.00
价税合计(大写)	⊗贰拾柒万壹仟贰佰圆整				(小写)¥271 200.00		
销货单位	名　　称:珠海缝纫设备有限公司 纳税人识别号:440606258268341 地 址 、电 话:横琴中路 12 号 88695423 开户行及账号:建行横琴支行 16682683058	备注					

第三联:发票联　购买方记账凭证

收款人:陈丰　　复核:陈材栋　　开票人:王晓敏　　销货单位:(章)

图 6-4　增值税专用发票

2. 购进需要安装固定资产核算

需要安装固定资产,是指不能直接交付使用,必须经过安装调试后才能投入使用的固定资产。企业购进需要安装的固定资产,应按实际支付的购买价款、运输费、装卸费、相关税费等,借记"在建工程"账户,贷记"银行存款"等账户;支付安装费时,借记"在建工程"账户,贷记"银行存款"等账户;安装完毕达到预定可使用状态时,按其实际成本,借记"固定资产"账户,贷记"在建工程"账户。

【例 6-2】 广东炎华服饰有限公司 2019 年 8 月 16 日向佛山星辰设备有限公司购入需要安装的全自动绣花机 1 台,取得增值税专用发票,发票注明价款 600 000 元,增值税额 78 000 元,运费增值税专用发票注明运杂费 2 500 元,增值税额 225 元,款项已支付。8 月 24 日,设备安装完工交付使用,支付安装费 1 800 元,增值税额 162 元。炎华公司账务处理如下:

固定资产验收单

验收日期 2019 年 7 月 12 日　　　　　　　　编号:06001

固定资产管理部门	项目名称	电动缝纫机	电 动 机			
	型　号		总 功 率			
	规　格		出厂编号		生产日期	2019.5.16
	制 造 厂	珠海缝纫公司	自 重 量		始用日期	2019.7.12
	尺　寸		使用部门	成衣车间	施工工号	
	随 机 附 件					
	名称	型号规格	数量	名称	型号规格	数量
	说明书		装箱单		图纸	
	合格证		精度单		资料验收人	
	设备类别			使用年限		
	精度等级			分类划级		
财务部门	设备费用	¥242 000.00		安装及其他费		
	原值合计	¥242 000.00		资产来源	购进	
验收意见	验收合格 验收人:陈忠和					
部门签名	使用部门	周涛南	固定资产管理部门	李清	财务部门	陈利民

图 6-5　固定资产验收单

(1) 8 月 16 日,购进设备时:

借:在建工程——在安装设备——全自动绣花机　　602 500.00
　　应交税费——应交增值税——进项税额　　78 225.00
　贷:银行存款　　680 725.00

附原始凭证:增值税专用发票(见图 6-6)

(2) 8 月 25 日,支付安装费时:

借:在建工程——在安装设备——全自动绣花机　　1 800.00
　　应交税费——应交增值税——进项税额　　162.00
　贷:银行存款　　1 962.00

附原始凭证:增值税专用发票(见图 6-7)

(3) 设备安装完工达到预定可使用状态时:

借:固定资产——全自动绣花机　　604 300.00
　贷:在建工程——在安装设备——全自动绣花机　　604 300.00

4402241381　　**广东增值税专用发票**　　№ 440266201

发　票　联

开票日期:2019 年 08 月 16 日

购货单位	名　　　称:广东炎华服饰有限公司 纳税人识别号:440106868268025 地 址 、电 话:天河中路 2 号 86697584 开户行及账号:建行天河支行 11682683056	密码区	(略)				
货物或应税劳务、服务名称	规格型号	单位	数　量	单　价	金　额	税率	税　额
全自动绣花机		台	1	600 000	600 000.00	13%	78 000.00
合　计					¥600 000.00		¥78 000.00
价税合计(大写)	⊗陆拾柒万捌仟圆整				(小写)¥678 000.00		
销货单位	名　　　称:佛山星辰设备有限公司 纳税人识别号:440206258262047 地 址 、电 话:南海路 128 号 53695423 开户行及账号:工行南海支行 36534183058	备注					

收款人:陈林峰　　复核:罗承南　　开票人:李晓敏　　销货单位:(章)

第三联:发票联　购买方记账凭证

佛山星辰设备有限公司 440206258262047 发票专用章

图 6-6　增值税专用发票

4402241381　　**广东增值税专用发票**　　№ 440266212

发　票　联

开票日期:2019 年 08 月 24 日

购货单位	名　　　称:广东炎华服饰有限公司 纳税人识别号:440106868268025 地 址 、电 话:天河中路 2 号 86697584 开户行及账号:建行天河支行 11682683056	密码区	(略)				
货物或应税劳务、服务名称	规格型号	单位	数　量	单　价	金　额	税率	税　额
设备安装		台	1	1 800.00	1 800.00	9%	162.00
合　计					¥1 800.00		¥162.00
价税合计(大写)	⊗壹仟玖佰陆拾贰圆整				(小写)¥1 962.00		
销货单位	名　　　称:佛山星辰设备有限公司 纳税人识别号:440206258262047 地 址 、电 话:南海路 128 号 53695423 开户行及账号:工行南海支行 36534183058	备注					

收款人:陈林峰　　复核:罗承南　　开票人:李晓敏　　销货单位:(章)

第三联:发票联　购买方记账凭证

佛山星辰设备有限公司 440206258262047 发票专用章

图 6-7　增值税专用发票

6.2.3　固定资产建造核算

企业自行建造固定资产主要有自营和出包两种方式,由于建设方式的不同,其会计核算也有所不同。

1. 自营方式建造固定资产核算

自营方式建造固定资产,是指企业自行组织工程物资采购、自行组织施工人员施工的建筑工程和安装工程。自营方式建造固定资产，主要通过“工程物资”“在建工程”“固定资产”等账户进行账务处理。

(1) 购入工程物资时，借记“工程物资”“应交税费”等账户，贷记“银行存款”等账户。领用工程物资时，借记“在建工程”账户，贷记“工程物资”账户。

(2) 在建工程领用本企业原材料时，借记“在建工程”账户，贷记“原材料”等账户；领用本企业生产的产品时，借记“在建工程”账户，贷记“库存商品”等账户。

(3) 自营工程发生其他费用(如计算分配工程人员工资等)，借记“在建工程”账户，贷记“银行存款”“应付职工薪酬”等账户。

(4) 在建工程在试运行过程中形成的产品、副产品对外销售或转为库存商品，借记“银行存款”“库存商品”等账户，贷记“在建工程”“应交税费”等账户。

(5) 自营工程达到预定可使用状态时，按其成本，借记“固定资产”账户，贷记“在建工程”账户。

(6) 工程完工后剩余的工程物资转作本企业存货，借记“原材料”等账户，贷记“工程物资”账户。

【例6-3】 广东炎华服饰有限公司为自建一条成衣生产线，购入生产线设备与材料360 000元，增值税额46 800元，领用生产用印花布1 000米，实际成本为10 000元，计算并分配工程人员工资16 000元，工程完工并达到预定可使用状态，支付施工管理费9 800元，增值税额882元。炎华公司账务处理如下：

(1) 购入生产线设备与材料时：

借：工程物资——生产线设备与材料　　360 000.00
　　应交税费——应交增值税——进项税额　　46 800.00
　贷：银行存款　　406 800.00

附原始凭证：增值税专用发票(见图6-8)

4402241381　　**广东增值税专用发票**　　№ 440266231

发票联

开票日期：2019年09月20日

购货单位	名　　称：广东炎华服饰有限公司 纳税人识别号：440106868268025 地 址 、电 话：天河中路2号 86697584 开户行及账号：建行天河支行 11682683056			密码区	(略)		
货物或应税劳务、服务名称	规格型号	单位	数　量	单　价	金　额	税率	税　额
生产线设备与材料		套	1	360 000	360 000.00	13%	46 800.00
合　计					¥360 000.00		¥46 800.00
价税合计(大写)	⊗肆拾万陆仟捌佰圆整				(小写)¥406 800.00		
销货单位	名　　称：佛山星辰设备有限公司 纳税人识别号：440206258262047 地 址 、电 话：南海路128号 53695423 开户行及账号：工行南海支行 36534183058			备注	佛山星辰设备有限公司 440206258262047 发票专用章		

第三联：发票联　购买方记账凭证

收款人：陈林峰　　复核：罗承南　　开票人：李晓敏　　销货单位：(章)

图6-8　增值税专用发票

(2) 领用生产线设备与材料时:

借:在建工程——成衣生产线　　360 000.00
　贷:工程物资——生产线设备与材料　　360 000.00

(3) 领用生产用印花布时:

借:在建工程——成衣生产线　　10 000.00
　贷:原材料——印花布　　10 000.00

附原始凭证:领料单(见图 6-9)

领　料　单

用途:建造生产线　　2019 年 9 月 26 日　　领字第 061 号

材料名称	规格型号	单位	请领数量	实发数量	金额(元)
印花布		米	1 000	1 000	10 000.00

仓库主管:陈伟峰　　复核:李源珍　　发料:刘江　　制单:谢丽敏

图 6-9　领料单

(4) 分配工程人员工资时:

借:在建工程——成衣生产线　　16 000.00
　贷:应付职工薪酬——工资　　16 000.00

附原始凭证:工资计算表(见图 6-10)

职工工资计算表

2019 年 09 月　　单位:元

部门	计时工资	计件工资	奖金	津贴	应付工资
生产线建设工程	16 000.00	—	—	—	16 000.00
合计	16 000.00				16 000.00

会计主管:陈利民　　会计:李源珍　　制单:朱玲玲

图 6-10　工资计算表

(5) 支付施工管理费时:

借:在建工程——成衣生产线　　9 800.00
　　应交税费——应交增值税——进项税额　　882.00
　贷:银行存款　　10 682.00

附原始凭证:增值税专用发票(见图 6-11)

(6) 达到预定可使用状态时:

借:固定资产——成衣生产线　　395 800.00
　贷:在建工程——成衣生产线　　395 800.00

2. 出包方式建造固定资产核算

出包方式建造固定资产,是指企业通过招标方式将工程项目发包给建造承包商,由建造承包商组织施工的建筑工程和安装工程。出包方式建造固定资产的核算主要包括:

4402241381　　**广东增值税专用发票**　　№ 440266239

发票联

开票日期：2019年09月28日

购货单位	名称：广东炎华服饰有限公司 纳税人识别号：440106868268025 地址、电话：天河中路2号86697584 开户行及账号：建行天河支行11682683056				密码区	（略）		
货物或应税劳务、服务名称	规格型号	单位	数量	单价	金额	税率	税额	
生产线施工管理			1	9 800.00	9 800.00	9%	882.00	
合计					¥9 800.00		¥882.00	
价税合计（大写）	⊗壹万零陆佰捌拾贰圆整					（小写）¥10 682.00		
销货单位	名称：佛山星辰设备有限公司 纳税人识别号：440206258262047 地址、电话：南海路128号53695423 开户行及账号：工行南海支行36534183058				备注			

收款人：陈林峰　　复核：罗承南　　开票人：李晓敏　　销货单位：（章）

第三联：发票联 购买方记账凭证

图6-11　增值税专用发票

（1）企业以出包方式建造固定资产，按规定向承建企业预付工程价款时，借记“预付账款”账户，贷记“银行存款”账户。

（2）按工程进度结算工程进度款时，借记“在建工程”“应交税费”等账户，贷记“预付账款”“银行存款”等账户。

（3）工程完工，按合同规定补付工程款时，借记“在建工程”“应交税费”等账户，贷记“银行存款”账户。

（4）工程达到预定可使用状态时，结转工程成本，借记“固定资产”账户，贷记“在建工程”账户。

【例6-4】　广东炎华服饰有限公司2019年6月将仓库建造工程出包给广东诚泰建筑工程公司承建，按合同约定向诚泰建筑工程公司预付工程款800 000元，2019年9月，工程完工并达到预定可使用状态，根据有关结算单据，补付工程款835 000元。炎华公司账务处理如下：

（1）预付工程款时：

借：预付账款——诚泰建筑公司　　800 000.00
　贷：银行存款　　800 000.00

（2）工程完工结算并补付工程款时：

借：在建工程——仓库工程　　1 500 000.00
　　应交税费——应交增值税——进项税额　　135 000.00
　贷：预付账款——诚泰建筑公司　　800 000.00
　　　银行存款　　835 000.00

附原始凭证：增值税专用发票、工程竣工验收决算报告（见图6-12和图6-13）

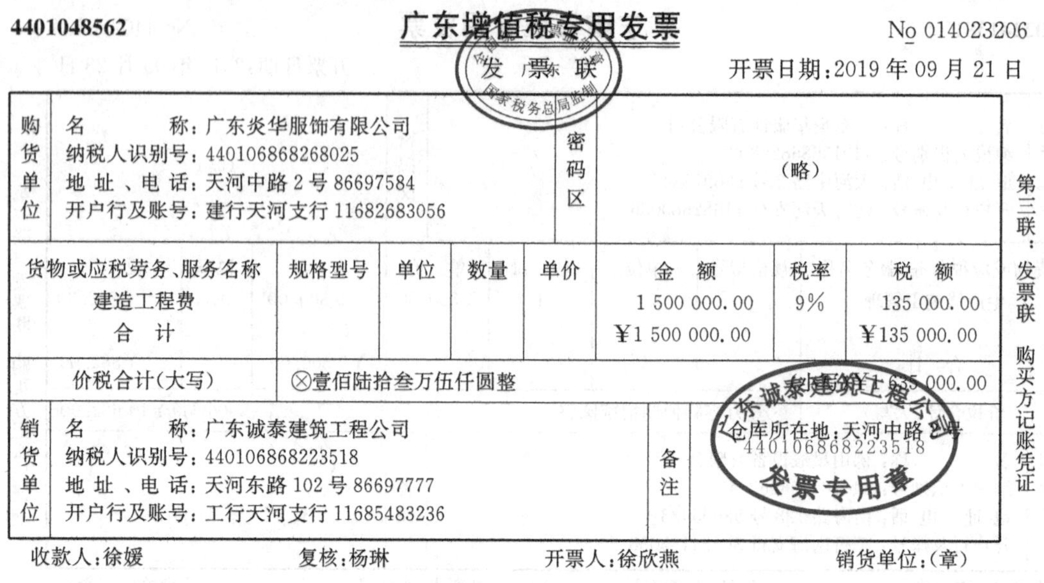

4401048562　　**广东增值税专用发票**　　No 014023206

发　票　联

开票日期：2019 年 09 月 21 日

购货单位	名　　称：广东炎华服饰有限公司 纳税人识别号：440106868268025 地 址 、电 话：天河中路 2 号 86697584 开户行及账号：建行天河支行 11682683056				密码区	（略）	
货物或应税劳务、服务名称	规格型号	单位	数量	单价	金　额	税率	税　额
建造工程费					1 500 000.00	9%	135 000.00
合　计					¥1 500 000.00		¥135 000.00
价税合计(大写)	⊗壹佰陆拾叁万伍仟圆整				（小写）¥1 635 000.00		
销货单位	名　　称：广东诚泰建筑工程公司 纳税人识别号：440106868223518 地 址 、电 话：天河东路 102 号 86697777 开户行及账号：工行天河支行 11685483236				备注	仓库所在地：天河中路 2 号	

收款人：徐媛　　复核：杨琳　　开票人：徐欣燕　　销货单位：（章）

第三联：发票联　购买方记账凭证

图 6-12　增值税专用发票

工程竣工验收决算报告

编号：00261　　2019 年 9 月 21 日　　单位：元

项目名称	工程批准号	工程预算数	工程决算数	其中：设备费	材料费用	工资费用	其他直接费	施工管理费
仓库工程			1 500 000.00		800 000.00	500 000.00	60 000.00	140 000.00
合计			1 500 000.00		800 000.00	500 000.00	60 000.00	140 000.00
新增固定资产								
资产名称	规格	型号	单价		施工单位（盖章） 负责人：李信泰		委托单位（盖章） 负责人：郭天怡	
					使用部门（盖章） 负责人：陈伟峰		财务部门（盖章） 负责人：陈利民	

图 6-13　工程竣工验收决算报告

（3）工程完工达到预定可使用状态时：

借：固定资产——仓库　　1 500 000.00

　贷：在建工程——仓库工程　　1 500 000.00

知识拓展 6-3

不动产进项税额实行一次性全额抵扣

依据《财政部、税务总局、海关总署关于深化增值税改革有关政策的公告》(2019 年第 39 号)规定，自 2019 年 4 月 1 日起，《营业税改征增值税试点有关事项的规定》(财税〔2016〕36 号印发)第一条第(四)项第 1 点、第二条第(一)项第 1 点停止执行，纳税人取得不动产或者不动产在建工程的进项税额不再分2年抵扣，实行一次性全额抵扣。此前按照上述规定尚未抵扣完毕的待抵扣进项税额，可自2019年4月税款所属期起从销项税额中抵扣。

6.3 固定资产折旧核算

6.3.1 固定资产折旧概述

1. 折旧影响因素

固定资产折旧，是指在固定资产预计使用寿命内，按照确定的方法对应计提折旧额进行系统分摊。即将固定资产的取得成本在其使用寿命内进行合理分摊，使之与各期的收入相配比，以正确确认企业的损益。影响固定资产折旧的因素主要有：

(1) 固定资产原价，是指固定资产的原值(成本)。

(2) 固定资产使用寿命，是指固定资产的预计使用年限，或者该固定资产所能生产产品或提供劳务的数量。

(3) 固定资产折旧方法，是指固定资产折旧额计算的方法。

(4) 固定资产预计净残值，是指假定固定资产预计使用寿命已满并处于使用寿命终了时的预期状态，企业目前从该项固定资产处置中获得的扣除预计处置费用后的金额。

2. 计提折旧范围

1) 计提折旧项目范围

(1) 应计提折旧的固定资产：①生产经营用固定资产；②非生产经营用固定资产；③经营租出固定资产；④融资租入固定资产；⑤季节性、大修理停用固定资产；⑥不需用固定资产；⑦已达到预定可使用状态但尚未办理竣工决算的固定资产。

(2) 不应计提折旧的固定资产：①已提足折旧仍然继续使用的固定资产；②单独计价入账的土地；③已全额计提减值准备的固定资产；④提前报废固定资产，不再补提折旧。

2) 计提折旧时间范围

(1) 当月增加的固定资产，当月不提折旧，从下月开始计提折旧。

(2) 当月减少的固定资产，当月照提折旧，从下月开始不提折旧。

知识拓展6-4

固定资产减值准备

固定资产减值是指固定资产发生损坏、技术陈旧或者其他经济原因，导致其可收回金额低于其账面价值的差额。企业应在资产负债表日对固定资产进行检查，如发现存在以下情况，应当计算固定资产的可收回金额，以确定资产是否已经发生减值：①固定资产市价大幅度下跌，其跌幅大大高于因时间推移或正常使用而预计的下跌，并且预计在暂时不可能恢复；②企业所处经营环境，如技术、市场、经济或法律环境，或者产品营销市场重大变化，并对企业产生负面影响；③同期市场利率等大幅度提高，进而很可能影响企业计算固定资产可收回金额的折现率，并导致固定资产可收回金额大幅度降低；④固定资产陈旧过时或发生实体损坏等;⑤固定资产预计使用方式发生重大不利变化,如企业计划终止或重组该资产所属的经营业务、提前处置资产等情形,从而对企业产生负面影响;⑥其他有可能表明资产已发生减值的情况。

如果固定资产存在减值迹象(固定资产的可收回金额低于其账面价值),应当按可收回金额低于其账面价值的差额计提减值准备,并计入当期损益。在计提减值准备时,借记“资产减值损失——固定资产减值损失”账户,贷记“固定资产减值准备”账户。固定资产减值损失一经确认,在以后的会计期间,若表明固定资产发生减值的迹象全部或部分消失,已经计提的减值准备不得转回。

6.3.2 固定资产折旧方法

固定资产折旧方法包括年限平均法、工作量法、双倍余额递减法和年数总和法,其中,年限平均法和工作量法属于直线折旧法,双倍余额递减法和年数总和法属于快速折旧法。企业应当根据与固定资产有关的经济利益的预期实现方式,合理选择固定资产折旧方法,折旧方法一经选定,不得随意变更。

1. 年限平均法

年限平均法又称直线法,是指将固定资产的应计提折旧额在固定资产预计使用寿命内进行平均分摊的一种方法。应计提折旧额是指应当计提折旧的固定资产原值扣除其预计净残值后的金额。年限平均法计算公式为:

$$年折旧额=\frac{固定资产原值-预计净残值}{预计使用年限}=\frac{固定资产原值\times(1-预计净残值率)}{预计使用年限}$$

$$月折旧额=年折旧额/12$$

实际工作中,每月应计提的折旧额一般是根据固定资产的原值乘以月折旧率计算确定的。其计算公式为:

$$年折旧率=\frac{1-预计净残值率}{预计使用年限}\times100\%$$

$$月折旧率=年折旧率/12$$

$$月折旧额=固定资产原值\times月折旧率$$

【例6-5】 广东炎华服饰有限公司2012年9月投入使用的生产大楼原值为1 500 000元,预计使用寿命为16年,该资产预计净残值率为4%,采用年限平均法计算2012年、2019年折旧额。计算过程如下:

$$年折旧率=\frac{1-4\%}{16}\times100\%=6\%$$

$$月折旧率=6\%/12=0.5\%$$

$$月折旧额=1\,500\,000\times0.5\%=7\,500(元)$$

$$2012年折旧额(应计折旧月份为10\sim12月)=7\,500\times3=22\,500(元)$$

$$2019年折旧额(应计折旧月份为1\sim12月)=7\,500\times12=90\,000(元)$$

2. 工作量法

工作量法,是指根据实际工作量计提固定资产折旧额的一种方法。其计算公式为:

$$单位工作量折旧额=\frac{固定资产原值-预计净残值}{预计总工作量}=\frac{固定资产原值\times(1-预计净残值率)}{预计总工作量}$$

某项固定资产月折旧额=该项固定资产当月实际工作量×单位工作量折旧额

【例6-6】 广东炎华服饰有限公司2015年6月购买一辆运货卡车，原值为500 000元，预计净残值率为3%，预计总行驶里程为500 000公里，2019年9月行驶4 000公里，采用工作量法计算2019年9月的折旧额。计算过程如下：

$$单位里程折旧额=\frac{500\ 000\times(1-3\%)}{500\ 000}=0.97(元/公里)$$

$$2019年9月折旧额=4\ 000\times0.97=3\ 880(元)$$

3. 双倍余额递减法

双倍余额递减法，是指在不考虑固定资产预计净残值的情况下，根据每年年初固定资产净值和双倍的直线折旧法折旧率计算固定资产折旧额的一种方法。采用该方法计提固定资产折旧，一般应在固定资产使用寿命到期前2年内，将固定资产账面净值扣除预计净残值后的净值平均摊销。其计算公式为：

$$年折旧率=\frac{2}{预计使用年限}\times100\%$$

$$年折旧额=固定资产期初账面净值\times年折旧率$$

【例6-7】 广东炎华服饰有限公司2012年5月购进全自动缝纫机一台，原值为300 000元，预计使用寿命为5年，预计净残值率为3%，采用双倍余额递减法计算各年应计折旧额。计算过程，如表6-1所示。

$$年折旧率=2\div5\times100\%=40\%$$

$$预计净残值=300\ 000\times3\%=9\ 000(元)$$

表6-1　各年折旧额计算表(双倍余额递减法)

单位:元

折旧年度	期初账面净值	年折旧率	年折旧额	月折旧额	期末账面净值	会计年度折旧额	
						会计年度	年折旧额
第1年	300 000	40%	120 000	10 000	180 000	2012.6～12	70 000
						2013.1～5	50 000
第2年	180 000	40%	72 000	6 000	108 000	2013.6～12	42 000
						2014.1～5	30 000
第3年	108 000	40%	43 200	3 600	64 800	2014.6～12	25 200
						2015.1～5	18 000
第4年	64 800	—	27 900	2 325	36 900	2015.6～12	16 275
						2016.1～5	11 625
第5年	36 900	—	27 900	2 325	9 000	2016.6～12	16 275
						2017.1～5	11 625

4. 年限总和法

年限总和法,是指将固定资产的原值减去预计净残值后的净额作为折旧基数,乘以一个逐年递减的分数计算各期固定资产折旧额的一种方法。其计算公式为:

$$年折旧率=\frac{尚可使用年限}{预计使用年限的年数总和}$$

$$年折旧额=(固定资产原值-预计净残值)\times 年折旧率$$

【例 6-8】 广东炎华服饰有限公司 2012 年 8 月购进电脑绣花机一台,原值为 280 000 元,预计使用寿命为 5 年,预计净残值为 10 000 元,采用年数总和法计算各年应计折旧额。计算过程,如表 6-2 所示。

$$原值-预计净残值=280\ 000-10\ 000=270\ 000(元)$$

表 6-2　　各年折旧额计算表(年数总和法)

单位:元

折旧年度	尚可使用年限	原值-净残值	年折旧率	年折旧额	月折旧额	会计年度折旧额	
						会计年度	年折旧额
第 1 年	5	270 000	5/15	90 000	7 500	2012.9～12	30 000
						2013.1～8	60 000
第 2 年	4	270 000	4/15	72 000	6 000	2013.9～12	24 000
						2014.1～8	48 000
第 3 年	3	270 000	3/15	54 000	4 500	2014.9～12	18 000
						2015.1～8	36 000
第 4 年	2	270 000	2/15	36 000	3 000	2015.9～12	12 000
						2016.1～8	24 000
第 5 年	1	270 000	1/15	18 000	1 500	2016.9～12	6 000
						2017.1～8	12 000

6.3.3 固定资产折旧核算

1. 账户设置

企业应设置"累计折旧"账户,核算固定资产折旧的增减变动及其结余情况。该账户属于资产类账户,是固定资产账户的备抵调整账户,贷方登记企业按月计提的固定资产折旧,借方登记处置固定资产转出的累计折旧,期末余额在贷方,表示企业固定资产的累计折旧额。

该账户可按固定资产的类别和项目设置明细分类账,进行明细分类核算。"累计折旧"账户结构,如图 6-14 所示。

累计折旧

本期:登记处置固定资产转出的累计折旧	期初:已计提固定资产的累计折旧额 登记企业按月计提的固定资产折旧
	期末:已计提固定资产的累计折旧额

图 6-14 "累计折旧"账户结构

2. 会计核算

企业应按月计提折旧，计提的折旧应记入“累计折旧”账户，并根据其用途记入相关资产的成本或当期损益，其中：车间固定资产折旧记入“制造费用”账户，行政管理部门（厂部）固定资产折旧，记入“管理费用”账户，专设销售机构固定资产折旧，记入“销售费用”账户，经营租出固定资产折旧，记入“其他业务成本”账户，用于研究开发无形资产的固定资产折旧，记入“研发支出”账户，未使用固定资产折旧，记入“管理费用”账户。

【例 6-9】 广东炎华服饰有限公司 2019 年 8 月份计提折旧情况，如表 6-3 所示。

表 6-3 固定资产折旧计算表

2019 年 8 月 31 日 单位：元

使用部门	资产种类	月初原值	月折旧率	月折旧额
生产车间	设备	2 292 800.00	0.8%	18 342.40
	房屋	2 398 400.00	0.35%	8 394.40
管理部门	设备	48 800.00	0.75%	366.00
	房屋	200 000.00	0.25%	500.00
合 计		4 940 000.00	—	27 602.80

炎华公司账务处理如下：

借：制造费用 26 736.80

  管理费用 866.00

 贷：累计折旧 27 602.80

6.4 固定资产租赁核算

6.4.1 固定资产租赁概述

租赁，是指在约定的期间内，出租人将资产使用权让与承租人，以获取租金的协议。租赁的主要特征是，在租赁期内转移资产的使用权，而不是转移资产的所有权，这种转移是有偿的，取得使用权以支付租金为代价。

固定资产租赁，按其性质可分为经营租赁固定资产与融资租赁固定资产两种。满足下列标准之一的，就应认定为融资租赁；否则，就应认定为经营租赁。

（1）在租赁期届满时，租赁资产的所有权转移给承租人。

（2）承租人有购买租赁资产的选择权，所订立的购买价款预计将远低于行使选择权时租赁资产的公允价值。

（3）即使资产的所有权不转移，但租赁期占租赁资产使用寿命的大部分（通常占租赁开始日租赁资产使用寿命的 75%及以上）。

（4）承租人租赁开始日的最低租赁付款额的现值，几乎相当于租赁开始日租赁资产公允价值。

(5) 租赁资产性质特殊,如果不作较大改造,只有承租人才能使用。

6.4.2 经营租赁固定资产核算

1. 账户设置

企业对经营租入固定资产发生的改良支出(如改装、装修、改建等支出),应列为“长期待摊费用”进行核算。长期待摊费用,是指企业已经发生的,但应由本期和以后各期负担的,摊销期限在1年以上的各项费用。长期待摊费用本质上不属于资产,但由于它一般数额较大,受益期限较长,所以将其列为资产项目,在受益期内转销或分期摊销。

此时,企业应设置“长期待摊费用”账户,核算企业长期待摊费用的发生及其转销或摊销情况。该账户属于资产类账户,借方登记企业发生的各项长期待摊费用,贷方登记企业转销或分期摊销的长期待摊费用,期末余额一般在借方,表示企业尚未转销或摊销的长期待摊费用。

“长期待摊费用”账户应按费用项目设置明细分类账,进行明细分类核算。“长期待摊费用”账户结构,如图6-15所示。

长期待摊费用	
期初:期初尚未转销或摊销的长期待摊费用 本期:登记企业发生的各项长期待摊费用	登记企业转销或分期摊销的长期待摊费用
期末:期末尚未转销或摊销的长期待摊费用	

图6-15 “长期待摊费用”账户结构

2. 会计核算

1) 经营租入固定资产核算

在经营租赁下,承租人不能将租赁资产资本化,一般只可将支付或应付的租金在租赁期内按直线法计入相关资产成本或当期损益;其他方法更为系统合理的,也可以采用其他方法。承租人对经营租入的固定资产列为代管物资,在固定资产备查簿中进行登记。租入固定资产的核算主要包括有:

(1) 经营租入固定资产时,承租人发生的初始直接费用(指在租赁谈判和签订合同过程中发生的可直接归属于租赁项目的费用,包括租赁手续费、律师费、差旅费、印花税等),应当计入当期损益,借记“管理费用”等账户,贷记“银行存款”账户。

(2) 企业经营租入固定资产所支付的押金,应在“其他应收款——存出保证金”账户进行核算,支付时,借记“其他应收款——存出保证金”账户,贷记“银行存款”账户。

(3) 企业对经营租入固定资产发生的改良支出(如改装、装修、改建等支出),先通过“在建工程”账户归集工程成本,工程完工转入“长期待摊费用”账户,在租赁期限内平均摊销,借记“制造费用”“管理费用”等账户,贷记“长期待摊费用”账户。

(4) 承租人确认的租金费用,应按租入固定资产使用部门或用途,记入相关成本费用账户,其中属于生产车间使用的,记入“制造费用”账户;属于行政管理部门使用的,记入“管理费用”账户;属于专设销售机构使用的,记入“销售费用”账户;属于研究开发无形资产使用的,记入“研发支出”账户。

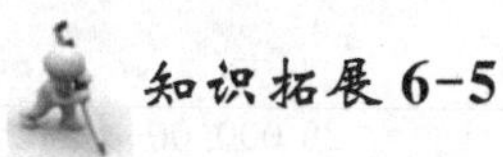

知识拓展 6-5

长期待摊费用内容

1. 开办费，是指企业在筹建期间发生的，除应计入有关财产物资价值外的各项费用，包括筹建期间人员的工资、办公费、培训费、差旅费、印刷费、律师咨询费、注册登记费以及不应计入固定资产价值的借款费用等。

2. 经营租入固定资产改良支出，是指承租人对其以经营租赁方式租入的固定资产进行延长其寿命或效用的改装、翻修、改建等支出。

3. 预付租入资产租金，是指企业因临时性需要租入资产，预付 1 年以上的租金费用。

4. 已提足折旧的固定资产改建支出，是指企业对已提足折旧的固定资产进行改扩建而发生的支出。

5. 其他长期待摊费用。

【例 6-10】　广东炎华服饰有限公司 2019 年 7 月因季节性生产需要，从广州海跃纺织设备公司租入全自动绣花机一台，价值 650 000 元，租入时支付律师费等相关直接费用 1 500 元、增值税额 90 元。租赁合同约定租期为 3 个月，每月租金为 25 000 元、增值税额 3 250 元，并于每月 16 日支付。炎华公司账务处理如下：

(1) 租入时，支付律师费等相关直接费用：

借：管理费用	1 500.00
应交税费——应交增值税——进项税额	90.00
贷：银行存款	1 590.00

附原始凭证：增值税专用发票(见图 6-16)

4401265343　　**广东增值税专用发票**　　№ 201307105

发　票　联

开票日期：2019 年 07 月 05 日

购货单位	名　　称：广东炎华服饰有限公司 纳税人识别号：440106868268025 地 址 、电 话：广州天河中路 2 号 86697584 开户行及账号：建行天河支行 11682683056				密码区	(略)	
货物或应税劳务、服务名称	规格型号	单位	数　量	单　价	金　额	税率	税　额
律师咨询费				1 500.00	1 500.00	6%	90.00
合　计					￥1 500.00		￥90.00
价税合计(大写)	⊗壹仟伍佰玖拾圆整				(小写)￥1 590.00		
销货单位	名　　称：广州市智道律师事务所 纳税人识别号：440106868532603 地 址 、电 话：广州中山路 116 号 88349999 开户行及账号：中行中山支行 11687561462				备注		

第三联：发票联　购买方记账凭证

广州市智道律师事务所 440106868532603 发票专用章

收款人：李东红　　复核：何耀阳　　开票人：王晓珊　　销货单位：(章)

图 6-16　增值税专用发票

(2) 租入绣花机，登记“经营租入固定资产备查簿”，不作账务处理。

(3) 每月16日,支付租金时:

借:制造费用　　25 000.00
　　应交税费——应交增值税——进项税额　　3 250.00
　贷:银行存款　　28 250.00

附原始凭证:增值税专用发票(见图6-17)

4401235306　　**广东增值税专用发票**　　№ 201307116

发 票 联

开票日期:2019年07月16日

购货单位	名　　称:广东炎华服饰有限公司 纳税人识别号:440106868268025 地 址 、电 话:广州天河中路2号 86697584 开户行及账号:建行天河支行 11682683056				密码区	(略)		
货物或应税劳务、服务名称	规格型号	单位	数 量	单 价	金 额	税率	税 额	
设备租金		月	1	25 000.00	25 000.00	13%	3 250.00	
合 计					¥25 000.00		¥3 250.00	
价税合计(大写)	⊗贰万捌仟贰佰伍拾圆整				(小写)¥28 250.00			
销货单位	名　　称:广州海跃纺织设备公司 纳税人识别号:440106868531465 地 址 、电 话:广州花都新华路15号 63756678 开户行及账号:工行新华支行 11681356493				备注	广州海跃纺织设备公司 440106868531465 发票专用章		

收款人:黎红娜　　复核:苏志文　　开票人:李丽　　销货单位:(章)

第三联:发票联　购买方记账凭证

图6-17　增值税专用发票

【例6-11】 广东炎华服饰有限公司2019年8月9日在广州市越秀中路租入铺面一间,创办炎华服饰越秀专卖店,租赁期2年,从承租日开始,公司出包给广东诚泰建筑工程公司对该铺面进行装修,8月31日工程完工,支付出包工程款120 000元,增值税税率为9%。炎华公司账务处理如下:

(1) 支付出包工程款时:

借:在建工程——装修工程　　120 000.00
　　应交税费——应交增值税——进项税额　　10 800.00
　贷:银行存款　　130 800.00

(2) 装修完工结转工程成本时:

借:长期待摊费用——租入固定资产改良支出　　120 000.00
　贷:在建工程——装修工程　　120 000.00

(3) 每月摊销租入固定资产改良支出时:

每月摊销额=120 000/(2×12)=5 000(元)

借:管理费用　　5 000.00
　贷:长期待摊费用——租入固定资产改良支出　　5 000.00

2) 经营租出固定资产核算

经营租赁下，租出的固定资产仍然属于出租方，出租方应将它作为自身的资产在资产负债表中列示，账面不能减少该资产价值。租出固定资产的核算主要包括有：

(1) 收到承租人支付的固定资产押金时，按其实际金额，借记“银行存款”账户，贷记“其他应付款”账户。

(2) 出租人收到并确认租赁收入时，应借记“银行存款”账户，贷记“其他业务收入”账户，按增值税专用发票注明的增值税额，贷记“应交税费——应交增值税——销项税额”账户。

(3) 出租固定资产计提折旧时，应借记“其他业务成本”账户，贷记“累计折旧”账户。

(4) 出租人为出租固定资产发生的直接费用，应借记“其他业务成本”账户，贷记“银行存款”等账户。

【例6-12】 广东炎华服饰有限公司2019年9月出租暂时闲置的设备一台，价值300 000元，租赁期为3个月，每月18日收取租金，每月租金为10 000元，增值税税率为13%。该设备按年限平均法计提折旧，月折旧率为0.5%。炎华公司账务处理如下：

(1) 出租设备时：

借：固定资产——出租固定资产　300 000.00

　贷：固定资产——不需用固定资产　300 000.00

(2) 每月18日，收取租金时：

借：银行存款　11 300.00

　贷：其他业务收入　10 000.00

　　应交税费——应交增值税——销项税额　1 300.00

附原始凭证：增值税专用发票(见图6-18)

4400041141　**广东增值税专用发票**　No 201304605

此联不作报销、扣税凭证使用　开票日期：2019年09月18日

购货单位	名　　称：广东林菲服饰有限公司 纳税人识别号：440106698268287 地 址 、电 话：广州天河中路16号 86697578 开户行及账号：建行天河支行 11683683649			密码区	(略)		
货物或应税劳务、服务名称	规格型号	单位	数 量	单 价	金 额	税率	税 额
出租设备		台	1	10 000.00	10 000.00	13%	1 300.00
合 计					￥10 000.00		￥1 300.00
价税合计(大写)	⊗壹万壹仟叁佰圆整						(小写)￥11 300.00
销货单位	名　　称：广东炎华服饰有限公司 纳税人识别号：440106868268025 地 址 、电 话：广州天河中路2号 86697584 开户行及账号：建行天河支行 11682683056			备注			

第一联：记账联　销售方记账凭证

收款人：李欣　复核：李源珍　开票人：李欣　销货单位：(章)

图6-18　增值税专用发票

(3) 月末计提折旧时：

借：其他业务成本　　1 500.00
　贷：累计折旧　　1 500.00

附原始凭证：折旧计算表(见图 6-19)

折旧计算表

2019 年 9 月 30 日　　单位：元

使用部门或用途	固定资产	月初原值	月折旧率	月折旧额
出租	设备	300 000.00	0.5%	1 500.00
合计	—	¥300 000.00	—	¥1 500.00

会计主管：陈利民　　会计：李源珍　　制单：朱玲玲

图 6-19　折旧计算表

6.4.3　融资租赁固定资产核算

1. 融资租入固定资产核算

融资租入固定资产的所有权虽然不属于租入企业，但按资产确认条件，租入企业应将它视同自有资产进行核算与管理。融资租入固定资产的核算主要包括：

(1) 融资租入固定资产时，在租赁期开始日，企业按应计入固定资产成本的金额(租赁开始日租赁资产公允价值与最低租赁付款额现值两者中较低者，加上初始直接费用)，借记“在建工程”或“固定资产”账户，按最低租赁付款额，贷记“长期应付款——应付融资租赁款”账户，按发生的初始直接费用，贷记“银行存款”账户，按其差额，借记“未确认融资费用”账户。

(2) 按期支付融资租入固定资产租赁费时，一方面，应减少长期应付款，借记“长期应付款——应付融资租赁款”“应交税费”等账户，贷记“银行存款”账户；另一方面，应同时将未确认融资费用按一定的方法确认为当期费用，借记“财务费用”账户，贷记“未确认融资费用”账户。

(3) 对于融资租入固定资产，企业应计提租入固定资产折旧，采用的方法与自有固定资产的折旧政策相同，按其使用部门或用途，借记“制造费用”“管理费用”等账户，贷记“累计折旧”账户。

(4) 租赁期届满时，企业对租赁资产的处理通常有三种情况，即返还、优惠续租和留购。

第一，返还。企业向出租人返还租赁资产的，借记“长期应付款——应付融资租赁款”“累计折旧”等账户，贷记“固定资产——融资租入固定资产”账户。

第二，优惠续租。企业行使优惠续租选择权，则应视同该项租赁一直存在而做出相应的会计处理，借记“长期应付款——应付融资租赁款”账户，贷记“银行存款”等账户。

第三，留购。企业行使优惠购买选择权，支付购买价款时，借记“长期应付款——应付融资租赁款”账户，贷记“银行存款”等账户；同时，将固定资产从融资租入固定资产明细账户转入有关明细账户，借记“固定资产”账户，贷记“固定资产——融资租入固定资产”账户。

2. 融资租出固定资产核算

融资租出固定资产的核算主要包括有：

（1）融资租出固定资产时，在租赁期开始日，企业应将应收融资租赁款（包括出租人发生的初始直接费用）、未担保余值（指租赁资产余值中扣除就出租人而言的担保余值以后的资产余值）之和与其现值的差额确认为未实现融资收益，借记“长期应收款——应收融资租赁款”账户，贷记“银行存款”“融资租赁资产”“未实现融资收益”等账户。

（2）按期收取融资租出固定资产租赁费时，按收到的租赁费，借记“银行存款”账户，贷记“长期应收款——应收融资租赁款”账户；同时，确认每期的租赁收入，借记“未实现融资收益”等账户，贷记“租赁收入”“应交税费”等账户。

6.5　固定资产后续支出核算

6.5.1　固定资产后续支出概述

固定资产后续支出，是指固定资产使用过程中发生的更新改造支出、修理费用等。

后续支出的处理原则是：符合固定资产确认条件（资本化后续支出）的，应当计入固定资产成本，同时将被替换部分的账面价值扣除；不符合固定资产确认条件（费用化后续支出）的，应当计入当期损益。

6.5.2　资本化后续支出核算

企业对原有固定资产的更新改造、装修工程等支出，一般属于资本化后续支出。资本化后续支出通过“在建工程”账户核算。

固定资产发生可资本化的后续支出时，企业应将该固定资产的原价、已计提的折旧和减值准备等转销，将固定资产的账面净值转入“在建工程”账户，并停止计提折旧。待更新改造等工程完工并达到预定可使用状态时，再从“在建工程”账户转为“固定资产”账户，并按重新确定的使用寿命、预计净残值和折旧方法计提折旧。

【例 6-13】 广东炎华服饰有限公司 2019 年 7 月 12 日将本企业第一成衣车间出包给广东诚泰建筑工程公司进行改扩建，厂房原价 560 000 元，已提折旧 260 000 元，没有减值准备，出包改建工程发生费用共计 375 000 元，增值税税率为 9%，9 月 26 日，工程完工达到预定可使用状态。炎华公司账务处理如下：

（1）车间厂房转为改扩建工程时：

借：在建工程——成衣车间改扩建	300 000.00	
累计折旧	260 000.00	
贷：固定资产——厂房		560 000.00

（2）支付改扩建工程费用时：

借：在建工程——成衣车间改扩建	375 000.00	
应交税费——应交增值税——进项税额	33 750.00	
贷：银行存款		408 750.00

附原始凭证：增值税专用发票（见图 6-20）

4401048562 **广东增值税专用发票** No 014023224

发 票 联

开票日期:2019 年 09 月 26 日

购货单位	名　　称:广东炎华服饰有限公司 纳税人识别号:440106868268025 地 址 、电 话:天河中路 2 号 86697584 开户行及账号:建行天河支行 11682683056				密码区	(略)		
货物或应税劳务、服务名称		规格型号	单位	数 量	单 价	金 额	税率	税 额
改建工程费						375 000.00	9%	33 750.00
合 计						¥375 000.00		¥33 750.00
价税合计(大写)		⊗肆拾万捌仟柒佰伍拾圆整				(小写)¥408 750.00		
销货单位	名　　称:广东诚泰建筑工程公司 纳税人识别号:440106868223518 地 址 、电 话:天河东路 102 号 86697777 开户行及账号:工行天河支行 11685483236				备注	房所在地:天河中路 2 号		

收款人:徐媛　　复核:杨琳　　开票人:徐欣燕　　销货单位:(章)

第三联:发票联 购买方记账凭证

广东诚泰建筑工程公司 440106868223518 发票专用章

图 6-20 增值税专用发票

(3) 工程完工达到预定可使用状态时:

借:固定资产——厂房　　675 000.00

　贷:在建工程——成衣车间改扩建　　675 000.00

附原始凭证:工程竣工验收决算报告(见图 6-21)

工程竣工验收决算报告

编号:00262　　2019 年 9 月 26 日　　单位:元

项目名称	工程批准号	工程预算数	工程决算数	其中:设备费	材料费用	工资费用	其他直接费	施工管理费
车间改扩建			375 000.00		230 000.00	120 000.00	9 000.00	16 000.00
			375 000.00		230 000.00	120 000.00	9 000.00	16 000.00
新增固定资产								
资产名称	规格	型号	单价		施工单位(盖章) 负责人:李信泰		委托单位(盖章) 负责人:郭天怡	
					使用部门(盖章) 负责人:周涛南		财务部门(盖章) 负责人:陈利民	

广东诚泰建筑工程公司 440106868223518　广东炎华服饰有限公司 440106868268025

图 6-21 工程竣工验收决算报告

6.5.3 费用化后续支出核算

企业对原有固定资产进行维护、维修等支出,不论是大修,还是中小修理,一般属于费用化后续支出。费用化后续支出在发生时应直接计入当期损益。

企业生产车间(生产部门)和行政管理部门等发生的固定资产修理费等后续支出,记入“管理费用”账户；与专设销售机构相关的固定资产修理费等后续支出，记入“销售费用”账户。

【例 6-14】 广东炎华服饰有限公司 2019 年 7 月 20 日请广州益丰修配有限公司对一台电动缝纫机进行修理，支付修理费用 1 600 元、增值税额 208 元。炎华公司账务处理如下：

借：管理费用　　1 600.00

　　应交税费——应交增值税——进项税额　　208.00

　贷：银行存款　　1 808.00

附原始凭证：增值税专用发票（见图 6-22）

4401879344　　广东增值税专用发票　　No 236828011

发票联

开票日期：2019 年 07 月 20 日

购货单位	名　　称：广东炎华服饰有限公司 纳税人识别号：440106868268025 地 址、电 话：广州天河中路 2 号 86697584 开户行及账号：建行天河支行 11682683056				密码区	（略）		
货物或应税劳务、服务名称	规格型号	单位	数 量	单 价	金 额	税率	税 额	
修理费				1 600.00	1 600.00	13%	208.00	
合 计					¥1 600.00		¥208.00	
价税合计（大写）	⊗壹仟捌佰零捌圆整				（小写）¥1 808.00			
销货单位	名　　称：广州益丰修配有限公司 纳税人识别号：440106861357026 地 址、电 话：广州天河中路 16 号 86669999 开户行及账号：中行天河支行 11632161464				备注			

第三联：发票联　购买方记账凭证

收款人：李益林　　复核：黄智亲　　开票人：王丽蓉　　销货单位：（章）

图 6-22　增值税专用发票发票联

6.6 固定资产处置与清查核算

6.6.1 固定资产处置核算

1. 账户设置

固定资产处置包括固定资产的出售、报废、毁损等。企业处置固定资产应设置“固定资产清理”“资产处置损益”等账户核算。

1）“固定资产清理”账户

“固定资产清理”账户，核算企业因出售、报废、毁损等原因而转出的固定资产的净值及其在清理过程中发生的清理费用和取得的清理收入。该账户属于资产类账户，借方登记转出的固定资产净值、清理过程中应支付的相关税费以及结转的清理净收益，贷方登记出售固定资产的价款、残料收入以及结转的清理净损失，该账户期末结转后无余额。“固定资产清理”账户结构，如图 6-23 所示。

固定资产清理

借方	贷方
期初:无余额 本期:登记转出的固定资产净值、清理过程中应支付的相关税费以及结转的清理净收益	登记出售固定资产的价款、残料收入以及结转的清理净损失
期末:无余额	

图 6-23 "固定资产清理"账户结构

2)"资产处置损益"账户

"资产处置损益"账户,核算企业出售划分为持有待售的非流动资产(金融工具、长期股权投资和投资性房地产除外)或处置组时确认的处置利得或损失,以及处置未划分为持有待售的固定资产、在建工程、生产性生物资产及无形资产而产生的处置利得或损失。债务重组中因处置非流动资产产生的利得或损失和非货币性资产交换中换出非流动资产产生的利得或损失也在该账户核算。

"资产处置损益"账户属于损益类账户,借方登记企业出售划分为持有待售的非流动资产(金融工具、长期股权投资和投资性房地产除外)或处置组时确认的处置损失,以及处置未划分为持有待售的固定资产、在建工程、生产性生物资产及无形资产而产生的处置损失,贷方登记企业出售划分为持有待售的非流动资产(金融工具、长期股权投资和投资性房地产除外)或处置组时确认的处置利得以及处置未划分为持有待售的固定资产、在建工程、生产性生物资产及无形资产而产生的处置利得。期末应将该账户的余额转入"本年利润"账户,结转后该账户应无余额。

"资产处置损益"账户应按照处置的资产类别或处置组设置明细分类账,进行明细分类核算。"资产处置损益"账户结构,如图 6-24 所示。

资产处置损益

借方	贷方
本期:登记企业出售划分为持有待售的非流动资产(金融工具、长期股权投资和投资性房地产除外)或处置组时确认的处置损失以及处置未划分为持有待售的固定资产、在建工程、生产性生物资产及无形资产而产生的处置损失	期初:无余额 登记企业出售划分为持有待售的非流动资产(金融工具、长期股权投资和投资性房地产除外)或处置组时确认的处置利得以及处置未划分为持有待售的固定资产、在建工程、生产性生物资产及无形资产而产生的处置利得
	期末:无余额

图 6-24 "资产处置损益"账户结构

2. 会计核算

企业处置固定资产的会计核算主要包括以下几个环节:

(1) 固定资产转入清理。按固定资产账面价值(净值),借记"固定资产清理"账户,按已计提的累计折旧,借记"累计折旧"账户,按已计提的减值准备,借记"固定资产减值准备"账户,按固定资产账面原值(原价),贷记"固定资产"账户。

(2) 发生清理费用及相关费用。按清理过程中发生的有关清理费用及相关费用,借记"固定资产清理""应交税费"等账户,贷记"银行存款"等账户。

(3) 取得出售固定资产价款、残料价值或变卖收入和保险赔款。按实际收到的价款、残料价值或变价收入和保险赔款，借记“银行存款”“原材料”“其他应收款”等账户，贷记“固定资产清理”账户，并按出售固定资产收入计算的应交增值税额，贷记“应交税费——应交增值税——销项税额”账户。

(4) 结转清理净损益。

第一，结转固定资产处置的净收益，按“固定资产清理”账户的贷方余额，属于生产经营期间正常的处置净收益，借记“固定资产清理”账户，贷记“资产处置损益——处置非流动资产利得”账户；属于因自然灾害发生毁损、已丧失使用功能等而报废等原因造成的处置净收益，借记“固定资产清理”账户，贷记“营业外收入”账户。

第二，结转固定资产处置的净损失，按“固定资产清理”账户的借方余额，属于生产经营期间正常的处置净损失，借记“资产处置损益——处置非流动资产损失”账户，贷记“固定资产清理”账户；属于因自然灾害发生毁损、已丧失使用功能等而报废等原因造成的处置净损失，借记“营业外支出”账户，贷记“固定资产清理”账户。

知识拓展 6-6

固定资产处置税金的处理

1. 企业处置已用(已计提折旧)的固定资产(非不动产)，应当区分不同情况确认增值税。

(1) 处置资产为2009年以后购入或自制的，按照企业适用的增值税税率计算缴纳增值税。

(2) 处置资产为2009年以前购入或自制的，但是已纳入增值税试点的，按照企业适用的增值税税率计算缴纳增值税。

(3) 处置资产为2009年以前购入或自制的，但是未纳入增值税试点的，按照4%的征收率减半计算缴纳增值税。

(4) 处置资产为2009年以前购入或自制的，虽然已纳入增值税试点，但处置的资产为试点之前购置的，按照4%的征收率减半计算缴纳增值税。

2. 企业处置已用(已计提折旧)的不动产，应当区分不同情况预征增值税。

(1) 一般纳税人销售其2017年4月30日前取得的不动产(不含自建)，适用一般计税方法计税的，以取得的全部价款和价外费用为销售额计算应纳税额。上述纳税人应以取得的全部价款和价外费用减去该项不动产购置原价或者取得不动产时的作价后的余额，按照5%的预征率在不动产所在地预缴税款后，向机构所在地主管税务机关进行纳税申报。

(2) 一般纳税人销售其2017年4月30日前自建的不动产，适用一般计税方法计税的，应以取得的全部价款和价外费用为销售额计算应纳税额。纳税人应以取得的全部价款和价外费用，按照5%的预征率在不动产所在地预缴税款后，向机构所在地主管税务机关进行纳税申报。

(3) 一般纳税人销售其2017年5月1日后取得(不含自建)的不动产，应适用一般计税方法，以取得的全部价款和价外费用为销售额计算应纳税额。纳税人应以取得的全部价款和价外费用减去该项不动产购置原价或者取得不动产时的作价后的余额，按照5%的预征率在不动产所在地预缴税款后，向机构所在地主管税务机关进行纳税申报。

(4) 一般纳税人销售其2017年5月1日后自建的不动产，应适用一般计税方法，以取得的全部价款和价外费用为销售额计算应纳税额。纳税人应以取得的全部价款和价外费用，按照5%的预征率在不动产所在地预缴税款后，向机构所在地主管税务机关进行纳税申报。

【例 6-15】 广东炎华服饰有限公司 2019 年 7 月 24 日出售一台闲置不用的 2008 年 8 月购置的绣花机，原值为 160 000 元，已计提折旧 120 000 元，用银行存款支付清理费用 1 000 元(适用增值税税率为 9%)，出售价款 45 000 元、增值税额 900 元，已存入银行。炎华公司账务处理如下：

(1) 固定资产转入清理时：

借：固定资产清理　　40 000.00
　　累计折旧　　120 000.00
　贷：固定资产——绣花机　　160 000.00

(2) 收到出售价款时：

销项税额＝45 000×(4%/2)＝900(元)

借：银行存款　　45 900.00
　贷：固定资产清理　　45 000.00
　　　应交税费——应交增值税——销项税额　　900.00

(3) 支付清理费用时：

借：固定资产清理　　1 000.00
　　应交税费——应交增值税——进项税额　　90.00
　贷：银行存款　　1 090.00

(4) 结转清理净损益时：

借：固定资产清理　　4 000.00
　贷：资产处置损益——处置非流动资产利得　　4 000.00

【例 6-16】 广东炎华服饰有限公司 2019 年 7 月 30 日由于性能原因出售一台 2012 年 4 月购置的全自动缝纫机，原值为 200 000 元，已计提折旧 100 000 元，用银行存款支付清理费用 1 600 元(适用增值税税率为 9%)，取得不含税价款 120 000 元，增值税税率 13%，款项已存入银行。炎华公司账务处理如下：

(1) 固定资产转入清理时：

借：固定资产清理　　100 000.00
　　累计折旧　　100 000.00
　贷：固定资产——缝纫机　　200 000.00

(2) 收到出售价款时：

销项税额＝120 000×13%＝15 600(元)

借：银行存款　　135 600.00
　贷：固定资产清理　　120 000.00
　　　应交税费——应交增值税——销项税额　　15 600.00

(3) 支付清理费用时：

借：固定资产清理 1 600.00
　　应交税费——应交增值税——进项税额 144.00
　贷：银行存款 1 744.00

（4）结转清理净损益时：

借：固定资产清理 18 400.00
　贷：资产处置损益——处置非流动资产利得 18 400.00

【例 6-17】 广东炎华服饰有限公司 2019 年 8 月 14 日因自然灾害毁损一座仓库，该仓库原价为 260 000 元，已计提折旧 180 000 元，用银行存款支付清理费用 24 000 元（适用增值税税率为 9%），确认由保险公司赔偿 50 000 元，赔偿款尚未收到，其残料已入库，估计价值 18 000 元。炎华公司账务处理如下：

（1）固定资产转入清理时：

借：固定资产清理 80 000.00
　　累计折旧 180 000.00
　贷：固定资产——仓库 260 000.00

（2）支付清理费用时：

借：固定资产清理 24 000.00
　　应交税费——应交增值税——进项税额 2 160.00
　贷：银行存款 26 160.00

（3）残料入库时：

借：原材料 18 000.00
　贷：固定资产清理 18 000.00

（4）确认保险公司赔偿款时：

借：其他应收款——太平洋保险 50 000.00
　贷：固定资产清理 50 000.00

（5）结转清理净损益时：

借：营业外支出——非流动资产损毁报废损失 36 000.00
　贷：固定资产清理 36 000.00

6.6.2 固定资产清查核算

企业应定期或者至少于每年年末对固定资产进行清查盘点，以保证固定资产核算的真实性，充分挖掘企业现有固定资产的潜力。在固定资产清查过程中，如果发现盘盈、盘亏的固定资产，应填制固定资产盘盈盘亏报告表。固定资产清查的损溢，应及时查明原因，并根据企业的管理权限，经股东大会或董事会或经理（厂长）会议或类似机构批准后，在期末结账前处理完毕。

1. 固定资产盘盈核算

企业在财产清查中盘盈固定资产，应作为前期差错处理，通过“以前年度损益调整”账户核算。

(1) 盘盈时,按盘盈固定资产的重置价值减去估计价值损耗(估计折旧)后的余额,借记“固定资产”账户,贷记“以前年度损益调整”账户。

(2) 报经审批处理时,按盘盈固定资产的净值,借记“以前年度损益调整”账户,按应调整增加的应交所得税,贷记“应交税费——应交所得税”账户,按其余额计算应调整增加的盈余公积,贷记“盈余公积——法定盈余公积”账户,按其差额,贷记“利润分配——未分配利润”账户。

【例 6-18】 广东炎华服饰有限公司 2019 年 7 月 31 日在财产清查中,发现盘盈电动缝纫机一台,其重置价值为 24 000 元,有 8 成新,估计折旧为 4 800 元。炎华公司账务处理如下:

(1) 盘盈固定资产时:

盘盈固定资产净值=24 000−4 800=19 200(元)

借:固定资产——电动缝纫机　　19 200.00

　贷:以前年度损益调整　　19 200.00

附原始凭证:固定资产清查报告单(见图 6-25)

固定资产清查报告单

2019 年 7 月 31 日　　单位:元

资产名称	单位	数量		盘盈			盘亏		
		账存	实存	数量	原值	折旧	数量	原值	折旧
电动缝纫机	台	11	12	1	24 000.00	4 800.00			
合计	台	11	12	1	24 000.00	4 800.00	—	—	—

仓库主管:陈伟峰　　清查人:刘江　　保管员:谢晓娜

图 6-25　固定资产清查报告单

(2) 报经批准,调整所得税款和留存收益时:

应交所得税=19 200×25%=4 800(元)

计提盈余公积=(19 200−4 800)×10%=1 440(元)

未分配利润=19 200−4 800−1 440=12 960(元)

借:以前年度损益调整　　19 200.00

　贷:应交税费——应交所得税　　4 800.00

　　盈余公积——法定盈余公积　　1 440.00

　　利润分配——未分配利润　　12 960.00

知识拓展 6-7

前期差错更正的会计处理

前期差错,是指由于没有运用或错误运用编报前期财务报表时预期能够取得并加以考虑的可靠信息或前期财务报告批准报出时能够取得的可靠信息,而对前期财务报表造成省略或错报。

前期差错按其重要程度,分为重要的前期差错和不重要的前期差错。重要的前期差错,是指足以影响财务报表使用者对企业财务状况、经营成果和现金流量做出正确判断的前期差错。不重要的前期差错，是指不足以影响财务报表使用者对企业财务状况、经营成果和现金流量做出正确判断的前期差错。

对于不重要的前期差错，企业无须调整财务报表相关项目的期初数，但应调整发现当期与前期相同的相关项目，属于影响损益的，应直接计入本期与上期相同的净损益项目。

对于重要的前期差错，如果能够合理确定前期差错累积影响数，则重要的前期差错的更正应采用追溯重述法。追溯重述法是指在发现前期差错时，视同该项前期差错从未发生过，从而对财务报表相关项目进行调整的方法。前期差错累积影响数是指前期差错发生后对差错期间每期净利润的影响数之和。

2. 固定资产盘亏核算

企业在财产清查中盘亏固定资产，应通过"待处理财产损溢——待处理非流动资产损溢"账户核算。

(1) 盘亏时，按盘亏固定资产的账面价值(净值)，借记"待处理财产损溢——待处理非流动资产损溢"账户，按已计提折旧额，借记"累计折旧"账户，按盘亏固定资产的原始价值，贷记"固定资产"账户。对于不可抵扣的增值税进项税额应转出，转出时，借记"待处理财产损溢——待处理非流动资产损溢"账户，贷记"应交税费——应交增值税——进项税额转出"账户。

(2) 报经审批处理时，按可收回的保险赔偿或过失人赔偿，借记"其他应收款"账户，按盘亏固定资产的净值，贷记"待处理财产损溢——待处理非流动资产损溢"账户，按其差额，借记"营业外支出——盘亏损失"账户。

【例6-19】 广东炎华服饰有限公司2019年10月31日在财产清查中，发现盘亏电动绣花机一台，其原值为25 000元，已计提折旧为18 000元。经批准，该盘亏固定资产作为营业外支出处理。炎华公司账务处理如下：

(1) 盘亏固定资产时：

借：待处理财产损溢——待处理非流动资产损溢　　7 000.00
　　累计折旧　　18 000.00
　贷：固定资产——电动绣花机　　25 000.00

附原始凭证：固定资产清查报告单(见图6-26)

固定资产清查报告单

2019年10月31日　　金额单位：元

资产名称	单位	数量		盘盈			盘亏		
		账存	实存	数量	原值	折旧	数量	原值	折旧
电动绣花机	台	15	14				1	25 000.00	18 000.00
合计	台	15	14	—		—	1	25 000.00	18 000.00

仓库主管：陈伟峰　　清查人：刘江　　保管员：谢晓娜

图6-26　固定资产清查报告单

(2) 报经批准，计入营业外支出时：

借：营业外支出——盘亏损失　　7 000.00
　贷：待处理财产损溢——待处理非流动资产损溢　　7 000.00

【本 章 小 结】

1. 固定资产,是指为生产产品、提供劳务、出租或经营管理而持有的、使用寿命超过一个会计年度的有形资产。判断某项固定资产所包含的经济利益是否很可能流入企业,主要依据是与该固定资产所有权相关的风险和报酬是否转移到了企业。

2. 企业固定资产购建的核算,一般需要设置"固定资产""在建工程"和"工程物资"等账户。不需安装固定资产,是指企业购进后不需要安装就可直接交付使用的固定资产。需要安装固定资产,是指不能直接交付使用,必须经过安装调试后才能投入使用的固定资产。自营方式建造固定资产,是指企业自行组织工程物资采购、自行组织施工人员施工的建筑工程和安装工程。出包方式建造固定资产,是指企业通过招标方式将工程项目发包给建造承包商,由建造承包商组织施工的建筑工程和安装工程。

3. 固定资产折旧,是指在固定资产预计使用寿命内,按照确定的方法对应计提折旧额进行系统分摊。固定资产折旧方法包括年限平均法、工作量法、双倍余额递减法和年数总和法。其中,年限平均法和工作量法属于直线折旧法,双倍余额递减法和年数总和法属于快速折旧法。企业应当根据与固定资产有关的经济利益的预期实现方式,合理选择固定资产折旧方法,折旧方法一经选定,不得随意变更。

4. 租赁,是指在约定的期间内,出租人将资产使用权让与承租人,以获取租金的协议。租赁的主要特征是,在租赁期内转移资产的使用权,而不是转移资产的所有权,这种转移是有偿的,取得使用权以支付租金为代价。固定资产租赁,按其性质可分为经营租赁固定资产与融资租赁固定资产两种。

5. 固定资产后续支出,是指固定资产使用过程中发生的更新改造支出、修理费用等。后续支出的处理原则是:符合固定资产确认条件(资本化后续支出)的,应当计入固定资产成本,同时将被替换部分的账面价值扣除;不符合固定资产确认条件(费用化后续支出)的,应当计入当期损益。

6. 固定资产处置包括固定资产的出售、报废、毁损等。企业处置固定资产应通过"固定资产清理"账户核算。企业在财产清查中盘盈固定资产,应作为前期差错处理,通过"以前年度损益调整"账户核算。企业在财产清查中盘亏固定资产,应通过"待处理财产损溢——待处理非流动资产损溢"账户核算。

第 7 章　投资性房地产核算

【目的要求】

1. 能叙述投资性房地产的概念与内容。
2. 能分析和掌握投资性房地产计量。
3. 能掌握投资性房地产取得的核算。
4. 能掌握投资性房地产折旧或摊销的核算。
5. 能掌握投资性房地产出租的核算。
6. 能掌握投资性房地产处置的核算。

【重点难点】

1. 投资性房地产取得核算。
2. 投资性房地产折旧或摊销核算。
3. 投资性房地产处置核算。

【基础知识】

7.1　投资性房地产概述

7.1.1　投资性房地产概念

投资性房地产，是指企业为赚取租金或资本增值，或者两者兼有而持有的房地产。投资性房地产应当能够单独计量和出售。如果某项房地产，部分用于自用，部分用于赚取租金或资本增值。对于用于赚取租金或资本增值的部分，能够单独计量和出售的，应当确认为投资性房地产；如果不能单独计量和出售的，则不能确认为投资性房地产，而应确认为固定资产或无形资产。对于自用的部分，应确认为固定资产或无形资产。

7.1.2　投资性房地产内容

1. 属于投资性房地产项目

投资性房地产主要包括已出租的土地使用权、持有并准备增值后转让的土地使用权和已出租的建筑物。

1）已出租的土地使用权

已出租的土地使用权，是指企业通过出让或转让方式取得并以经营租赁方式出租的土地使用权。对于以经营租赁方式租入的土地使用权再转租给其他单位的，不能确认为投资性房地产。

2) 持有并准备增值后转让的土地使用权

持有并准备增值后转让的土地使用权,是指企业通过出让或转让方式取得并准备增值后转让的土地使用权。

3) 已出租的建筑物

已出租的建筑物,是指企业拥有产权并以经营租赁方式出租的房屋等建筑物,包括自行建造或开发活动完成后用于出租的建筑物。通常情况下,对企业持有以备经营出租的空置建筑物,如董事会或类似机构做出书面协议,明确表明将其用于经营出租且持有意图短期内不再发生变化的,即使尚未签订租赁协议,也应视为投资性房地产。企业以经营租赁方式租入再转租的建筑物,不属于投资性房地产。

2. 不属于投资性房地产项目

1) 自用房地产

自用房地产,是指企业为生产商品、提供劳务或者经营管理而持有的房地产,包括自用建筑物和自用土地使用权。

2) 作为存货的房地产

作为存货的房地产,通常是指房地产开发企业在正常经营过程中销售的或为销售而正在开发的商品房和土地。

7.2 投资性房地产核算

投资性房地产的核算有成本和公允价值两种模式,通常应当采用成本模式核算,满足特定条件时也可以采用公允价值模式核算。但是,同一企业只能采用一种模式对所有投资性房地产进行核算,不得同时采用两种核算模式。

7.2.1 成本模式计量的投资性房地产核算

1. 账户设置

对采用成本模式计量的投资性房地产,企业应设置"投资性房地产""投资性房地产累计折旧(摊销)"等账户。

1)"投资性房地产"账户

"投资性房地产"账户,核算企业投资性房地产的增减变动及其结余情况。该账户属于资产类账户,借方登记取得投资性房地产的价值(成本),贷方登记处置投资性房地产的价值(成本),期末余额在借方,表示企业持有投资性房地产的价值(成本)。

该账户应按投资性房地产项目或类别设置明细分类账,进行明细分类核算。"投资性房地产"账户结构,如图 7-1 所示。

投资性房地产	
期初:期初投资性房地产的账面价值 本期:登记取得投资性房地产的价值	登记处置投资性房地产的价值
期末:期末投资性房地产的账面价值	

图 7-1 "投资性房地产"账户结构

2)"投资性房地产累计折旧(摊销)"账户

"投资性房地产累计折旧(摊销)"账户,核算投资性房地产折旧或摊销的增减变动及其结余情况。该账户属于资产类账户,是投资性房地产账户的备抵调整账户,贷方登记按月计提的投资性房地产折旧或摊销,借方登记处置转出的投资性房地产的累计折旧或摊销额,期末余额在贷方,表示企业投资性房地产的累计折旧或摊销额。

"投资性房地产累计折旧(摊销)"账户可按投资性房地产项目或类别设置明细分类账,进行明细分类核算。"投资性房地产累计折旧(摊销)"账户结构,如图7-2所示。

投资性房地产累计折旧(摊销)

	期初:期初投资性房地产的累计折旧或摊销额
本期:登记处置转出的投资性房地产的累计折旧或摊销额	登记按月计提的投资性房地产折旧或摊销
	期末:期末投资性房地产的累计折旧或摊销额

图7-2 "投资性房地产累计折旧(摊销)"账户结构

2. 会计核算

1) 投资性房地产取得核算

企业购入按成本模式计量的投资性房地产,应按取得时的实际成本,包括购买价款、相关税费和可直接归属于该资产的其他支出,借记"投资性房地产"账户,贷记"银行存款"等账户。

企业自行建造按成本模式计量的投资性房地产,应按确定的自行建造投资性房地产成本,即该资产达到预定可使用状态前发生的必要支出,包括土地开发费、建筑成本、安装成本、应予以资本化的借款费用、支付的其他费用和分摊的间接费用等,借记"投资性房地产"账户,贷记"在建工程"等账户。

2) 投资性房地产出租核算

企业出租按成本模式计量的投资性房地产,应按取得的租金收入,借记"银行存款"等账户,贷记"其他业务收入"等账户。

3) 计提投资性房地产折旧或摊销核算

对于采用成本模式计量的投资性房地产,企业应按固定资产或无形资产的有关规定,按期(月)计提折旧或摊销,借记"其他业务成本"等账户,贷记"投资性房地产累计折旧(或摊销)"账户。

4) 投资性房地产处置核算

企业处置采用成本模式计量的投资性房地产,应按实际收到的金额,借记"银行存款"等账户,贷记"其他业务收入"账户;同时,按该投资性房地产的账面价值,借记"其他业务成本"账户,按已计提的折旧或摊销额,借记"投资性房地产累计折旧(或摊销)"账户,按已计提的减值准备,借记"投资性房地产减值准备"账户,按其账面成本,贷记"投资性房地产"账户。

知识拓展7-1

投资性房地产减值准备

投资性房地产减值是指投资性房地产可收回金额低于其账面价值的差额。企业应在资产负债表日对投资性房地产的账面价值进行核查,判断其是否存在减值迹象。如果发现投资性房地产存在减值迹象,应对投资性房地产的可收回金额进行估计,并将该投资性房地产可收回金额低于其账面价值的部分(减值)确认为资产减值损失,计入当期损益并计提相应投资性房地产减值准备,借记"资产减值损失——计提投资性房地产减值准备"账户,贷记"投资性房地产减值准备"账户。投资性房地产减值损失一经确认,在以后会计期间不得转回。

【例 7-1】 广东米勒科技有限公司将其出租的一栋写字楼确认为投资性房地产,采用成本模式计量。租赁期满后,米勒公司将该栋写字楼出售给广东合利实业有限公司,合同价款为 1 500 万元,合利公司已用银行存款付清。出售时,该栋写字楼的成本为 1 400 万元,已计提折旧 100 万元。假定不考虑相关税费等因素。米勒公司账务处理如下:

(1) 取得处置收入时:

借:银行存款	15 000 000.00	
贷:其他业务收入		15 000 000.00

(2) 结转处置成本时:

借:其他业务成本	13 000 000.00	
投资性房地产累计折旧	1 000 000.00	
贷:投资性房地产——写字楼		14 000 000.00

7.2.2 公允价值模式计量的投资性房地产核算

1. 账户设置

对采用公允价值模式计量的投资性房地产,企业应设置"投资性房地产""公允价值变动损益"等账户。

在公允价值模式计量下,"投资性房地产"账户核算企业拥有的投资性房地产的公允价值。该账户属于资产类账户,借方登记投资性房地产的取得成本、资产负债表日其公允价值高于账面余额的差额等,贷方登记企业处置投资性房地产时结转的成本和公允价值变动损益以及资产负债表日其公允价值低于账面余额的差额等,期末余额一般在借方,表示企业结存投资性房地产的公允价值。

该账户应按投资性房地产的类别和品种,分别设置"成本""公允价值变动"等明细分类账,进行明细分类核算。"投资性房地产"账户结构,如图 7-3 所示。

投资性房地产	
期初:结存投资性房地产的公允价值 本期:登记投资性房地产的取得成本、资产负债表日其公允价值高于账面余额的差额等	登记企业处置投资性房地产时结转的成本和公允价值变动损益以及资产负债表日其公允价值低于账面余额的差额等
期末:结存投资性房地产的公允价值	

图 7-3 "投资性房地产"账户结构

2. 会计核算

1）投资性房地产取得核算

企业购入按公允价值模式计量的投资性房地产，应按取得时的实际成本，包括购买价款、相关税费和可直接归属于该资产的其他支出，借记“投资性房地产——成本”账户，贷记“银行存款”等账户。

企业自行建造按公允价值模式计量的投资性房地产，应按确定的自行建造投资性房地产成本，即该资产达到预定可使用状态前发生的必要支出，包括土地开发费、建筑成本、安装成本、应予以资本化的借款费用、支付的其他费用和分摊的间接费用等，借记“投资性房地产——成本”账户，贷记“在建工程”等账户。

2）投资性房地产出租核算

企业出租按公允价值模式计量的投资性房地产，应按取得的租金收入，借记“银行存款”等账户，贷记“其他业务收入”等账户。

3）期末公允价值变动核算

对于采用公允价值模式计量的投资性房地产，企业应在资产负债表日按照公允价值对该投资性房地产进行计量，并将其公允价值与账面余额之间的差额计入当期损益。当期末投资性房地产的公允价值大于其账面余额时，按其差额，借记“投资性房地产——公允价值变动”账户，贷记“公允价值变动损益”账户；当期末投资性房地产的公允价值小于其账面余额时，借记“公允价值变动损益”账户，贷记“投资性房地产——公允价值变动”账户。

4）投资性房地产处置核算

企业处置采用公允价值模式计量的投资性房地产，应按实际收到的金额，借记“银行存款”等账户，贷记“其他业务收入”账户；按该投资性房地产的账面余额，借记“其他业务成本”账户，按其账面成本，贷记“投资性房地产——成本”账户，按其累计公允价值变动额，贷记或借记“投资性房地产——公允价值变动”账户。同时，结转该投资性房地产累计公允价值变动，借记或贷记“其他业务成本”账户，贷记或借记“公允价值变动损益”账户。

知识拓展7-2

投资性房地产公允价值模式计量的选择

只有存在确凿证据表明投资性房地产的公允价值能够持续可靠取得的情况下，企业才可以采用公允价值模式对投资性房地产进行计量。企业一旦选择采用公允价值计量模式，就应对其所有投资性房地产采用公允价值模式进行计量。

为保证会计信息的可比性，企业对投资性房地产的计量模式一经确定，不得随意变更。只有在房地产市场比较成熟，能够满足采用公允价值模式条件的情况下，才允许企业对投资性房地产从成本模式计量变更为公允价值模式计量。已采用公允价值模式计量的投资性房地产，不得从公允价值模式转为成本模式计量。

【例7-2】 广东米勒科技有限公司将其出租的一栋写字楼确认为投资性房地产，采用公允价值模式计量。租赁期满后，米勒公司将该栋写字楼出售给广东同利实业有限公司，合同价款为1 500万元，同利公司已用银行存款付清。出售时，该栋写字楼的成本为1 200万元，公允价值变动为借方余额100万元。假定不考虑相关税费等因素。米勒公司账务处理如下：

(1) 取得处置收入时：

借：银行存款　　15 000 000.00
　贷：其他业务收入　　15 000 000.00

(2) 结转处置成本时：

借：其他业务成本　　13 000 000.00
　贷：投资性房地产——写字楼——成本　　12 000 000.00
　　　　　　　　——写字楼——公允价值变动　　1 000 000.00

(3) 结转投资性房地产累计公允价值变动：

借：公允价值变动损益　　1 000 000.00
　贷：其他业务成本　　1 000 000.00

【本 章 小 结】

1. 投资性房地产，是指企业为赚取租金或资本增值，或者两者兼有而持有的房地产。投资性房地产应当能够单独计量和出售。投资性房地产主要包括已出租的土地使用权、持有并准备增值后转让的土地使用权和已出租的建筑物。

2. 投资性房地产的核算有成本和公允价值两种模式，通常应当采用成本模式核算，满足特定条件时也可以采用公允价值模式核算。但是，同一企业只能采用一种模式对所有投资性房地产进行核算，不得同时采用两种核算模式。

3. 对采用成本模式计量的投资性房地产，企业应设置"投资性房地产""投资性房地产累计折旧(摊销)"等账户。对于采用成本模式计量的投资性房地产，企业应按固定资产或无形资产的有关规定，按期(月)计提折旧或摊销，借记"其他业务成本"等账户，贷记"投资性房地产累计折旧(或摊销)"账户。

4. 对采用公允价值模式计量的投资性房地产，企业应设置"投资性房地产""公允价值变动损益"等账户。对于采用公允价值模式计量的投资性房地产，企业应在资产负债表日按照公允价值对投资性房地产进行计量，并将公允价值与账面余额之间的差额计入当期损益。

5. 只有存在确凿证据表明投资性房地产的公允价值能够持续可靠取得的情况下，企业才可以采用公允价值模式对投资性房地产进行计量。企业一旦选择采用公允价值计量模式，就应对其所有投资性房地产采用公允价值模式进行计量。

第 8 章　无形资产核算

【目的要求】

1. 能叙述无形资产的特征与内容。
2. 能分析和掌握无形资产初始计量。
3. 能掌握无形资产取得的核算。
4. 能掌握无形资产摊销的核算。
5. 能掌握无形资产出租的核算。
6. 能掌握无形资产处置的核算。

【重点难点】

1. 无形资产取得核算。
2. 无形资产摊销核算。
3. 无形资产处置核算。

【基础知识】

8.1　无形资产概述

8.1.1　无形资产及其特征

无形资产,是指企业拥有或者控制的没有实物形态的可辨认非货币性资产。相对于其他资产,无形资产具有以下特征:

(1) 不具有实物形态。无形资产通常表现为某种权利、某项技术或是某种获取超额利润的综合能力,它们不具有实物形态,如土地使用权、非专利技术等。

(2) 具有可辨认性,是指无形资产能够从企业中分离或划分出来,并能单独用于出售或转让等。商誉,因其不具有可辨认性,所以不列为无形资产。

(3) 属于非货币性长期资产,是指无形资产能在较长时期内为企业带来经济利益,但所带来的经济利益具有不确定性。

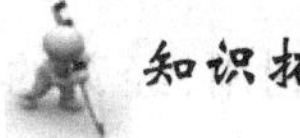

知识拓展 8-1

商誉及商誉减值测试

商誉是指能在未来期间为企业经营带来超额利润的潜在经济价值,或一家企业预期的获利能力超过可辨认资产正常获利能力(如社会平均投资回报率)的资本化价值。商誉是企业整体价值的组成部分。在企业合并时,它是购买企业投资成本超过被合并企业净资产公允价值的差额。

企业合并所形成的商誉至少应当在每年年度终了进行减值测试。由于商誉难以独立产生现金流量,因此,商誉应当结合与其有关的资产组或资产组组合进行减值测试。

为了进行商誉减值测试,因企业合并形成的商誉的账面价值,应当自购买日起按照合理的方法分摊到相关的资产组;难以分摊到相关的资产组的,应当将商誉分摊到相关的资产组组合。

对于已分摊商誉的资产组或资产组组合,无论是否存在资产组或资产组组合可能发生减值的迹象,企业每年都应当通过比较包含商誉的资产组或资产组组合的账面价值与可收回金额进行减值测试。

比较这些相关资产组的账面价值与其可收回金额,如相关资产组的可收回金额低于其账面价值,应当确认相应的减值损失。减值损失金额应当首先抵减分摊到资产组中商誉的账面价值,再根据资产组中除商誉之外的其他各项资产的账面价值所占比重,按比例抵减其他各项资产的账面价值。

8.1.2 无形资产的内容

无形资产通常包括专利权、非专利技术、商标权、著作权、特许权、土地使用权等。

1. 专利权

专利权,是指国家专利主管机关依法授予发明创造专利申请人,对其发明创造在法定期限内所享有的专有权利,包括发明专利权、实用新型专利权和外观设计专利权。

2. 非专利技术

非专利技术也称专有技术,是指不为外界所知、在生产经营活动中已采用了的、不享有法律保护的、可以带来经济效益的各种技术和诀窍。非专利技术一般包括工业专有技术、商业贸易专有技术、管理专有技术等。

3. 商标权

商标,是指用来辨认特定的商品或劳务的标记。商标权,是指专门在某类指定的商品或产品上使用的特定的名称或图案的权利。

4. 著作权

著作权又称版权,是指作者对其创作的文学、科学和艺术作品依法享有的某些特殊权利。著作权包括作品署名权、发表权、修改权和保护作品完整权等。

5. 特许权

特许权又称经营特许权、专营权,是指企业在某一地区经营或销售某种特定商品的权利或是一家企业接受另一家企业使用其商标、商号、技术秘密等的权利。

6. 土地使用权

土地使用权,是指国家准许某企业在一定期间内对国有土地享有开发、利用、经营的权利。

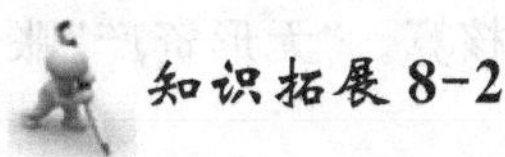
知识拓展8-2

土地使用权的会计处理

土地使用权用于自行开发建造厂房等地上建筑物时，土地使用权的账面价值不与地上建筑物合并计算其成本，而作为无形资产进行核算，土地使用权与地上建筑物分别进行摊销和计提折旧。

房地产开发企业取得的土地使用权用于建造对外出售的房屋建筑物，相关的土地使用权应当计入所建造的房屋建筑物成本。

企业外购房屋建筑物所支付的价款中包括土地使用权和建筑物的价值的，应当对实际支付的价款按照合理的方法在土地使用权与地上建筑物进行分配；如果确实无法在土地使用权与地上建筑物之间进行合理分配的，应当全部作为固定资产，按照固定资产确认和计量的原则进行会计处理。

8.1.3 无形资产初始计量

企业取得无形资产，应按实际成本计价入账。不同的取得方式，其成本构成不尽相同。无形资产取得方式主要包括外购、投资者投入、自行研究开发、接受捐赠等。

1. 外购无形资产入账成本

外购无形资产，应按取得时实际支付的价款(包括购买价款、相关税费以及直接归属于该资产达到预定用途的其他支出)入账。其中，直接归属于使该资产达到预定用途的其他支出，包括使无形资产达到预定用途所发生的专业服务费用、测试无形资产是否能够正常发挥作用的费用等，但不包括为引入新产品进行宣传发生的广告费、管理费用及其他间接费用。

2. 投资者投入无形资产入账成本

企业接受投资者投入无形资产，应按投资合同或协议约定的价值入账，但合同或协议约定价值不公允的除外。

3. 自行研究开发无形资产入账成本

自行研究开发无形资产，应以开发阶段符合资本化条件的支出入账。

4. 接受捐赠无形资产入账成本

接受捐赠无形资产的入账成本应分情况而定。有凭据的，按凭据上标明的金额加上应支付的相关税费入账；没有凭据的，按其市价或同类、类似无形资产的市价入账。

8.2 无形资产核算

8.2.1 无形资产账户设置

1. “无形资产”账户

“无形资产”账户，核算企业无形资产的增减变动及其结余情况。该账户属于资产类账户，借方登记取得无形资产的价值(成本)，贷方登记处置无形资产的价值(成本)，期末余额在借方，表示企业现有无形资产的价值(成本)。

该账户应按无形资产项目或类别设置明细分类账,进行明细分类核算。"无形资产"账户结构,如图 8-1 所示。

无形资产

借方	贷方
期初:期初无形资产的账面价值 本期:登记取得无形资产的价值	登记处置无形资产的价值
期末:期末无形资产的账面价值	

图 8-1 "无形资产"账户结构

2. "累计摊销"账户

"累计摊销"账户,核算无形资产摊销的增减变动及其结余情况。该账户属于资产类账户,是"无形资产"账户的备抵调整账户,贷方登记按月计提的无形资产摊销,借方登记处置转出的无形资产的累计摊销额,期末余额在贷方,表示企业无形资产的累计摊销额。

"累计摊销"账户可按无形资产项目或类别设置明细分类账,进行明细分类核算。"累计摊销"账户结构,如图 8-2 所示。

累计摊销

借方	贷方
本期:登记处置转出的无形资产的累计摊销额	期初:期初无形资产的累计摊销额 登记按月计提的无形资产摊销
	期末:期末无形资产的累计摊销额

图 8-2 "累计摊销"账户结构

3. "研发支出"账户

"研发支出"账户,核算企业自行研究开发无形资产发生的支出。该账户属于成本类账户,借方登记自行研究开发无形资产发生的研发支出,贷方登记研发项目形成无形资产转出的资本化支出和按期转出研发项目的费用化支出,期末余额在借方,表示企业正在进行研究开发项目满足资本化条件的支出。

"研发支出"账户应按研究开发项目,并分别按"费用化支出"与"资本化支出"设置明细分类账,进行明细分类核算。"研发支出"账户结构,如图 8-3 所示。

研发支出

借方	贷方
期初:期初结存正在进行研究开发项目满足资本化条件的支出 本期:登记自行研究开发无形资产发生的研发支出	登记研发项目形成无形资产转出的资本化支出和按期转出研发项目的费用化支出
期末:期末结存正在进行研究开发项目满足资本化条件的支出	

图 8-3 "研发支出"账户结构

8.2.2 无形资产取得核算

1. 外购无形资产核算

企业外购无形资产，应按实际支付的价款，借记“无形资产”账户，按增值税专用发票注明的增值税额，借记“应交税费——应交增值税——进项税额”账户，贷记“银行存款”等账户。

【例 8-1】 广东炎华服饰有限公司 2019 年 8 月 1 日因生产童装需要，向广州服饰设计有限公司购入童装设计专利权一项，支付转让费 90 000 元、增值税额 5 400 元，支付注册登记及手续费 3 600 元。炎华公司账务处理如下：

借：无形资产——童装设计专利	93 600.00
应交税费——应交增值税——进项税额	5 400.00
贷：银行存款	99 000.00

附原始凭证：增值税专用发票(见图 8-4)

4401045346　　**广东增值税专用发票**　　№ 201308141

发 票 联　（国家税务总局监制）

开票日期：2019 年 08 月 01 日

购货单位	名　　称：广东炎华服饰有限公司 纳税人识别号：440106868268025 地 址 、电 话：广州天河中路 2 号 86697584 开户行及账号：建行天河支行 11682683056	密码区	（略）

货物或应税劳务、服务名称	规格型号	单位	数 量	单 价	金 额	税率	税 额
童装设计专利权		项	1	90 000.00	90 000.00	6%	5 400.00
合 计					¥90 000.00		¥5 400.00
价税合计(大写)	⊗玖万伍仟肆佰圆整				（小写）¥95 400.00		

销货单位	名　　称：广州服饰设计有限公司 纳税人识别号：440106868220521 地 址 、电 话：广州中山大道 102 号 86695556 开户行及账号：工行中山支行 16534163984	备注	广州服饰设计有限公司 440106868220521 发票专用章

收款人：李珍媛　　复核：徐成林　　开票人：陈欣　　销货单位：(章)

第三联：发票联　购买方记账凭证

图 8-4　增值税专用发票

2. 自行研究开发无形资产核算

自行研究开发无形资产的支出，包括研究阶段和开发阶段发生的支出。

(1) 研究阶段发生的支出全部费用化，计入发生当期损益，借记“管理费用”账户，贷记“银行存款”“原材料”“应付职工薪酬”等账户。

(2) 开发阶段发生的支出，通过“研发支出”账户进行核算。

第一，研发支出的归集：开发阶段发生的支出，未满足资本化条件的，借记“研发支出——费用化支出”账户，满足资本化条件的，借记“研发支出——资本化支出”账户，贷记“银行存款”“原材料”“应付职工薪酬”等账户。

第二，研发支出的结转：期末(月末)结转费用化支出，借记“管理费用”账户，贷记“研发支出——费用化支出”账户；研发项目达到预定用途形成无形资产的，应按“研发支出——资本化支出”账户的余额,借记“无形资产”账户,贷记“研发支出——资本化支出”账户。

(3) 无法区分是研究阶段还是开发阶段支出的,应将所发生的研发支出全部费用化,计入当期损益(管理费用)。

【例 8-2】 广东炎华服饰有限公司 2019 年 9 月 3 日开始自行研究开发一项休闲服设计专利技术,在研究开发过程中,发生材料费 14 700 元,其中领用棉布 500 米、锦纶 400 米、涤纶 400 米,人工费 18 000 元,以及用银行存款支付其他费用 5 300 元。10 月 22 日,专利技术研发成功,向专利局注册,支付专利注册登记及手续费 16 000 元,律师咨询费 4 000 元、增值税 240 元。炎华公司账务处理如下:

(1) 9 月研发过程中发生费用化支出时:

借:研发支出——费用化支出　　38 000.00
　贷:原材料——棉布　　7 500.00
　　　　——锦纶　　4 800.00
　　　　——涤纶　　2 400.00
　　应付职工薪酬——工资　　18 000.00
　　银行存款　　5 300.00

附原始凭证:领料单(见图 8-5)

领　料　单

用途:研究开发休闲服专利技术　　2019 年 9 月 3 日　　领字第 071 号

材料名称	规格型号	单位	请领数量	实发数量	金额(元)
棉布		米	500	500	7 500.00
锦纶		米	400	400	4 800.00
涤纶		米	400	400	2 400.00
合计		—	—	—	¥14 700.00

仓库主管:陈伟峰　　复核:李源珍　　发料:刘江　　制单:谢丽敏

图 8-5　领料单

(2) 9 月 30 日,结转费用化研发支出时:

借:管理费用　　38 000.00
　贷:研发支出——费用化支出　　38 000.00

(3) 10 月 22 日,研发成功,发生符合资本化条件的支出时:

借:研发支出——资本化支出　　20 000.00
　　应交税费——应交增值税——进项税额　　240.00
　贷:银行存款　　20 240.00

附原始凭证:增值税专用发票(见图 8-6)

(4) 研发项目达到预定用途形成无形资产时:

借:无形资产——休闲服设计专利权　　20 000.00
　贷:研发支出——资本化支出　　20 000.00

4401265343　　**广东增值税专用发票**　　№ 211309201

发票联

开票日期：2019 年 10 月 22 日

购货单位	名　　称：广东炎华服饰有限公司 纳税人识别号：440106868268025 地 址 、电 话：广州天河中路 2 号 86697584 开户行及账号：建行天河支行 11682683056	密码区	（略）

货物或应税劳务、服务名称	规格型号	单位	数　量	单　价	金　额	税率	税　额
律师咨询费				4 000.00	4 000.00	6%	240.00
合　计					¥4 000.00		¥240.00
价税合计（大写）	⊗肆仟贰佰肆拾圆整						¥4 240.00

销货单位	名　　称：广州市智道律师事务所 纳税人识别号：440106868532603 地 址 、电 话：广州中山路 116 号 88349999 开户行及账号：中行中山支行 11687561462	备注	广州市智道律师事务所 440106868532603 发票专用章

收款人：李东红　　复核：何耀阳　　开票人：王晓珊　　销货单位：（章）

第三联：发票联　购买方记账凭证

图 8-6　增值税专用发票

知识拓展 8-3

开发阶段有关支出资本化的条件

研究是指为获取新的技术和知识等进行的有计划的调查研究活动；开发是指在进行商业性生产或使用前，将研究成果或其他知识应用于某项计划或设计，以生产出新的或具有实质性改进的材料、装置、产品等。

在开发阶段，判断可以将有关支出资本化确认为无形资产，必须同时满足下列条件：

1. 完成该无形资产以使其能够使用或出售在技术上具有可行性。
2. 具有完成该无形资产并使用或出售的意图。
3. 无形资产产生经济利益的方式，包括能够证明运用该无形资产生产的产品存在市场或无形资产自身存在市场，无形资产将在内部使用的，应当证明其有用性。
4. 有足够的技术、财务资源和其他资源支持，以完成该无形资产的开发，并有能力使用或出售该无形资产。
5. 归属于该无形资产开发阶段的支出能够可靠地计量。

3. 投资者投入无形资产核算

企业接受投资者投入无形资产，应按投资合同或协议约定价值，借记“无形资产”账户，贷记“实收资本”账户。若双方协议无形资产的价值与其在资本（股本）中所拥有的份额有差额的，差额部分记入“资本公积”账户。

【例 8-3】　广东炎华服饰有限公司 2019 年 8 月 14 日接受广东佳信投资有限公司投入的专利权一项，投资协议约定，该专利权价值为 360 000 元，按比例确认的资本额为 180 000 元。炎华公司账务处理如下：

借：无形资产——专利权　　360 000.00
　贷：实收资本——广东佳信公司　　180 000.00
　　　资本公积　　180 000.00

4. 接受捐赠无形资产核算

企业接受捐赠无形资产，应按规定确认的入账价值(包括接受捐赠而支付的相关税费)，借记“无形资产”账户，贷记“营业外收入”账户。

【例 8-4】 广东炎华服饰有限公司 2019 年 8 月 16 日接受广州服饰设计有限公司捐赠的一项 DFC 西服专利技术，广州服饰设计有限公司提供的凭据注明该专利技术价值为 64 000元。炎华公司账务处理如下：

借：无形资产——DFC 西服专利技术　　64 000.00
　贷：营业外收入　　64 000.00

附原始凭证：专利价值评估证明(见图 8-7)

专利技术价值评估证明

DFC 西服设计专利技术是广州服饰设计有限公司自主研发的一项专利技术，该技术于 2019 年 1 月研发成功，于 2019 年 6 月成功申报专利权，成果编号为 GBJL2011062100985，该专利经我中心鉴定评估，其价值为 64 000 元，特此证明！

广东省专利技术鉴定评估中心
2019 年 8 月 10 日

图 8-7　专利价值评估证明

8.2.3　无形资产摊销核算

企业应于取得无形资产时分析判断其使用寿命。使用寿命有限的无形资产应当在其预计使用寿命期内进行摊销。使用寿命不确定的无形资产不需要进行摊销。

1. 摊销方法与摊销金额

无形资产摊销方法包括直线法、生产总量法等。企业选择无形资产的摊销方法，应当反映与该项无形资产有关的经济利益预期的实现方式。无法可靠确定预期实现方式的，应当采用直线法进行摊销。无形资产应摊销金额为其成本扣除预计残值后的金额。使用寿命有限的无形资产的残值一般为零。

2. 摊销起止时间与期限

无形资产应当自可供使用(即其达到预定用途)当月起开始摊销，处置当月开始不再摊销。无形资产摊销期限为其预计使用寿命。预计使用寿命由企业根据有关规定，结合企业具体情况加以确定。

3. 会计核算

企业应当按月对无形资产进行摊销。企业自用的无形资产，其摊销金额计入管理费用；出租的无形资产，其摊销金额计入其他业务成本；某项无形资产包含的经济利益通过所生产的产品或其他资产实现的，其摊销金额应当计入相关资产成本。

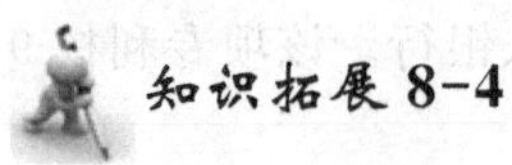
知识拓展8-4

无形资产的摊销

无形资产的摊销金额一般应当计入当期损益，但如果某项无形资产是专门用于生产某种产品或其他资产的，其所包含的经济利益是通过转入到所生产的产品或其他资产中实现的，则该无形资产的摊销金额应当计入相关资产的成本。如一项专门用于生产某种产品的专利技术，其摊销金额应构成所生产产品成本的一部分，计入制造该产品的制造费用。

【例8-5】 广东炎华服饰有限公司2019年8月31日计提本月无形资产摊销额。无形资产摊销计算如表8-1所示。

表8-1　　无形资产摊销计算表

2019年8月31日　　单位：元

项目	取得时间	入账价值	摊销年限	摊销方法	月摊销额
童装设计专利	2018.8.1	93 600.00	5	直线法	1 560.00
西服专利技术	2018.8.16	64 000.00	5	直线法	1 060.00
童装商标权	2016.6.5	180 000.00	8	直线法	1 875.00
工作服设计专利	2016.1.10	36 600.00	5	直线法	610.00
专利权	2018.8.14	360 000.00	8	直线法	3 750.00
合计	—	￥734 200.00	—	—	￥8 855.00

会计主管：陈利民　　会计：李源珍　　制单：朱玲玲

炎华公司账务处理如下：

借：管理费用　　8 855.00

　贷：累计摊销——童装设计专利　　1 560.00

　　　　　　——西服专利技术　　1 060.00

　　　　　　——童装商标权　　1 875.00

　　　　　　——工作服设计专利　　610.00

　　　　　　——专利权　　3 750.00

8.2.4 无形资产出租核算

无形资产出租，是指转让无形资产的使用权（不包括土地使用权）。出租无形资产取得的租金收入属于与企业日常活动相关的其他经营活动取得的收入，在满足收入准则规定的确认标准的情况下，应确认相关的收入及成本。

（1）取得无形资产出租收入时，应按其实际金额，借记“银行存款”账户，贷记“其他业务收入”账户，按增值税专用发票注明的增值税额，贷记“应交税费——应交增值税——销项税额”账户。

（2）摊销出租无形资产的成本和发生与出租有关的各种费用支出时，借记“其他业务成本”账户，贷记“累计摊销”“银行存款”等账户。

【例8-6】 广东炎华服饰有限公司2019年9月3日向广州枫林服饰有限公司出租一

项专利权,当月 15 日收到出租收入 12 000 元、增值税额 720 元,存入银行。该项专利权 9 月应计摊销 3 750 元。炎华公司账务处理如下:

(1) 取得无形资产出租收入时:

借:银行存款　　12 720.00
　贷:其他业务收入——出租专利权　　12 000.00
　　应交税费——应交增值税——销项税额　　720.00

附原始凭证:增值税专用发票(见图 8-8)

4400041140　　**广东增值税专用发票**　　No 246842013

此联不作报销、扣税凭证使用　　开票日期:2019 年 09 月 15 日

购货单位	名　　称:广州枫林服饰有限公司 纳税人识别号:44010628691032 地 址 、电 话:广州市北京路 163 号 88566525 开户行及账号:建行北京路支行 11682642612				密码区	(略)		
货物或应税劳务、服务名称	规格型号	单位	数　量	单　价	金　额	税率	税　额	
出租专利权		项	1	12 000.00	12 000.00	6%	720.00	
合　计					¥12 000.00		¥720.00	
价税合计(大写)	⊗壹万贰仟柒佰贰拾圆整						(小写)¥12 720.00	
销货单位	名　　称:广东炎华服饰有限公司 纳税人识别号:440106868268025 地 址 、电 话:广州天河中路 2 号 86697584 开户行及账号:建行天河支行 11682683056				备注			

收款人:李芬　　复核:李源珍　　开票人:李欣　　销货单位:(章)

第一联:记账联　销售方记账凭证

图 8-8　增值税专用发票

(2) 计提无形资产摊销额时:

借:其他业务成本　　3 750.00
　贷:累计摊销　　3 750.00

8.2.5　无形资产处置核算

无形资产处置,主要包括无形资产出售和无形资产报废。

1. 无形资产出售核算

无形资产出售,是指转让无形资产所有权(包括土地使用权)。企业出售无形资产时,应将所取得的价款与该项无形资产账面价值的差额作为资产处置利得或损失,计入资产处置损益。

出售无形资产时,企业应按实际收到的金额,借记"银行存款"账户,按已计提的累计摊销额,借记"累计摊销"账户,按已计提的减值准备,借记"无形资产减值准备"账户,按应支付的相关税费,贷记"应交税费"账户,按无形资产账面成本,贷记"无形资产"账户,按其差额,贷记"资产处置损益——处置非流动资产利得"账户或借记"资产处置损益——处置非流动资产损失"账户。

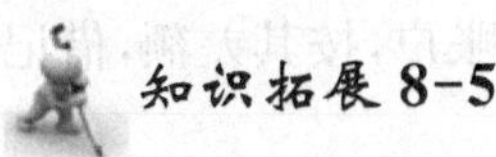

知识拓展 8-5

无形资产减值准备

无形资产减值是指无形资产可收回金额低于其账面价值的差额。企业应在资产负债表日对无形资产的账面价值进行核查,判断其是否存在减值迹象。如果发现无形资产存在减值迹象,应对无形资产的可收回金额进行估计,并将该无形资产可收回金额低于其账面价值的部分(减值)确认为资产减值损失,计入当期损益并计提相应无形资产减值准备,借记"资产减值损失——计提无形资产减值准备"账户,贷记"无形资产减值准备"账户。无形资产减值损失一经确认,在以后会计期间不得转回。

【例 8-7】 广东炎华服饰有限公司 2019 年 9 月 5 日将其拥有的童装商标权转让给广东皮皮熊服饰有限公司,取得收入 260 000 元、增值税额 15 600 元,存入银行。该商标权账面成本为 180 000 元,已计提摊销额 50 625 元,无减值准备。炎华公司账务处理如下:

借:银行存款　　275 600.00

　　累计摊销　　50 625.00

　贷:无形资产——童装商标权　　180 000.00

　　　应交税费——应交增值税——销项税额　　15 600.00

　　　资产处置损益——处置非流动资产利得　　130 625.00

附原始凭证:增值税专用发票(见图 8-9)

4400041140　　**广东增值税专用发票**　　№ 246842016

此联不作报销、扣税凭证使用　　开票日期:2019 年 09 月 05 日

购货单位	名　　称:广东皮皮熊服饰有限公司 纳税人识别号:44010834691030 地 址 、电 话:广州花都新华路 37 号 66966525 开户行及账号:农行花都支行 11623142619			密码区	(略)		
货物或应税劳务、服务名称	规格型号	单位	数 量	单 价	金 额	税率	税 额
童装商标权		项	1	260 000.00	260 000.00	6%	15 600.00
合 计					￥260 000.00		￥15 600.00
价税合计(大写)	⊗贰拾柒万伍仟陆佰圆整						(小写)￥275 600.00
销货单位	名　　称:广东炎华服饰有限公司 纳税人识别号:440106868268025 地 址 、电 话:广州天河中路 2 号 86697584 开户行及账号:建行天河支行 11682683056			备注			

第一联:记账联 销售方记账凭证

收款人:李芬　　复核:李源珍　　开票人:李欣　　销货单位:(章)

图 8-9　增值税专用发票

2. 无形资产报废核算

无形资产报废,是指无形资产转销。如果无形资产预期不能为企业带来经济利益,不再符合无形资产的定义,应将其转销。

无形资产转销时,应按其已计提的累计摊销额,借记"累计摊销"账户,按已计提的减值

准备,借记"无形资产减值准备"账户,按其账面成本,贷记"无形资产"账户,按其差额,借记"营业外支出"账户。

【例 8-8】 广东炎华服饰有限公司的工作服设计专利预计不能为企业带来经济利益,公司决定转销其成本,该专利账面成本为 36 600 元,已计提摊销额 26 840 元,无减值准备。炎华公司账务处理如下:

	借方	贷方
借:累计摊销	26 840.00	
营业外支出	9 760.00	
贷:无形资产——工作服设计专利		36 600.00

【本 章 小 结】

1. 无形资产,是指企业拥有或者控制的没有实物形态的可辨认非货币性资产。无形资产通常包括专利权、非专利技术、商标权、著作权、特许权、土地使用权等。

2. 企业取得无形资产,应按实际成本计价入账。不同的取得方式,其成本构成不尽相同。无形资产取得方式主要包括外购、投资者投入、自行研究开发、接受捐赠等。企业外购无形资产,应按实际支付的价款,借记"无形资产"等账户,贷记"银行存款"等账户。

3. 自行研究开发无形资产的支出,包括研究阶段和开发阶段发生的支出。①研究阶段发生的支出全部费用化,计入发生当期损益,借记"管理费用"账户,贷记"银行存款""原材料""应付职工薪酬"等账户。②开发阶段发生的支出,通过"研发支出"账户进行核算。

4. 企业接受投资者投入无形资产,应按投资合同或协议约定价值,借记"无形资产"账户,贷记"实收资本"账户。若双方协议无形资产的价值与其在资本(股本)中所拥有的份额有差额的,差额部分记入"资本公积"账户。企业接受捐赠无形资产,应按规定确认的入账价值(包括接受捐赠而支付的相关税费),借记"无形资产"账户,贷记"营业外收入"账户。

5. 企业应于取得无形资产时分析判断其使用寿命。使用寿命有限的无形资产应当在其预计使用寿命期内进行摊销。使用寿命不确定的无形资产不需要进行摊销。无形资产摊销方法包括直线法、生产总量法等。无形资产应当自可供使用(即其达到预定用途)当月起开始摊销,处置当月开始不再摊销。

6. 无形资产出租,是指转让无形资产(不包括土地使用权)的使用权。出租无形资产取得的租金收入属于与企业日常活动相关的其他经营活动取得的收入,在满足收入准则规定的确认标准的情况下,应确认相关的收入及成本。

7. 无形资产处置,主要包括无形资产出售和无形资产报废。企业出售无形资产时,应将所取得的价款与该项无形资产账面价值的差额作为资产处置利得或损失,计入资产处置收益。无形资产转销时,应按其已计提的累计摊销额,借记"累计摊销"账户,按已计提的减值准备,借记"无形资产减值准备"账户,按其账面成本,贷记"无形资产"账户,按其差额,借记"营业外支出"账户。

第9章　生物资产核算

【目的要求】

1. 能叙述生物资产的特征与分类。
2. 能掌握消耗性生物资产取得核算。
3. 能掌握消耗性生物资产后续支出核算。
4. 能掌握消耗性生物资产出售核算。
5. 能掌握生产性生物资产取得核算。
6. 能掌握生产性生物资产后续支出核算。
7. 能掌握生产性生物资产折旧核算。
8. 能掌握生产性生物资产处置核算。

【重点难点】

1. 消耗性生物资产取得核算。
2. 消耗性生物资产出售核算。
3. 生产性生物资产折旧核算。
4. 生产性生物资产处置核算。

【基础知识】

9.1　生物资产概述

9.1.1　生物资产及其特征

生物资产，是指与农业生产相关的有生命的动物和植物。生物资产具有两个显著特征：

(1) 生物资产是具有生命的动物和植物，具有能够进行生物转化的能力。生物转化是指导致生物资产质量或数量发生变化的生长、蜕化、生产和繁殖的过程，如农作物从种植开始到收获前的生长过程。

(2) 生物资产与农业生产密切相关，包括种植业、畜牧养殖业、林业、水产业等行业。

9.1.2　生物资产的分类

依据不同的分类标准，对生物资产可进行不同的分类。企业通常按照价值转移方式，将生物资产划分为消耗性生物资产与生产性生物资产。

1. 消耗性生物资产

消耗性生物资产，是指企业（农、林、牧、渔业）为出售而持有的，或在将来收获为农产品的生物资产，包括生长中的大田作物、蔬菜、用材林以及存栏待售的牲畜等。

消耗性生物资产通常是一次性消耗并终止其服务能力或未来经济利益，在一定程度上具有存货的特征，应当作为存货在资产负债表中列报。

2. 生产性生物资产

生产性生物资产，是指企业（农、林、牧、渔业）为生产农产品、提供劳务或出租等目的而持有的生物资产，包括经济林、薪炭林、产畜和役畜等。

根据生产性生物资产是否具备生产能力（即是否达到预定生产经营目的），可以将其进一步划分为未成熟生产性生物资产与成熟生产性生物资产。未成熟生产性生物资产是指尚未达到预定生产经营目的，还不能够多年连续稳定产出农产品、提供劳务或出租的生产性生物资产；成熟生产性生物资产是指已达到预定生产经营目的的生产性生物资产。

与消耗性生物资产相比较，生产性生物资产具有能够在生产经营中长期、反复使用，从而不断产出农产品或者长期役用的特征，如水果树每年产水果、奶牛每年产奶等。

9.2 消耗性生物资产核算

9.2.1 账户设置

企业应设置“消耗性生物资产”账户，核算企业持有的消耗性生物资产的实际成本。该账户属于资产类账户，借方登记取得消耗性生物资产的成本，贷方登记企业收获或出售消耗性生物资产而结转的成本以及结转记入“待处理财产损溢”账户的盘亏、毁损消耗性生物资产的实际成本，期末余额在借方，表示企业持有消耗性生物资产的实际成本。

“消耗性生物资产”账户应按其种类、群别等设置明细分类账，进行明细分类核算。“消耗性生物资产”账户结构，如图 9-1 所示。

消耗性生物资产	
期初：期初消耗性生物资产的成本 本期：登记取得消耗性生物资产的成本	登记收获或出售消耗性生物资产而结转的成本以及结转记入“待处理财产损溢”账户的盘亏、毁损消耗性生物资产的实际成本
期末：期末消耗性生物资产的成本	

图 9-1 “消耗性生物资产”账户结构

9.2.2 会计核算

1. 消耗性生物资产取得核算

1) 外购消耗性生物资产

企业外购消耗性生物资产，按照应计入消耗性生物资产成本的金额，借记“消耗性生物资产”账户，贷记“银行存款”“应付账款”等账户。可以计入外购消耗性生物资产的成本包括购买价款、相关税费、运输、保险费以及可直接归属于购买该资产的其他支出，如场地整理费、装卸费、栽植费、专业人员服务费等。

【例9-1】 广东精致科技有限公司2019年8月1日从市场上购入3 000只小鸡苗，单价为2元，此外发生运输费200元，保险费150元，装卸费150元，款项全部以银行存款支付。精致公司账务处理如下：

	借方	贷方
借：消耗性生物资产	6 500.00	
贷：银行存款		6 500.00

2）自行营造、繁殖消耗性生物资产

（1）自行栽培大田作物、蔬菜，应按收获前发生的必要支出，借记“消耗性生物资产”账户，贷记“银行存款”“应付职工薪酬”等账户。可以计入自行栽培大田作物、蔬菜的成本包括收获前耗用的种子、肥料、农药等材料费、人工费和应分摊的间接费用，如农业机械的折旧费、维修费、灌溉发生的水电费等。

（2）自行营造林木类消耗性生物资产，应按郁闭前发生的必要支出，借记“消耗性生物资产”账户，贷记“银行存款”“应付职工薪酬”等账户。可以计入自行营造林木类消耗性生物资产的成本包括郁闭前发生的造林费、抚育费、营林设施费、良种试验费、调查设计费和应分摊的间接费用，如林业机械的折旧费、修理费、灌溉发生的水电费等。

【例9-2】 广东精致科技有限公司2019年8月种植作为用材林的杨树4 000株，单株购入成本为10元，运输费400元，以银行存款支付。发生种植人员工资2 000元，尚未支付，使用库存肥料1 600元；种植后达到郁闭前的森林管护费用共计4 000元，其中人员工资2 000元，尚未支付，管护设备折旧2 000元。精致公司账务处理如下：

	借方	贷方
借：消耗性生物资产	48 000.00	
贷：银行存款		40 400.00
原材料		1 600.00
应付职工薪酬		4 000.00
累计折旧		2 000.00

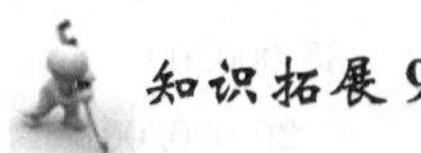

知识拓展9-1

郁闭与郁闭度

郁闭是林木类消耗性生物资产成本确定中的一个重要界限。郁闭为林学概念，通常是指一块林地上的林木的树干、树冠生长达到一定标准，林木成活率和保持率达到一定的技术规程要求。郁闭通常是指林木类消耗性生物资产的郁闭度达0.20以上(含0.20)。郁闭度是指森林中乔木树冠遮蔽地面的程度，它是反映林分密度的指标，以林地树冠垂直投影面积与林地面积之比表示，以十分数表示，完全覆盖地面为1。根据联合国粮农组织规定，郁闭度达0.20以上(含0.20)的为郁闭林，其中一般0.20至0.70(不含0.70)为中度郁闭，0.70以上(含0.70)为密郁闭，0.20以下(不含0.20)的为疏林(即未郁闭林)。

郁闭是判断消耗性生物资产相关支出(包括借款费用)资本化或者费用化的时点。郁闭之前的林木类消耗性生物资产处在培育阶段，需要发生较多的造林费、抚育费、营林设施费、良种试验费、调查设计费等相关支出，这些支出应予以资本化计入存货成本；郁闭之后的林木类消耗性生物资产进入稳定的生长期,基本上可以比较稳定的成活,主要依靠林木本身的自然生长,一般只需要发生较少的管护费用,从重要性和谨慎性考虑应当计入当期管理费用。

(3) 自行繁殖的育肥畜,应按出售前发生的必要支出,借记"消耗性生物资产"账户,贷记"银行存款""应付职工薪酬"等账户。可以计入自行繁殖育肥畜的成本包括出售前发生的饲料费、人工费和应分摊的间接费用,如应负担的固定资产(猪圈、鸡舍、羊圈、牛棚等)的折旧费、修理费、水电费、卫生防疫费等。

(4) 水产养殖的动植物,应按出售前发生的必要支出,借记"消耗性生物资产"账户,贷记"银行存款""应付职工薪酬"等账户。可以计入水产养殖动植物的成本包括有出售或入库前耗用的苗种、饲料、肥料等材料费、人工费和应分摊的间接费用,如应负担的固定资产(网箱等)的折旧费、修理费、水电费、捕捞费等。

【例 9-3】 广东精致科技有限公司 2019 年 2 月外购 120 只猪苗,每只成本 100 元。截至 8 月 10 日,该批 120 只育肥猪出售前,共支出饲料费 180 000 元,支付人工费 60 000 元,应分摊的养殖场折旧为 36 000 元。精致公司账务处理如下:

借:消耗性生物资产	288 000.00
贷:银行存款	12 000.00
原材料	180 000.00
应付职工薪酬	60 000.00
累计折旧	36 000.00

2. 消耗性生物资产后续支出核算

(1) 择伐、间伐或抚育更新性质采伐而补植林木类消耗性生物资产发生的后续支出,借记"消耗性生物资产"账户,贷记"银行存款""应付职工薪酬"等账户。

(2) 林木类消耗性生物资产达到郁闭后发生的管护费用等后续支出,借记"管理费用"账户,贷记"银行存款""应付职工薪酬"等账户。

【例 9-4】 广东精致科技有限公司 2019 年 8 月对用材林择伐基地进行更新造林,应支付临时人员工资 15 000 元,领用材料 20 000 元。精致公司账务处理如下:

借:消耗性生物资产	35 000.00
贷:原材料	20 000.00
应付职工薪酬	15 000.00

3. 消耗性生物资产收获核算

(1) 消耗性生物资产收获为农产品,如肉猪宰杀后的猪肉、收获后的蔬菜、用材林采伐后的木材等,企业应按其账面价值,借记"农产品"账户,贷记"消耗性生物资产"账户。

(2) 消耗性生物资产出售时,企业应按实际收到的金额,借记"银行存款"等账户,贷记"主营业务收入"等账户;同时按其账面余额结转成本,借记"主营业务成本"等账户,贷记"消耗性生物资产"等账户。

【例 9-5】 广东精致科技有限公司 2019 年 8 月将育成的 40 头肉猪出售给新成食品加工厂,价款总额为 80 000 元,货款尚未收到。出售时肉猪的账面余额为 48 000 元。精致公司账务处理如下:

(1) 实现收入时:

借：应收账款——新成食品厂　　80 000.00

　　贷：主营业务收入　　80 000.00

(2) 结转成本时：

借：主营业务成本　　48 000.00

　　贷：消耗性生物资产　　48 000.00

4. 消耗性生物资产毁损核算

消耗性生物资产发生盘亏、死亡或毁损时，应将处置收入扣除其账面价值和相关税费后的余额先记入"待处理财产损溢"账户，待查明原因后，根据股东大会、董事会、经理会议或类似机构批准后，将消耗性生物资产因盘亏、死亡或毁损造成的损失在扣减过失人或保险公司的赔款和残余价值后的余额计入营业外支出。

【例9-6】 广东精致科技有限公司2019年6月丢失3头育肥牛，账面原值为12 000元；6月29日经查实，饲养员赵利应赔偿1 000元。精致公司账务处理如下：

(1) 丢失原因查明前：

借：待处理财产损溢　　12 000.00

　　贷：消耗性生物资产　　12 000.00

(2) 丢失原因查明时：

借：其他应收款——赵利　　1 000.00

　　营业外支出　　11 000.00

　　贷：待处理财产损溢　　12 000.00

9.3 生产性生物资产核算

9.3.1 账户设置

为了核算生产性生物资产的取得、计提折旧、处置等业务，企业应设置"生产性生物资产""生产性生物资产累计折旧"等账户。

1. "生产性生物资产"账户

"生产性生物资产"账户，核算企业持有的生产性生物资产的原价(成本)。该账户属于资产类账户，借方登记增加生产性生物资产的原价(成本)，贷方登记企业减少生产性生物资产的原价，期末余额在借方，表示企业持有生产性生物资产的原价。

"生产性生物资产"账户应按"未成熟生产性生物资产"和"成熟生产性生物资产"，分别生物资产的种类、群别等设置明细分类账，进行明细分类核算。"生产性生物资产"账户结构，如图9-2所示。

生产性生物资产

借方	贷方
期初：期初生产性生物资产的原价 本期：登记增加生产性生物资产的原价	登记减少生产性生物资产的原价
期末：期末生产性生物资产的原价	

图9-2 "生产性生物资产"账户结构

2. "生产性生物资产累计折旧"账户

"生产性生物资产累计折旧"账户,核算企业成熟生产性生物资产的累计折旧。该账户属于资产类账户,是"生产性生物资产"账户的备抵账户,贷方登记企业按月计提的生产性生物资产累计折旧,借方登记处置生产性生物资产转出的生产性生物资产累计折旧,期末余额在贷方,表示企业成熟生产性生物资产的累计折旧额。

"生产性生物资产累计折旧"账户应按成熟生产性生物资产的种类、群别等设置明细分类账,进行明细分类核算。"生产性生物资产累计折旧"账户结构,如图 9-3 所示。

生产性生物资产累计折旧	
本期:登记处置生产性生物资产转出的生产性生物资产累计折旧	期初:期初成熟生产性生物资产的累计折旧额 登记企业按月计提的生产性生物资产累计折旧
	期末:期末成熟生产性生物资产的累计折旧额

图 9-3 "生产性生物资产累计折旧"账户结构

9.3.2 会计核算

1. 生产性生物资产取得核算

1) 外购生产性生物资产

企业外购生产性生物资产,应按实际购买价款和相关税费,借记"生产性生物资产"账户,贷记"银行存款""应付账款"等账户。

【例 9-7】 广东精致科技有限公司 2019 年 3 月从市场上一次性购买了 20 头种猪,单价 1 600 元,此外发生运输费用 1 500 元,保险费用 800 元,装卸费用 500 元,款项全部以银行存款支付。精致公司账务处理如下:

借:生产性生物资产——种猪 34 800.00

　贷:银行存款 34 800.00

2) 自行营造、繁殖生产性生物资产

(1) 达到预定生产经营目的前。自行营造林木类生产性生物资产,应按达到预定生产经营目的前发生的造林费、抚育费、营林设施费、良种试验费、调查设计费和应分摊的间接费用等必要支出,借记"生产性生物资产——未成熟生产性生物资产"账户,贷记"银行存款""原材料""应付职工薪酬"等账户。

自行繁殖的产畜和役畜,应按达到预定生产经营目的前发生的饲料费、人工费和应分摊的间接费用等必要支出,借记"生产性生物资产——未成熟生产性生物资产"账户,贷记"银行存款""原材料""应付职工薪酬"等账户。

(2) 达到预定生产经营目的时。未成熟生产性生物资产达到预定生产经营目的时,应按照其账面余额,借记"生产性生物资产——成熟生产性生物资产"账户,贷记"生产性生物资产——未成熟生产性生物资产"账户。

2. 生产性生物资产折旧核算

1) 生产性生物资产折旧概述

生产性生物资产折旧,是指在生产性生物资产的使用寿命内,按照确定的方法对应计折旧额进行系统分摊，其中，应计折旧额是指应当计提折旧的生产性生物资产的原价扣除净残值后的余额。

企业持有的生产性生物资产在其使用寿命期内应当选择“年限平均法”计提折旧。企业应当自生产性生物资产投入使用月份的下月起按月计提折旧；停止使用的生产性生物资产，应当自停止使用月份的下月起停止计提折旧。

2）会计核算

生产性生物资产的折旧额应根据其受益对象分别计入相关资产成本（如将收获的农产品成本）或当期损益。企业按月计提成熟生产性生物资产的折旧，借记“生产成本”“管理费用”等账户，贷记“生产性生物资产累计折旧”账户。

【例 9-8】 广东精致科技有限公司养殖场饲养奶牛，其成本为 72 000 元，奶牛按 3 年计提折旧，每年应计提的折旧为 24 000 元。精致公司账务处理如下：

借：生产成本　　24 000.00
　贷：生产性生物资产累计折旧　　24 000.00

3. 生产性生物资产后续支出核算

(1) 择伐、间伐或抚育更新等生产性采伐而补植林木类生产性生物资产发生的后续支出，借记“生产性生物资产——未成熟生产性生物资产”账户，贷记“银行存款”“应付职工薪酬”等账户。

(2) 生产性生物资产发生的管护、饲料费用等后续支出，借记“管理费用”账户，贷记“银行存款”“应付职工薪酬”等账户。

4. 生产性生物资产收获核算

生产性生物资产收获，是指农产品从生产性生物资产中分离，如从水果树上采摘水果、奶牛产出牛奶、绵羊产出羊毛等。

从生产性生物资产上收获农产品的过程中发生的直接材料、直接人工等直接费用以及应分摊的间接费用，应计入相关农产品的生产成本，借记“生产成本”账户，贷记“银行存款”“原材料”“应付职工薪酬”等账户。

【例 9-9】 广东精致科技有限公司 2019 年 6 月发生奶牛（已进入产奶期）的饲养费用如下：领用饲料 5 000 千克，计 10 000 元，应付饲养人员工资 3 000 元，以现金支付防疫费 500 元。精致公司账务处理如下：

借：生产成本　　13 500.00
　贷：原材料　　10 000.00
　　库存现金　　500.00
　　应付职工薪酬　　3 000.00

5. 生产性生物资产处置核算

(1) 企业将育肥畜转为产畜或役畜，应按其账面价值，借记“生产性生物资产”账户，贷记“消耗性生物资产”账户。

企业将产畜或役畜淘汰转为育肥畜，应按转群时其账面价值，借记“消耗性生物资产”账户，按照已计提的累计折旧，借记“生产性生物资产累计折旧”账户，按产畜或役畜的原价，贷记“生产性生物资产”账户。

【例 9-10】 广东精致科技有限公司 2019 年 6 月将 50 头种猪淘汰转为育肥猪，此批种猪的账面原价为 150 000 元，已经计提的累计折旧为 100 000 元。精致公司账务处理如下：

借：消耗性生物资产　　50 000.00
　　生产性生物资产累计折旧　　100 000.00
　贷：生产性生物资产　　150 000.00

(2) 企业因出售、报废、毁损等原因处置生产性生物资产，应按取得的出售生产性生物资产的价款、残料价值和变价收入等处置收入，借记“银行存款”等账户，按照已计提的累计折旧，借记“生产性生物资产累计折旧”账户，按产畜或役畜的原价，贷记“生产性生物资产”账户，按其差额，属于出售生产性生物资产的净损益，贷记“资产处置损益——非流动资产处置净收益”账户或借记“资产处置损益——非流动资产处置净损失”账户，属于报废、毁损生产性生物资产的净损失，借记“营业外支出——非流动资产毁损报废损失”账户。

【例 9-11】 广东精致科技有限公司 2019 年 8 月将 10 头淘汰的种猪作价 25 000 元出售，款项已收存银行，此批种猪的账面原价为 30 000 元，已计提的累计折旧为 20 000 元。精致公司账务处理如下：

借：银行存款　　25 000.00
　　生产性生物资产累计折旧　　20 000.00
　贷：生产性生物资产　　30 000.00
　　　资产处置损益——非流动资产处置净收益　　15 000.00

【本 章 小 结】

1. 生物资产，是指与农业生产相关的有生命的动物和植物。生物资产具有两个显著特征：①生物资产是具有生命的动物和植物，具有能够进行生物转化的能力；②生物资产与农业生产密切相关。

2. 企业按照价值转移方式，可以将生物资产划分为消耗性生物资产与生产性生物资产。

3.“消耗性生物资产”账户，核算企业持有的消耗性生物资产的实际成本。消耗性生物资产的核算包括消耗性生物资产取得、后续支出、收获、处置以及毁损等核算。

4.“生产性生物资产”账户，核算企业持有的生产性生物资产的原价。生产性生物资产的核算包括生产性生物资产取得、计提折旧、后续支出、收获、处置等方面的核算。

5. 企业持有的生产性生物资产在其使用寿命期内应当选择“年限平均法”计提折旧。企业应当自生产性生物资产投入使用月份的下月起按月计提折旧；停止使用的生产性生物资产，应当自停止使用月份的下月起停止计提折旧。

第10章　职工薪酬核算

【目的要求】

1. 能叙述职工薪酬的概念及内容。
2. 能正确进行职工工资的计算。
3. 能掌握工资计算分配与发放核算。
4. 能掌握职工福利费支出与分配核算。
5. 能掌握社会保险费和住房公积金核算。
6. 能掌握工会经费和职工教育经费核算。
7. 能掌握非货币性职工薪酬核算。

【重点难点】

1. 职工工资的计算。
2. 工资分配与发放核算。
3. 社会保险费核算。
4. 非货币性职工薪酬核算。

【基础知识】

10.1　职工薪酬概述

10.1.1　职工薪酬构成

职工薪酬，是指企业为获得职工提供的服务或解除劳动关系而给予的各种形式的报酬或补偿。企业提供给职工配偶、子女、受赡养人、已故员工遗属及其他受益人等的福利，也属于职工薪酬。职工薪酬包括短期薪酬、离职后福利、辞退福利和其他长期职工福利。

1. 短期薪酬

短期薪酬，是指企业在职工提供相关服务的年度报告期间结束后12个月内需要全部予以支付的职工薪酬，因解除与职工的劳动关系给予的补偿除外。短期薪酬具体包括：职工工资、奖金、津贴和补贴，职工福利费，医疗保险费和工伤保险费等社会保险费，住房公积金，工会经费和职工教育经费，短期带薪缺勤，短期利润分享计划，非货币性福利以及其他短期薪酬。

(1) 职工工资。职工工资可分为计时工资、计件工资、加班加点工资等。计时工资是指按计时工资标准(包括地区生活费补贴)和工作时间支付给职工个人的劳动报酬。计件工资是指对已做工作按计件单价计算支付的劳动报酬。加班加点工资是指按规定支付给职工的休息日或法定节假日加班的工资和延长工作时间的加点工资。特殊情况下支付的工资是指根据国家法律、法规和政策规定,因病假、工伤、产假、计划生育假、婚丧假、探亲假、定期休假(带薪休假)、停工学习、执行社会义务等原因,按计时工资标准或计件工资标准的一定比例支付给职工的工资以及附加工资和保留工资等。

(2) 奖金,是指为鼓励职工的生产积极性,更好地完成生产任务而给予的一种物质奖励,其实质是企业支付给职工的超额劳动报酬,如生产奖、节约奖、劳动竞赛奖等。

(3) 津贴补贴。津贴主要是指为补偿职工特殊或额外的劳动消耗和其他原因而支付给职工的津贴,如高温作业津贴、夜班津贴等;补贴是指为了保证职工工资水平不受物价变动影响而支付给职工的物价补贴,如粮差补贴、副食品补贴等。

(4) 职工福利费,是指企业用于改善职工生活条件和医疗等方面的支出和费用。职工福利费主要包括职工因公负伤赴外地就医路费、职工生活困难补助、未实行医疗统筹企业职工医疗费用,以及按规定发生的其他职工福利支出。

知识拓展 10-1

交通补贴不能直接计入工资总额核算

按照国家统计局关于工资总额组成的规定,交通补贴不属于工资总额范围内。交通补贴在国家规定标准范围内支付的,应记入“管理费用——交通费”账户;超过国家规定标准支出的部分,应记入“应付职工薪酬——职工福利费”账户。

(5) 社会保险费,是指企业根据国家有关规定按工资总额的一定比例为职工缴纳的社会保障费用。企业为职工缴纳的社会保险费一般应包括基本养老保险费、基本医疗保险费、失业保险费和工伤保险费等四种。企业按照年金计划规定为职工缴纳的补充养老保险费以及以购买商业保险形式提供给职工的各种保险待遇也属于职工薪酬。

知识拓展 10-2

国务院办公厅关于全面推进生育保险和职工基本医疗保险合并实施的意见

国办发〔2019〕10 号

各省、自治区、直辖市人民政府,国务院各部委、各直属机构:

全面推进生育保险和职工基本医疗保险(以下统称两项保险)合并实施,是保障职工社会保险待遇、增强基金共济能力、提升经办服务水平的重要举措。根据《中华人民共和国社会保险法》有关规定,经国务院同意,现就两项保险合并实施提出以下意见。

一、指导思想

以习近平新时代中国特色社会主义思想为指导,全面贯彻党的十九大和十九届二中、三中全会精神,认真落实党中央、国务院决策部署,统筹推进“五位一体”总体布局和协调推进“四个全面”战略布局,坚持以人民为中心,牢固树立新发展理念,遵循保留险种、保障待遇、统一管理、降低成本的总体思路,推进两项保险合并实施,实现参保同步登记、基金合并运行、征缴管理一致、监督管理统一、经办服务一体化。通过整合两项保险基金及管理资源,强化基金共济能力，提升管理综合效能，降低管理运行成本，建立适应我国经济发展水平、优化保险管理资源、实现两项保险长期稳定可持续发展的制度体系和运行机制。

二、主要政策

(一) 统一参保登记。参加职工基本医疗保险的在职职工同步参加生育保险。实施过程中要完善参保范围，结合全民参保登记计划摸清底数，促进实现应保尽保。

(二) 统一基金征缴和管理。生育保险基金并入职工基本医疗保险基金，统一征缴，统筹层次一致。按照用人单位参加生育保险和职工基本医疗保险的缴费比例之和确定新的用人单位职工基本医疗保险费率，个人不缴纳生育保险费。同时，根据职工基本医疗保险基金支出情况和生育待遇的需求，按照收支平衡的原则，建立费率确定和调整机制。

职工基本医疗保险基金严格执行社会保险基金财务制度，不再单列生育保险基金收入，在职工基本医疗保险统筹基金待遇支出中设置生育待遇支出项目。探索建立健全基金风险预警机制，坚持基金运行情况公开，加强内部控制，强化基金行政监督和社会监督，确保基金安全运行。

(三) 统一医疗服务管理。两项保险合并实施后实行统一定点医疗服务管理。医疗保险经办机构与定点医疗机构签订相关医疗服务协议时，要将生育医疗服务有关要求和指标增加到协议内容中，并充分利用协议管理，强化对生育医疗服务的监控。执行基本医疗保险、工伤保险、生育保险药品目录以及基本医疗保险诊疗项目和医疗服务设施范围。

促进生育医疗服务行为规范。将生育医疗费用纳入医保支付方式改革范围，推动住院分娩等医疗费用按病种、产前检查按人头等方式付费。生育医疗费用原则上实行医疗保险经办机构与定点医疗机构直接结算。充分利用医保智能监控系统，强化监控和审核，控制生育医疗费用不合理增长。

(四) 统一经办和信息服务。两项保险合并实施后，要统一经办管理，规范经办流程。经办管理统一由基本医疗保险经办机构负责，经费列入同级财政预算。充分利用医疗保险信息系统平台，实行信息系统一体化运行。原有生育保险医疗费用结算平台可暂时保留，待条件成熟后并入医疗保险结算平台。完善统计信息系统，确保及时全面准确反映生育保险基金运行、待遇享受人员、待遇支付等方面情况。

(五) 确保职工生育期间的生育保险待遇不变。生育保险待遇包括《中华人民共和国社会保险法》规定的生育医疗费用和生育津贴，所需资金从职工基本医疗保险基金中支付。生育津贴支付期限按照《女职工劳动保护特别规定》等法律法规规定的产假期限执行。

(六) 确保制度可持续。各地要通过整合两项保险基金增强基金统筹共济能力；研判当前和今后人口形势对生育保险支出的影响，增强风险防范意识和制度保障能力；按照“尽力而为、量力而行”的原则，坚持从实际出发，从保障基本权益做起，合理引导预期；跟踪分析合并实施后基金运行情况和支出结构，完善生育保险监测指标；根据生育保险支出需求，建立费率动态调整机制，防范风险转嫁，实现制度可持续发展。

三、保障措施

(一) 加强组织领导。两项保险合并实施是党中央、国务院作出的一项重要部署，也是推动建立更加公平更可持续社会保障制度的重要内容。各省(自治区、直辖市)要高度重视，加强领导，有序推进相关工作。国家医保局、财政部、国家卫生健康委要会同有关方面加强工作指导，及时研究解决工作中遇到的困难和问题，重要情况及时报告国务院。

(二)精心组织实施。各地要高度重视两项保险合并实施工作,按照本意见要求,根据当地生育保险和职工基本医疗保险参保人群差异、基金支付能力、待遇保障水平等因素进行综合分析和研究,周密组织实施,确保参保人员相关待遇不降低、基金收支平衡,保证平稳过渡。各省(自治区、直辖市)要加强工作部署,督促指导各统筹地区加快落实,2019年底前实现两项保险合并实施。

(三)加强政策宣传。各统筹地区要坚持正确的舆论导向,准确解读相关政策,大力宣传两项保险合并实施的重要意义,让社会公众充分了解合并实施不会影响参保人员享受相关待遇,且有利于提高基金共济能力、减轻用人单位事务性负担、提高管理效率,为推动两项保险合并实施创造良好的社会氛围。

国务院办公厅

2019年3月6日

(6)住房公积金,是指按照国务院《住房公积金管理条例》的规定,企业单位和职工本人按工资总额的同比例向住房公积金管理机构缴存的住房公积金。

(7)工会经费和职工教育经费。工会经费,是指企业根据国家有关规定,按职工工资总额的一定比例提取并拨交工会使用的一项专门经费;职工教育经费,是指企业按工资总额的一定比例提取的专门用于职工文化教育、专业技术培训学习方面的一项专门经费。

(8)带薪缺勤,是指企业支付工资或提供补偿的职工缺勤,包括年休假、病假、短期伤残、婚假、产假、丧假、探亲假等。

(9)利润分享计划,是指因职工提供服务而与职工达成的基于利润或其他经营成果提供薪酬的协议。

(10)非货币性福利,是指企业以非货币形式向职工提供的福利。通常包括企业以自产的产品或外购商品发放给职工作为福利,向职工无偿提供自己拥有的资产或租赁资产供职工无偿使用,为职工无偿提供诸如医疗保健等服务。

(11)其他短期薪酬,是指其他与获得职工提供的服务而发生的相关支出。

2. 离职后福利

离职后福利,是指企业为获得职工提供的服务而在职工退休或与企业解除劳动关系后,提供的各种形式的报酬和福利,短期薪酬和辞退福利除外。

离职后福利计划,是指企业与职工就离职后福利达成的协议或者企业为职工提供离职后福利制定的规章或办法等。企业应当将离职后福利计划分类为设定提存计划和设定受益计划两种类型。

设定提存计划,是指向独立的基金缴存固定费用后,企业不再承担进一步支付义务的离职后福利计划。企业应在资产负债表日确认为换取职工在会计期间内为企业提供的服务而应付给设定提存计划的提存金,并作为一项费用计入当期损益或相关资产成本。养老保险和失业保险属于设定提存计划,应通过“应付职工薪酬——设定提存计划”账户核算。

设定受益计划,是指除设定提存计划以外的离职后福利计划。在设定提存计划下,风险实质上要由职工来承担。在设定受益计划下,风险实质上由企业来承担。企业按照年金计划规定为职工缴纳的补充养老保险费以及以购买商业保险形式提供给职工的各种保险待遇属于设定受益计划，应通过“应付职工薪酬——设定受益计划”账户核算。

知识拓展 10-3

企业年金与企业年金基金

企业为职工缴纳的社会保险费一般应包括基本养老保险费、失业保险费、基本医疗保险费和工伤保险费等四种。其中基本养老保险费和失业保险费通过“应付职工薪酬——设定提存计划或设定受益计划”账户核算，而基本医疗保险费和工伤保险费通过“应付职工薪酬——社会保险费”账户核算。

1. 企业年金，是指企业及其职工在依法参加基本养老保险的基础上，自愿建立的补充养老保险制度，是社会保险体系的重要组成部分。企业年金采取自愿原则，实行完全积累制，采用个人账户管理和市场化运作，其费用由企业和职工个人共同缴纳。

2. 企业年金基金，是指根据依法制定的企业年金计划筹集的资金及其投资运营收益形成的企业补充养老保险基金。企业年金基金由两部分组成：一是企业和职工依照企业年金计划规定的缴费，即企业年金基金本金；二是企业年金基金投资运营而形成的收益。

3. 辞退福利

辞退福利，是指企业在职工劳动合同到期之前解除与职工的劳动关系，或者为鼓励职工自愿接受裁减而给予职工的补偿。

知识拓展 10-4

设定受益计划和设定提存计划

类别	设定提存计划	设定受益计划
涵义	向独立的基金缴存固定费用后，企业不再承担进一步支付义务的离职后福利计划	除设定提存计划以外的离职后福利计划
会计处理	在职工提供服务的会计期间，确认负债，并计入当期损益(或资产成本)	采用“预期累计福利单位法”和“适当的精算假设”，将确定的公式产生的福利义务归属于职工提供服务的会计期间，计入当期损益或相关资产成本
后续年度福利水平提高时	无	应按照直线法将累计设定受益义务，归属于职工提供服务而导致企业第一次产生福利义务至服务不再导致设定受益义务显著增加的期间
是否折现	如果在报告期后12个月仍有支付的金额，应折现	对所有设定受益义务折现，包括12个月内支付的义务
风险承担	一般非企业承担	一般由企业承担
折现率	折现率应当根据资产负债表日与设定受益计划义务期限和币种相匹配的国债或活跃市场上的高质量公司债券的市场收益率确定	

4. 其他长期职工福利

其他长期职工福利，是指除短期薪酬、离职后福利、辞退福利之外所有的职工薪酬，包括长期带薪缺勤、长期残疾福利、长期利润分享计划等。

知识拓展 10-5

股份支付的会计处理

股份支付，是指企业为获取职工和其他方提供服务而授予权益工具或承担以权益工具为基础确定的负债的交易。股份支付是企业与职工或其他方之间发生的交易；是以获取职工或其他方服务为目的的交易；交易的对价或其定价与企业自身权益工具未来的价值密切相关。

股份支付包括以权益结算的股份支付和以现金结算的股份支付两种。以权益结算的股份支付，是指企业为获取服务而以股份或其他权益工具作为对价进行结算的交易，常用的工具包括限制性股票和股票期权。限制性股票，是指职工和其他方按照股份支付协议规定的条款和条件，从企业获得一定数量的本企业股票。股票期权是指企业授予职工或其他方在未来一定期限内以预先确定的价格和条件购买本企业一定数量股票的权利。

以现金结算的股份支付，是指企业为获取服务而承担的以股份或其他权益工具为基础计算的交付现金或其他资产的义务的交易，常用的工具包括模拟股票和现金股票增值权。模拟股票和现金股票增值权，是用现金支付模拟的股权激励机制，即与股票挂钩，但用现金支付的薪酬工具。

对于授予后立即可行权的换取职工提供服务的权益结算的股份支付，应在授予日按照权益工具的公允价值，将取得的服务计入相关资产成本或当期费用，同时计入资本公积中的其他资本公积。

对于授予后立即可行权的现金结算的股份支付，企业应当在授予日按照企业承担负债的公允价值计入相关资产成本或费用，同时计入负债，并在结算前的每个资产负债表日和结算日对负债的公允价值重新计量，将其变动计入损益(公允价值变动损益)。

10.1.2 职工工资计算的原始记录

企业应按劳动工资和社会保障制度的规定，根据原始记录计算职工的工资。职工工资计算的原始记录主要有工资卡片、考勤记录、产量记录等三种。

1. 工资卡片

工资卡片，主要记录职工的工资级别和工资标准，反映每个职工的基本情况，如职务、参加工作时间、工资级别、工资标准、工资调整情况以及有关津贴等。工资卡片一般格式，如表10-1所示。

2. 考勤记录

考勤记录，是记录和反映每个职工出勤与缺勤情况的原始记录。它是计算计时工资的主要依据。考勤记录应由各车间、班组和部门负责人或考勤员逐日登记、定期汇总并经单位负责人审查签章后，送财会部门据以计算应付工资。考勤记录一般格式，如表10-2所示。

表 10-1　　　　职工工资卡片

姓名		性别		毕业院校		
部门		职务(岗位)			出生年月	
职称		学历			进本单位时间	
工资级别(标准)	基本工资	单位计时工资		单位计件工资	津贴	补贴
项　目	调整时间	金　额		项　目	调整时间	金　额
基本工资						
津贴						
补贴						

表 10-2　　　　考勤记录表

年　　月　　日

职工编号	姓名	出勤	病假	事假	旷工	公假	工伤	其他假	迟到	早退	加班	实际出勤	备注

3. 产量记录

产量记录，是反映职工或生产小组在出勤时间内完成产品和耗用工时的原始记录。它是计算计件工资的主要依据。产量记录一般格式，如表 10-3 所示。

表 10-3　　　　产量记录表

职工编号		姓名		日期	
机号	产品名称	规格型号	实际产量	等级	备注

10.1.3 职工工资计算方法

职工工资的计算包括应付工资的计算和实发工资的计算两项内容。实行计时工资制的企业，应按照职工的计时工资标准和工作时间计算应付给职工的工资；实行计件工资制的企业，应按照计件工资标准和职工完成工作的数量计算职工的工资。

1. 计时工资制下职工工资的计算

1) 应付工资的计算

应付工资＝月基本工资＋加班工资＋津贴补贴＋奖金－缺勤应扣工资

其中：

(1) 加班工资＝日工资×加班天数×加班工资发放比例＋小时工资×加点时数×加时工资发放比例

(2) 缺勤应扣工资＝日工资×旷工天数＋日工资×事假天数＋日工资×病假天数×病假扣款比例

(3) 日工资的计算。日工资的计算有两种方法：按月计薪天数(21.75 天)计算和按每月固定 30 天计算。

第一，按月计薪天数(21.75 天)计算(出勤期间双休日不算工资，缺勤期间的双休日不扣工资)

日工资＝月基本工资÷21.75

小时工资＝日工资÷8(每天工作 8 小时)

第二，按每月固定 30 天计算(出勤期间双休日、节假日计算工资，缺勤期间的双休日、节假日应扣工资)。

日工资＝月基本工资÷30

知识拓展 10-6

关于职工全年月平均工资时间和工资折算问题的通知

劳社部发〔2008〕3 号

各省、自治区、直辖市劳动和社会保障厅(局)：

根据《全国年节及纪念日放假办法》(国务院令第 513 号)的规定，全体公民的节日假期由原来的 10 天增设为 11 天。据此，职工全年月平均制度工作天数和工资折算办法分别调整如下：

一、制度工作时间的计算

年工作日：365 天－104 天(休息日)－11 天(法定节假日)＝250 天

季工作日：250 天÷4 季＝62.5 天/季

月工作日：250 天÷12 月＝20.83 天/月

工作小时数的计算：以月、季、年的工作日乘以每日的 8 小时。

二、日工资、小时工资的折算

按照《劳动法》第五十一条的规定，法定节假日用人单位应当依法支付工资，即折算日工资、小时工资时不剔除国家规定的 11 天法定节假日。据此，日工资、小时工资的折算为：

日工资：月工资收入÷月计薪天数

小时工资：月工资收入÷(月计薪天数×8 小时)

月计薪天数＝(365 天－104 天)÷12 月＝21.75 天

三、2000年3月17日劳动保障部发布的《关于职工全年月平均工作时间和工资折算问题的通知》(劳社部发〔2000〕8号)同时废止。

劳动和社会保障部

二〇〇八年一月三日

【例10-1】 广东炎华服饰有限公司对管理部门工作人员实行计时工资制度。李源珍是财务部会计,月基本工资为1 800元,岗位津贴为1 800元,月度奖为1 200元,每周工作5天。2019年8月,李源珍同志请事假2天(其中1天为双休日),病假1天,病假扣款比例为10%,法定节假日加班1天,双休日加班2天(无法安排调休)。李源珍同志8月份应付工资的计算过程为:

(1) 按月计薪天数(21.75天)计算。

日工资=1 800÷21.75=82.759(元)

加班工资=1×82.759×300%+2×82.759×200%=579.313(元)

缺勤应扣工资=1(双休日请事假不应扣工资)×82.759+1×82.759×10%=91.035(元)

应付工资=1 800+579.313+1 800+1 200-91.035=5 288.28(元)

(2) 按每月固定30天计算。

日工资=1 800÷30=60(元)

加班工资=1×60×300%+2×60×200%=420(元)

缺勤应扣工资=2(双休日请事假应扣工资)×60+1×60×10%=126(元)

应付工资=1 800+420+1 800+1 200-126=5 094(元)

知识拓展10-7

节假日加班工资发放比例与缺勤扣款比例的规定

1. 节假日加班工资发放比例的规定

按照国家有关规定,企业安排劳动者在法定标准时间以外工作的,应当按照下列规定支付加班工资:

(1) 在日法定标准工作时间外延长工作时间的,按照不低于小时工资基数的150%支付加班工资。

(2) 在休息日安排工作的,应当安排同等时间的补休,不能安排补休的,按照不低于日或小时工资基数的200%支付加班工资。

(3) 在法定节假日安排工作的,应当按照不低日或小时工资基数的300%支付加班工资。

2. 缺勤扣款比例的规定

(1) 对于旷工和事假缺勤的,应按100%扣发缺勤日的全部工资。

(2) 对于因公负伤、探亲假、婚丧假、产假等缺勤的,应视同出勤,不扣工资。

(3) 对于病假缺勤的,应根据国家规定按病假期限和工龄的长短扣发缺勤日一定比例的工资。6个月以内病假期间工资的扣款比例,如表10-4所示。

表 10-4　　6 个月以内病假期间工资的应发与扣款比例规定

职工工龄	不满 2 年	2～4 年	4～6 年	6～8 年	8 年以上
应发病假工资比例	60%	70%	80%	90%	100%
应扣病假工资比例	40%	30%	20%	10%	0

2) 实发工资的计算

实发工资＝应付工资－各种代扣代垫款

其中,代扣款主要是指社会保险费与住房公积金中应由职工个人负担的部分以及个人所得税等;代垫款主要是指企业为职工垫付的应由职工个人承担的房租、水电费等款项。

(1) 社会保险费个人缴款计算。社会保险费包括有基本养老保险费、基本医疗保险费、失业保险费和工伤保险费等四种,其中,基本养老保险费、基本医疗保险费和失业保险费由单位和个人共同缴费,工伤保险费由单位缴费。社会保险费个人缴款部分由所在单位从职工工资中代扣代缴。其计算公式为:

基本养老、医疗、失业保险个人缴费＝缴费工资×个人缴费比例

【例 10-2】 广东炎华服饰有限公司会计李源珍 2019 年度的月缴费工资为 1 980 元,基本养老保险个人缴费比例为 8%,基本医疗保险个人缴费比例为 2%,失业保险个人缴费比例为 1%。李源珍同志 8 月份社会保险费个人缴费(代扣款)的计算过程为:

基本养老保险个人缴费＝1 980×8%＝158.4(元)
基本医疗保险个人缴费＝1 980×2%＝39.6(元)
失业保险个人缴费＝1 980×1%＝19.8(元)
社会保险费个人缴费(代扣款)＝158.4＋39.6＋19.8＝217.8(元)

(2) 住房公积金个人缴款计算。住房公积金由职工个人和所在单位共同缴存,专户存储于所在地住房公积金管理委员会指定的受委托银行。职工个人缴存的住房公积金和职工所在单位为职工缴存的住房公积金归职工个人所有,通过所在地的公积金管理中心批准,可用于职工购买、建造、翻修、大修自主住房。住房公积金的月缴存额为职工本人上一年度月平均工资(新职工个人当月工资)乘以职工住房公积金缴存比例。公积金缴存比例由各地人民政府确定,一般为 5%～20%。住房公积金个人缴存额计算公式为:

住房公积金个人缴存额＝月缴存基数×个人缴费比例

【例 10-3】 广东炎华服饰有限公司会计李源珍 2019 年度的月缴费工资为 1 980 元,住房公积金个人缴存比例为 8%。李源珍同志 8 月份住房公积金个人缴存(代扣款)的计算为:

住房公积金个人缴存(代扣款)＝1 980×8%＝158.4(元)

(3) 个人所得税计算。个人所得税,是指对我国公民、居民来源于我国境内外的一切所得和非我国居民来源于我国境内的所得征收的一种税。个人所得税由支付个人应纳税所得的单位扣缴,单位应于每月计算职工工资、薪金时,计算每一职工的个人所得税额,并在纳税期限内履行扣缴义务。职工工资、薪金所得应纳税额的计算公式为:

应交个人所得税＝应纳税所得额×适用税率－速算扣除数

2. 计件工资制下职工工资的计算

1）应付工资的计算

应付工资＝应付计件工资＋津贴补贴＋奖金＋其他工资

其中:应付计件工资是根据当月产量记录中的产品数量和规定的计件单价计算的工资。应付计件工资按计算对象不同,可分为个人计件工资和集体计件工资两种。

(1) 个人计件工资计算。个人计件工资,是指根据每一职工本月完成的产量和规定的计件单价计算的工资。其计算公式为:

$$应付个人计件工资 = \sum[(合格品数量 + 料废品数量) \times 计件单价]$$

其中,料废品数量,是指生产过程中因材料不合格而造成的废品(料废)数量。对于因职工生产过失而造成的废品(工废),不计付工资。

为了简化计算工作,企业也可以将每一职工完成的各种产品产量,按定额工时折算成定额总工时,再乘以规定的小时工资计算计件工资。其计算公式为:

$$应付个人计件工资 = \sum[(合格品数量 + 料废品数量) \times 定额工时 \times 小时工资]$$

【例 10-4】 广东炎华服饰有限公司对生产车间工人实行计件工资制度。成衣车间工人李佳 2019 年 8 月生产休闲服 330 件,每件计价 14 元。经检验,发现有 5 件为不合格品,其中料废 3 件,工废 2 件,其余均为合格品。李佳同志 8 月份应付计件工资的计算为:

$$应付个人计件工资＝(330－2)\times14＝4\ 592(元)$$

(2) 集体计件工资计算。集体计件工资,是指根据某一集体(班组)本月共同完成的产量和规定的计件单价计算的工资。集体计件工资的计算分两步进行:第一步是计算集体计件工资总额,方法同个人计件工资;第二步是将集体计件工资总额在集体内部成员之间,按每人的工资标准和该月实际工作时间的比例进行分配。具体计算公式为:

$$应付集体计件工资 = \sum[(合格品数量 + 料废品数量) \times 计件单价]$$

$$计件工资分配标准 = \sum(小时工资标准 \times 实际工作时间)$$

$$计件工资分配率 = 应付集体计件工资 / 计件工资分配标准$$

$$某工人应分配计件工资 = (该工人小时工资标准 \times 实际工作时间) \times 计件工资分配率$$

【例 10-5】 广东炎华服饰有限公司西服生产车间第一班组,由 3 人组成,2019 年 8 月共生产西服 432 套,每套计价 31 元。经检验,发现工废 1 套,其余均为合格品。该班组各成员的出勤时间和工资标准,如表 10-5 所示。

表 10-5　　集体计件工资分配计算表

班组:西服第一班组　　2019 年 8 月　　单位:元

姓名	小时工资	实际工时	分配标准	分配率	个人应分配工资
王丽丽	6.60	225	1 485.00	2.931 7	4 353.60
李燕虹	7.20	218	1 569.60	2.931 7	4 601.62
蔡湘萍	6.80	221	1 502.80	2.931 7	4 405.78
合计	—	—	4 557.40	2.931 7	13 361.00

8 月份各工人应付计件工资的计算过程为：

应付集体计件工资=(432－1)×31=13 361(元)

计件工资分配标准=6.60×225+7.20×218+6.80×221=4 557.4(元)

计件工资分配率=13 361÷4 557.4=2.931 7(元)

王丽丽应分配计件工资=1 485×2.931 7=4 353.60(元)

李燕虹应分配计件工资=1 569.6×2.931 7=4 601.62(元)

蔡湘萍应分配计件工资=1 502.8×2.931 7=4 405.78(元)

2) 实发工资的计算

实发工资=应付工资－各种代扣代垫款

计件工资制下各种代扣代垫款的计算与计时工资制下相同。

【例 10-6】 广东炎华服饰有限公司成衣车间工人陈丹玲 2019 年 8 月生产休闲服 292 件，每件计价 14 元，经检验，全部合格，获得月度奖 1 200 元。陈丹玲 2019 年度社会保险费月缴费工资为 1 680 元，基本养老保险个人缴款比例为 8%，基本医疗保险个人缴款比例为 2%，失业保险个人缴款比例为 1%。陈丹玲同志 2019 年 8 月实发工资计算过程为：

(1) 应付个人计件工资=292×14=4 088(元)

(2) 应付工资=4 088+1 200=5 288(元)

(3) 社会保险费代扣款=1 680×8%+1 680×2%+1 680×1%=184.8(元)

(4) 本月收入=5 288－184.8=5 103.2(元)

(5) 个人所得税=(5 103.2－5 000)×3%－0=3.10(元)

(6) 实发工资=5 103.2－3.10=5 100.10(元)

10.2 职工薪酬核算

10.2.1 工资结算凭证与账户设置

1. 工资结算凭证

1) 工资结算表

职工工资的结算，通常通过编制“工资结算表”来进行。工资结算表俗称工资单，是根据职工的考勤记录、产量记录、工资标准、奖金、津贴等原始凭证逐一计算每一职工的应付工资、代扣代垫款和实发工资。

工资结算表一般分车间、部门进行编制。工资结算表通常是一式三份，一份由劳动工资部门存查；一份按每一职工裁成“工资条”，连同工资一起发给职工，以便核对；一份在发放工资时由职工签章后，作为工资核算的凭证，并据以进行工资的明细分类核算。工资结算表一般格式，如表 10-6 所示。

2) 工资结算汇总表

企业应根据各车间、部门的工资结算表汇总编制整个企业的工资结算汇总表，并据以进行应付职工薪酬的分类核算。工资结算汇总表一般格式，如表 10-7 所示。

表 10-6　　　　工资结算表

年　月　　　　单位:元

编号	姓名	日工资	计时工资	计件工资	奖金	加班工资	津贴补贴		缺勤扣款				应付工资	代扣款			代垫款			实发工资
							夜班津贴	岗位补贴	事假天数	事假扣款	病假天数	病假扣款		住房公积金	社会保险费	个人所得税	水费	电费	房租	
合计																				

表 10-7　　　　工资结算汇总表

年　月　　　　单位:元

车间或部门	计时工资	计件工资	奖金	加班工资	津贴补贴		缺勤扣款		应付工资	代扣款			代垫款			实发工资
					夜班津贴	岗位补贴	事假扣款	病假扣款		住房公积金	社会保险费	个人所得税	水费	电费	房租	
合计																

2. 账户设置

企业应设置"应付职工薪酬"账户,核算企业职工薪酬的结算和分配情况。该账户属于负债类账户,贷方登记已分配计入有关成本费用项目的职工薪酬的数额,借方登记实际发放职工薪酬的数额和各种扣还的代扣代垫款,期末余额一般在贷方,表示企业应付未付的职工薪酬。

"应付职工薪酬"账户应按"工资""职工福利""社会保险费""住房公积金""工会经费""职工教育经费""非货币性福利"等项目设置明细分类账,进行明细分类核算。"应付职工薪酬"账户结构,如图 10-1 所示。

应付职工薪酬

	期初:应付未付的职工薪酬
本期:登记实际发放职工薪酬的数额和各种扣还的代扣代垫款	登记已分配计入有关成本费用项目的职工薪酬的数额
	期末:应付未付的职工薪酬

图 10-1 "应付职工薪酬"账户结构

10.2.2 应付职工薪酬核算

1. 工资计算分配与发放核算

1) 工资计算分配核算

企业应于月份终了,计算本月应付职工工资,并按工资发生的部门或用途进行分配,计

入相关资产成本或当期损益,其中:

(1) 基本生产车间直接从事产品生产工人的工资,记入“生产成本——基本生产成本”账户,借记“生产成本——基本生产成本”账户,贷记“应付职工薪酬——工资”账户。

(2) 辅助生产车间生产工人的工资,记入“生产成本——辅助生产成本”账户,借记“生产成本——辅助生产成本”账户,贷记“应付职工薪酬——工资”账户。

(3) 企业生产车间管理人员的工资,记入“制造费用”账户,借记“制造费用”账户,贷记“应付职工薪酬——工资”账户。

(4) 企业行政管理人员及6个月以上病假人员的工资,记入“管理费用”账户,借记“管理费用”账户,贷记“应付职工薪酬——工资”账户。

(5) 企业专设销售机构的人员工资,记入“销售费用”账户,借记“销售费用”账户,贷记“应付职工薪酬——工资”账户。

(6) 应由在建工程、研发支出负担的人员工资,记入“在建工程”“研发支出”账户,借记“在建工程”“研发支出”账户,贷记“应付职工薪酬——工资”账户。

【例10-7】 广东炎华服饰有限公司2019年8月应付工资总额为88 500元,工资结算汇总表,如表10-8所示。

表10-8 **工资结算汇总表**

2019年8月 单位:元

部门或用途		基本工资	工资性津贴补贴	奖金	应付工资	代扣款			实发工资
						保险费	住房公积金	个人所得税	
生产工人	西服	14 150.00	960.00	1 680.00	16 790.00	1 846.90	1 343.20	83.95	13 515.95
	休闲服	11 710.00	680.00	1 380.00	13 770.00	1 514.70	1 101.60	68.85	11 084.85
	童装	19 230.00	1 230.00	2 270.00	22 730.00	2 500.30	1 818.40	113.65	18 297.65
车间管理		7 250.00	460.00	890.00	8 600.00	946.00	688.00	43.00	6 923.00
行政管理		6 780.00	420.00	760.00	7 960.00	875.60	636.80	39.80	6 407.80
销售人员		14 230.00	1 790.00	2 630.00	18 650.00	2 051.50	1 492.00	93.25	15 013.25
合计		73 350.00	5 540.00	9 610.00	88 500.00	9 735.00	7 080.00	442.50	71 242.50

会计主管:陈利民 会计:李源珍 制单:朱玲玲

炎华公司根据工资结算汇总表进行工资费用的分配,账务处理如下:

借:生产成本——基本生产成本——西服 16 790.00
——休闲服 13 770.00
——童装 22 730.00
制造费用 8 600.00
管理费用 7 960.00
销售费用 18 650.00
贷:应付职工薪酬——工资 88 500.00

附原始凭证:工资费用分配汇总表(见图10-2)

工资费用分配汇总表

2019 年 8 月　　　　单位:元

应借科目		生产工人	车间管理	行政管理	销售人员	合计
生产成本	西服	16 790.00				16 790.00
	休闲服	13 770.00				13 770.00
	童装	22 730.00				22 730.00
制造费用			8 600.00			8 600.00
管理费用				7 960.00		7 960.00
销售费用					18 650.00	18 650.00
合计		53 290.00	8 600.00	7 960.00	18 650.00	88 500.00

会计主管:陈利民　　　　会计:李源珍　　　　制单:朱玲玲

图 10-2　工资费用分配汇总表

2) 工资发放核算

(1) 企业发放工资前,应根据“工资结算表”中的实发工资额,按规定手续向银行提取现金,借记“库存现金”账户,贷记“银行存款”账户。

(2) 按“工资结算表”实际发放工资时,按实发工资额,借记“应付职工薪酬——工资”账户,贷记“库存现金”账户;若发放工资款项通过银行转账方式直接转入职工银行账户,则借记“应付职工薪酬——工资”账户,贷记“银行存款”账户。

知识拓展 10-8

代领工资的账务处理

如果个别职工未领取工资,由财务部门代领,代领的工资记入“其他应付款”账户,借记“应付职工薪酬——工资”账户,贷记“其他应付款——代领工资”账户;实际支付代领工资时,借记“其他应付款——代领工资”账户,贷记“库存现金”账户。

(3) 代扣应由职工个人负担的社会保险费、住房公积金和个人所得税等,按实际代扣金额,借记“应付职工薪酬——工资”账户,贷记“其他应付款——代扣设定提存计划(基本养老保险费和失业保险费)、代扣社会保险费(基本医疗保险费)或代扣住房公积金”“应交税费——应交个人所得税”账户。

(4) 扣还代垫款,如职工借款、代垫水电费、房租等,按实际扣还金额,借记“应付职工薪酬——工资”账户,贷记“其他应收款”账户。

【例 10-8】 承[例 10-7],广东炎华服饰有限公司 2019 年 8 月工资结算汇总表,如表 10-8 所示。企业通过银行转账方式发放当月工资,并扣还代扣代垫款。炎华公司账务处理如下:

(1) 按实发工资额开出转账支票,实际发放工资时:

借:应付职工薪酬——工资　　　　71 242.50

　贷:银行存款　　　　71 242.50

(2) 结转各种代扣代垫款时:

借:应付职工薪酬——工资 17 257.50
　贷:其他应付款——代扣设定提存计划 7 965.00
　　　　　　——代扣社会保险费 1 770.00
　　　　　　——代扣住房公积金 7 080.00
　　应交税费——应交个人所得税 442.50

附原始凭证:代扣代垫款汇总表(见图 10-3)

代扣代垫款汇总表

2019 年 8 月　　单位:元

部门或用途		基本养老保险	基本医疗保险	失业保险	保险费小计	住房公积金	个人所得税	合计
生产成本	西服	1 343.20	335.80	167.90	1 846.90	1 343.20	83.95	3 274.05
	休闲服	1 101.60	275.40	137.70	1 514.70	1 101.60	68.85	2 685.15
	童装	1 818.40	454.60	227.30	2 500.30	1 818.40	113.65	4 432.35
车间管理		688.00	172.00	86.00	946.00	688.00	43.00	1 677.00
行政管理		636.80	159.20	79.60	875.60	636.80	39.80	1 552.20
销售人员		1 492.00	373.00	186.50	2 051.50	1 492.00	93.25	3 636.75
合计		7 080.00	1 770.00	885.00	9 735.00	7 080.00	442.50	17 257.50

会计主管:陈利民　　会计:李源珍　　制单:朱玲玲

图 10-3　代扣代垫款汇总表

2. 职工福利费支出与分配核算

1) 职工福利费支出核算

企业向职工食堂、职工医院、生活困难职工等支付职工福利费时,按其实际支付金额,借记“应付职工薪酬——职工福利”账户,贷记“库存现金”“银行存款”等账户。

【例 10-9】 广东炎华服饰有限公司 2019 年 8 月 10 日以现金支付给职工张虹玲生活困难补助 600 元。炎华公司账务处理如下:

借:应付职工薪酬——职工福利 600.00
　贷:库存现金 600.00

2) 职工福利费分配核算

月末,企业应按部门或用途对所发生的职工福利费进行分配。分配职工福利费时,借记“生产成本”“制造费用”“管理费用”“销售费用”“在建工程”等账户,贷记“应付职工薪酬——职工福利”账户。

【例 10-10】 广东炎华服饰有限公司 2019 年 8 月职工福利费分配汇总表,如表 10-9 所示。

表 10-9　　职工福利费分配汇总表

2019 年 8 月　　单位:元

应借科目		报销医药费	探亲路费	独生子女费	生活困难补助	合计
生产成本	西服	268.00		120.00		388.00
	休闲服	196.00		180.00	600.00	976.00
	童装	160.00		160.00	400.00	720.00
制造费用		76.00	180.00	40.00		296.00
管理费用		92.00	326.00	20.00		438.00
销售费用		246.00		60.00		306.00
合计		1 038.00	506.00	580.00	1 000.00	3 124.00

会计主管:陈利民　　会计:李源珍　　制单:朱玲玲

炎华公司根据职工福利费分配汇总表进行职工福利费的分配,账务处理如下:

借:生产成本——基本生产成本——西服　　388.00
　　　　　　　　　　　　——休闲服　　976.00
　　　　　　　　　　　　——童装　　720.00
　制造费用　　296.00
　管理费用　　438.00
　销售费用　　306.00
　贷:应付职工薪酬——职工福利　　3 124.00

3. 社会保险费和住房公积金核算

企业应按规定计提每月应缴纳的社会保险费和住房公积金。由企业负担的社会保险费和住房公积金,应在职工为其提供服务的会计期间,按照部门或用途进行分配,借记"生产成本""制造费用""管理费用""销售费用""在建工程"等账户,贷记"应付职工薪酬——设定提存计划(基本养老保险费和失业保险费)、社会保险费(基本医疗保险费)或住房公积金"账户;由职工个人负担的社会保险费和住房公积金,在发放工资时代扣,记入"其他应付款——代扣设定提存计划(基本养老保险费和失业保险费)、代扣社会保险费(基本医疗保险费)或住房公积金"账户,由企业一并缴纳。

【例 10-11】 广东炎华服饰有限公司 2019 年 8 月以当月应付工资额为基数计算应缴纳的社会保险费和住房公积金,社会保险费和住房公积金计提表,如表 10-10 所示。职工个人负担部分在发放工资时代扣,由企业一并缴纳。

表 10-10　　社会保险费与住房公积金计提表

2019 年 8 月　　单位:元

部门或用途		计提基数	基本养老保险费		基本医疗保险费		失业保险费		工伤保险费(单位 0.4%)	保险费合计		住房公积金	
			单位 20%	个人 8%	单位 8.6%	个人 2%	单位 2%	个人 1%		单位	个人	单位 8%	个人 8%
生产工人	西服	16 790.00	3 358.00	1 343.20	1 443.94	335.80	335.80	167.90	67.16	5 204.90	1 846.90	1 343.20	1 343.20
	休闲服	13 770.00	2 754.00	1 101.60	1 184.22	275.40	275.40	137.70	55.08	4 268.70	1 514.70	1 101.60	1 101.60
	童装	22 730.00	4 546.00	1 818.40	1 954.78	454.60	454.60	227.30	90.92	7 046.30	2 500.30	1 818.40	1 818.40

(续表)

部门或用途	计提基数	基本养老保险费		基本医疗保险费		失业保险费		工伤保险费(单位0.4%)	保险费合计		住房公积金	
		单位20%	个人8%	单位8.6%	个人2%	单位2%	个人1%		单位	个人	单位8%	个人8%
车间管理	8 600.00	1 720.00	688.00	739.60	172.00	172.00	86.00	34.40	2 666.00	946.00	688.00	688.00
行政管理	7 960.00	1 592.00	636.80	684.56	159.20	159.20	79.60	31.84	2 467.60	875.60	636.80	636.80
销售人员	18 650.00	3 730.00	1 492.00	1 603.90	373.00	373.00	186.50	74.60	5 781.50	2 051.50	1 492.00	1 492.00
合计	88 500.00	17 700.00	7 080.00	7 611.00	1 770.00	1 770.00	885.00	354.00	27 435.00	9 735.00	7 080.00	7 080.00

会计主管:陈利民　　　　会计:李源珍　　　　制单:朱玲玲

炎华公司账务处理如下:

(1) 企业计提社会保险费和住房公积金(单位负担部分)时:

借:生产成本——基本生产成本——西服　　65 410.10
　　　　　　　　　　　　——休闲服　　5 370.30
　　　　　　　　　　　　——童装　　8 864.70
　　制造费用　　3 354.00
　　管理费用　　3 104.40
　　销售费用　　7 273.50
　贷:应付职工薪酬——设定提存计划　　19 470.00
　　　　　　　　——社会保险费　　7 965.00
　　　　　　　　——住房公积金　　7 080.00

(2) 企业上缴本期应缴的社会保险费和住房公积金时:

借:应付职工薪酬——设定提存计划　　19 470.00
　　　　　　　——社会保险费　　7 965.00
　　　　　　　——住房公积金　　7 080.00
　　其他应付款——代扣设定提存计划　　7 965.00
　　　　　　　——代扣社会保险费　　1 770.00
　　　　　　　——代扣住房公积金　　7 080.00
　贷:银行存款　　5 1330.00

4. 工会经费和职工教育经费核算

1) 工会经费核算

根据国家有关规定,企业每月应按职工工资总额的2%计提工会经费,并拨付给企业工会使用。企业计提的工会经费,应计入相关资产的成本或当期损益。计提时,应按照部门或用途进行分配,借记“生产成本”“制造费用”“管理费用”“销售费用”“在建工程”等账户,贷记“应付职工薪酬——工会经费”账户;划拨工会经费时,借记“应付职工薪酬——工会经费”账户,贷记“银行存款”账户。

【例10-12】 广东炎华服饰有限公司2019年8月职工工资总额为88 500元,工会经费计提比例为2%,工会经费计提表,如表10-11所示。

表 10-11 工会经费计提表

2019 年 8 月 单位:元

部门或用途		计提基数	计提比例	计提金额	备注
生产工人	西服	16 790.00	2%	335.80	
	休闲服	13 770.00	2%	275.40	
	童装	22 730.00	2%	454.60	
车间管理		8 600.00	2%	172.00	
行政管理		7 960.00	2%	159.20	
销售人员		18 650.00	2%	373.00	
合计		88 500.00	2%	1 770.00	

会计主管:陈利民 会计:李源珍 制单:朱玲玲

炎华公司计提与划拨工会经费账务处理如下:

(1) 计提工会经费时:

借:生产成本——基本生产成本——西服 335.80
——休闲服 275.40
——童装 454.60
制造费用 172.00
管理费用 159.20
销售费用 373.00
贷:应付职工薪酬——工会经费 1 770.00

(2) 划拨工会经费时:

借:应付职工薪酬——工会经费 1 770.00
贷:银行存款 1 770.00

2) 职工教育经费核算

企业每月应按职工工资总额的 1.5%计提职工教育经费。企业计提的职工教育经费,应计入相关资产的成本或当期损益。计提时,应按照部门或用途进行分配,借记“生产成本”“制造费用”“管理费用”“销售费用”“在建工程”等账户,贷记“应付职工薪酬——职工教育经费”账户;发生职工教育经费时,借记“应付职工薪酬——职工教育经费”账户,贷记“库存现金”“银行存款”等账户。

【例 10-13】 广东炎华服饰有限公司 2019 年 8 月职工工资总额为 88 500 元,职工教育经费计提比例为 1.5%,职工教育经费计提表,如表 10-12 所示。当月车间技术员李福奇报销外出参加技能培训费用 1 600 元,增值税税率为 6%,以银行存款支付。

表 10-12 职工教育经费计提表

2019 年 8 月 单位:元

部门或用途		计提基数	计提比例	计提金额	备注
生产工人	西服	16 790.00	1.5%	251.85	
	休闲服	13 770.00	1.5%	206.55	
	童装	22 730.00	1.5%	340.95	

(续表)

部门或用途	计提基数	计提比例	计提金额	备注
车间管理	8 600.00	1.5%	129.00	
行政管理	7 960.00	1.5%	119.40	
销售人员	18 650.00	1.5%	279.75	
合计	88 500.00	1.5%	1 327.50	

会计主管:陈利民　　　　会计:李源珍　　　　制单:朱玲玲

炎华公司计提与发生职工教育经费账务处理如下:

(1) 计提职工教育经费时:

借:生产成本——基本生产成本——西服　251.85
　　　　　　　　　　　　——休闲服　206.55
　　　　　　　　　　　　——童装　340.95
　制造费用　129.00
　管理费用　119.40
　销售费用　279.75
　贷:应付职工薪酬——职工教育经费　1 327.50

(2) 发生职工教育经费时:

借:应付职工薪酬——职工教育经费　1 600.00
　应交税费——应交增值税——进项税额　96.00
　贷:银行存款　1 696.00

附原始凭证:增值税专用发票(见图 10-4)

4401238569　　**广东增值税专用发票**　　№ 121658018

发票联

开票日期:2019 年 08 月 24 日

购货单位	名　　称:广东炎华服饰有限公司 纳税人识别号:440106868268025 地 址 、电 话:天河中路 2 号 86697584 开户行及账号:建行天河支行 11682683056	密码区	(略)				
货物或应税劳务、服务名称	规格型号	单位	数 量	单 价	金 额	税率	税 额
培训费					1 600.00	6%	96.00
合 计					¥1 600.00		¥96.00
价税合计(大写)	⊗壹仟陆佰玖拾陆圆整				(小写)¥1 696.00		
销货单位	名　　称:广州服装设计培训学校 纳税人识别号:440106868263410 地 址 、电 话:中山大道 88 号 86667888 开户行及账号:中行中山支行 11664583678	备注	广州服装设计培训学校 440106868263410 发票专用章				

收款人:李燕　　复核:　　开票人:陈海虹　　销货单位:(章)

第三联:发票联　购买方记账凭证

图 10-4　增值税专用发票

5. 非货币性职工薪酬核算

1) 以自产产品发放给职工作为福利

(1) 决定分发时，确认应付职工薪酬。企业以自产产品作为非货币性福利分发给职工，应当根据受益对象，按照产品的公允价值，确认应付职工薪酬，借记“生产成本”“制造费用”“管理费用”“销售费用”“在建工程”等账户，贷记“应付职工薪酬——非货币性福利”账户。

(2) 实际分发时，确认主营业务收入。实际分发时，企业应按分发产品的公允价值确认主营业务收入，借记“应付职工薪酬——非货币性福利”账户，贷记“主营业务收入”“应交税费——应交增值税——销项税额”等账户。

(3) 结转发放产品的成本。产品发出后，企业应按产品的实际成本，借记“主营业务成本”账户，贷记“库存商品”账户。

【例 10-14】 广东炎华服饰有限公司 2019 年 7 月 20 日决定将一批自产的西服以福利形式分发给职工，产品发放汇总表，如表 10-13 所示。西服每套成本为 126 元，市场价为 200 元，增值税税率为 13%。

表 10-13 **产品发放汇总表**

2019 年 7 月 20 日 单位:元

部门或用途		单位	分发数量	单价	金额	税率	税额	合计
生产工人	西服	套	12	200.00	2 400.00	13%	312.00	2 712.00
	休闲服	套	18	200.00	3 600.00	13%	468.00	4 068.00
	童装	套	16	200.00	3200.00	13%	416.00	3 616.00
车间管理		套	4	200.00	800.00	13%	104.00	904.00
行政管理		套	2	200.00	400.00	13%	52.00	452.00
销售人员		套	6	200.00	1 200.00	13%	156.00	1 356.00
合计		套	58	200.00	11 600.00	13%	1 508.00	13 108.00

会计主管:陈利民 会计:李源珍 制单:朱玲玲

炎华公司账务处理如下：

(1) 决定分发时，确认应付职工薪酬：

借：生产成本——基本生产成本——西服 2 712.00
——休闲服 4 068.00
——童装 3 616.00
制造费用 904.00
管理费用 452.00
销售费用 1 356.00
贷：应付职工薪酬——非货币性福利 13 108.00

(2) 实际分发时，确认主营业务收入：

借：应付职工薪酬——非货币性福利 13 108.00
贷：主营业务收入——西服 11 600.00
应交税费——应交增值税——销项税额 1 508.00

附原始凭证：产品发放清单(见图 10-5)

产品发放清单

2019 年 7 月 20 日　　　　单位:元

编号	姓名	部门	发放产品	单位	数量	单价	金额	领用签名
1	聂敏富	管理部门	西服	套	1	226.00	226.00	聂敏富
2	李源珍	管理部门	西服	套	1	226.00	226.00	李源珍
3	陈丹玲	生产休闲服	西服	套	1	226.00	226.00	陈丹玲
……	……	……	……	……	……	……	……	……
58	李燕虹	生产西服	西服	套	1	226.00	226.00	李燕虹
合计	—	—	—	—	58	226.00	13 108.00	—

单位负责人:郭天怡　　会计主管:陈利民　　会计:李源珍　　制单:朱玲玲

图 10-5　产品发放清单

(3) 结转发放产品的成本:

借:主营业务成本——西服　　7 308.00

　贷:库存商品——西服　　7 308.00

2) 以外购商品发放给职工作为福利

(1) 购入商品时,应按商品购买价款和进项税额,借记"库存商品"账户,贷记"银行存款""应收账款"等账户。

(2) 决定分发时,确认应付职工薪酬。企业应根据受益对象,按照商品的价值(包括进项税额),确认应付职工薪酬,借记"生产成本""制造费用""管理费用""销售费用""在建工程"等账户,贷记"应付职工薪酬——非货币性福利"账户。

(3) 实际分发商品给职工时,应按商品的价值(包括进项税额),借记"应付职工薪酬——非货币性福利"账户,贷记"库存商品"账户。

【例 10-15】 广东炎华服饰有限公司 2019 年 8 月 16 日决定采购一批电炖锅以福利形式分发给职工,产品发放汇总表,如表 10-14 所示。电炖锅每个购买价为 160 元,增值税税率为 13%。

表 10-14　　**产品发放汇总表**

2019 年 8 月 16 日　　　　金额单位:元

部门或用途		单位	分发数量	单价	金额	税率	税额	合计
生产工人	西服	个	12	160.00	1 920.00	13%	249.60	2 169.60
	休闲服	个	18	160.00	2 880.00	13%	374.40	3 254.40
	童装	个	16	160.00	2 560.00	13%	332.80	2 892.80
车间管理		个	4	160.00	640.00	13%	83.20	723.20
行政管理		个	2	160.00	320.00	13%	41.60	361.60
销售人员		个	6	160.00	960.00	13%	124.80	1 084.80
合计		个	58	160.00	9 280.00	13%	1 206.40	10 486.40

会计主管:陈利民　　会计:李源珍　　制单:朱玲玲

炎华公司账务处理如下:

（1）购入电炖锅时：

借：库存商品——电炖锅　10 486.40

　贷：银行存款　10 486.40

附原始凭证：增值税专用发票（见图 10-6）

4401241231　**广东增值税专用发票**　No 491023081

发　票　联　　开票日期：2019 年 08 月 16 日

购货单位	名　　称：广东炎华服饰有限公司 纳税人识别号：440106868268025 地 址、电 话：天河中路 2 号 86697584 开户行及账号：建行天河支行 11682683056	密码区	（略）

货物或应税劳务、服务名称	规格型号	单位	数 量	单 价	金 额	税率	税 额
电炖锅		个	58	160.00	9 280.00	13%	1 206.40
合 计					¥9 280.00		¥1 206.40
价税合计（大写）	⊗壹万零肆佰捌拾陆圆肆角整				（小写）¥10 486.40		

销货单位	名　　称：广州华谊百货有限公司 纳税人识别号：440106458268326 地 址、电 话：广州文德路 20 号 86495295 开户行及账号：建行文德支行 11682533052	备注	

收款人：李清　　复核：陈晓明　　开票人：张敏敏　　销货单位：（章）

第三联：发票联 购买方记账凭证

图 10-6　增值税专用发票

（2）决定分发时，确认应付职工薪酬：

借：生产成本——基本生产成本——西服　2 169.60

　　　　　　　　　　　　——休闲服　3 254.40

　　　　　　　　　　　　——童装　2 892.80

　　制造费用　723.20

　　管理费用　361.60

　　销售费用　1 084.80

　贷：应付职工薪酬——非货币性福利　10 486.40

（3）实际分发电炖锅时：

借：应付职工薪酬——非货币性福利　10 486.40

　贷：库存商品——电炖锅　10 486.40

附原始凭证：产品发放清单（见图 10-7）

产品发放清单

2019 年 8 月 16 日　　金额单位：元

编号	姓名	部门	发放产品	单位	数量	单价	金额	领用签名
1	聂敏富	管理部门	电炖锅	个	1	180.80	180.80	聂敏富
2	李源珍	管理部门	电炖锅	个	1	180.80	180.80	李源珍

(续表)

编号	姓名	部门	发放产品	单位	数量	单价	金额	领用签名
3	陈丹玲	生产休闲服	电炖锅	个	1	180.80	180.80	陈丹玲
……	……	……	……	……	……	……	……	……
58	李燕虹	生产西服	电炖锅	个	1	180.80	180.80	李燕虹
合计	—	—	—	—	58	180.80	10 486.40	—

单位负责人:郭天怡　　会计主管:陈利民　　会计:李源珍　　制单:朱玲玲

图 10-7　产品发放清单

3) 将拥有的房屋等资产无偿提供给职工使用或租赁住房等资产供职工无偿使用

(1) 将拥有的房屋等资产无偿提供给职工使用,应根据受益对象,将该项住房每期应计提的折旧计入相关资产成本或当期损益,并确认应付职工薪酬,借记“生产成本”“制造费用”“管理费用”“销售费用”“在建工程”等账户,贷记“应付职工薪酬——非货币性福利”账户;同时,借记“应付职工薪酬——非货币性福利”账户,贷记“累计折旧”账户。

(2) 租赁住房等资产供职工无偿使用,应根据受益对象,将每期应付的租金计入相关资产成本或当期损益,并确认应付职工薪酬,借记“生产成本”“制造费用”“管理费用”“销售费用”“在建工程”等账户,贷记“应付职工薪酬——非货币性福利”账户;支付该项租赁资产的租金时,借记“应付职工薪酬——非货币性福利”账户,贷记“银行存款”“库存现金”等账户。

【本 章 小 结】

1. 职工薪酬是指企业为获得职工提供的服务或解除劳动关系而给予的各种形式的报酬或补偿。职工薪酬包括短期薪酬、离职后福利、辞退福利和其他长期职工福利。

2. 企业应按劳动工资和社会保障制度的规定,根据原始记录计算职工的工资。职工工资计算的原始记录主要有工资卡片、考勤记录和产量记录三种。

3. 职工工资的计算包括应付工资的计算和实发工资的计算两项内容。实行计时工资制的企业,应按照职工的计时工资标准和工作时间计算应付给职工的工资;实行计件工资制的企业,应按照计件工资标准和职工完成工作的数量计算职工的工资。

4. 职工工资的结算,通常通过编制“工资结算表”来进行。工资结算表一般分车间、部门进行编制。企业应根据各车间、部门的工资结算表汇总编制整个企业的工资结算汇总表,并据以进行应付职工薪酬的分类核算。

5. 企业应设置“应付职工薪酬”账户,核算企业职工薪酬的结算和分配情况。应付职工薪酬账户应按“工资”“职工福利”“社会保险费”“住房公积金”“工会经费”“职工教育经费”“非货币性福利”等项目设置明细分类账户,进行明细分类核算。

6. 应付职工薪酬核算主要包括工资计算分配与发放核算、职工福利费支出与分配核算、社会保险费和住房公积金核算、工会经费和职工教育经费核算、非货币性职工薪酬核算等。

第11章 流动负债核算

【目的要求】

1. 能叙述流动负债的概念。
2. 能掌握短期借款的会计核算。
3. 能掌握应付账款的会计核算。
4. 能掌握预收账款的会计核算。
5. 能掌握带息与不带息应付票据核算。
6. 能掌握一般纳税人企业应交增值税核算。
7. 能掌握应交消费税、城市维护建设税与教育费附加核算。
8. 能掌握其他应付款的会计核算。

【重点难点】

1. 短期借款核算。
2. 应付账款核算。
3. 带息应付票据核算。
4. 应交增值税核算。

【基础知识】

流动负债，是指将在1年内或者超过1年的一个营业周期内需要偿还的各种债务。流动负债主要包括短期借款、应付账款、预收账款、应付票据、应付利息、应付职工薪酬、应交税费、应付股利和其他应付款等。流动负债一般是以实际发生额计价。

11.1 短期借款核算

11.1.1 短期借款概述

1. 短期借款概念

短期借款，是指企业向银行或其他金融机构借入的期限在1年以下(含1年)的各种借款。短期借款一般是企业为维持正常的生产经营活动或为抵偿某项债务而借入的款项，主要包括临时借款(借款期通常在3个月内)和生产经营周转借款(借款期通常在1年以内)。

2. 账户设置

1)“短期借款”账户

"短期借款"账户,核算企业短期借款的取得、偿还及其结存情况。该账户属于负债类账户,贷方登记企业取得短期借款的数额,借方登记企业偿还短期借款的本金,期末余额一般在贷方,表示企业尚未偿还的短期借款的本金。

"短期借款"账户应按借款种类和债权人设置明细分类账,进行明细分类核算。"短期借款"账户结构,如图 11-1 所示。

短期借款	
本期:登记企业偿还短期借款的本金	期初:尚未偿还的短期借款的本金 登记企业取得短期借款的数额
	期末:尚未偿还的短期借款的本金

图 11-1 "短期借款"账户结构

2) "应付利息"账户

"应付利息"账户,核算企业按照合同约定应支付的利息,包括短期借款、分期付息到期还本的长期借款、企业债券等应支付的利息。该账户属于负债类账户,贷方登记企业按合同约定的利率计算确定的应付利息的金额,借方登记企业实际支付的利息,期末余额一般在贷方,表示企业按照合同约定应支付但尚未支付的利息。

"应付利息"账户应按债权人设置明细分类账,进行明细分类核算。"应付利息"账户结构,如图 11-2 所示。

应付利息	
本期:登记企业实际支付的利息	期初:按照合同约定应支付但尚未支付的利息 登记企业按合同约定的利率计算确定的应付利息的金额
	期末:企业按照合同约定应支付但尚未支付的利息

图 11-2 "应付利息"账户结构

11.1.2 短期借款核算

1. 取得短期借款

企业从银行或其他金融机构取得短期借款时,借记"银行存款"账户,贷记"短期借款"账户。

2. 计算并支付短期借款利息

(1) 按月计算并支付的,直接记入"财务费用"账户,借记"财务费用"账户,贷记"银行存款"账户。

(2) 按月计算,按季支付或到期还本付息的,应采用月末预提方式进行核算,月末预提时,借记"财务费用"账户,贷记"应付利息"账户。

3. 归还短期借款本息

短期借款到期偿还本金时,借记"短期借款"账户,贷记"银行存款"账户;按期支付利息时,借记"应付利息"账户,贷记"银行存款"账户。

【例 11-1】 广东炎华服饰有限公司 2019 年 6 月 1 日向建设银行借入一笔生产经营用短期借款，金额为 90 000 元，期限为 3 个月，年利率为 4%，借款协议约定，该笔借款到期一次还本付息。炎华公司账务处理如下：

（1）取得短期借款时：

借：银行存款　　90 000.00

　贷：短期借款　　90 000.00

附原始凭证：借款转存凭证（见图 11-3）

中国建设银行对公客户收款通知单

2019 年 06 月 01 日　　交易种类：生产周转贷款放款

付款人	全　称	广东炎华服饰有限公司	收款人	全　称	广东炎华服饰有限公司
	账　号	11682683692		账　号	11682683056
	开户行	中国建设银行广州市分行		开户行	中国建设银行广州市天河支行
大写金额	（币种）人民币玖万元整			亿千百十万千百十元角分	￥9000000
上述贷款金额已转存入你单位11682683056 存款户。				合同号：银借字第 001012 号	
				备注：贷款期为 3 个月。	

中国建设银行股份有限公司 广州天河支行 2019.06.01 办讫章

此联为收款人收账通知

会计主管：　　复核：　　记账：

图 11-3　借款转存凭证

（2）按月计提利息时：

每月利息＝90 000×（4%÷12）×1＝300（元）

借：财务费用　　300.00

　贷：应付利息　　300.00

（3）到期还本付息时：

应付利息＝300×3＝900（元）

借：短期借款　　90 000.00

　　应付利息　　900.00

　贷：银行存款　　90 900.00

附原始凭证：偿还贷款凭证（见图 11-4）

中国建设银行对公客户付款通知单

2019 年 09 月 01 日　　交易种类：生产周转贷款还款

付款人	全　称	广东炎华服饰有限公司	收款人	全　称	广东炎华服饰有限公司
	账　号	11682683056		账　号	11682683692
	开户行	中国建设银行广州市天河支行		开户行	中国建设银行广州市分行
大写金额	（币种）人民币玖万零玖佰元整			亿千百十万千百十元角分	￥9090000
上述贷款本金已从你单位存款账户11682683692 支付。				合同号：银借字第 001012 号	
				备注：（4）	

中国建设银行股份有限公司 广州天河支行 2019.09.01 办讫章

此联为付款人付款通知

会计主管：　　复核：　　记账：

图 11-4　偿还贷款凭证

11.2 应付及预收账款核算

11.2.1 应付账款核算

1. 应付账款概述

应付账款,是指企业因购买材料、商品或接受劳务供应等经营活动应支付的款项。

1) 应付账款确认

应付账款,一般应在与所购买材料、商品等物资所有权相关的主要风险和报酬已经转移,或者所接受的劳务已经接受时确认。在实际工作中,应区别情况处理:

(1) 在材料、商品等物资和发票等结算凭证同时到达的情况下,应付账款一般在所购物资验收入库后,根据发票等结算凭证所列金额入账。

(2) 在材料、商品等物资已经验收入库,但发票等结算凭证尚未到达的情况下,应付账款可暂不入账,待收到发票等结算凭证后再入账;若到月份终了仍未收到发票等结算凭证,应按估计价或计划价暂估入账,下月初再作相反的会计分录予以冲回,待以后收到发票等结算凭证时,再按具体情况处理。

2) 应付账款计量

应付账款一般应按实际应付金额(即发票等结算凭证记载的金额)计价入账。存在购货折扣的,则应区别情况处理:

(1) 系商业折扣的,应按扣除了商业折扣后的金额(净价)入账,即根据发票结算金额入账。

(2) 系现金折扣的,应先按发票上记载的应付金额入账,即不扣除现金折扣的金额(总价)入账,待实际发生现金折扣时,再将折扣金额冲减当期财务费用。

知识拓展11-1

商业折扣与现金折扣

商业折扣,是指企业为促进商品销售而在商品标价上给予的价格扣除。现金折扣,是指债权人为鼓励债务人在规定的期限内付款而向债务人提供的债务扣除。

2. 账户设置

企业应设置“应付账款”账户,核算企业应付账款的发生、偿还、转销及结存情况。该账户属于负债类账户,贷方登记企业购买材料、商品等物资和接受劳务等而发生的应付账款,借方登记企业偿还的应付账款、开出商业汇票抵付的应付账款以及转销的无法支付的应付账款,期末余额一般在贷方,表示企业尚未支付的应付账款余额。

“应付账款”账户一般应按债权人设置明细分类账,进行明细分类核算。“应付账款”账户结构,如图11-5所示。

3. 会计核算

1) 发生应付账款

企业购入材料、商品等物资发生应付账款时,应根据发票等结算凭证记载的金额(或月末暂估金额),借记“在途物资”“原材料”“库存商品”等账户,按可抵扣的增值税额,借记“应交税费——应交增值税——进项税额”账户,按应付的金额,贷记“应付账款”账户。

应付账款	
	期初：尚未支付的应付账款余额
本期：登记企业偿还的应付账款、开出商业汇票抵付的应付账款以及转销的无法支付的应付账款	登记企业购买材料、商品等物资和接受劳务等而发生的应付账款
	期末：尚未支付的应付账款余额

图 11-5 "应付账款"账户结构

企业接受供应单位提供劳务而发生应付账款时，应根据供应单位开出的发票等结算凭证，借记"生产成本""制造费用""管理费用"等账户，贷记"应付账款"账户。

【例 11-2】 广东炎华服饰有限公司 2019 年 9 月 6 日根据合同向浙江嘉兴丝绸有限公司采购丝绸布一批，收到增值税专用发票一张，发票注明价款为 75 000 元，增值税额 9 750 元，运费增值税专用发票一张，发票注明运杂费 750 元、增值税额 67.5 元（运费已由嘉兴丝绸公司垫付），款项尚未支付。双方购销合同约定，按不含税价款提供现金折扣，付款期限为 30 天，现金折扣条件为"2/10，1/20，n/30"。炎华公司账务处理如下：

借：原材料——丝绸布　　　75 750.00

　　应交税费——应交增值税——进项税额　　　9 817.50

　贷：应付账款——嘉兴丝绸公司　　　85 567.50

附原始凭证：增值税专用发票（见图 11-6）

2308241161　　　　**浙江增值税专用发票**　　　　No 230366901

发票联

开票日期：2019 年 09 月 06 日

<table>
<tr><td>购货单位</td><td colspan="4">名　　称：广东炎华服饰有限公司
纳税人识别号：440106868268025
地 址、电 话：天河中路 2 号 86697584
开户行及账号：建行天河支行 11682683056</td><td>密码区</td><td colspan="3">（略）</td></tr>
<tr><td>货物或应税劳务、服务名称</td><td>规格型号</td><td>单位</td><td>数　量</td><td>单　价</td><td>金　额</td><td>税率</td><td>税　额</td></tr>
<tr><td>丝绸</td><td></td><td>米</td><td>2 500</td><td>30.00</td><td>75 000.00</td><td>13%</td><td>9 750.00</td></tr>
<tr><td>合　计</td><td></td><td></td><td></td><td></td><td>¥75 000.00</td><td></td><td>¥9 750.00</td></tr>
<tr><td>价税合计（大写）</td><td colspan="5">⊗捌万肆仟柒佰伍拾圆整</td><td colspan="2">（小写）¥84 750.00</td></tr>
<tr><td>销货单位</td><td colspan="4">名　　称：浙江嘉兴丝绸有限公司
纳税人识别号：280306868268036
地 址、电 话：越秀中路 9 号 62697283
开户行及账号：建行越秀支行 23658683034</td><td>备注</td><td colspan="3">浙江嘉兴丝绸有限公司 280306868268036 发票专用章</td></tr>
</table>

收款人：李兴安　　复核：陈培和　　开票人：王敏发　　销货单位：（章）

第三联：发票联　购买方记账凭证

图 11-6 增值税专用发票

2）偿还应付账款

企业偿付应付账款或开出商业汇票抵付应付账款时，借记"应付账款"账户，贷记"银行存款""应付票据"等账户，若在折扣期内付款而获得现金折扣，应在偿付应付账款时冲减财务费用。

【例 11-3】 承[例 11-2]，广东炎华服饰有限公司采用电汇方式支付嘉兴丝绸公司采购货款。炎华公司账务处理如下：

1) 若在10天内付款时:

现金折扣=75 000×2%=1 500(元)

借:应付账款——嘉兴丝绸公司　　85 567.50
　贷:财务费用　　1 500.00
　　银行存款　　84 067.50

附原始凭证:电汇凭证(见图11-7)

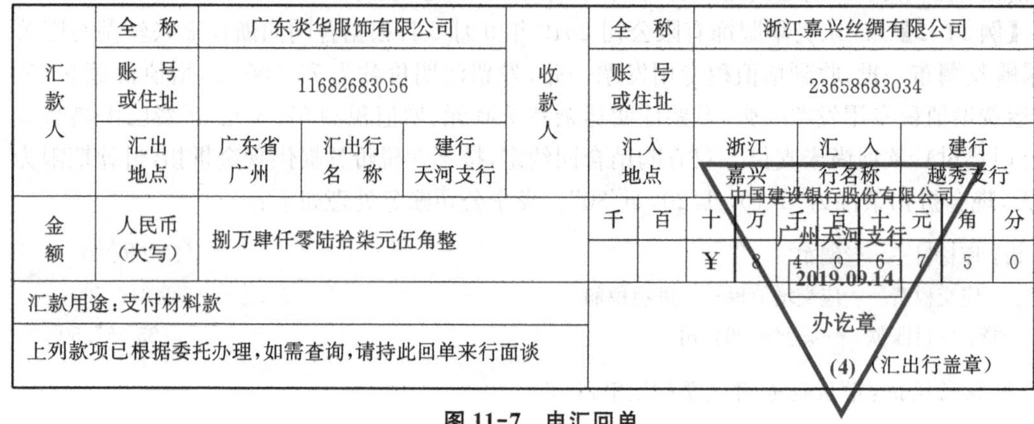

电 汇 凭 证(回单)　　1　　№ 006840901

第0912号　　委托日期　2019年09月14日

汇款人	全　称	广东炎华服饰有限公司			收款人	全　称	浙江嘉兴丝绸有限公司									
	账　号 或住址	11682683056				账　号 或住址	23658683034									
	汇出 地点	广东省 广州	汇出行 名　称	建行 天河支行		汇入 地点	浙江 嘉兴		汇　入 行名称			建行 越秀支行				
金额	人民币 (大写)	捌万肆仟零陆拾柒元伍角整				千	百	十	万	千	百	十	元	角	分	
								¥	8	4	0	6	7	5	0	
汇款用途:支付材料款																
上列款项已根据委托办理,如需查询,请持此回单来行面谈						(汇出行盖章)										

图11-7　电汇回单

(2) 若在20天内付款时:

现金折扣=75 000×1%=750(元)

借:应付账款——嘉兴丝绸公司　　85 567.50
　贷:财务费用　　750.00
　　银行存款　　84 817.50

(3) 若在30天内付款时:

借:应付账款——嘉兴丝绸公司　　85 567.50
　贷:银行存款　　85 567.50

3) 转销应付账款

对于确实无法支付的应付账款(如因债权人撤销等原因而产生无法支付的应付账款),企业应按其账面余额予以转销,计入营业外收入,借记“应付账款”账户,贷记“营业外收入”账户。

11.2.2　预收账款核算

1. 预收账款概念

预收账款,是指企业按照合同规定,向购货单位或接受劳务方预先收取的款项。它是供货方或提供劳务方预先向购货方或接受劳务方收取一部分货款或订金而形成的一项负债,该项负债需要企业在一定时间内提供货物或劳务偿付。

2. 账户设置

企业应设置“预收账款”账户,核算企业预收账款的取得及结算情况。该账户属于负债类账户，贷方登记企业收到购货方预付的货款及补付的货款，借方登记企业向购货方发货后冲销的预收账款数额和退回购货方多付账款的数额，期末余额一般在贷方，表示企业向购货方预收的但尚未向其发货的数额。期末如为借方余额，表示企业应收的款项。

"预收账款"账户应按购货单位设置明细分类账，进行明细分类核算。"预收账款"账户结构，如图 11-8 所示。

预收账款	
	期初：向购货方预收的但尚未向其发货的余额
本期：登记企业向购货方发货后冲销的预收账款数额和退回购货方多付账款的数额	登记企业收到购货方预付的货款及补付的货款
	期末：企业向购货方预收的但尚未向其发货的数额

图 11-8 "预收账款"账户结构

预收账款业务不多的企业，可以不设置"预收账款"账户，所发生的预收账款业务，通过"应收账款"账户进行核算。

3. 会计核算

(1) 企业预收购货单位的款项时，借记"银行存款"账户，贷记"预收账款"账户。

(2) 发出货物实现销售收入时，按售价和增值税额，借记"预收账款"账户，按实现的销售收入，贷记"主营业务收入"账户，按应交增值税额，贷记"应交税费——应交增值税——销项税额"账户。

(3) 收到购货单位补付货款，借记"银行存款"账户，贷记"预收账款"账户；向购货单位退回其多付款项时，借记"预收账款"账户，贷记"银行存款"账户。

【例 11-4】 广东炎华服饰有限公司 2019 年 9 月 7 日与广东恒盛服装有限公司签订童装购销合同，当日收到恒盛公司预付订金 10 000 元。炎华公司账务处理如下：

借：银行存款　　10 000.00

　贷：预收账款——恒盛服装公司　　10 000.00

附原始凭证：银行进账单（见图 11-9）

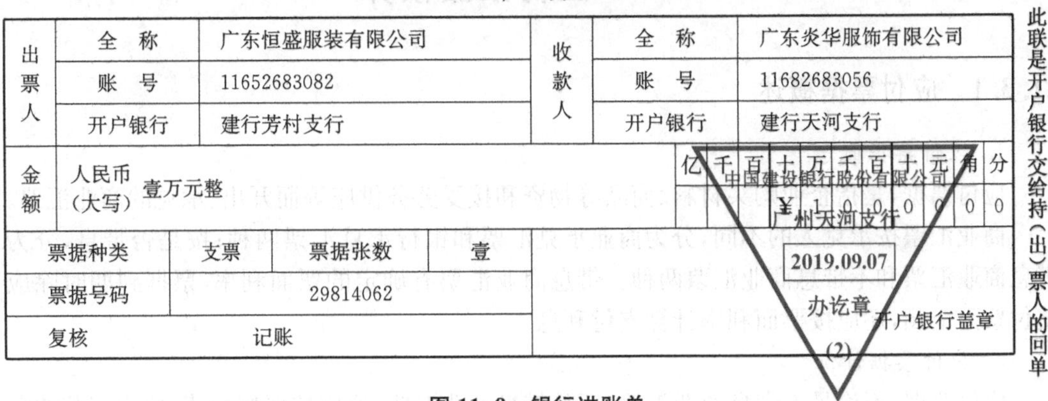

中国建设银行进账单　（回　单）　1

2019 年 09 月 07 日

出票人			收款人		
	全　称	广东恒盛服装有限公司		全　称	广东炎华服饰有限公司
	账　号	11652683082		账　号	11682683056
	开户银行	建行芳村支行		开户银行	建行天河支行
金额	人民币（大写）	壹万元整		亿千百十万千百十元角分	¥1000000
票据种类	支票	票据张数	壹		
票据号码		29814062			
复核		记账		开户银行盖章	

图 11-9　银行进账单

【例 11-5】 承[例 11-4],广东炎华服饰有限公司 2019 年 10 月 10 日按合同约定向广东恒盛服装有限公司发出童装 400 套,开出增值税专用发票,发票注明价款 24 000 元,增值税额 3 120 元,当日收到恒盛公司补付货款。炎华公司账务处理如下:

(1) 发出童装,实现销售收入时:

借:预收账款——恒盛服装公司 27 120.00

贷:主营业务收入——童装 24 000.00

应交税费——应交增值税——销项税额 3 120.00

附原始凭证:增值税专用发票(见图 11-10)

4400041141 **广东增值税专用发票** No 201342901

此联不作报销、扣税凭证使用 开票日期:2019 年 10 月 10 日

购货单位	名称:广东恒盛服装有限公司 纳税人识别号:440106695268028 地址、电话:广州芳村中路 8 号 73695652 开户行及账号:建行芳村支行 11652683082			密码区	(略)		
货物或应税劳务、服务名称	规格型号	单位	数量	单价	金额	税率	税额
童装		套	400	60.00	24 000.00	13%	3 120.00
合计					¥24 000.00		¥3 120.00
价税合计(大写)	⊗贰万柒仟壹佰贰拾圆整					(小写)¥27 120.00	
销货单位	名称:广东炎华服饰有限公司 纳税人识别号:440106868268025 地址、电话:广州天河中路 2 号 86697584 开户行及账号:建行天河支行 11682683056			备注			

收款人:李芬 复核:李源珍 开票人:李欣 销货单位:(章)

第一联:记账联 销售方记账凭证

图 11-10 增值税专用发票

(2) 收到恒盛公司补付货款时:

借:银行存款 17 120.00

贷:预收账款——恒盛服装公司 17 120.00

11.3 应付票据核算

11.3.1 应付票据概述

1. 应付票据概念

应付票据,是指企业购买材料、商品等物资和接受劳务供应等而开出、承兑的商业汇票。

商业汇票按承兑人的不同,分为商业承兑汇票和银行承兑汇票两种;按是否带息,分为带息商业汇票和不带息商业汇票两种。带息商业汇票有确定的票面利率,票据到期时除应支付票面金额,还应按票面利率计算支付利息。

2. 应付票据计价

应付票据,不论是不带息商业汇票,还是带息商业汇票,均应按票据面值(票面记载的金

额)计价入账。

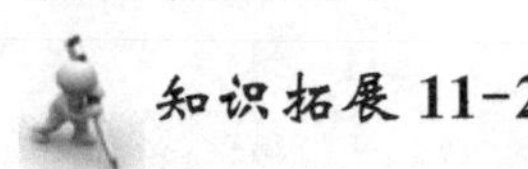
知识拓展 11-2

应付票据管理

为了加强对应付票据的管理,企业应设置"应付票据备查簿",详细登记商业汇票的种类、号数和出票日期、到期日、票面金额、交易合同号和收款人姓名或单位名称以及付款日期和金额等资料。应付票据到期结清时,应当在备查簿内予以注销。

3. 账户设置

企业应设置"应付票据"账户,核算企业应付票据的发生、偿付及结存情况。该账户属于负债类账户,贷方登记开出、承兑商业汇票的面值及带息商业汇票的预提利息,借方登记企业到期支付(或结转)商业汇票的金额,期末余额一般在贷方,表示企业尚未到期的商业汇票的票面金额和应付未付的利息。

"应付票据"账户可按供货商(债权人)设置明细分类账,进行明细分类核算。"应付票据"账户结构,如图 11-11 所示。

应付票据	
	期初:结存尚未到期的商业汇票的票面金额和应付未付的利息
本期:登记企业到期支付(或结转)商业汇票的金额	登记开出、承兑商业汇票的面值及带息商业汇票的预提利息
	期末:企业尚未到期的商业汇票的票面金额和应付未付的利息

图 11-11 "应付票据"账户结构

11.3.2 应付票据核算

1. 不带息应付票据核算

1) 开出、承兑商业汇票

企业因购买材料、商品等物资和接受劳务供应等开出、承兑商业汇票时,应按其票面金额,借记"在途物资""原材料""库存商品""应交税费——应交增值税——进项税额"等账户,贷记"应付票据"账户。

2) 到期支付票据款

应付票据到期,支付票据款时,应按应付票据账面余额,借记"应付票据"账户,贷记"银行存款"账户。

3) 到期无力支付票据款

应付商业承兑汇票到期,如企业无力支付票据款,应将应付票据的账面余额转作应付账款,借记"应付票据"账户,贷记"应付账款"账户。

应付银行承兑汇票到期,如企业无力支付票据款,应将应付票据的账面余额转作短期借款,借记"应付票据"账户,贷记"短期借款"账户。

【例 11-6】 广东炎华服饰有限公司 2019 年 9 月 8 日向广州顺棉布业有限公司采购棉布一批,收到增值税专用发票一张,发票注明价款 45 000 元,增值税额 5 850 元,棉布已验收入库。炎华公司向开户行申请发一张面值 50 850 元、期限为 3 个月的银行承兑汇票结算货

款,支付开户行承兑汇票承兑费25.43元。炎华公司账务处理如下:

(1) 支付银行承兑费时:

借:财务费用 25.43

贷:银行存款 25.43

附原始凭证:银行承兑费收费单(见图11-12)

中国建设银行邮电费、手续费、空白凭证收费单

单位名称:广东炎华服饰有限公司　　账号:11682683056　　2019年09月08日

收取费用				购买凭证		
结算种类	笔数	类别	金额(元)	名称	数量	金额(元)
托收承付及委托收款	笔	手续费				
汇兑	笔	邮费				
银行汇票	笔	电费				
支票	笔	附加费				
承兑汇票	笔	承兑费	25.43			
合计(大写)	⊗仟⊗佰贰拾伍元肆角叁分					￥25.43
付款单位(经手人)签章:李芬				收款银行盖章		

中国建设银行股份有限公司 广州天河支行 2019.09.08 办讫章 (2)

①此联由银行加盖章后交给付款人

图11-12 银行承兑费收费单

(2) 开出银行承兑汇票结算货款时:

借:原材料——棉布 45 000.00

应交税费——应交增值税——进项税额 5 850.00

贷:应付票据——广州顺棉公司 50 850.00

附原始凭证:增值税专用发票(见图11-13)

4401241141　　广东增值税专用发票　　№ 491043901

发票联

开票日期:2019年09月08日

购货单位	名称:广东炎华服饰有限公司 纳税人识别号:440106868268025 地址、电话:天河中路2号86697584 开户行及账号:建行天河支行11682683056				密码区	(略)		
货物或应税劳务、服务名称	规格型号	单位	数量	单价	金额	税率	税额	
棉布		米	3 000	15.00	45 000.00	13%	5 850.00	
合计					￥45 000.00		￥5 850.00	
价税合计(大写)	⊗伍万零捌佰伍拾圆整					(小写)￥50 850.00		
销货单位	名称:广州顺棉布业有限公司 纳税人识别号:440105282268415 地址、电话:科华西路216号28695284 开户行及账号:工行科华支行11642685486				备注	广州顺棉布业有限公司 440105282268415 发票专用章		

收款人:展盛利　　复核:陈富明　　开票人:李少敏　　销货单位:(章)

第三联:发票联 购买方记账凭证

图11-13 增值税专用发票

【例 11-7】 承[例 11-6],2019 年 12 月 8 日银行承兑汇票到期,广东炎华服饰有限公司支付票据款。炎华公司账务处理如下:

借:应付票据——广州顺棉公司	50 850.00
贷:银行存款	50 850.00

附原始凭证:付款通知单(见图 11-14)

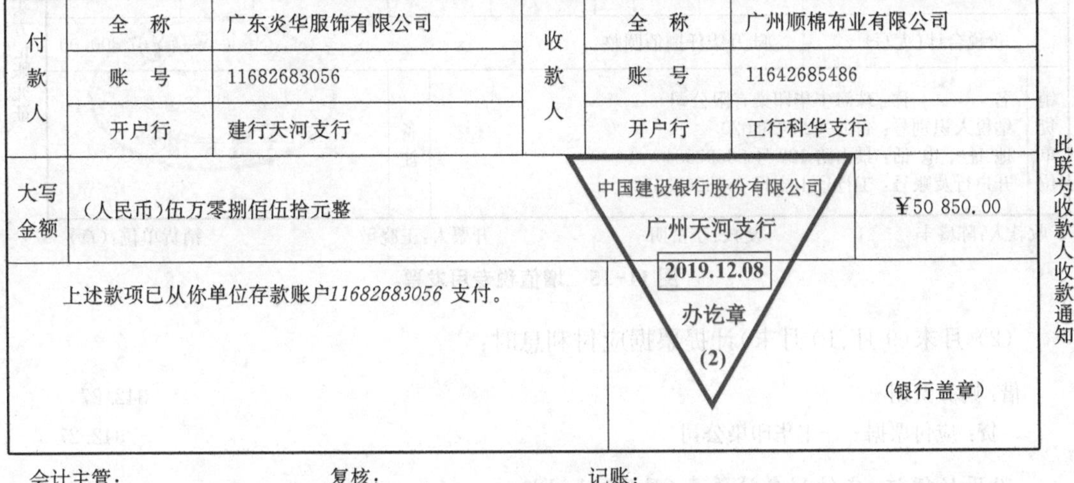

中国建设银行对公客户付款通知单

账别:人民币　　2019 年 12 月 08 日　　交易种类:支付票据款

付款人	全　称	广东炎华服饰有限公司	收款人	全　称	广州顺棉布业有限公司
	账　号	11682683056		账　号	11642685486
	开户行	建行天河支行		开户行	工行科华支行
大写金额	(人民币)伍万零捌佰伍拾元整				¥50 850.00
上述款项已从你单位存款账户11682683056 支付。			中国建设银行股份有限公司 广州天河支行 2019.12.08 办讫章 (2) (银行盖章)		

此联为收款人收款通知

会计主管:　　复核:　　记账:

图 11-14　付款通知单

2. 带息应付票据核算

与不带息应付票据会计核算的不同之处是,企业开出、承兑的带息商业汇票,应于期末计算应付利息,计入当期财务费用,借记“财务费用”等账户,贷记“应付票据”账户。

【例 11-8】 广东炎华服饰有限公司 2019 年 9 月 1 日向珠海丰华印染有限公司采购印花布一批,收到增值税专用发票一张,发票注明价款 60 000 元,增值税额 7 800 元,运费增值税专用发票一张,发票注明运杂费 600 元、增值税额 54 元(运费已由珠海丰华印染公司垫付),印花布已验收入库。炎华公司签发一张面值 68 454 元、期限为 2 个月、票面利率为 6% 的商业承兑汇票结算货款。炎华公司账务处理如下:

(1) 签发并承兑商业汇票结算货款时:

借:原材料——印花布	60 600.00	
应交税费——应交增值税——进项税额	7 854.00	
贷:应付票据——丰华印染公司		68 454.00

附原始凭证:增值税专用发票(见图 11-15)

4406241141	广东增值税专用发票 发 票 联								№ 491067906 开票日期:2019 年 09 月 01 日
购货单位	名　　称:广东炎华服饰有限公司 纳税人识别号:440106868268025 地 址 、电 话:天河中路 2 号 86697584 开户行及账号:建行天河支行 11682683056				密码区	(略)			第三联:发票联　购买方记账凭证
货物或应税劳务、服务名称		规格型号	单位	数 量	单 价	金 额	税率	税 额	
印花布			米	6 000	10.00	60 000.00	13%	7 800.00	
合 计						¥60 000.00		¥7 800.00	
价税合计(大写)		⊗陆万柒仟捌佰圆整					(小写)¥67 800.00		
销货单位	名　　称:珠海丰华印染有限公司 纳税人识别号:440606258268020 地 址 、电 话:景山路 122 号 86697584 开户行及账号:工行景山支行 16682683352				备注	珠海丰华印染有限公司 440606258268020 发票专用章			

收款人:陈盛丰　　复核:李富明　　开票人:王晓敏　　销货单位:(章)

图 11-15　增值税专用发票

(2) 月末(9 月、10 月末)计提票据应付利息时:

借:财务费用　　342.27

　贷:应付票据——丰华印染公司　　342.27

附原始凭证:应付利息计算表(见图 11-16)

应付利息计算表

2018 年 9 月 30 日　　单位:元

计息项目	计提基数	月利率	计息期限(月)	利息额
应付票据计息	68 454.00	6%/12	1	342.27
合计	¥68 454.00	—	—	¥342.27

会计主管:陈利民　　会计:李源珍　　制表:朱玲玲

图 11-16　应付利息计算表

【例 11-9】 承[例 11-8],2019 年 11 月 1 日商业承兑汇票到期,广东炎华服饰有限公司无力支付票据款。炎华公司账务处理如下:

借:应付票据——丰华印染公司　　69 138.54

　贷:应付账款——丰华印染公司　　69 138.54

附原始凭证:未付票款通知书(见图 11-17)

支付结算 通知 查询查复 （第1联）

主送：广东炎华服饰有限公司
抄送：珠海丰华印染有限公司　　填发日期：2019 年 11 月 01 日

结算种类	商业承兑汇票	凭证号码	0136395
凭证日期	2019 年 09 月 01 日	凭证金额	人民币陆万捌仟肆佰伍拾肆元整
付款人名称	广东炎华服饰有限公司	收款人名称	珠海丰华印染有限公司
付款人账号	11682683056	收款人账号	16682683352
通知（或查询查复）事由 付款人无款支付。		中国建设银行股份有限公司 广州天河支行 2019.11.01 办讫章 (4) 填发银行签章	复核　　经办

此联是开户银行交给付款人的通知

图 11-17　未付票款通知书

11.4　应交税费核算

11.4.1　应交税费概述

1. 应交税费概念

应交税费包括应交税金和应交费用两个部分。

应交税金，是指企业按国家税法规定应该缴纳的各种税金。应交税金主要包括增值税、消费税、城市维护建设税、土地增值税、资源税、房产税、城镇土地使用税、印花税、耕地占用税、车船税、车辆购置税、企业所得税等。

应交费用，是指企业按国家或地方政府有关规定应缴纳的款项，如教育费附加、堤围防护费等。

2. 账户设置

企业应设置"应交税费"账户，核算各种税费的交纳情况。该账户属于负债类账户，贷方登记企业按规定计算结转应交的各种税费，借方登记企业实际交纳的各种税费和应抵扣的税金，期末余额一般在贷方，表示企业尚未交纳的各种税费；期末如为借方余额，表示企业多交或尚未抵扣的税费。

"应交税费"账户应按税费的种类设置明细分类账，进行明细分类核算。"应交税费"账户结构，如图 11-18 所示。

应交税费	
本期：登记企业实际交纳的各种税费和应抵扣的税金	期初：结存尚未交纳的各种税费 登记企业按规定计算结转应交的各种税费额
	期末：企业尚未交纳的各种税费

图 11-18　"应交税费"账户结构

企业交纳的印花税、耕地占用税、车辆购置税、关税、契税等不需要预计应交数额的税金,不通过“应交税费”账户核算。

11.4.2 应交增值税核算

1. 应交增值税概述

1) 增值税概念

增值税,是指以商品(含应税劳务、服务、无形资产、不动产)在流转过程中产生的增值额作为计税依据而征收的一种流转税。按照我国增值税条例的规定,增值税的纳税人是在我国境内销售货物、服务、无形资产、不动产,进口货物,或提供加工、修理修配劳务的企业单位和个人。增值税纳税人按照纳税人的经营规模及会计核算的健全程度,可分为一般纳税人和小规模纳税人两种。

2) 一般纳税人企业增值税账户设置

一般纳税人企业应当在“应交税费”账户下设置“应交增值税”“未交增值税”“预交增值税”“待认证进项税额”“待转销项税额”“增值税留抵税额”“简易计税”“转让金融商品应交增值税”“代扣代交增值税”等明细账户。

(1)“应交税费——应交增值税”明细账户。该明细账户核算企业应交增值税的发生、抵扣、交纳、退税及转出情况。该明细账户贷方登记企业销售货物或提供劳务应收取的增值税额、出口货物退税、转出不允许抵扣的进项税额及转出多交的增值税额,借方登记企业购进货物或接受劳务支付的进项税额、实际已缴纳本月的增值税额及转出未交的增值税额。月份终了,企业应将“应交增值税”明细账户的余额转入“未交增值税”明细账户,转出后“应交增值税”明细账户应无余额。

“应交增值税”应设置多栏式明细账户,借方设置有“进项税额”“已交税金”“转出未交增值税”等专栏,贷方设置有“销项税额”“进项税额转出”“转出多交增值税”“出口退税”等专栏。应交增值税明细账格式,如表11-1所示。

表 11-1　　应交税费——应交增值税

年		摘要	月初余额	借方				贷方				借或贷	余额
月	日			进项税额	已交税金	转出未交增值税	出口抵减内销产品应纳税额	销项税额	进项税额转出	转出多交增值税	出口退税		
……													
合计													

(2)“应交税费——未交增值税”明细账户。该明细账户核算企业月份终了从“应交增值税”明细账户转入的当月未交或多交的增值税额以及本月交纳以前月份增值税的情况。该明细账户贷方登记月末转入未交的增值税额,借方登记上缴上期的增值税额及月末转入多交的增值税额,期末贷方余额表示企业尚未交纳的增值税额,如为借方余额则表示企业多交的增值税额。

2. 一般纳税人企业应交增值税核算

1) 进项税额核算

进项税额,是指企业购入货物、无形资产或不动产以及接受应税劳务或服务而支付的,准予从销项税额中抵扣的增值税额。进项税额核算应区分购入货物、接受应税劳务和接受投资等情况。

(1) 购入货物、无形资产或不动产。企业购入货物、无形资产或不动产时,应根据增值税专用发票等结算凭证记载的应计入采购成本的金额,借记“在途物资”“原材料”“固定资产”“在建工程”“工程物资”等账户,按当月已认证的可抵扣增值税额,借记“应交税费——应交增值税——进项税额”账户,按当月未认证的可抵扣增值税额,借记“应交税费——待认证进项税额”账户,按应付或实际支付的金额,贷记“应付账款”“银行存款”等账户。

购入货物发生退货,如原增值税专用发票已做认证,应根据税务机关开具的红字增值税专用发票做相反的会计分录;如原增值税专用发票未做认证,应将发票退回并做相反的会计分录。

【例 11-10】 广东炎华服饰有限公司 2019 年 9 月 11 日根据采购合同向江苏苏州苏绣布业公司采购锦纶布一批,收到增值税专用发票一张,发票注明价款 36 000 元,增值税额 4 680 元,运费增值税专用发票一张,发票注明运输费 600 元、装卸费 120 元、增值税额 64.8 元(运费已由苏绣布业公司垫付),锦纶布已验收入库。结算凭证经审核无误,全额支付货款。炎华公司账务处理如下:

增值税进项税额=4 680+64.8=4 744.8(元)

锦纶布采购成本=36 000+600+120=36 720(元)

借:原材料——锦纶布　　36 720.00

　　应交税费——应交增值税——进项税额　　4 744.80

　贷:银行存款　　41 464.80

附原始凭证:增值税专用发票(见图 11-19)

3206241141　　**江苏增值税专用发票**　　№ 320067905

全国统一发票监制章　江苏　国家税务总局

发 票 联　　开票日期:2019 年 09 月 11 日

购货单位	名　　称:广东炎华服饰有限公司 纳税人识别号:440106868268025 地 址 、电 话:天河中路 2 号 86697584 开户行及账号:建行天河支行 11682683056					密码区	(略)
货物或应税劳务、服务名称	规格型号	单位	数 量	单 价	金 额	税率	税 额
锦纶		米	3 000	12.00	36 000.00	13%	4 680.00
合 计					¥36 000.00		¥4 680.00
价税合计(大写)	⊗肆万零陆佰捌拾圆整					(小写)¥40 680.00	
销货单位	名　　称:江苏苏州苏绣布业公司 纳税人识别号:360206835268025 地 址 、电 话:东湖北路 6 号 88695423 开户行及账号:建行东湖支行 32682683058					备注	江苏苏州苏绣布业公司 360206835268025 发票专用章

收款人:李煜丰　　复核:陈明才　　开票人:王丽敏　　销货单位:(章)

第三联:发票联　购买方记账凭证

图 11-19　增值税专用发票

知识拓展11-3

购进货物进项税额的特殊规定

1. 根据增值税法规定,下列项目的进项税额不得从销项税额中抵扣,应计入所购货物或劳务的成本:

1) 用于简易计税方法计税项目、免征增值税项目、集体福利或者个人消费的购进货物、加工修理修配劳务、服务、无形资产和不动产。其中涉及的固定资产、无形资产、不动产,仅指专用于上述项目的固定资产、无形资产(不包括其他权益性无形资产)、不动产。纳税人的交际应酬消费属于个人消费。

2) 非正常损失的购进货物,以及相关的加工修理修配劳务和交通运输服务。

3) 非正常损失的在产品、产成品所耗用的购进货物(不包括固定资产)、加工修理修配劳务和交通运输服务。

4) 非正常损失的不动产,以及该不动产所耗用的购进货物、设计服务和建筑服务。

5) 非正常损失的不动产在建工程所耗用的购进货物、设计服务和建筑服务。纳税人新建、改建、扩建、修缮、装饰不动产,均属于不动产在建工程。

6) 购进的贷款服务、餐饮服务、居民日常服务和娱乐服务。

7) 财政部和国家税务总局规定的其他情形。

2. 根据增值税法规定,企业购进免税农产品,无法取得增值税专用发票的,可以按照免税农产品的买价和规定的扣除率(9%)计算进项税额,准予从企业销项税额中抵扣。

知识拓展11-4

购进旅客运输服务进项税额抵扣的规定

《依据财政部、税务总局、海关总署关于深化增值税改革有关政策的公告》(2019年第39号)规定,自2019年4月1日起,一般纳税人购进国内旅客运输服务,其进项税额允许从销项税额中抵扣。可以作为进项税额抵扣的凭证包括有增值税专用发票、增值税电子普通发票、注明旅客身份信息的航空运输电子客票行程单、铁路车票以及公路、水路等其他客票。购进国际旅客运输服务的,其进项税额不得抵扣,因纳税人提供国际旅客运输服务适用的是增值税零税率或免税政策。

一般纳税人未取得增值税专用发票的,暂按以下规定确定进项税额:

1. 取得增值税电子普通发票的,为发票上注明的税额。

2. 取得注明旅客身份信息的航空运输电子客票行程单的,按照下列公式计算进项税额:

$$\text{航空旅客运输进项税额} = (\text{票价} + \text{燃油附加费}) \div (1 + 9\%) \times 9\%$$

3. 取得注明旅客身份信息的铁路车票的,按照下列公式计算的进项税额:

$$\text{铁路旅客运输进项税额} = \text{票面金额} \div (1 + 9\%) \times 9\%$$

4. 取得注明旅客身份信息的公路、水路等其他客票的,按照下列公式计算进项税额:

$$\text{公路、水路等其他旅客运输进项税额} = \text{票面金额} \div (1 + 3\%) \times 3\%$$

(2) 接受应税劳务或服务。企业接受应税劳务或服务，应按照增值税专用发票上记载的应计入加工、修理修配等劳务成本或者相关成本费用的金额，借记"生产成本""制造费用""委托加工物资""管理费用"等账户，按照增值税专用发票上注明的增值税额，借记"应交税费——应交增值税——进项税额"账户，按应付或实际支付的金额，贷记"应付账款""银行存款"等账户。

【例 11-11】 广东炎华服饰有限公司 2019 年 9 月 12 日委托广州福泽修配有限公司修理全自动绣花机，收到福泽公司开具的增值税专用发票一张，发票注明修理费用 6 000 元，增值税额 780 元，款项以银行存款支付。炎华公司账务处理如下：

借：管理费用——修理费　　6 000.00
　　应交税费——应交增值税——进项税额　　780.00
　贷：银行存款　　6 780.00

附原始凭证：增值税专用发票(见图 11-20)

(3) 接受投资。企业接受投资转入的物资，应按收到增值税专用发票上注明的增值税额，借记"应交税费——应交增值税——进项税额"账户，按确定的价值，借记"原材料""固定资产"等账户，按其在注册资本中所占有的份额，贷记"实收资本"账户，按其差额，贷记"资本公积"账户。

2) 进项税额转出核算

企业购进的货物发生非正常损失(因管理不善造成被盗、丢失、霉烂变质的损失)以及将购进货物改变用途(如用于简易计税方法计税项目、免征增值税项目、集体福利或者个人消费等)，其进项税额应当转出，记入"待处理财产损溢""应付职工薪酬——职工福利"等账户。

4401241941　　广东增值税专用发票　　№ 421067201

发票联　　开票日期：2019 年 09 月 12 日

购货单位	名　　称：广东炎华服饰有限公司 纳税人识别号：440106868268025 地 址 、电 话：天河中路 2 号 86697584 开户行及账号：建行天河支行 11682683056			密码区	(略)		
货物或应税劳务、服务名称	规格型号	单位	数 量	单 价	金 额	税率	税 额
修理费			1	6 000.00	6 000.00	13%	780.00
合 计					¥6 000.00		¥780.00
价税合计(大写)	⊗陆仟柒佰捌拾圆整				(小写) ¥6 780.00		
销货单位	名　　称：广州福泽修配有限公司 纳税人识别号：440106254368027 地 址 、电 话：福平路 135 号 86277585 开户行及账号：工行福平支行 16322683357			备注	广州福泽修配有限公司 440106254368027 发票专用章		

收款人：张泽盛　　复核：李新华　　开票人：王晓娜　　销货单位：(章)

第三联：发票联　购买方记账凭证

图 11-20　增值税专用发票

【例 11-12】 广东炎华服饰有限公司 2019 年 9 月 18 日因管理不善造成毁损棉布

1 200 米,实际成本 18 000 元,印花布 1 600 米,实际成本为 16 000 元。炎华公司账务处理如下:

进项税额转出=(18 000+16 000)×13%=4 420(元)

借:待处理财产损溢——待处理流动资产损溢　　38 420.00
　贷:原材料——棉布　　18 000.00
　　　　　——印花布　　16 000.00
　　应交税费——应交增值税——进项税额转出　　4 420.00

3) 销项税额核算

销项税额,是指企业销售货物、无形资产或不动产以及提供应税劳务或服务而收到的增值税额。销项税额应区分不同情况进行核算。

(1) 销售货物、无形资产或不动产以及提供应税劳务或服务。企业销售货物、无形资产或不动产以及提供应税劳务或服务,应按实现的销售收入和按规定收取的增值税额,借记"银行存款""应收账款"等账户,贷记"主营业务收入""其他业务收入""应交税费——应交增值税——销项税额"等账户。

已销售货物发生销售退回,应根据有关原始凭证,做相反账务处理。

【例 11-13】 广东炎华服饰有限公司 2019 年 9 月 18 日向广州华谊百货有限公司销售西服一批,开出增值税专用发票,发票注明价款 38 000 元,增值税额 4 940 元,产品已发出,货款尚未收到。炎华公司账务处理如下:

借:应收账款——华谊百货公司　　42 940.00
　贷:主营业务收入——西服　　38 000.00
　　应交税费——应交增值税——销项税额　　4 940.00

附原始凭证:增值税专用发票(见图 11-21)

4400041141　　**广东增值税专用发票**　　№ 201309112

此联不作报销、扣税凭证使用　　开票日期:2019 年 09 月 18 日

购货单位	名　　称:广州华谊百货有限公司 纳税人识别号:440106458268326 地 址 、电 话:广州文德路 20 号 86495295 开户行及账号:建行文德支行 11682533052				密码区	(略)		
货物或应税劳务、服务名称		规格型号	单位	数 量	单 价	金 额	税率	税 额
西服			套	200	190.00	38 000.00	13%	4 940.00
合 计						¥38 000.00		¥4 940.00
价税合计(大写)		⊗肆万贰仟玖佰肆拾圆整					(小写)¥42 940.00	
销货单位	名　　称:广东炎华服饰有限公司 纳税人识别号:440106868268025 地 址 、电 话:广州天河中路 2 号 86697584 开户行及账号:建行天河支行 11682683056				备注			

第一联:记账联 销售方记账凭证

收款人:李芬　　复核:李源珍　　开票人:李欣　　销货单位:(章)

图 11-21 增值税专用发票

(2) 货物用于职工生活福利、对外投资等——视同销售货物。企业将自产、委托加工的货物用于集体福利或者职工个人消费以及将自产、委托加工或购买的货物用于对外投资或者分配给股东(投资者)等,视同销售货物,应计算货物销售收入和结转货物成本。按货物销售价格(或公允价值),借记"应付职工薪酬——职工福利""应付股利""长期股权投资"等账户,贷记"主营业务收入""应交税费——应交增值税(销项税额)"等账户;同时,按货物成本,借记"主营业务成本"账户,贷记"库存商品"账户。

知识拓展11-5

视同销售商品的规定

企业对视同销售货物行为进行会计核算时,是否确认收入,应看是否符合收入确认条件,凡符合收入确认条件的,应作销售处理,确认收入,如将货物用于非货币性资产交换、偿债,以及将货物用于赞助、集资、广告、样品、集体福利或者职工个人消费、对外投资或者利润分配等。凡不符合收入确认条件的,不作销售处理,不确认收入,如对外捐赠,但应按视同销售行为计算增值税销项税额。

企业在建工程、管理部门等内部部门领用所生产的产成品、原材料等,应当作为企业内部发生的经济事项,属于企业内部不同资产之间相互转换,不属于收入实现的过程,不确认收入,但应当按照成本进行结转。

【例11-14】 广东炎华服饰有限公司2019年9月25日向中国红十字会捐赠200套自产的童装,单位成本为36元,市场售价为60元,增值税税率为13%。炎华公司账务处理如下:

增值税销项税额=(60×200)×13%=1 560(元)

借:营业外支出——公益捐赠支出　　8 760.00

　贷:库存商品——童装　　7 200.00

　　　应交税费——应交增值税——销项税额　　1 560.00

【例11-15】 广东炎华服饰有限公司2019年9月26日以自产的西服一批对广东柏林服饰有限公司进行长期投资,开出增值税专用发票,发票注明价款为100 000元,增值税税率为13%。该批西服的成本为63 000元,产品已发出。炎华公司账务处理如下:

(1) 对外投资时:

增值税销项税额=100 000×13%=13 000(元)

借:长期股权投资——柏林服饰公司　　113 000.00

　贷:主营业务收入——西服　　100 000.00

　　　应交税费——应交增值税——销项税额　　13 000.00

附原始凭证:增值税专用发票(见图11-22)

(2) 结转西服成本时:

借:主营业务成本——西服　　63 000.00

　贷:库存商品——西服　　63 000.00

4400041141　　**广东增值税专用发票**　　№ 201309142

此联不作报销、扣税凭证使用　　开票日期：2019 年 09 月 26 日

购货单位	名　　称：广东柏林服饰有限公司 纳税人识别号：440103275268329 地 址 、电 话：广州中山一路 104 号 86464292 开户行及账号：建行中一支行 11667333051				密码区	(略)		
货物或应税劳务、服务名称	规格型号	单位	数 量	单 价	金 额	税率	税 额	
西服		套	500	200.00	100 000.00	13%	13 000.00	
合 计					¥100 000.00		¥13 000.00	
价税合计(大写)	⊗壹拾壹万叁仟圆整				(小写)¥113 000.00			
销货单位	名　　称：广东炎华服饰有限公司 纳税人识别号：440106868268025 地 址 、电 话：广州天河中路 2 号 86697584 开户行及账号：建行天河支行 11682683056				备注			

收款人：李芬　　复核：李源珍　　开票人：李欣　　销货单位：(章)

第一联：记账联　销售方记账凭证

图 11-22　增值税专用发票

4) 缴纳增值税核算

企业应按期计算当期应缴纳的增值税，其计算公式为：

应交增值税＝当期销项税额－当期准予抵扣的进项税额

对于提供邮政、电信、现代服务、生活服务等生产、生活性服务业的纳税人，其当期应缴纳增值税的计算公式为：

应交增值税＝当期销项税额－当期准予抵扣的进项税额×(1＋10%)

如果当期销项税额小于当期准予抵扣的进项税额而不足抵扣时，其不足部分(尚未抵扣部分)可结转到下期继续抵扣。

企业当月缴纳当月应交增值税额时，借记“应交税费——应交增值税——已交税金”账户，贷记“银行存款”账户。

企业当月缴纳以前月份未交增值税额时，借记“应交税费——未交增值税”账户，贷记“银行存款”账户。

【例 11-16】 广东炎华服饰有限公司 2019 年 9 月 28 日以银行存款交纳当月增值税 25 000元，上月增值税 6 164 元。炎华公司账务处理如下：

借：应交税费——应交增值税——已交税金	25 000.00
——未交增值税	6 164.00
贷：银行存款	31 164.00

附原始凭证：电子缴税凭证(见图 11-23)

广州市电子缴税系统回单

纳税人名称：广东炎华服饰有限公司　　　　纳税人编号：440106868268025

付款人名称	广东炎华服饰有限公司	收款人名称	广州市天河区国家税务局
付款人账号	11682683056	收款人账号	11672665072
付款人开户行	建行天河支行	收款人开户行	国家金库天河支库
款项内容	代扣(国税)税款	电子税票号	013262446
税种	所属期	纳税金额	备注
增值税	2019.08.01～2019.08.31	6 164.00	中国建设银行股份有限公司 广州天河支行 2019.09.28 办讫章 (4)
增值税	2019.09.01～2019.09.28	25 000.00	
合计	—	￥31 164.00	
人民币(大写)	叁万壹仟壹佰陆拾肆元整		

经办：　　复核：　　打印日期：2019.09.28

图 11-23　电子缴税凭证

5）转出多交增值税或未交增值税核算

月份终了，企业应计算当月应交而未交或多交的增值税，结转到“未交增值税”明细分类账户。

结转当月应交而未交的增值税时，借记“应交税费——应交增值税——转出未交增值税”账户，贷记“应交税费——未交增值税”账户。

结转当月多交的增值税时，借记“应交税费——未交增值税”账户，贷记“应交税费——应交增值税——转出多交增值税”账户。

【例 11-17】 广东炎华服饰有限公司 2019 年 9 月累计发生销项税额 62 543 元，进项税额 36 415 元，进项税额转出 5 780 元，当月已交增值税 25 000 元，计算并转出当月未交增值税。炎华公司账务处理如下：

本月应交增值税额＝62 543－(36 415－5 780)＝31 908(元)

本月应交而未交增值税额＝31 908－25 000＝6 908(元)

借：应交税费——应交增值税——转出未交增值税　　6 908.00

　贷：应交税费——未交增值税　　6 908.00

3. 小规模纳税企业应交增值税核算

1）应交增值税额计算

小规模纳税企业应交增值税额应按不含税销售额和规定的增值税征收率(3%)计算确定。其计算公式为：

应交增值税额＝不含税销售额×增值税征收率(3%)

不含税销售额＝含税销售额÷(1＋增值税征收率)

2）账户设置

小规模纳税企业不享有进项税额的抵扣权，其购进货物、无形资产或不动产以及接受应税劳务或服务所支付的增值税，直接计入有关货物、无形资产、不动产、劳务或服务的成本。

因此,小规模纳税企业只需在"应交税费"账户下设置"应交增值税"明细分类账户进行核算,不需要在"应交增值税"明细分类账户中设置专栏。

"应交税费——应交增值税"账户贷方登记小规模纳税企业应交纳的增值税,借方登记小规模纳税企业已交纳的增值税,期末贷方余额表示企业尚未交纳的增值税额,期末借方余额表示企业多交纳的增值税额。

知识拓展11-6

一般纳税人转登记为小规模纳税人后应做结转的会计核算

关于统一增值税小规模纳税人标准的通知(财税〔2018〕33号)规定自2018年5月1日起增值税小规模纳税人标准为年应征增值税销售额500万元及以下;已登记为增值税一般纳税人的单位和个人,在2018年12月31日前,可转登记为小规模纳税人,其未抵扣的进项税额做转出处理。转登记为小规模纳税人后应做结转的会计核算一般包括:

1. 符合条件的一般纳税人转登记为小规模纳税人后,之前的留抵增值税,应做进项税额转出,计入成本费用。

借:原材料/库存商品/主营业务成本/管理费用等
  贷:应交税费——应交增值税——进项税额转出

2. 符合条件的一般纳税人转登记为小规模纳税人后,之前的未交增值税,应转入"应交税费——应交增值税"。

借:应交税费——未交增值税
  贷:应交税费——应交增值税

3. 符合条件的一般纳税人转登记为小规模纳税人后,之前待认证进项税额,应转入成本费用。

借:原材料/库存商品/主营业务成本/管理费用等
  贷:应交税费——待认证进项税额

4. 符合条件的一般纳税人转登记为小规模纳税人后,之前待抵扣的40%进项税额,应转入固定资产或在建工程。

借:固定资产/在建工程
  贷:应交税费——待抵扣进项税额

5. 符合条件的一般纳税人转登记为小规模纳税人后,之前未缴纳的实行简易计税的增值税,应转入"应交税费——应交增值税"。

借:应交税费——简易计税
  贷:应交税费——应交增值税

6. 符合条件的一般纳税人转登记为小规模纳税人后,之前当月已交纳的应交增值税,应转入"应交税费——应交增值税"。

借:应交税费——应交增值税
  贷:应交税费——应交增值税——已交税金

11.4.3 应交消费税核算

1. 应交消费税概述

1) 消费税概念

消费税，是指在我国境内生产、委托加工和进口应税消费品的单位和个人，按其流转额计算交纳的一种流转税。

消费税有从价定率和从量定额两种征收方法。采取从价定率方法征收的消费税，以不含增值税的销售额为税基，按照税法规定的税率计算征收；采取从量定额方法征收的消费税，根据税法确定的企业应税消费品的数量和单位税额计算征收。

2) 账户设置

企业应在"应交税费"账户下设置"应交消费税"明细账户，核算企业应交消费税的发生、交纳情况。该明细账户贷方登记企业应交纳的消费税，借方登记企业已交纳的消费税，期末余额一般在贷方，表示企业尚未交纳的消费税。

2. 应交消费税核算

应交消费税应区分不同情况进行核算。

1) 销售应税消费品

企业生产销售应税消费品(如化妆品等)应交纳的消费税，记入"税金及附加"账户。按规定计算应交消费税时，借记"税金及附加"账户，贷记"应交税费——应交消费税"账户。

2) 自产自用应税消费品

企业将自产的应税消费品用于对外投资、在建工程、职工福利、捐赠等，除了按规定缴纳增值税外，还应计算缴纳消费税。按规定计算应交消费税时，借记"长期股权投资""在建工程""应付职工薪酬""营业外支出"等账户，贷记"应交税费——应交消费税"账户。

3) 委托加工应税消费品

委托加工应税消费品，应由受托方在向委托方交货时，代收代缴消费税。受托方代收代缴消费税款时，按其应交消费税额，借记"应收账款""银行存款"等账户，贷记"应交税费——应交消费税"账户。

4) 进口应税消费品

企业进口应税消费品在进口环节应交的消费税，计入该项应税消费品的成本，借记"在途物资"或"材料采购""原材料""固定资产"等账户，贷记"银行存款"账户。

11.4.4 其他税费核算

1. 应交城市维护建设税核算

1) 城市维护建设税概念

城市维护建设税，是指以增值税、消费税为计税依据征收的一种流转税。其纳税人为交纳增值税、消费税的单位和个人。城市维护建设税实行地区差别税率，市区为7%，县城、镇为5%，其他为1%。其计算公式为：

$$\text{应交城市维护建设税}=(\text{应交增值税}+\text{应交消费税})\times\text{适用税率}$$

2) 会计核算

企业应交城市维护建设税,应通过“应交税费——应交城市维护建设税”账户核算。企业销售产品、销售材料、提供劳务和服务、资产租赁、代购代销、转让无形资产等业务应交纳的城市维护建设税,应记入“税金及附加”账户。按规定计算应交城市维护建设税时,借记“税金及附加”账户,贷记“应交税费——应交城市维护建设税”账户。

【例 11-18】 广东炎华服饰有限公司 2019 年 9 月应交增值税 31 908 元,城市维护建设税税率为 7%,计算并结转本月应交城市维护建设税。炎华公司账务处理如下:

本月应交城市维护建设税=31 908×7%=2 233.56(元)

借:税金及附加　　2 233.56

　贷:应交税费——应交城市维护建设税　　2 233.56

2. *应交教育费附加核算*

1) 教育费附加概念

教育费附加,是指以增值税、消费税为计税依据,由税务机关负责征收的一项纳税附加费。教育费附加征收率为 3%。其计算公式为:

应交教育费附加=(应交增值税+应交消费税)×征收率

2) 会计核算

企业应交教育费附加,应通过“应交税费——应交教育费附加”账户核算。企业销售产品和材料、提供劳务和服务、资产租赁、代购代销、转让无形资产等业务应交纳的教育费附加,应记入“税金及附加”账户。按规定计算应交教育费附加时,借记“税金及附加”账户,贷记“应交税费——应交教育费附加”账户。

【例 11-19】 广东炎华服饰有限公司 2019 年 9 月应交增值税 31 908 元,教育费附加征收率为 3%,计算并结转本月应交教育费附加。炎华公司账务处理如下:

本月应交教育费附加=31 908×3%=957.24(元)

借:税金及附加　　957.24

　贷:应交税费——应交教育费附加　　957.24

3. *应交资源税核算*

1) 资源税概念

资源税,是指对在我国境内开采矿产品或者生产盐的单位和个人征收的一种税。计征资源税的 21 种资源品目包括:铁矿、金矿、铜矿、铝土矿、铅锌矿、镍矿、锡矿、石墨、硅藻土、高岭土、萤石、石灰石、硫铁矿、磷矿、氯化钾、硫酸钾、井矿盐、湖盐、提取地下卤水晒制的盐、煤层(成)气、海盐。资源税自 2016 年 7 月 1 日起实行从价计征方式,在实施资源税从价计征改革的同时,将全部资源品目矿产资源补偿费费率降为零,停止征收价格调节基金,取缔地方针对矿产资源违规设立的各种收费基金项目。其计算公式为:

应交资源税=销售额×资源税税率

2) 会计核算

企业应交资源税,应通过“应交税费——应交资源税”账户核算。

企业对外销售应税产品应交纳的资源税,应记入“税金及附加”账户。按规定计算应交资源税时，借记“税金及附加”账户，贷记“应交税费——应交资源税”账户；企业自产自用应税产品应交纳的资源税，应记入“生产成本”“制造费用”等账户，借记“生产成本”“制造费用”等账户，贷记“应交税费——应交资源税”账户。

4. 应交房产税、城镇土地使用税、车船税核算

1）相关概念

（1）房产税，是指对在城市、县城、建制镇和工矿区征收的、由产权所有人缴纳的一种税。房产税依据房产原值一次扣减10%～30%的余值计算缴纳；房产出租的，以房产租金收入为房产税计税依据。

（2）城镇土地使用税，是指国家为了合理利用城镇土地，调节土地级差收入，提高土地使用效益，加强土地管理而征收的一种税。城镇土地使用税以纳税人实际占用的土地面积为计税依据，按照规定税额计算征收。

（3）车船税，是指对拥有并使用车船的单位和个人征收的一种税。车船税以应税车船为征税对象，以征税对象的计量标准（辆、净吨位、载重吨等）为计税依据。

2）会计核算

企业应交的房产税、城镇土地使用税、车船税，应通过“应交税费——应交房产税（或应交城镇土地使用税、应交车船税）”账户进行核算。

企业按规定计算应交的房产税（或城镇土地使用税、车船税），应记入“税金及附加”账户，借记“税金及附加”账户，贷记“应交税费——应交房产税（或应交城镇土地使用税、应交车船税）”账户。

5. 印花税核算

1）印花税概念

印花税，是指由纳税人根据规定自行计算应纳税额以购买并一次贴足印花税票的方法而缴纳的一种税。

一般情况下，企业需要预先购买印花税票，待发生应税行为时，再根据凭证的性质和规定的比例税率或按件计算应纳税额，将已购买的印花税票粘贴在应纳税凭证上，并在每枚税票的骑缝处盖戳注销或划销，办理定税手续。

2）会计核算

企业缴纳印花税不会发生应付未付税款的情况，不需要预计应纳税金额，因此，企业缴纳印花税不需要通过“应交税费”账户核算。企业购买印花税票所缴纳的印花税直接记入“税金及附加”账户。企业购买印花税票（即缴纳印花税）时，借记“税金及附加”账户，贷记“银行存款”或“库存现金”账户。

11.5 其他流动负债核算

11.5.1 应付股利核算

1. 应付股利概念

应付股利，是指企业根据股东大会或类似机构审议批准的利润分配方案确定分配给投资者的现金股利或利润。

2. 账户设置

企业应设置“应付股利”账户，核算企业确定或宣告支付但尚未实际支付的现金股利或利润。该账户属于负债类账户，贷方登记企业应支付的现金股利或利润，借方登记企业实际支付的现金股利或利润，期末余额一般在贷方，表示企业应付而未付的现金股利或利润。

“应付股利”账户应按投资者设置明细分类账，进行明细分类核算。“应付股利”账户结构，如图 11-24 所示。

应付股利	
	期初：应付而未付的现金股利或利润
本期：登记企业实际支付的现金股利或利润	登记企业应支付的现金股利或利润
	期末：应付而未付的现金股利或利润

图 11-24 “应付股利”账户结构

3. 会计核算

(1) 企业根据股东大会或类似机构审议批准的利润分配方案，确认应付给投资者的现金股利或利润时，借记“利润分配——应付现金股利或利润”账户，贷记“应付股利”账户。

(2) 企业向投资者实际支付现金股利或利润时，借记“应付股利”账户，贷记“银行存款”等账户。

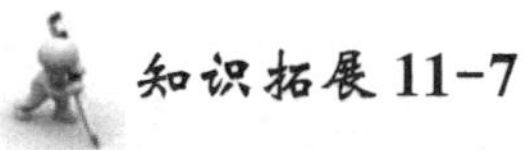

知识拓展 11-7

股票股利的核算

股份有限公司股利的支付存在多种形式，其中现金股利和股票股利是股利支付的两种基本形式。现金股利的分配通过“应付股利”账户进行核算。而股票股利的分配不通过“应付股利”账户核算。

企业经股东大会或类似机构决议，分配给投资者(股东)股票股利，应在办理增资手续后，借记“利润分配——转作股本的股利”账户，贷记“实收资本”(或“股本)”账户。

11.5.2 其他应付款核算

1. 其他应付款概念

其他应付款，是指企业除应付票据、应付账款、预收账款、应付职工薪酬、应交税费、应付股利等经营活动以外的各种其他应付、暂收的款项。其他应付款包括应付租入固定资产和包装物的租金，存入保证金(押金)等。

2. 账户设置

企业应设置“其他应付款”账户，核算企业其他应付款的增减变动及结存情况。该账户属于负债类账户，贷方登记企业发生的各种其他应付、暂收款项，借方登记企业偿还或转销的各种其他应付、暂收款项，期末余额一般在贷方，表示企业应付未付的其他应付款项。

“其他应付款”账户应按其他应付款项的种类和对方单位(或个人)设置明细分类账，进行明细分类核算。"其他应付款"账户结构，如图 11-25 所示。

其他应付款	
本期：登记企业偿还或转销的各种其他应付、暂收款项	期初：应付未付的其他应付款项 登记企业发生的各种其他应付、暂收款项
	期末：应付未付的其他应付款项

图 11-25 "其他应付款"账户结构

3. 会计核算

(1) 企业发生各种其他应付、暂收款项时，借记"银行存款""管理费用""制造费用"等账户，贷记"其他应付款"账户。

(2) 企业支付或退回各种其他应付、暂收款项时，借记"其他应付款"账户，贷记"银行存款"等账户。

【例 11-20】 广东炎华服饰有限公司 2019 年 9 月 20 日在销售休闲服时，出借给广州华谊百货有限公司一批包装物，收到包装物押金 2 000 元，存入银行。9 月 26 日，如数收回包装物，全额退还押金。炎华公司账务处理如下：

(1) 收到押金时：

借：银行存款　　2 000.00
　贷：其他应付款——华谊百货公司　　2 000.00

(2) 退还押金时：

借：其他应付款——华谊百货公司　　2 000.00
　贷：银行存款　　2 000.00

【本 章 小 结】

1. 流动负债，是指将在 1 年内或者超过 1 年的一个营业周期内需要偿还的各种债务。流动负债主要包括短期借款、应付账款、预收账款、应付票据、应付利息、应付职工薪酬、应交税费、应付股利和其他应付款等。流动负债一般是以实际发生额计价。

2. 短期借款，是指企业向银行或其他金融机构借入的期限在 1 年以下(含 1 年)的各种借款。短期借款一般是企业为维持正常的生产经营活动或为抵偿某项债务而借入的款项，主要包括临时借款(借款期通常在 3 个月内)和生产经营周转借款(借款期通常在 1 年以内)。

3. 应付账款，是指企业因购买材料、商品或接受劳务供应等经营活动应支付的款项。应付账款，一般应在与所购买材料、商品等物资所有权相关的主要风险和报酬已经转移，或者所接受的劳务已经接受时确认。应付账款一般应按实际应付金额(即发票等结算凭证记载的金额)计价入账。

4. 预收账款，是指企业按照合同规定，向购货单位或接受劳务方预先收取的款项。它是供货方或提供劳务方预先向购货方或接受劳务方收取一部分货款或订金而形成的一项负债，该项负债需要企业在一定时间内提供货物或劳务偿付。

5. 应付票据，是指企业购买材料、商品等物资和接受劳务供应等而开出、承兑的商业汇票。商业汇票按承兑人的不同，分为商业承兑汇票和银行承兑汇票两种；按是否带息，分为带息商业汇票和不带息商业汇票两种。应付票据，不论是不带息商业汇票，还是带息商业汇票，均应按票据面值(票面记载的金额)计价入账。

6. 增值税，是指以商品(含应税劳务、服务、无形资产、不动产)在流转过程中产生的增值额作为计税依据而征收的一种流转税。按照我国增值税法的规定，增值税的纳税人是在我国境内销售货物、服务、无形资产、不动产，进口货物，或提供加工、修理修配劳务的企业单位和个人。增值税纳税人按照纳税人的经营规模及会计核算的健全程度，可分为一般纳税人和小规模纳税人两种。

7. 消费税，是指在我国境内生产、委托加工和进口应税消费品的单位和个人，按其流转额计算交纳的一种流转税。消费税有从价定率和从量定额两种征收方法。采取从价定率方法征收的消费税，以不含增值税的销售额为税基，按照税法规定的税率计算征收；采取从量定额方法征收的消费税，根据税法确定的企业应税消费品的数量和单位税额计算征收。

8. 应付股利，是指企业根据股东大会或类似机构审议批准的利润分配方案确定分配给投资者的现金股利或利润。其他应付款，是指企业除应付票据、应付账款、预收账款、应付职工薪酬、应交税费、应付股利等经营活动以外的各种其他应付、暂收的款项。其他应付款包括应付租入固定资产和包装物的租金，存入保证金(押金)等。

第12章 非流动负债核算

【目的要求】

1. 能叙述非流动负债的概念和计价。
2. 能叙述长期借款的概念及应用。
3. 能掌握长期借款的核算。
4. 能叙述应付债券的概念及适用。
5. 能列举和叙述债券发行的方式。
6. 能掌握应付债券的核算。
7. 能叙述长期应付款的概念及内容。
8. 能理解长期应付款的核算。
9. 能理解递延收益的概念及其核算。

【重点难点】

1. 长期借款利息计算。
2. 长期借款的核算。
3. 应付债券利息计算。
4. 债券利息调整核算。
5. 递延收益核算。

【基础知识】

非流动负债，是指偿还期在1年或者超过1年的一个营业周期以上的负债。非流动负债是企业向债权人筹集的可供长期使用的资金，主要用于扩大生产经营规模。非流动负债包括长期借款、应付债券、长期应付款等。根据《企业会计准则第22号——金融工具确认和计量》的规定，非流动负债应当按照公允价值进行初始计量，采用摊余成本进行后续计量。

12.1 长期借款核算

12.1.1 长期借款概述

1. 长期借款概念

长期借款，是指企业向银行或其他金融机构借入的期限在1年以上(不含1年)的各种借款。长期借款一般用于企业固定资产的购建、改扩建工程、大修理工程、对外投资以及保持长期经营能力等方面。

2. 账户设置

企业应设置“长期借款”账户，核算企业长期借款的取得、偿还及结存情况。该账户属于负债类账户，贷方登记企业取得长期借款的本金及其应计利息，借方登记企业偿还长期借款的本息，期末余额一般在贷方，表示企业尚未偿还的长期借款的本息。

“长期借款”账户应按借款种类和债权人设置明细分类账，进行明细分类核算。“长期借款”账户结构，如图 12-1 所示。

长期借款	
本期：登记企业偿还长期借款的本息	期初：尚未偿还的长期借款的本息 登记企业取得长期借款的本金及其应计利息
	期末：尚未偿还的长期借款的本息

图 12-1 “长期借款”账户结构

12.1.2 长期借款核算

1. 取得长期借款

企业从银行或其他金融机构取得长期借款时，借记“银行存款”账户，贷记“长期借款——本金”账户。

2. 发生长期借款利息

到期一次还本付息的长期借款的应付未付利息通过“长期借款——应计利息”账户核算；分期付息到期还本的长期借款的应付未付利息通过“应付利息”账户核算。

长期借款所发生的利息支出，应当按照权责发生制原则按期预提并计入有关成本费用。属于筹建期间的利息支出，计入管理费用；用于购建、改扩建固定资产的长期借款，在固定资产尚未达到预定可使用状态前所发生的符合资本化条件的利息支出，计入所购建或改扩建固定资产的价值；属于生产经营期间，不符合资本化条件的利息支出，计入财务费用。

3. 归还长期借款本息

长期借款到期偿还本金时，借记“长期借款——本金”账户，贷记“银行存款”账户；按期支付利息时，借记“应付利息”或“长期借款——应计利息”账户，贷记“银行存款”账户。

【例 12-1】 广东炎华服饰有限公司为建造生产大楼 2015 年 1 月 2 日向建设银行借入一笔基建借款，金额为 200 000 元，期限为 3 年，年利率为 7.2%，借款协议约定，该笔借款单利计息、到期一次还本付息。该生产大楼于 2016 年 1 月 2 日完工并达到预定可使用状态。炎华公司账务处理如下：

(1) 取得长期借款时：

借：银行存款　　200 000.00

　贷：长期借款——本金　　200 000.00

附原始凭证：借款转存凭证(见图 12-2)

中国建设银行对公客户收款通知单

2015年01月02日　　　　交易种类：基建贷款放款

<table>
<tr><td rowspan="3">付款人</td><td>全　称</td><td>广东炎华服饰有限公司</td><td rowspan="3">收款人</td><td>全　称</td><td colspan="11">广东炎华服饰有限公司</td><td rowspan="6">此联为收款人收账通知</td></tr>
<tr><td>账　号</td><td>11682683692</td><td>账　号</td><td colspan="11">11682683056</td></tr>
<tr><td>开户行</td><td>中国建设银行广州市分行</td><td>开户行</td><td colspan="11">中国建设银行广州市天河支行</td></tr>
<tr><td rowspan="2">大写金额</td><td colspan="3" rowspan="2">（币种）人民币贰拾万元整</td><td rowspan="2"></td><td>亿</td><td>千</td><td>百</td><td>十</td><td>万</td><td>千</td><td>百</td><td>十</td><td>元</td><td>角</td><td>分</td></tr>
<tr><td></td><td></td><td>￥</td><td>2</td><td>0</td><td>0</td><td>0</td><td>0</td><td>0</td><td>0</td><td>0</td></tr>
<tr><td colspan="4">上述贷款金额已转存入你单位11682683056存款户。</td><td colspan="12">合同号：银借字第001038号
备注：贷款期为3年。</td></tr>
</table>

会计主管：　　　　复核：　　　　记账：

中国建设银行股份有限公司 广州天河支行 2015.01.02 （4）

图12-2　借款转存凭证

（2）2015年年末计提利息时：

应计利息＝200 000×7.2%×1＝14 400（元）

借：在建工程——生产大楼工程　　14 400.00

　贷：长期借款——应计利息　　14 400.00

附原始凭证：利息计提单（见图12-3）

利息计提单

2015年12月31日　　　　单位：元

计息项目	起息日	结息日	本金	年利率	利息
长期借款	2015.1.2	2015.12.31	200 000.00	7.2%	14 400.00
合计（大写）	人民币壹万肆仟肆佰元整				￥14 400.00

会计主管：陈利民　　　　会计：李源珍　　　　制单：朱玲玲

图12-3　利息计提单

（3）2016年、2017年年末计提利息时：

应计利息＝200 000×7.2%×1＝14 400（元）

借：财务费用　　14 400.00

　贷：长期借款——应计利息　　14 400.00

（4）到期还本付息时：

全部应计利息＝14 400×3＝43 200（元）

借：长期借款——本金　　200 000.00

　　　　　——应计利息　　43 200.00

　贷：银行存款　　243 200.00

附原始凭证:偿还贷款凭证(见图 12-4)

中国建设银行对公客户付款通知单

2017 年 12 月 31 日　　　　交易种类:基建贷款还款

付款人	全　称	广东炎华服饰有限公司	收款人	全　称	广东炎华服饰有限公司
	账　号	11682683056		账　号	11682683692
	开户行	中国建设银行广州市天河支行		开户行	中国建设银行广州市分行
大写金额	(币种)人民币贰拾肆万叁仟贰佰元整			亿千百十万千百十元角分	￥ 2 4 3 2 0 0 0 0
上述贷款本金已从你单位存款账户*11682683692* 支付。				合同号:银借字第 001038 号 备注:办讫章	

此联为付款人付款通知

中国建设银行股份有限公司 广州天河支行 2017.12.31 (4)

会计主管:　　　　复核:　　　　记账:

图 12-4　偿还贷款凭证

【例 12-2】 广东炎华服饰有限公司 2016 年 7 月 1 日向建设银行借入一笔长期借款,金额为 100 000 元,期限为 2 年,年利率为 6%,所借款项当日划存银行。借款协议约定,该笔借款单利计息、每半年付息一次、到期还本。炎华公司账务处理如下:

(1) 取得长期借款时:

借:银行存款　　　　100 000.00

　贷:长期借款——本金　　　　100 000.00

附原始凭证:借款转存凭证(见图 12-5)

中国建设银行对公客户收款通知单

2016 年 07 月 01 日　　　　交易种类:贷款放款

付款人	全　称	广东炎华服饰有限公司	收款人	全　称	广东炎华服饰有限公司
	账　号	11682683692		账　号	11682683056
	开户行	中国建设银行广州市分行		开户行	中国建设银行广州市天河支行
大写金额	(币种)人民币壹拾万元整			亿千百十万千百十元角分	￥ 1 0 0 0 0 0 0 0
上述贷款金额已转存入你单位*11682683056* 存款户。				合同号:银借字第 001056 号 备注:贷款期为 2 年。	

此联为收款人收账通知

中国建设银行股份有限公司 广州天河支行 2016.07.01 办讫章 (4)

会计主管:　　　　复核:　　　　记账:

图 12-5　借款转存凭证

(2) 每月计提利息时:

$$每月利息=100\ 000\times(6\%\div12)\times1=500(元)$$

借：财务费用　　500.00

　贷：应付利息　　500.00

附原始凭证：利息计提单（见图 12-6）

利息计提单

2016 年 7 月 31 日　　单位:元

计息项目	起息日	结息日	本金	年利率	利息
长期借款	2016.7.1	2016.7.31	100 000.00	6.0%	500.00
合计(大写)	人民币伍佰元整				¥500.00

会计主管:陈利民　　会计:李源珍　　制单:朱玲玲

图 12-6　利息计提单

(3) 每半年支付利息时：

支付利息＝500×6＝3 000(元)

借：应付利息　　3 000.00

　贷：银行存款　　3 000.00

附原始凭证：付息通知单（见图 12-7）

中国建设银行对公客户付款通知单

币别:人民币　　2016 年 12 月 31 日　　交易种类:支付借款利息

付款人	全　称	广东炎华服饰有限公司	收款人	全　称	广东炎华服饰有限公司
	账　号	11682683056		账　号	11682683692
	开户行	建行广州天河支行		开户行	建行广州分行
大写金额	(人民币)叁仟元整				¥3 000.00
上述款项已从你单位存款账户11682683692 支付。					(银行盖章)

会计主管:　　复核:　　记账:

图 12-7　付息通知单

(4) 到期还本时：

借：长期借款——本金　　100 000.00

　贷：银行存款　　100 000.00

12.2 应付债券核算

12.2.1 应付债券概述

1. 应付债券概念

应付债券,是指企业依照法定程序发行,约定在一定日期偿付本金和利息的一种有价证券。企业发行1年期以上的债券,构成企业的非流动负债,设置"应付债券"账户进行核算;企业发行1年期或1年以下的债券,应作为企业的流动负债,设置"交易性金融负债"账户进行核算。

为加强企业债券的管理,企业应设置"企业债券备查簿",详细登记每一债券的票面金额、票面利率、还本付息期限与方式、发行总额、发行日期和编号、委托代售单位、转换股份等资料;企业债券到期结清时,应当在备查簿内逐笔注销。

2. 债券发行方式

债券发行首先需要确定债券的发行价格,影响债券发行价格的因素主要有债券票面金额(面值)、票面利率、发行当时的市场利率、债券期限以及利息支付方式等。在其他因素不变的情况下,债券的发行价格取决于债券发行时的市场利率。

根据发行价格的不同,债券的发行方式分为面值(平价)发行、溢价发行和折价发行三种。当票面利率等于市场利率时,企业债券按其面值发行,称为面值发行;当票面利率高于市场利率时,企业债券按高于其面值的价格发行,称为溢价发行;当票面利率低于市场利率时,企业债券按低于其面值的价格发行,称为折价发行。

知识拓展12-1

债券溢价发行与折价发行

债券溢价发行时,债券购买者因溢价而多付出的价款,可以从以后各期多得的利息收入获得补偿;而债券发行企业因溢价多得的收入,实质是在债券到期前对企业各期多付利息的一种补偿,也是对债券利息费用的一项调整,因而不能将债券溢价视为发行时的收益,而应在债券还款期限内,通过分期摊销陆续冲减企业债券的利息费用。

债券溢价额=债券发行价格-债券面值

债券折价发行时,债券购买者因折价而少付出的价款,是对以后各期少付利息收入的预先补偿;而债券发行企业因折价少得的收入,实质是预先付给债券购买者的利息,它可以从以后各期少付利息中获得补偿,因而同样是对债券利息费用的一项调整,所以企业债券折价应在债券还款期限内分期摊销,陆续增加企业债券的利息费用。

债券折价额=债券面值-债券发行价格

3. 账户设置

企业应设置"应付债券"账户,核算企业债券发行、计提利息、还本付息及结存情况。该账户属于负债类账户，贷方登记企业应付债券的本金和应计利息，借方登记企业偿还债券的本息，期末余额一般在贷方，表示企业尚未偿还的长期债券的本息。

“应付债券”账户，应按债券的种类设置明细账，并按债券的“面值”“利息调整”“应计利息”等进行明细分类核算。“应付债券”账户结构，如图 12-8 所示。

应付债券

本期：登记企业偿还债券的本息	期初：尚未偿还的长期债券的本息 登记企业应付债券的本金和应计利息
	期末：尚未偿还的长期债券的本息

图 12-8　“应付债券”账户结构

12.2.2　应付债券核算

1. 发行债券核算

企业发行债券时，无论是按面值发行，还是溢价发行或折价发行，均应按实际收到的金额，借记“银行存款”“库存现金”等账户，按债券票面价值，贷记“应付债券——面值”账户，按其差额，借记或贷记“应付债券——利息调整”账户。

【例 12-3】　广东炎华服饰有限公司为补充生产经营资金，2015 年 1 月 1 日发行债券 200 000 元，按面值发行，债券发行款已收存银行，该债券的期限为 3 年，票面年利率为 7.2%，每年年末付息、到期还本。炎华公司账务处理如下：

借：银行存款　　200 000.00

　贷：应付债券——面值　　200 000.00

2. 债券计息和利息调整核算

到期一次还本付息债券的应付未付利息通过“应付债券——应计利息”账户核算；分期付息到期还本债券的应付未付利息通过“应付利息”账户核算。

1）到期一次还本付息债券计息

对于到期一次还本付息的债券，企业应于资产负债表日按摊余成本和实际利率计算确定应付债券利息，借记“在建工程”“制造费用”“财务费用”“研发支出”等账户，按票面利率计算确定应付未付债券利息，贷记“应付债券——应计利息”账户，按其差额，借记或贷记“应付债券——利息调整”账户。

2）分期付息到期还本债券计息

对于分期付息到期还本债券，企业应于资产负债表日按摊余成本和实际利率计算确定应付债券利息，借记“在建工程”“制造费用”“财务费用”“研发支出”等账户，按票面利率计算确定应付未付债券利息，贷记“应付利息”账户，按其差额，借记或贷记“应付债券——利息调整”账户。

【例 12-4】　承[例 12-3]，广东炎华服饰有限公司 2015 年 12 月 31 日对 2015 年 1 月 1 日发行的债券进行债券利息计算，2016 年 1 月 1 日支付债券利息。炎华公司账务处理如下：

(1) 计算债券利息时：

应付利息=年债券利息=200 000×7.2%×1=14 400(元)

计算债券的实际利率 i。

$$200\,000\times(1+i)^{-3}+14\,400\times(1+i)^{-3}+14\,400\times(1+i)^{-2}+14\,400\times(1+i)^{-1}=200\,000$$

利用插值法,计算得到实际利率 $i=7.2\%$。

摊余成本计算,如表 12-1 所示。

表 12-1　　摊余成本计算

年份	期初摊余成本 (a)	实际利息 (b=a×i)	实付利息 (c)	期末摊余成本 (d=a+b−c)	应付利息 (e)	利息调整 (f=b−e)
2015	200 000.00	14 400.00	14 400.00	200 000.00	14 400.00	0.00
2016	200 000.00	14 400.00	14 400.00	200 000.00	14 400.00	0.00
2017	200 000.00	14 400.00	14 400.00	200 000.00	14 400.00	0.00

借:财务费用　　14 400.00

　贷:应付利息　　14 400.00

(2) 支付债券利息时:

借:应付利息　　14 400.00

　贷:银行存款　　14 400.00

3. 债券到期还本付息核算

应付债券到期,企业支付债券本息时,借记"应付债券——面值""应付债券——应计利息"或"应付利息"账户,贷记"银行存款"账户,按应转销的利息调整金额,借记或贷记"应付债券——利息调整"账户,按其差额,贷记或借记"在建工程""制造费用""财务费用""研发支出"等账户。

【例 12-5】 承[例 12-3][例 12-4],广东炎华服饰有限公司 2017 年 12 月 31 日债券到期,公司以银行存款支付债券本金 200 000 元、债券利息 14 400 元。炎华公司账务处理如下:

借:应付债券——面值　　200 000.00

　　应付利息　　14 400.00

　贷:银行存款　　214 400.00

【例 12-6】 广东炎华服饰有限公司为购建一条衬衫生产线,2015 年 1 月 1 日发行债券 10 000 份,每份面值 10 元,每份发行价格 10.5 元,债券发行款已收存银行,该债券的期限为 3 年,票面年利率为 6.8%,于每年年末支付本年度债券利息,本金到期一次性偿还。2015 年 12 月 31 日,该生产线建成并达到预定可使用状态。炎华公司账务处理如下:

(1) 发行债券,收到债券款时:

债券面值=10 000×10=100 000(元)

债券发行价=10 000×10.5=105 000(元)

借:银行存款　　105 000.00

　贷:应付债券——面值　　100 000.00

　　　　　　——利息调整　　5 000.00

(2) 2015 年 12 月 31 日，债券计息和利息调整时：

应付利息＝年债券利息＝100 000×6.8%×1＝6 800(元)

计算债券的实际利率 i。

$$100\ 000.00\times(1+i)^{-3}+6\ 800\times(1+i)^{-3}+6\ 800\times(1+i)^{-2}+6\ 800\times(1+i)^{-1}=105\ 000$$

利用插值法，计算得到实际利率 i＝4.965%。

摊余成本计算，如表 12-2 所示。

表 12-2 摊余成本计算

年份	期初摊余成本 (a)	实际利息 (b＝a×i)	实付利息 (c)	期末摊余成本 (d＝a＋b－c)	应付利息 (e)	利息调整 (f＝b－e)
2015	105 000.00	5 213.25	6 800.00	103 413.25	6 800.00	－1 586.75
2016	103 413.25	5 134.47	6 800.00	101 747.72	6 800.00	－1 665.53
2017	101 747.72	5 052.28	6 800.00	100 000.00	6 800.00	－1 747.72

2017 年实际利息：5 052.28＝100 000.00＋6 800.00－101 747.72

借：在建工程——衬衫生产线 5 213.25
　　应付债券——利息调整 1 586.75
　贷：应付利息 6 800.00

支付债券利息时：

借：应付利息 6 800.00
　贷：银行存款 6 800.00

(3) 2016 年 12 月 31 日，债券计息和利息调整时：

债券计息时：

借：财务费用 5 134.47
　　应付债券——利息调整 1 665.53
　贷：应付利息 6 800.00

支付债券利息时：

借：应付利息 6 800.00
　贷：银行存款 6 800.00

(4) 2017 年 12 月 31 日，债券计息和利息调整、到期还本付息时：

债券计息时：

借：财务费用 5 052.28
　　应付债券——利息调整 1 747.72
　贷：应付利息 6 800.00

支付债券本息时：

借：应付债券——面值 100 000.00
　　应付利息 6 800.00
　贷：银行存款 106 800.00

【例 12-7】 广东炎华服饰有限公司为购建一条西服生产线，于 2016 年 1 月 1 日发行债券 80 000 份，每份面值 100 元，每份发行价格 105 元，债券发行款已收存银行，该债券的期限为 3 年，票面年利率为 8%，到期还本付息。2017 年 1 月 1 日，该西服生产线完工并达到预定可使用状态。炎华公司账务处理如下：

(1) 发行债券，收到债券款时：

债券面值=80 000×100=8 000 000(元)

债券发行价=80 000×105=8 400 000(元)

借：银行存款　　8 400 000.00

　贷：应付债券——面值　　8 000 000.00

　　　　　　　——利息调整　　400 000.00

(2) 2016 年利息调整：

应付利息=年债券利息=8 000 000×8%×1=640 000(元)

计算债券的实际利率 i。

$$8\ 000\ 000.00\times(1+i)^{-3}+640\ 000\times3\times(1+i)^{-3}=8\ 400\ 000$$

利用插值法，计算得到实际利率 $i=5.701\%$。

摊余成本计算，如表 12-3 所示。

表 12-3　　摊余成本计算

年份	期初摊余成本 (a)	实际利息 (b=a×i)	实付利息 (c)	期末摊余成本 (d=a+b−c)	应付利息 (e)	利息调整 (f=b−e)
2016	8 400 000.00	478 884.00	0.00	8 878 884.00	640 000.00	−161 116.00
2017	8 878 884.00	506 185.18	0.00	9 385 069.18	640 000.00	−133 814.82
2018	9 385 069.18	534 930.82	1 920 000.00	8 000 000.00	640 000.00	−105 069.18

2018 年实际利息：534 930.82=8 000 000.00+1 920 000.00−9 385 069.18

借：在建工程——西服生产线　　478 884.00

　　应付债券——利息调整　　161 116.00

　贷：应付债券——应计利息　　640 000.00

(3) 2017 年利息调整：

借：财务费用　　506 185.18

　　应付债券——利息调整　　133 814.82

　贷：应付债券——应计利息　　640 000.00

(4) 2018 年利息调整：

借：财务费用　　534 930.82

　　应付债券——利息调整　　105 069.18

　贷：应付债券——应计利息　　640 000.00

(5) 到期还本付息时：

借：应付债券——面值　　　　　　　　　　　　　　　　8 000 000.00
　　　　　　——应计利息　　　　　　　　　　　　　　1 920 000.00
　贷：银行存款　　　　　　　　　　　　　　　　　　　9 920 000.00

12.3　其他非流动负债核算

12.3.1　长期应付款核算

1. 长期应付款概念

长期应付款，是指企业除长期借款、应付债券以外的其他各种长期应付款项。它包括应付以补偿贸易方式引进设备款、应付融资租入固定资产的租赁费、应付以分期付款方式购入资产的款项等。

2. 账户设置

企业应设置“长期应付款”账户，核算企业长期应付款的发生、偿还和结存情况。该账户属于负债类账户，贷方登记企业长期应付款的发生额，借方登记企业偿还长期应付款的金额，期末余额一般在贷方，表示企业尚未偿还的长期应付款。

“长期应付款”账户应按其种类和债权人设置明细分类账，进行明细分类核算。“长期应付款”账户结构，如图12-9所示。

长期应付款

	期初：尚未偿还的长期应付款
本期：登记企业偿还长期应付款的金额	登记企业长期应付款的发生额
	期末：尚未偿还的长期应付款

图12-9　“长期应付款”账户结构

3. 会计核算

1）应付以补偿贸易方式引进设备款核算

企业以补偿贸易方式引进设备时，应按设备、工具、零配件等的价款以及设备运抵我国口岸的运杂费、保险费的外币金额和规定的汇率折合成人民币的金额，借记“固定资产”“在建工程”等账户，贷记“长期应付款——应付补偿贸易引进设备款”账户。

设备引进后用产品抵偿设备款时，一方面，在抵偿设备款时应确认实现产品销售收入，借记“长期应付款——应付补偿贸易引进设备款”账户，贷记“主营业务收入”账户（说明：出口产品按规定适用增值税率为零）；另一方面，在产品发出后应结转产品销售成本，借记“主营业务成本”账户，贷记“库存商品”账户。

知识拓展12-2

补偿贸易方式引进设备

补偿贸易，是指企业从国外引进设备，再用该设备生产的产品归还设备价款的贸易方式。由于补偿贸易是以生产的产品归还设备价款，因此，一般情况下，设备引进和偿还设备价款时没有现金流入和流出。

在会计核算时，一方面应把引进设备的资产价值以及相应的负债，作为企业的一项资产和一项负债，在资产负债表中分别反映在“固定资产”和“长期应付款”项目中；另一方面，应核算企业用引进设备生产的产品偿还该项负债的情况。

2）应付融资租入固定资产租赁款核算

应付融资租入固定资产租赁款，是指企业融资租入固定资产而发生的应付款，是在租赁开始日承租人应向出租人支付的最低租赁付款额。企业融资租入固定资产租赁款的核算参见第6章固定资产核算。

3）应付以分期付款方式购入资产款核算

企业以分期付款方式购入固定资产、无形资产等资产，属于超过正常信用条件的延期支付价款，实质上具有融资性质，应按购买价款的现值，借记“固定资产”“在建工程”“无形资产”等账户，按应支付的金额，贷记“长期应付款——分期付款购入资产”账户，按其差额，借记“未确认融资费用”账户。企业按期支付价款时，借记“长期应付款——分期付款购入资产”账户，贷记“银行存款”科目。

【例12-8】 广东炎华服饰有限公司2019年6月28日以分期付款方式向广东机械制造有限公司购入一台生产设备，按照双方协议，该设备的购买价款为200 000元，增值税额26 000元。此外，公司还用银行存款支付了运输费、装卸费、调试费等3 000元。炎华公司账务处理如下：

借：固定资产	203 000.00
应交税费——应交增值税——进项税额	26 000.00
贷：长期应付款——分期付款购入资产	226 000.00
银行存款	3 000.00

12.3.2 递延收益核算

1. 账户设置

1）“递延收益”账户

递延收益，是指企业已经收到，应在以后期间计入损益的政府补助。“递延收益”账户，核算企业递延收益的增减变动及其结余情况。该账户属于负债类账户，贷方登记企业收到或应收的递延收益，借方登记企业确认损益而结转的递延收益，期末余额在贷方，表示企业已收到或应收但尚未确认的递延收益。

“递延收益”账户应按政府补助的相关项目设置明细分类账，进行明细分类核算。“递延收益”账户结构，如图12-10所示。

递延收益

本期：登记企业确认损益而结转的递延收益	期初：尚未确认的递延收益 登记企业收到或应收的递延收益
	期末：已收到或应收但尚未确认的递延收益

图12-10 “递延收益”账户结构

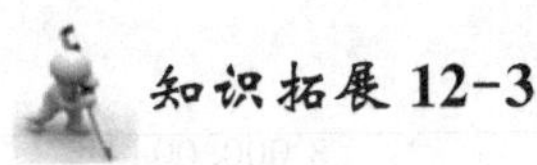

知识拓展 12-3

政府补助

政府补助，是指企业从政府无偿取得货币性资产或非货币性资产。政府补助的主要形式有：财政拨款、财政贴息、税收返还、无偿划拨非货币性资产。企业收到与其日常活动相关的政府补助，应当按照经济业务实质，计入其他收益或冲减相关成本费用；收到与其日常活动无关的政府补助，应当计入营业外收入。

2)“其他收益”账户

其他收益，是指计入其他收益的政府补助等。“其他收益”账户，核算企业其他收益的增减变动及其结余情况。该账户属于损益类账户，贷方登记企业确认的其他收益，借方登记期末转入“本年利润”账户的其他收益，结转后该账户应无余额。“其他收益”账户结构，如图12-11所示。

其他收益

借方	贷方
	期初：无余额
本期：登记期末转入“本年利润”账户的其他收益	登记企业确认的其他收益
	期末：无余额

图 12-11 “其他收益”账户结构

2. 会计核算

(1) 企业收到或应收的与资产相关的政府补助，借记“银行存款”“其他应收款”等账户，贷记“递延收益”账户。在相关资产的使用寿命内平均分配递延收益，借记“递延收益”账户，贷记“其他收益”账户。

(2) 企业收到与收益相关的政府补助，用于补偿企业以后期间的相关费用或亏损的，应当按照收到或应收的金额，借记“银行存款”“其他应收款”等账户，贷记“递延收益”账户。在确认相关费用或发生亏损的未来期间，借记“递延收益”账户，贷记“其他收益”账户。

(3) 企业收到或应收用于补偿已发生的相关费用或亏损的政府补助，直接计入其他收益，借记“银行存款”“其他应收款”等账户，贷记“其他收益”账户。

【例 12-9】 广东炎华服饰有限公司 2019 年 8 月 10 日，收到财政拨款 150 000 元，要求用于购买环保设备。9 月 22 日，炎华公司购入不需安装的环保设备 1 台，增值税专用发票注明价款 180 000 元，增值税税率为 13%，预计使用寿命为 5 年，预计净残值为 0。炎华公司账务处理如下：

(1) 收到财政拨款，确认政府补助时：

借：银行存款　　150 000.00
　贷：递延收益　　150 000.00

(2) 购入设备时：

借：固定资产　　180 000.00
　　应交税费——应交增值税——进项税额　　23 400.00
　贷：银行存款　　203 400.00

(3) 按月计提折旧与确认递延收益时：

借：管理费用　　3 000.00
　贷：累计折旧　　3 000.00

借：递延收益　　2 500.00
　贷：其他收益　　2 500.00

【本 章 小 结】

1. 非流动负债，是指偿还期在1年或者超过1年的一个营业周期以上的负债。非流动负债是企业向债权人筹集的可供长期使用的资金，主要用于扩大生产经营规模。非流动负债包括长期借款、应付债券和长期应付款等。

2. 长期借款，是指企业向银行或其他金融机构借入的期限在1年以上(不含1年)的各种借款。长期借款一般用于企业固定资产的购建、改扩建工程、大修理工程、对外投资以及保持长期经营能力等方面。到期一次还本付息的长期借款的应付未付利息，通过"长期借款——应计利息"账户核算；分期付息到期还本的长期借款的应付未付利息，通过"应付利息"账户核算。

3. 长期借款所发生的利息支出，应当按照权责发生制原则按期预提并计入有关成本费用。属于筹建期间的利息支出，计入管理费用；用于购建、改扩建固定资产的长期借款，在固定资产尚未达到预定可使用状态前所发生的符合资本化条件的利息支出，计入所购建或改扩建固定资产的价值；属于生产经营期间，不符合资本化条件的利息支出，计入财务费用。

4. 应付债券，是指企业依照法定程序发行，约定在一定日期偿付本金和利息的一种有价证券。企业发行1年期以上的债券，构成企业的非流动负债，设置"应付债券"账户进行核算。根据发行价格的不同，债券的发行方式分为面值(平价)发行、溢价发行和折价发行三种。

5. 长期应付款，是指企业除长期借款、应付债券以外的其他各种长期应付款项。它包括应付以补偿贸易方式引进设备款、应付融资租入固定资产的租赁费、应付以分期付款方式购入资产的款项等。

6. 递延收益，是指企业已经收到，应在以后期间计入损益的政府补助。政府补助主要有财政拨款、财政贴息、税收返还、无偿划拨非货币性资产。企业应设置"递延收益"账户，核算企业递延收益的增减变动及其结余情况。

第13章　所有者权益核算

【目的要求】

1. 能叙述实收资本概念。
2. 能掌握接受货币资产投资核算。
3. 能掌握接受非货币财产投资核算。
4. 能叙述资本公积概念。
5. 能掌握资本溢价核算。
6. 能掌握其他资本公积核算。
7. 能掌握资本公积转增资本核算。

【重点难点】

1. 接受非货币财产投资核算。
2. 资本溢价核算。
3. 其他资本公积核算。
4. 资本公积转增资本核算。

【基础知识】

所有者权益，是指企业资产扣除负债后由所有者享有的剩余权益，包括实收资本(或股本)、资本公积、盈余公积和未分配利润，其中，盈余公积和未分配利润构成企业的留存收益。

13.1　实收资本核算

13.1.1　实收资本概述

1. 实收资本概念

实收资本，是指企业按照章程规定或合同、协议约定，接受投资者投入企业的资本。实收资本的构成比例或股东的股份比例，是确定所有者在企业所有者权益中份额的基础，也是企业进行利润或股利分配的主要依据。

2. 账户设置

一般企业应设置“实收资本”账户(股份有限公司设置“股本”账户)，核算投资者投入资本的增减变动及结存情况。该账户属于所有者权益类账户，贷方登记企业实际收到投资者投入的资本额，借方登记企业按法定程序报经批准而减少的资本额，期末余额一般在贷方，表示企业期末实收资本的实有数。

"实收资本"账户应按投资者设置明细分类账，进行明细分类核算。"实收资本"账户结构，如图 13-1 所示。

实收资本	
本期：登记企业按法定程序报经批准而减少的资本额	期初：企业期初结存实收资本数 登记企业实际收到投资者投入的资本额
	期末：企业期末实收资本的实有数

图 13-1 "实收资本"账户结构

13.1.2 实收资本核算

我国《公司法》规定，投资者可以用货币资产出资，也可以用实物、知识产权、土地使用权等可以用货币估计其价值并可以依法转让的非货币财产作价出资，但法律、法规规定不得作为出资的财产除外。

1. 接受货币资产投资

企业收到投资者投入的货币资产，应当以实际收到的或存入企业开户银行的金额作为实收资本入账，借记"库存现金""银行存款"等账户，贷记"实收资本"账户。实际收到金额超过投资者在企业注册资本中所占份额的部分，记入"资本公积"账户。

【例 13-1】 广东炎华服饰有限公司 2010 年 3 月 1 日设立时，收到广东联兴投资有限公司、广东新力投资有限公司各 240 000 元货币资金投入，款项已收存银行，已办妥验资手续。炎华公司账务处理如下：

借：银行存款	480 000.00
贷：实收资本——联兴投资公司	240 000.00
——新力投资公司	240 000.00

附原始凭证：投资协议书(见图 13-2)

投资协议书

投出单位：广东联兴投资有限公司、广东新力投资有限公司

投入单位：广东炎华服饰有限公司

广东联兴投资有限公司、广东新力投资有限公司各以 240 000 元货币资金投入广东炎华服饰有限公司，与其在注册资本中享有的份额相等。

广东联兴投资有限公司
2010 年 3 月 1 日

广东新力投资有限公司
2010 年 3 月 1 日

广东炎华服饰有限公司
2010 年 3 月 1 日

图 13-2 投资协议书

2. 接受非货币财产投资

1）接受固定资产投资

企业接受投资者投入的房屋、建筑物、机器设备等固定资产，应按投资合同或协议约定的价值(投资合同或协议约定价值不公允的除外)入账，借记“固定资产”等账户，按投资者在企业注册资本中所占的份额，贷记“实收资本”账户，约定固定资产价值超过其在注册资本中所占份额的部分，贷记“资本公积”账户。

【例13-2】 广东炎华服饰有限公司2010年3月1日设立时，收到广州福海服饰有限公司作为资本投入的不需安装绣花机一台，双方协议确定价值为280 000元，不考虑其他因素，设备已验收并投入使用，已办妥验资手续。炎华公司账务处理如下：

借：固定资产——绣花机　　280 000.00

　贷：实收资本——福海服饰有限公司　　280 000.00

附原始凭证：投资协议书和固定资产验收单(见图13-3和图13-4)

投资协议书

投出单位：广州福海服饰有限公司

投入单位：广东炎华服饰有限公司

广州福海服饰有限公司以不需安装印花机一台作为资本金投入广东炎华服饰有限公司，双方协议确定价值为280 000元，与其在注册资本中享有的份额相等。

广州福海服饰有限公司
2010年3月1日

广东炎华服饰有限公司
2010年3月1日

图13-3 投资协议书

固定资产验收单

验收日期2010年3月1日　　　　编号：00011

固定资产管理部门	项目名称	绣花机	电动机			
	型　号		总功率			
	规　格		出厂编号		出厂日期	2009.9.16
	制造厂	佛山星辰公司	自重量		始用日期	2010.3.1
	尺　寸		使用部门	绣花车间	施工工号	
	随机附件					
	名称	型号规格	数量	名称	型号规格	数量
	说明书		装箱单		图纸	

（续表）

固定资产管理部门	随机附件					
	名称	型号规格	数量	名称	型号规格	数量
	合格证		精度单		资料验收人	
	设备类别			使用年限		
	精度等级			分类划级		
财务部门	设备费用	￥280 000.00		安装及其他费		
	原值合计	￥280 000.00		资产来源	投资者投入	
验收意见	验收合格 验收人：陈忠和					
部门签名	使用部门	周涛南	固定资产管理部门	李清	财务部门	陈利民

图 13-4　固定资产验收单

2）接受存货投资

企业接受投资者投入的存货，应按投资合同或协议约定价值（约定价值不公允的除外）入账，借记“原材料”“库存商品”等账户，按增值税专用发票上注明的增值税额，借记“应交税费——应交增值税——进项税额”账户，按投资者在企业注册资本中所占的份额，贷记“实收资本”账户，按其差额，贷记“资本公积”账户。

【例 13-3】 广东炎华服饰有限公司 2010 年 3 月 1 日设立时，收到广东贝贝星童服有限公司作为资本投入的棉布一批，双方协议确定价值为 120 000 元，增值税额为 20 400 元。棉布已验收入库，已办妥验资手续。炎华公司账务处理如下：

借：原材料——棉布	120 000.00
应交税费——应交增值税——进项税额	20 400.00
贷：实收资本——贝贝星童服公司	140 400.00

附原始凭证：投资协议书、增值税专用发票（见图 13-5 和图 13-6）

投资协议书

投出单位：广东贝贝星童服有限公司

投入单位：广东炎华服饰有限公司

广东贝贝星童服有限公司以棉布一批作为资本金投入广东炎华服饰有限公司，双方协议确定价值为 120 000 元，增值税额为 20 400 元，与其在注册资本中享有的份额相等。

广东贝贝星童服有限公司　　　　广东炎华服饰有限公司

2010 年 3 月 1 日　　　　2010 年 3 月 1 日

图 13-5　投资协议书

4406281297　　**广东增值税专用发票**　　№ 291063001

发票联

开票日期：2010 年 03 月 01 日

购货单位	名　　称：广东炎华服饰有限公司 纳税人识别号：440106868268025 地 址 、电 话：天河中路 2 号 86697584 开户行及账号：建行天河支行 11682683056				密码区	（略）		
货物或应税劳务、服务名称	规格型号	单位	数 量	单 价	金 额	税率	税 额	
棉布		米	10 000	12.00	120 00.00	17%	20 400.00	
合 计					￥120 000.00		￥20 400.00	
价税合计（大写）	⊗壹拾肆万零肆佰圆整					（小写）￥140 400.00		
销货单位	名　　称：广东贝贝星童服有限公司 纳税人识别号：440106257528063 地 址 、电 话：粤海路 252 号 86628665 开户行及账号：工行粤海支行 25254683356				备注	广东贝贝星童服有限公司 440106257528063 发票专用章		

收款人：陈晓彬　　复核：张晓珊　　开票人：欧丽娜　　销货单位：（章）

第三联：发票联 购买方记账凭证

图 13-6　增值税专用发票

3）投资无形资产投资

企业接受投资者投入的无形资产，应按投资合同或协议约定价值（约定价值不公允的除外）入账，借记“无形资产”账户，按投资者在企业注册资本中所占的份额，贷记“实收资本”账户，按其差额，贷记“资本公积”账户。企业接受投资者以无形资产作价出资的总额不得超过企业注册资本总额的 20%，国家对高新技术成果有特殊规定除外。

【例 13-4】　广东炎华服饰有限公司 2010 年 3 月 1 日设立时，收到广东海派服饰设计公司作为资本投入的专利权一项，双方协议确定价值为 100 000 元，不考虑其他因素，已办妥验资手续。炎华公司账务处理如下：

借：无形资产——专利权　　100 000.00

　贷：实收资本——海派服饰设计公司　　100 000.00

附原始凭证：投资协议书（见图 13-7）

投资协议书

投出单位：广东海派服饰设计公司

投入单位：广东炎华服饰有限公司

广东海派服饰设计公司以专利权一项作为资本金投入广东炎华服饰有限公司，双方协议确定价值为 100 000 元，与其在注册资本中享有的份额相等。

广东海派服饰设计公司　　　　广东炎华服饰有限公司

2010 年 3 月 1 日　　　　2010 年 3 月 1 日

图 13-7　投资协议书

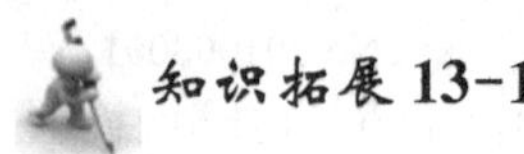

知识拓展 13-1

实收资本增减变动

一般情况下,企业的实收资本应相对固定不变,但在某些特定情况下,实收资本也可能发生增减变动。企业实收资金比原登记注册资金数额增减超过20%时,应持资金使用证明或验资证明,向原登记机关申请变更登记。

1. 企业增加资本一般有三条途径:接受投资者追加投资、资本公积转增资本和盈余公积转增资本。

2. 企业减少资本必须按照法定程序报经批准,办理资本变更手续。企业在按法定程序报经批准后将注册资本返还给投资者时,借记"实收资本"账户,贷记"银行存款"等账户。

13.2 资本公积核算

13.2.1 资本公积概述

1. 资本公积概念

资本公积,是指企业收到投资者出资额超出其在注册资本(或股本)中所占份额的部分,以及直接计入所有者权益的利得和损失等。资本公积包括资本溢价(或股本溢价)和直接计入所有者权益的利得和损失等。

1) 资本溢价

资本溢价,是指投资者出资额超出其在注册资本中所占份额的部分。形成资本溢价的原因有溢价发行股票、投资者超额缴入资本等。

2) 直接计入所有者权益的利得和损失

直接计入所有者权益的利得和损失,是指不应计入当期损益、会导致所有者权益发生增减变动的、与所有者投入资本或者向所有者分配利润无关的利得或者损失。如企业的长期股权投资采用权益法核算时,因被投资单位除净损益以外所有者权益的其他变动,投资企业按应享有份额而增加或减少的资本公积。

2. 账户设置

企业应设置"资本公积"账户,核算企业资本公积的增减变动及结存情况。该账户属于所有者权益类账户,贷方登记企业资本公积的增加额,借方登记企业资本公积的减少额,期末余额一般在贷方,表示企业资本公积的结余数额。

"资本公积"账户应按"资本溢价"(或"股本溢价")"其他资本公积"设置明细分类账,进行明细分类核算。"资本公积"账户结构,如图13-8所示。

资本公积	
本期:登记企业资本公积的减少额	期初:企业期初资本公积的结余数额 登记企业资本公积的增加额
	期末:企业期末资本公积的结余数额

图 13-8 "资本公积"账户结构

13.2.2　资本公积核算

资本公积的核算包括资本溢价(或股本溢价)的核算、其他资本公积的核算和资本公积转增资本的核算等内容。

1. 资本溢价核算

企业收到投资者投入资金时,按实际收到金额或投资合同或协议约定的价值,借记"银行存款""固定资产""无形资产""原材料"等账户,按其在注册资本中所占的份额,贷记"实收资本"账户,按投资额超出实收资本的差额(资本溢价部分),贷记"资本公积——资本溢价"账户。

【例 13-5】 广东炎华服饰有限公司 2015 年 6 月 6 日增资扩股,接受广州信丰投资有限公司的现金投资,投资额为 500 000 元,享有炎华公司增资扩股后注册资本 1 500 000 元的 20%的份额。款项已收存银行,已办妥验资手续。炎华公司账务处理如下:

实收资本=1 500 000×20%=300 000(元)

资本公积=500 000−300 000=200 000(元)

借:银行存款　　500 000.00

　贷:实收资本——信丰投资公司　　300 000.00

　　资本公积——资本溢价　　200 000.00

附原始凭证:投资协议书和银行进账单(见图 13-9 和图 13-10)

投资协议书

投出单位:广州信丰投资有限公司

投入单位:广东炎华服饰有限公司

经股东大会决议通过,接受广州信丰投资有限公司 500 000 元现金投资,享有炎华公司增资扩股后注册资本 1 500 000 元的 20%的份额,其余列作资本公积。

广州信丰投资有限公司
2015 年 6 月 6 日

广东炎华服饰有限公司
2015 年 6 月 6 日

图 13-9　投资协议书

2. 其他资本公积核算

企业对于被投资单位除净损益、其他综合收益和利润分配以外所有者权益的其他变动,应当调整长期股权投资的账面价值并计入所有者权益(资本公积),增加资本公积,应借记有关账户,贷记"资本公积——其他资本公积"账户;减少资本公积,做相反的会计分录。

3. 资本公积转增资本核算

经股东大会或类似权力机构决议,企业可以用资本公积转增资本。转增时,应按照转增资本前的实收资本(或股本)的结构(或比例),将转增金额记入"实收资本"(或"股本")账户下各投资者的明细分类账,借记"资本公积"账户,贷记"实收资本"账户。

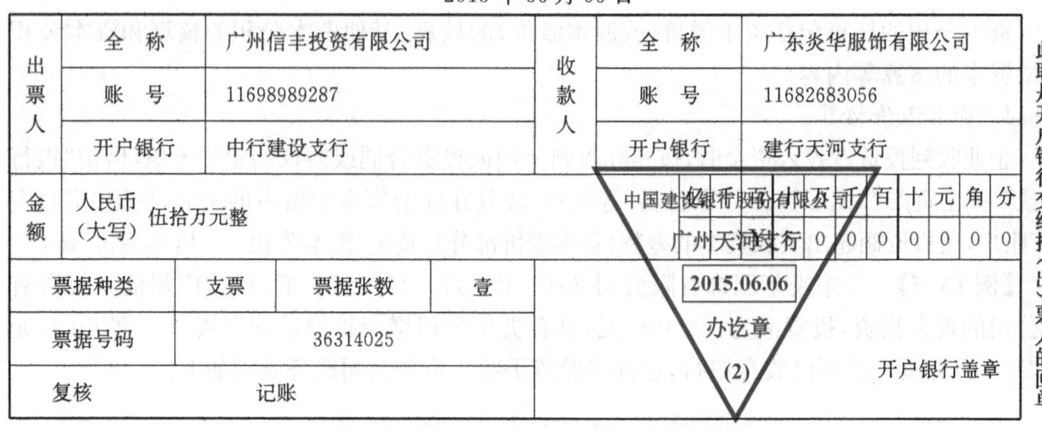

中国建设银行进账单 (回　单)　　1

2015 年 06 月 06 日

出票人	全　称	广州信丰投资有限公司	收款人	全　称	广东炎华服饰有限公司
	账　号	11698989287		账　号	11682683056
	开户银行	中行建设支行		开户银行	建行天河支行

金额	人民币(大写)	伍拾万元整	亿	千	百	十	万	千	百	十	元	角	分
					¥		0	0	0	0	0	0	0

票据种类	支票	票据张数	壹
票据号码		36314025	
复核		记账	

中国建设银行股份有限公司 广州天河支行 2015.06.06 办讫章 (2)

开户银行盖章

此联是开户银行交给持(出)票人的回单

图 13-10　银行进账单

【例 13-6】 广东炎华服饰有限公司 2015 年 12 月 31 日因扩大经营规模需要,经股东大会决议批准,决定按各投资者的原出资比例,如表 13-1 所示,以资本公积 300 000 元转增资本,已办妥增资手续。

表 13-1　　各投资者出资比例及转增资本计算表

2015 年 12 月 31 日　　单位:元

投资者名称	出资比例	转增资本额	备注
联兴投资公司	19%	57 000.00	
新力投资公司	19%	57 000.00	
福海服饰有限公司	20%	60 000.00	
贝贝星童服公司	12%	36 000.00	
海派服饰设计公司	10%	30 000.00	
信丰投资公司	20%	60 000.00	
合计	100%	300 000.00	

会计主管:陈利民　　会计:李源珍　　制单:朱玲玲

根据表 13-1 的资料,炎华公司账务处理如下:

借:资本公积　　300 000.00

　贷:实收资本——联兴投资公司　　57 000.00

　　　　　　——新力投资公司　　57 000.00

　　　　　　——福海服饰公司　　60 000.00

　　　　　　——贝贝星童服公司　　36 000.00

　　　　　　——海派服饰设计公司　　30 000.00

　　　　　　——信丰投资公司　　60 000.00

附原始凭证:资本公积转增资本决议(见图 13-11)

炎华公司股东大会决议

经股东大会一致同意，形成决议如下：

经股东大会决议批准，广东炎华服饰有限公司决定用资本公积300 000元，按各投资者原出资比例转增资本。

广东炎华服饰有限公司

董事长：郭天怡

2015年12月31日

图13-11 资本公积转增资本决议

知识拓展13-2

留存收益的内容

企业所有者权益包括实收资本、资本公积和留存收益。留存收益，是指企业从历年实现的利润中提取或形成的留存于企业的内部积累，包括盈余公积和未分配利润两类。

1. 盈余公积是指企业按照有关规定从净利润中提取的积累资金。盈余公积包括法定盈余公积和任意盈余公积。盈余公积的核算参见第14章。

2. 未分配利润是指企业实现的净利润经过弥补亏损、提取盈余公积和向投资者分配利润后留存在企业的、历年结存的利润。相对于所有者权益的其他部分来说，企业对于未分配利润的使用有较大的自主权。

【本 章 小 结】

1. 实收资本，是指企业按照章程规定或合同、协议约定，接受投资者投入企业的资本。实收资本的构成比例或股东的股份比例，是确定所有者在企业所有者权益中份额的基础，也是企业进行利润或股利分配的主要依据。

2. 一般企业应设置“实收资本”账户（股份有限公司设置“股本”账户），核算投资者投入资本的增减变动及结存情况。该账户属于所有者权益类账户，贷方登记企业实际收到投资者投入的资本额，借方登记企业按法定程序报经批准而减少的资本额，期末余额一般在贷方，表示企业期末实收资本的实有数。

3. 我国《公司法》规定，投资者可以用货币资产出资，也可以用实物、知识产权、土地使用权等可以用货币估计其价值并可以依法转让的非货币财产作价出资，但法律、法规规定不得作为出资的财产除外。

4. 资本公积，是指企业收到投资者出资额超出其在注册资本（或股本）中所占份额的部分，以及直接计入所有者权益的利得和损失等。资本公积包括资本溢价（或股本溢价）和直接计入所有者权益的利得和损失等。

5. 企业应设置“资本公积”账户，核算企业资本公积的增减变动及结存情况。该账户属于所有者权益类账户,贷方登记企业资本公积的增加额,借方登记企业资本公积的减少额,期末余额一般在贷方,表示企业资本公积的结余数额。资本公积的核算包括资本溢价(或股本溢价)的核算、其他资本公积的核算和资本公积转增资本的核算等内容。

第14章　费用、收入与利润核算

【目的要求】

1. 能掌握产品成本的项目构成及其核算。
2. 能掌握期间费用的内容及其会计核算。
3. 能叙述和列举收入概念及其确认。
4. 能掌握商品销售收入与成本结转核算。
5. 能掌握销售折扣、折让与退回核算。
6. 能掌握其他业务收入与成本结转核算。
7. 能叙述和列举利润概念及其内容。
8. 能理解与掌握本年利润核算。
9. 能理解与掌握利润分配核算。

【重点难点】

1. 销售折扣核算。
2. 销售折让核算。
3. 销售退回核算。
4. 本年利润核算。
5. 利润分配核算。

【基础知识】

14.1　费用核算

14.1.1　费用概述

1. 费用分类

费用，是指企业在日常活动中发生的、会导致所有者权益减少的、与向所有者分配利润无关的经济利益的总流出。费用的类型主要包括以下几种。

1) 按经济用途，可分为构成产品成本的费用和期间费用

(1) 构成产品成本的费用也称生产成本或生产费用，主要是指与生产产品有关、应计入产品成本的费用，是以产品为成本对象进行归集的费用。构成产品成本的费用主要包括直接材料成本、直接人工成本和制造费用。

(2) 期间费用,是指企业当期发生的不能归属于某种产品的成本,应当从当期收入中得到补偿的费用。期间费用包括销售费用、管理费用和财务费用三大类。

2) 按经济内容,可分为外购材料费用、外购燃料费用、外购动力费、工资及福利费、折旧费、利息支出、税金、其他支出等费用要素

(1) 外购材料费用,是指企业为生产而耗费的一切从外部购入的原材料、半成品、辅助材料、包装物、修理用备件和低值易耗品等。

(2) 外购燃料费用,是指企业为生产而耗用的从外部购入的各种燃料。

(3) 外购动力费,是指企业为生产而耗用的从外部购入的动力。

(4) 工资及福利费,是指企业应计入生产成本的职工工资,以及按照工资总额的一定比例提取的职工福利费。

(5) 折旧费,是指企业为所拥有或控制的固定资产按照使用情况计提的折旧费。

(6) 利息支出,是指企业为筹集生产经营资金而发生的利息支出。

(7) 税金,是指企业应计入税金及附加的各种税金,如房产税、车船税、城镇土地使用税等。

(8) 其他支出,是指不属于以上各项目的费用支出。

2. 费用确认与计量

1) 费用确认

(1) 按费用与收入的因果关系进行确认。凡与本期收入有因果关系的耗费,都应当确认为本期费用,如主营业务成本随同本期的收入作为该期的费用。

(2) 按合理、系统的分摊方式进行确认。一些资本性支出的资产在多个会计期间提供收益,应当由多个会计期间负担其费用,费用就应当按合理的分配方式摊入各个会计期间,如固定资产折旧费和无形资产摊销等。

(3) 直接确认为当期费用。企业发生的有些支出,如销售费用、管理费用和财务费用等,应在其发生时直接确认为当期的期间费用。

2) 费用计量

企业应当按照实际发生额核算成本和费用。采用定额成本、计划成本方法核算的,应当合理计算分摊成本差异,月终计算确定实际成本费用,编制会计报表时采用实际成本。

14.1.2 产品成本核算

1. 账户设置

1) "生产成本"账户

"生产成本"账户,核算企业进行工业性生产产生的各项生产成本,包括生产各种产品(产成品、自制半成品等)、自制材料、自制工具、自制设备等。该账户属于成本类账户,借方登记企业工业性生产所发生的各项生产费用,贷方登记产品完工转出的生产成本,期末余额在借方,表示尚未加工完成的各项在产品的成本。

该账户应按产品品种等成本核算对象设置"基本生产成本"和"辅助生产成本"明细分类账,进行明细分类核算。其中"基本生产成本"应当分别按基本生产车间和成本核算对象(产品品种、类别、订单、批别、生产阶段等)设置明细账,并按规定的成本项目设置专栏;"辅助生产成本"应按辅助生产车间和提供的产品、劳务设置明细账。"生产成本"账户结构,如图 14-1 所示。

生产成本

借方	贷方
期初：结存各项在产品的成本 本期：登记企业工业性生产所发生的各项生产费用	登记产品完工转出的生产成本
期末：结存各项在产品的成本	

图 14-1 "生产成本"账户结构

2）"制造费用"账户

制造费用，是指企业为生产产品（或提供劳务）而发生的，应计入产品成本但没有专设成本项目的各项生产费用，包括车间机物料消耗、车间管理人员的薪酬、车间管理用房屋和设备的折旧费、租赁费（经营租赁）和保险费，车间管理用具摊销，车间管理用的照明费、水费、取暖费、劳动保护费、设计制图费、试验检验费、差旅费、办公费、信息系统维护费以及季节性及修理期间停工损失等。

"制造费用"账户，核算企业生产车间（部门）为生产产品和提供劳务而发生的各项间接费用，以及虽然直接用于产品生产但管理上不要求或不便于单独核算的费用，该账户属于成本类账户，借方登记企业生产车间（部门）发生的各项间接费用，贷方登记期末转入"生产成本"账户的制造费用，结转后该账户应无余额。该账户可按不同的生产车间、部门和费用项目设置明细分类账，进行明细分类核算。"制造费用"账户结构，如图 14-2 所示。

制造费用

借方	贷方
期初：无余额 本期：登记企业生产车间（部门）发生的各项间接费用	登记期末转入"生产成本"账户的制造费用
期末：无余额	

图 14-2 "制造费用"账户结构

2. 会计核算

1）确定成本核算对象

成本核算对象，是指确定归集和分配生产成本的具体对象。成本核算对象的确定是设立成本明细分类账户、归集和分配生产成本以及选择成本计算方法、正确计算成本的前提。

由于产品工艺、生产成本、成本管理等要求的不同，产品项目不等于成本核算对象。一般情况下，对企业（工业）而言，生产一种或几种产品的，应以产品品种为成本核算对象；分批、单件生产的产品，应以每批或每件产品为成本核算对象；多步骤、连续加工的产品，应以每种产品及各生产步骤为成本核算对象。相应地，以产品品种为成本核算对象的成本计算方法，简称为品种法；以产品批别为成本核算对象的成本计算方法，简称为分批法；以产品生产步骤为成本核算对象的成本计算方法，简称为分步法。

知识拓展 14-1

产品成本计算方法

产品成本计算的方法主要包括三种：品种法（以产品品种为成本核算对象）、分批法（以产品批别为成本核算对象）和分步法（以产品生产步骤为成本核算对象）。

品种法计算产品成本的主要特点有：一是成本核算对象是产品品种；二是品种法下一般

定期(每月月末)计算产品成本;三是如果企业月末有在产品,要将生产成本在完工产品和在产品之间进行分配。

分批法计算产品成本的主要特点有:一是成本核算对象是产品的批别;二是产品成本的计算是与生产任务通知单的签发和结束紧密配合的,因此产品成本计算是不确定的;三是由于成本计算期与产品生产周期基本一致,因此,在计算月末在产品成本时,一般不存在在完工产品和在产品之间分配成本的问题。

分步法计算产品成本的主要特点有:一是成本核算对象是各种产品的生产步骤;二是月末计算完工产品成本,还需要将归集在生产成本明细账中的生产成本在完工产品和在产品之间进行分配;三是除了按品种计算和结转产品成本外,还需要计算和结转产品的各步骤成本。在实际工作中,根据成本管理对各生产步骤成本资料的不同要求(如是否要求计算半成品成本)和简化核算的要求,各生产步骤成本的计算和结转,一般采用逐步结转和平行结转两种方法,称为逐步结转分步法和平行结转分步法。

2) 产品成本项目的归集与分配

为了具体反映计入产品的生产成本的各种用途,应将其进一步划分为若干项目,即产品生产成本项目,简称产品成本项目或成本项目。产品成本项目的设置应根据管理上的要求确定。对于企业(工业)而言,一般可设置"直接材料""燃料和动力""直接人工"和"制造费用"等成本项目。

(1) 直接材料。直接材料,是指企业在生产产品过程中实际消耗的、直接用于产品生产、构成产品实体的原材料、半成品、辅助材料、包装物、修理用备件、低值易耗品和材料在使用过程中发生的运输、装卸、整理等费用。企业为生产产品领用直接材料,根据各产品领用的材料量,借记"生产成本——基本生产成本"账户,贷记"原材料"账户。

(2) 燃料和动力。燃料和动力,是指企业直接用于产品生产的外购和自制的燃料和动力。企业为生产产品而耗用燃料和动力,应根据有关的转账凭证或付款凭证等资料,借记"生产成本——基本生产成本"账户,贷记"原材料""银行存款"等账户。

(3) 直接人工。直接人工,是指企业在生产产品过程中直接从事产品生产工人的职工薪酬。企业为生产产品而发生的直接人工,应根据工资结算汇总表和有关分配标准等资料,借记"生产成本——基本生产成本"账户,贷记"应付职工薪酬"账户。

(4) 制造费用。制造费用一般应按生产车间或部门进行归集,再根据制造费用的性质,合理选择方法进行分配。制造费用一般应先分配辅助生产的制造费用,将其计入辅助生产成本,然后再分配辅助生产成本,将其中应由基本生产负担的辅助生产成本计入基本生产的制造费用,最后再分配基本生产制造费用。企业发生的各项制造费用,经归集与分配,最终转入产品生产成本,归集时,借记"制造费用"账户,贷记"应付职工薪酬""银行存款""累计折旧""原材料"等账户;分配时,借记"生产成本——基本生产成本"账户,贷记"制造费用"账户。

知识拓展 14-2

辅助生产成本的核算

辅助生产车间为生产产品提供的动力等直接费用,可以先作为辅助生产成本进行归集，然后按照合理的方法分配计入基本生产成本；也可以直接计入所生产产品发生的生产成本。

企业对辅助生产成本的核算有两种方式进行选择，但一经确定，不得随意变更。一是单独核算辅助生产成本，即企业对辅助生产车间发生的各项成本单独设置“生产成本——辅助生产成本”账户。二是不单独核算辅助生产成本，即企业对辅助生产车间发生的各项成本，直接记入“生产成本”账户。

知识拓展 14-3

联产品与副产品成本核算

一、联产品成本核算

联产品，是指使用同种原料，经过同一生产过程同时生产出来的两种或以上的主要产品。其生产特点是：在生产开始时，各产品尚未分离，同一加工过程中对联产品的联合加工。当生产过程进行到一定生产步骤，产品才会分离。在分离点以前发生的生产成本，称为联合成本。分离后的联产品，有的可以直接销售，有的还需要进一步加工才可供销售。

联产品成本的计算，通常分为两个阶段进行：一是联产品分离前发生的生产成本，即联合成本，可按一个成本核算对象设置一个成本明细账进行归集，然后将其总额按一定分配方法，如实物数量法，在各联产品之间进行分配；二是分离后按各种产品分别设置明细账，归集其分离后所发生的生产成本。

二、副产品成本核算

副产品，是指在同一生产过程中，使用同种原料，在生产主产品的同时附带生产出来的非主要产品，如甘油是生产肥皂的副产品。由于副产品价值相对较低，而且在全部产品生产中所占的比重较小，因而可以采用简化的方法确定其成本。

在分配主产品与副产品的生产成本时，通常先确定副产品的生产成本，如副产品按预先规定的固定单价确定成本，然后从总成本中扣除副产品的成本，其余额即为主产品的成本。

3) 计算产成品成本

每月月末，当月生产成本明细账中按照成本项目归集了本月生产成本以后，这些成本就是本月发生的生产成本，并不是本月完工产品的成本。计算本月完工产品成本，还需要将本月发生的生产成本，加上月初在产品成本，然后再将其在本月完工产品和月末在产品之间进行分配，以求得本月完工产品成本。

在产品，是指没有完成全部生产过程、不能作为商品销售的产品，包括正在车间加工中的在产品（包括正在返修的废品）和已经完成一个或几个生产步骤但还需要继续加工的半成品（包括未经验收入库的产品和等待返修的废品），不包括对外销售的自制半成品。对某个车间或生产步骤而言，在产品只包括该车间或该生产步骤正在加工中的那部分在产品。

常用的生产成本在完工产品与在产品之间进行分配的方法包括：不计算在产品成本法、在产品按固定成本计价法、在产品按所耗直接材料成本计价法、约当产量比例法、在产品按定额成本计价法和定额比例法等。

知识拓展 14-4

约当产量比例法

约当产量比例法,是指将产品应负担的全部成本按照完工产品产量与月末在产品约当产量的比例分配计算完工产品成本和月末在产品成本。约当产量,是指将月末在产品数量按其完工程度折算为完工产品的产量。

知识拓展 14-5

厂房租金与边脚废料的核算

一、厂房租金的核算

预付情形:如1月支付第1季度(1月、2月、3月)的厂房租金的核算:1月支付厂房租金时,借记“管理费用”“制造费用”“预付账款”账户,贷记“银行存款”账户;2月、3月摊销预付厂房租金时,借记“管理费用”“制造费用”账户,贷记“预付账款”账户。

后付情形:如3月支付第1季度(1月、2月、3月)的厂房租金的核算:1月、2月预提厂房租金时,借记“管理费用”“制造费用”账户,贷记“其他应付款”账户;3月支付厂房租金时,借记“管理费用”“制造费用”“其他应付款”账户,贷记“银行存款”账户。

二、边脚废料的核算

边脚废料入库时,借记“原材料”账户,贷记“生产成本”账户;销售时,借记“银行存款”账户,贷记“其他业务收入”“应交税费——应交增值税——销项税额”账户;月末结转边脚废料销售成本,借记“其他业务成本”账户,贷记“原材料”账户。

三、半成品销售的核算

如果企业将半成品直接销售,应先将半成品的成本转入“库存商品”,借记“库存商品”账户,贷记“生产成本——基本生产成本”账户,之后按产成品进行销售。

知识拓展 14-6

废品损失与停工损失的核算

一、废品损失的核算

废品损失,是指在生产过程中发生的和入库后发现的不可修复废品的生产成本,以及可修复废品的修复费用,扣除回收的废品残料价值和应收赔款以后的损失。

经质量检验部门鉴定不需要返修、可以降价出售的不合格品,以及产品入库后由于保管不善等原因而损坏变质的产品和实行“三包”企业在产品出售后发现的废品均不包括在废品损失内。

单独核算“废品损失”的,应设置“废品损失”账户,在成本项目中增设“废品损失”项目;不单独核算“废品损失”的,相应的生产费用体现在“生产成本”“原材料”等账户中。辅助生产一般不单独核算废品损失。

单独核算废品损失的核算包括两个环节:计算废品损失与结转废品净损失。

1. 计算废品损失

废品损失包括不可修复废品损失与可修复废品损失两种。

1) 不可修复废品损失

对于不可修复的废品,其所发生的生产成本全部转入“废品损失”账户,借记“废品损失”账户,贷记“生产成本——基本生产成本”账户。不可修复废品损失的生产成本,可按废品所耗实际费用计算,也可按废品所耗定额费用计算。

(1) 废品损失按废品所耗实际费用计算时,要将废品报废前与合格品在一起计算的各项费用,采用适当的分配方法在合格品与废品之间进行分配,计算出废品的实际成本。

如果废品是在完工以后发现的,单位废品负担的各项生产费用应与单位合格产品完全相同,可按合格品产量与废品的数量比例分配各项生产费用,计算废品的实际成本。

(2) 废品损失按废品所耗定额费用计算时,废品的生产成本是按废品数量和各项费用定额计算的,不需要考虑废品实际发生的生产费用。

2) 可修复废品损失

对于可修复的废品,返修以前发生的生产成本,不是废品损失,不需要从“生产成本”账户转出,只需将其返修发生的各项费用记入“废品损失”账户,借记“废品损失”账户,贷记“原材料”“应付职工薪酬”“制造费用”等账户。

返修废品时,回收的残料价值和应收的赔款,应从“废品损失”账户贷方分别转入“原材料”和“其他应收款”账户的借方,借记“原材料”“其他应收款”等账户,贷记“废品损失”账户。

2. 结转废品净损失

经归集计算后“废品损失”账户的借方余额反映的是废品净损失,期末应转入“生产成本——基本生产成本”账户的借方,借记“生产成本——基本生产成本”账户,贷记“废品损失”账户。结转后该账户月末无余额。

二、停工损失的核算

停工损失,是指生产车间或车间内某个班组在停工期间发生的各项费用,包括停工期间发生的原材料费用、人工费用和制造费用等。应由过失单位或保险公司负担的赔款应从停工损失中扣除。不满1个工作日的停工,一般不计算停工损失。

单独核算“停工损失”的,应设置“停工损失”账户,在成本项目中增设“停工损失”项目;不单独核算“停工损失”的,相应的生产费用体现在“制造费用”“营业外支出”等账户中。辅助生产一般不单独核算停工损失。

单独核算“停工损失”的核算包括两个环节:计算停工损失与结转停工净损失。

1. 计算停工损失

企业应根据停工报告单和各项费用分配表、分配汇总表等有关凭证,将停工期间发生的、应列作停工损失的费用记入“停工损失”账户的借方,借记“停工损失”账户,贷记“原材料”“应付职工薪酬”“制造费用”等账户。

应由过失单位及过失人员或保险公司负担的赔款,应从该账户的贷方转入“其他应收款”等账户的借方,借记“其他应收款”等账户,贷记“停工损失”账户。

2. 结转停工净损失

经归集计算后“停工损失”账户的借方余额反映的是停工净损失,期末应从该账户的贷方转出。属于自然灾害部分,转入“营业外支出”账户的借方,借记“营业外支出”账户,贷记“停工损失”账户;应由本月产品成本负担的部分,转入“生产成本——基本生产成本”账户的借方,借记“生产成本——基本生产成本”账户,贷记“停工损失”账户。结转后该账户月末无余额。

14.1.3 期间费用核算

1. 销售费用核算

1) 销售费用内容

销售费用,是指企业销售商品(产品)和材料、提供劳务的过程中发生的各种费用。销售费用具体包括运输费、装卸费、包装费、保险费、展览费、广告费、委托代销手续费、商品维修费、预计产品质量保证损失以及为销售本企业商品而专设销售机构(含销售网点、售后服务网点等)的职工薪酬、业务费、折旧费、固定资产修理费等经营费用。

销售费用是与企业销售商品活动有关的费用,但不包括销售商品本身的成本和劳务成本。销售商品本身的成本和劳务成本计入主营业务成本。

2) 账户设置

企业应设置"销售费用"账户,核算销售费用的发生和结转情况。该账户属于损益类账户,借方登记企业发生的各项销售费用,贷方登记期末结转到"本年利润"账户的销售费用,期末结转后该账户应无余额。

"销售费用"账户应按费用项目设置明细分类账,进行明细分类核算。"销售费用"账户结构,如图 14-3 所示。

销售费用	
期初:无余额 本期:登记企业发生的各项销售费用	登记期末结转到"本年利润"账户的销售费用
期末:无余额	

图 14-3 "销售费用"账户结构

3) 会计核算

(1) 企业发生各项销售费用时,借记"销售费用"等账户,贷记"银行存款""应付职工薪酬"等账户。

(2) 期末结转销售费用时,借记"本年利润"账户,贷记"销售费用"账户。

【例 14-1】 广东炎华服饰有限公司 2019 年 9 月 12 日销售西服一批,销售过程中发生运输费 600 元、增值税额 54 元,以银行存款支付。炎华公司账务处理如下:

借:销售费用——运输费	600.00
应交税费——应交增值税——进项税额	54.00
贷:银行存款	654.00

附原始凭证:增值税专用发票(见图 14-4)

【例 14-2】 广东炎华服饰有限公司 2019 年 9 月 14 日开出支票支付产品广告费 18 000 元、增值税额 1 080 元。炎华公司账务处理如下:

借:销售费用——广告费	18 000.00
应交税费——应交增值税——进项税额	1 080.00
贷:银行存款	19 080.00

附原始凭证:增值税专用发票(见图 14-5)

4401239772　　　**广东增值税专用发票**　　　№ 161658901

发　票　联　　　开票日期：2019 年 09 月 12 日

购货单位	名　　称：广东炎华服饰有限公司 纳税人识别号：440106868268025 地 址 、电 话：天河中路 2 号 86697584 开户行及账号：建行天河支行 11682683056				密码区	（略）		
货物或应税劳务、服务名称	规格型号	单位	数 量	单 价		金 额	税率	税 额
运输						600.00	9%	54.00
合 计						¥600.00		¥54.00
价税合计(大写)	⊗陆佰伍拾肆圆整					（小写）¥654.00		
销货单位	名　　称：广州安达货运有限公司 纳税人识别号：440106735268762 地 址 、电 话：天河西路 52 号 86325584 开户行及账号：交行天河支行 11965683052				备注	广州——深圳		

收款人：周燕文　　复核：陈达利　　开票人：李琪莲　　销货单位：(章)

第三联：发票联　购买方记账凭证

图 14-4　增值税专用发票

4401675326　　　**广东增值税专用发票**　　　№ 440138016

发　票　联　　　开票日期：2019 年 09 月 14 日

购货单位	名　　称：广东炎华服饰有限公司 纳税人识别号：440106868268025 地 址 、电 话：广州天河中路 2 号 86697584 开户行及账号：建行天河支行 11682683056				密码区	（略）		
货物或应税劳务、服务名称	规格型号	单位	数 量	单 价		金 额	税率	税 额
广告费						18 000.00	6%	1 080.00
合 计						¥18 000.00		¥1 080.00
价税合计(大写)	⊗壹万玖仟零捌拾圆整					（小写）¥19 080.00		
销货单位	名　　称：广州视讯广告有限公司 纳税人识别号：440106258262043 地 址 、电 话：广州中山大道 236 号 88956678 开户行及账号：工行中山支行 11600856492				备注			

收款人：陈丰华　　复核：黎志林　　开票人：李敏虹　　销货单位：(章)

第三联：发票联　购买方记账凭证

图 14-5　增值税专用发票

2. 管理费用核算

1）管理费用内容

管理费用，是指企业为组织和管理企业生产经营活动而发生的各项费用。管理费用具体包括企业的开办费、公司经费（包括行政管理部门的职工工资及福利费、物料消耗、低值易耗品摊销、折旧费、办公费、差旅费等）、工会经费、待业保险费、劳动保险费、董事会会费（包括董事会成员津贴、会议费、差旅费等）、聘请中介机构费、咨询费（含顾问费）、诉讼费、业务招待费、技术转让费、矿产资源补偿费、排污费、研究费用、企业生产车间和行政管理部门发生的固定资产修理费用等。

2）账户设置

企业应设置“管理费用”账户，核算管理费用的发生和结转情况。该账户属于损益类账户，借方登记企业发生的各项管理费用，贷方登记期末结转到“本年利润”账户的管理费用，期末结转后该账户应无余额。

“管理费用”账户应按费用项目设置明细分类账，进行明细分类核算。“管理费用”账户结构，如图 14-6 所示。

管理费用	
期初：无余额 本期：登记企业发生的各项管理费用	登记期末结转到“本年利润”账户的管理费用
期末：无余额	

图 14-6 “管理费用”账户结构

商品流通企业管理费用不多的，可以不设置“管理费用”账户，相关核算内容并入“销售费用”账户进行核算。

3）会计核算

(1) 企业在筹建期间内发生的开办费(包括筹建期间人员的工资、办公费、培训费、差旅费、印刷费、律师咨询费、注册登记费以及不应计入固定资产价值的借款费用等)，在实际发生时，应按实际发生额，借记“长期待摊费用”账户，贷记“银行存款”等账户；于开始生产经营当月，将开办费一次计入当期管理费用，借记“管理费用”账户，贷记“长期待摊费用”账户。

(2) 企业发生行政管理人员的职工薪酬、行政管理部门计提的固定资产折旧费、修理费、办公费、水电费、业务招待费、诉讼费、财产保险费等管理费用时，借记“管理费用”账户，贷记“银行存款”“库存现金”“应付职工薪酬”等账户。

(3) 期末结转管理费用时，借记“本年利润”账户，贷记“管理费用”账户。

【例 14-3】 广东炎华服饰有限公司 2019 年 9 月 7 日在广州市天河北路购买一铺面，创办炎华服饰天河专卖店，发生筹建人员工资 12 800 元、办公费 23 600 元、印刷费 260 元、注册登记费 1 200 元、培训费 6 400 元(不含税价，增值税税率为 6%)。10 月 10 日，天河专卖店正式营业。炎华公司账务处理如下：

(1) 开办费归集时：

借：长期待摊费用——开办费	44 260.00
应交税费——应交增值税——进项税额	384.00
贷：银行存款	44 644.00

附原始凭证：增值税专用发票(见图 14-7)

(2) 开办费转销时：

借：管理费用	44 260.00
贷：长期待摊费用——开办费	44 260.00

4401384562 **广东增值税专用发票** No 120420126

发 票 联

开票日期：2019 年 10 月 08 日

购货单位	名　　称：广东炎华服饰有限公司 纳税人识别号：440106868268025 地 址 、电 话：天河中路 2 号 86697584 开户行及账号：建行天河支行 11682683056	密码区	（略）

货物或应税劳务、服务名称	规格型号	单位	数 量	单 价	金 额	税率	税 额
培训费					6 400.00	6%	384.00
合 计					¥6 400.00		¥384.00
价税合计（大写）	⊗陆仟柒佰捌拾肆圆整						¥6 784.00

销货单位	名　　称：广州市智源培训中心 纳税人识别号：440106868536284 地 址 、电 话：中山大道 188 号 86999666 开户行及账号：工行中山支行 11644583123	备注	广州市智源培训中心 440106868536284 发票专用章

收款人：李纯娜　　复核：　　开票人：王晓璇　　销货单位：（章）

第三联：发票联 购买方记账凭证

图 14-7　增值税专用发票

【例 14-4】 广东炎华服饰有限公司 2019 年 9 月 20 日为拓展产品销售市场发生业务招待费 1 800 元，增值税税率为 6%，以银行存款支付。炎华公司账务处理如下：

借：管理费用——业务招待费　　1 908.00

　贷：银行存款　　1 908.00

附原始凭证：增值税专用发票（见图 14-8）

4401396367 **广东增值税专用发票** No 121638065

发 票 联

开票日期：2019 年 09 月 20 日

购货单位	名　　称：广东炎华服饰有限公司 纳税人识别号：440106868268025 地 址 、电 话：天河中路 2 号 86697584 开户行及账号：建行天河支行 11682683056	密码区	（略）

货物或应税劳务、服务名称	规格型号	单位	数 量	单 价	金 额	税率	税 额
餐饮费					1 800.00	6%	108.00
合 计					¥1 800.00		¥108.00
价税合计（大写）	⊗壹仟玖佰零捌圆整						¥1 908.00

销货单位	名　　称：广州天源酒店有限公司 纳税人识别号：440106868532672 地 址 、电 话：天河中路 18 号 86699999 开户行及账号：建行天河支行 11682683654	备注	广州天源酒店有限公司 440106868532672 发票专用章

收款人：李方源　　复核：　　开票人：张珊　　销货单位：（章）

第三联：发票联 购买方记账凭证

图 14-8　增值税专用发票

【例 14-5】 广东炎华服饰有限公司 2019 年 9 月 21 日支付律师咨询费 1 200 元、增值

税额72元,以银行存款支付。炎华公司账务处理如下:

借:管理费用——咨询费　　1 200.00
　　应交税费——应交增值税——进项税额　　72.00
　贷:银行存款　　1 272.00

附原始凭证:增值税专用发票(见图14-9)

4401265343　　广东增值税专用发票　　No 121838063
发票联
开票日期:2019年09月21日

购货单位	名　　称:广东炎华服饰有限公司 纳税人识别号:440106868268025 地 址 、电 话:广州天河中路2号 86697584 开户行及账号:建行天河支行 11682683056				密码区	(略)	
货物或应税劳务、服务名称	规格型号	单位	数 量	单 价	金 额	税率	税 额
律师咨询费				1 200.00	1 200.00	6%	72.00
合 计					¥1 200.00		¥72.00
价税合计(大写)	⊗壹仟贰佰柒拾贰圆整						¥1 272.00
销货单位	名　　称:广州市智道律师事务所 纳税人识别号:440106868532603 地 址 、电 话:广州中山路116号 88349999 开户行及账号:中行中山支行 11687561462				备注	广州市智道律师事务所 440106868532603 发票专用章	

收款人:李东红　　复核:何耀阳　　开票人:王晓珊　　销货单位:(章)

第三联:发票联 购买方记账凭证

图14-9　增值税专用发票

3. 财务费用核算

1)财务费用

财务费用,是指企业为筹集生产经营所需资金等而发生的筹资费用。财务费用具体包括利息支出(减利息收入)、汇兑损益及相关的手续费、企业发生或收到的现金折扣等。

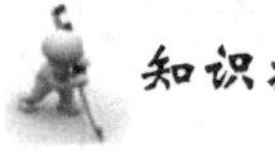

知识拓展14-7

汇兑损益核算

汇兑损益是指企业外币货币性项目因汇率变动而形成的收益或损失。外币货币性项目是指企业持有的外币货币和将以固定或可确定金额的外币货币收取的资产或者偿付的负债。外币货币性项目分为外币货币性资产和外币货币性负债。其中,外币货币性资产包括现金、银行存款、应收账款、其他应收款和长期应收款等;外币货币性负债包括应付账款、其他应付款、短期借款、应付债券、长期借款和长期应付款等。

企业发生外币交易(即以外币计价或结算的交易),应在初始确认时采用交易发生日的即期汇率或即期汇率的近似汇率将外币金额折算为记账本位币金额,按照折算后的记账本位币金额登记有关账户;在登记有关记账本位币账户的同时,按照外币金额登记相应的外币账户。即期汇率一般指中国人民银行公布的当日人民币汇率的中间价;即期汇率的近似汇率,通常采用当期平均汇率或加权平均汇率等。

资产负债表日或结算外币货币性项目时，企业应当采用资产负债表日或结算当日即期汇率折算外币货币性项目，因当日即期汇率与初始确认时或者前一资产负债表日即期汇率不同而产生的汇兑差额，作为财务费用处理，同时调增或调减外币货币性项目的记账本位币金额。

2）账户设置

企业应设置“财务费用”账户，核算财务费用的发生和结转情况。该账户属于损益类账户，借方登记企业发生的各项财务费用，贷方登记期末结转到“本年利润”账户的财务费用，期末结转后该账户应无余额。

“财务费用”账户应按费用项目设置明细分类账，进行明细分类核算。“财务费用”账户结构，如图 14-10 所示。

财务费用	
期初：无余额 本期：登记企业发生的各项财务费用	登记期末结转到“本年利润”账户的财务费用
期末：无余额	

图 14-10 “财务费用”账户结构

3）会计核算

(1) 企业发生各项财务费用时，借记“财务费用”账户，贷记“银行存款”“应付利息”“长期借款”等账户。

(2) 期末结转财务费用时，借记“本年利润”账户，贷记“财务费用”账户。

【例 14-6】 广东炎华服饰有限公司 2019 年 9 月 25 日以银行存款支付汇款手续费 30 元。炎华公司账务处理如下：

借：财务费用——手续费　　30.00

　贷：银行存款　　30.00

附原始凭证：汇款手续费收费单（见图 14-11）

中国建设银行邮电费、手续费、空白凭证收费单

单位名称：广东炎华服饰有限公司　　账号：11682683056　　2019 年 09 月 25 日

收取费用				购买凭证		
结算种类	笔数	类别	金额（元）	名称	数量	金额（元）
托收承付及委托收款	笔	手续费	30.00			
汇兑	笔	邮费				
银行汇票	笔	电费				
支票	笔	附加费				
合计（大写）	⊗仟⊗佰叁拾零元零角零分					¥30.00
付款单位（经手人）签章：李芬				收款银行盖章		

中国建设银行股份有限公司 广州大河支行 2019.09.25 办讫章 (2)

①此联由银行加盖章后交给付款人

图 14-11 汇款手续费收费单

14.2 收入核算

14.2.1 收入概述

1. 收入分类

收入,是指企业在日常活动中形成的、会导致所有者权益增加的、与所有者投入资本无关的经济利益的总流入。收入的类型包括以下几种。

1) 按经营业务主次分类

收入按经营业务主次分类,可分为主营业务收入和其他业务收入。

(1) 主营业务收入,是指企业营业执照上注明的主营业务所取得的收入,如工业企业的产品销售收入,运输企业的运输、装卸费收入等。

(2) 其他业务收入,是指企业营业执照上注明的兼营业务所取得的收入,如企业销售材料取得的收入、出租资产取得的租金收入等。

2) 按经营业务的性质分类

收入按经营业务的性质分类,可分为商品销售收入、提供劳务收入和让渡资产使用权收入。

(1) 商品销售收入,是指以取得货币资产的方式进行的商品销售,以及正常情况下以商品抵偿债务的交易取得的收入,包括企业销售商品、材料、包装物等取得的收入。

(2) 提供劳务收入,是企业对外提供劳务,如旅游、运输、餐饮、广告、咨询、培训、产品安装等所取得的收入。

(3) 让渡资产使用权收入,是指企业让渡资产使用权取得的收入,包括让渡无形资产使用权的使用费收入,出租固定资产、包装物等的租金收入,进行债权投资取得的利息收入等。

2. 商品销售收入确认与计量

1) 商品销售收入确认条件

企业销售商品时,必须同时满足以下五个条件,才能确认为收入:

(1) 企业已将商品所有权上的主要风险和报酬转移给购货方。

(2) 企业既没有保留通常与所有权相联系的继续管理权,也没有对已售出的商品实施控制。

(3) 收入的金额能够可靠地计量。

(4) 与交易相关的经济利益能够流入企业。

(5) 相关的已发生的或将发生的成本能够可靠地计量。

2) 商品销售收入确认方法

(1) 以托收承付或委托收款方式销售商品,应在办妥托收手续时确认收入。

(2) 采用预收款方式销售商品的,应在发出商品时确认收入,在此之前预收的货款应确认为负债。

(3) 附有销售退回条件的商品销售,根据以往经验能够合理估计退货可能性且确认与退货相关负债的,应在发出商品时确认收入;不能合理估计退货可能性的,应在售出商品退货期满时确认收入。

(4) 售出商品需要安装和检验的,在购买方接受交货以及安装和检验完毕前,不应确认收入;如果安装程序比较简单或检验是为了最终确认合同或协议价格而必须进行的程序,可以在发出商品时确认收入。

(5) 采用收取手续费方式委托代销商品的,应在收到代销清单时确认收入。

3) 商品销售收入计量

企业应按照从购货方已收或应收的合同或协议价款确认销售商品收入金额;无合同或协议的,应按购销双方同意或都能接受的价格确定。

对商品销售收入进行计量时,不包括企业为第三方或客户代收的一些款项,也不考虑各种可能发生的现金折扣、销售折让等。

知识拓展 14-8

劳务收入的确认与计量

提供劳务的总收入,一般应按企业与接受劳务方签订的合同或协议的金额确认,如果有现金折扣的,应在实际发生时计入当期财务费用。

劳务收入根据是否跨年度,可以分为不跨年度劳务收入和跨年度劳务收入两类。

1. 对于不跨年度劳务收入,应在劳务完成时确认收入。

2. 对于跨年度劳务收入,应分别根据资产负债表日劳务的结果能否可靠地予以估计来分别确认与计量。对于劳务结果能够可靠估计的,通常采用完工百分比法确认劳务收入。

14.2.2 商品销售业务核算

1. 账户设置

1) “主营业务收入”账户

“主营业务收入”账户,核算企业销售商品(产品)、提供劳务等日常经营活动所取得的收入。该账户属于损益类账户,贷方登记企业销售商品(产品)、提供劳务等实现的主营业务收入,借方登记企业发生销售折让、销售退回而冲减的收入和期末结转到“本年利润”账户的主营业务收入,期末结转后该账户应无余额。

“主营业务收入”账户应按主营业务种类(商品或劳务种类)设置明细分类账,进行明细分类核算。“主营业务收入”账户结构,如图 14-12 所示。

主营业务收入

借方	贷方
	期初:无余额
本期:登记企业发生销售折让、销售退回而冲减的收入和期末结转到“本年利润”账户的主营业务收入	登记企业销售商品(产品)、提供劳务等实现的主营业务收入
	期末:无余额

图 14-12 “主营业务收入”账户结构

2) “主营业务成本”账户

“主营业务成本”账户,核算企业销售商品(产品)、提供劳务等日常经营活动所发生的实际成本。该账户属于损益类账户,借方登记企业销售商品(产品)、提供劳务等发生的实际成本,贷方登记企业因销售退回而冲减的商品成本和期末结转到“本年利润”账户的主营业务成本,期末结转后该账户应无余额。

“主营业务成本”账户应按主营业务种类(商品或劳务种类)设置明细分类账,进行明细分类核算。“主营业务成本”账户结构,如图 14-13 所示。

主营业务成本	
期初:无余额 本期:登记企业销售商品(产品)、提供劳务等发生的实际成本	登记企业因销售退回而冲减的商品成本和期末结转到“本年利润”账户的主营业务成本
期末:无余额	

图 14-13 “主营业务成本”账户结构

(3) “税金及附加”账户

“税金及附加”账户,核算企业经营活动发生的消费税、城市维护建设税、资源税、教育费附加及房产税、城镇土地使用税、车船税、印花税等相关税费。该账户属于损益类账户,借方登记企业按规定计算确定的与日常经营活动相关的税费,贷方登记期末结转到“本年利润”账户的税金及附加,期末结转后该账户应无余额。

“税金及附加”账户应按税费的种类设置明细分类账,进行明细分类核算。“税金及附加”账户结构,如图 14-14 所示。

税金及附加	
期初:无余额 本期:登记企业按规定计算确定的与日常经营活动相关的税费	登记期末结转到“本年利润”账户的税金及附加
期末:无余额	

图 14-14 “税金及附加”账户结构

(4) “发出商品”账户

“发出商品”账户,核算企业未满足收入确认条件但已发出商品的成本。该账户属于资产类账户,借方登记企业未满足收入确认条件但已发出商品的成本,贷方登记发出商品满足收入确认条件时结转的销售成本和退回发出商品而冲减的成本,期末余额一般在借方,表示企业未满足收入确认条件但已发出商品的成本。

“发出商品”账户应按购货单位、商品类别和品种设置明细分类账,进行明细分类核算。“发出商品”账户结构,如图 14-15 所示。

发出商品	
期初:期初未满足收入确认条件但已发出商品的成本 本期:登记企业未满足收入确认条件但已发出商品的成本	登记发出商品满足收入确认条件时结转的销售成本和退回发出商品而冲减的成本
期末:期末未满足收入确认条件但已发出商品的成本	

图 14-15 “发出商品”账户结构

2. 商品销售收入核算

1）符合收入确认条件的销售商品

企业销售商品符合收入确认条件的，应在收入确认时，按实际收到或应收金额（包括增值税税额），借记"银行存款""应收账款"或"应收票据"等账户，按销售商品的价款，贷记"主营业务收入"账户，按应收的增值税额，贷记"应交税费——应交增值税——销项税额"账户；同时，企业应在发出商品时，结转相关销售成本，借记"主营业务成本"账户，贷记"库存商品"账户。

知识拓展 14-9

销售商品发票开具的规定

根据增值税法实施条例的相关规定：一般纳税人企业向一般纳税人企业销售商品时，可以开具"增值税专用发票"或"增值税普通发票"；一般纳税人企业向小规模纳税人企业销售商品时，只可开具"增值税普通发票"。

小规模纳税人企业销售商品时，只能开具"增值税普通发票"。若一般纳税人企业需要"增值税专用发票"，应由小规模纳税人企业到所属的税务部门代开"增值税专用发票"。

但有两种情形不需开具增值税发票：

1. 企业取得的存款利息收入属于不征税收入，不用给银行开具增值税发票，凭借银行结算单进行账务处理就可以。账务处理如下：

借：银行存款

　贷：财务费用——利息收入

2. 企业取得未执行的合同违约金收入，即销售合同没有执行而企业收到的违约金，不属于增值税的应税行为，不作为增值税的应税收入，不需要开具增值税发票，开具收款收据入账就可以。账务处理如下：

借：银行存款

　贷：营业外收入——违约金收入

如果销售合同正常执行，企业收取购货方的违约金应作为价外费用计入销售额中，此时应开具增值税发票。

【例 14-7】 广东炎华服饰有限公司 2019 年 9 月 21 日向广州华谊百货有限公司销售童装 180 套，每套 60 元，休闲服 85 件，每件 90 元，增值税税率为 13%。产品已发出，货款已收妥。炎华公司账务处理如下：

借：银行存款	20 848.50	
贷：主营业务收入——童装		10 800.00
——休闲服		7 650.00
应交税费——应交增值税——销项税额		2 398.50

附原始凭证：增值税专用发票（见图 14-16）

4400041141 **广东增值税专用发票** No 201309101

此联不作报销、扣税凭证使用 开票日期:2019年09月21日

<table>
<tr><td>购货单位</td><td colspan="4">名　　称:广州华谊百货有限公司
纳税人识别号:440106458268326
地址、电话:广州文德路20号 86495295
开户行及账号:建行文德支行 11682533052</td><td>密码区</td><td colspan="3">(略)</td></tr>
<tr><td colspan="2">货物或应税劳务、服务名称</td><td>规格型号</td><td>单位</td><td>数量</td><td>单价</td><td>金额</td><td>税率</td><td>税额</td></tr>
<tr><td colspan="2">童装</td><td></td><td>套</td><td>180</td><td>60.00</td><td>10 800.00</td><td>13%</td><td>1 404.00</td></tr>
<tr><td colspan="2">休闲服</td><td></td><td>件</td><td>85</td><td>90.00</td><td>7 650.00</td><td>13%</td><td>994.50</td></tr>
<tr><td colspan="2">合　计</td><td></td><td></td><td></td><td></td><td>¥18 450.00</td><td></td><td>¥2 398.50</td></tr>
<tr><td colspan="2">价税合计(大写)</td><td colspan="7">⊗贰万零捌佰肆拾捌圆伍角整　(小写)¥20 848.50</td></tr>
<tr><td>销货单位</td><td colspan="4">名　　称:广东炎华服饰有限公司
纳税人识别号:440106868268025
地址、电话:广州天河中路2号 86697584
开户行及账号:建行天河支行 11682683056</td><td>备注</td><td colspan="3"></td></tr>
</table>

第一联:记账联 销售方记账凭证

收款人:李芬　复核:李源珍　开票人:李欣　销货单位:(章)

图 14-16 增值税专用发票

2)不符合收入确认条件的销售商品

(1)不符合收入确认条件的商品销售,不能确认商品销售收入,但销售该商品的纳税义务已经发生,如已开出增值税专用发票,应确认应交的增值税销项税额,借记“应收账款”账户,贷记“应交税费——应交增值税——销项税额”账户。

(2)已经发出但尚未确认销售收入的商品成本,记入“发出商品”账户,借记“发出商品”账户,贷记“库存商品”账户。

3. 销售折扣、销售折让、销售退回核算

1)销售折扣核算

销售折扣,包括商业折扣和现金折扣。

(1)商业折扣,是指企业为促进商品销售而在商品标价上给予的价格扣除。企业销售商品涉及商业折扣的,应当按照扣除商业折扣后的金额确定销售商品收入金额。

【例 14-8】 广东炎华服饰有限公司2019年9月21日向广州友联服装有限公司销售休闲服一批,休闲服单价为90元,由于购买数量较多,达到280件,公司同意给予9折优惠,增值税税率为13%。产品已发出,货款已收妥。炎华公司账务处理如下:

销售收入=(90×90%)×280=22 680(元)

增值税额=22 680×13%=2 948.4(元)

借:银行存款　25 628.40

　贷:主营业务收入——休闲服　22 680.00

　　应交税费——应交增值税——销项税额　2 948.40

附原始凭证:增值税专用发票(见图14-17)

4400041141　　**广东增值税专用发票**　　№ 201309103

此联不作报销、扣税凭证使用　　开票日期：2019 年 09 月 21 日

购货单位	名　　　称：广州友联服装有限公司 纳税人识别号：440106932268423 地 址 、电 话：广州小北路 96 号 86428298 开户行及账号：建行小北支行 11642683985				密码区	（略）		
货物或应税劳务、服务名称	规格型号	单位	数 量	单 价	金 额	税率	税 额	
休闲服		件	280	81.00	22 680.00	13%	2 948.40	
合　计					￥22 680.00		￥2 948.40	
价税合计（大写）	⊗贰万伍仟陆佰贰拾捌圆肆角整						（小写）￥25 628.40	
销货单位	名　　　称：广东炎华服饰有限公司 纳税人识别号：440106868268025 地 址 、电 话：广州天河中路 2 号 86697584 开户行及账号：建行天河支行 11682683056				备注			

第一联：记账联　销售方记账凭证

收款人：李芬　　复核：李源珍　　开票人：李欣　　销货单位：（章）

图 14-17　增值税专用发票

（2）现金折扣，是指债权人为鼓励债务人在规定的期限内付款而向债务人提供的债务扣除。企业销售商品涉及现金折扣的，应当按照扣除现金折扣前的金额确定销售商品收入金额。现金折扣属于企业为了回笼资金而发生的理财费用，应在实际发生时计入当期财务费用。

【例 14-9】　广东炎华服饰有限公司 2019 年 9 月 25 日向佛山联华服装有限公司销售童装 160 套、西服 100 套，开出增值税专用发票，发票注明价款为 29 600 元，增值税税率为 13%。产品已发出，货款尚未收到。为了尽早收回货款，合同规定，按不包含增值税的价款提供现金折扣，现金折扣条件为“2/10，1/20，n/30”。炎华公司账务处理如下：

（1）9 月 25 日，销售商品，确认收入时：

借：应收账款——佛山联华公司　　33 448.00
　贷：主营业务收入——童装　　9 600.00
　　　　　　　　　——西服　　20 000.00
　　应交税费——应交增值税——销项税额　　3 848.00

附原始凭证：增值税专用发票（见图 14-18）

（2）10 月 5 日及之前收到货款时：

现金折扣＝29 600×2%＝592（元）

借：银行存款　　32 856.00
　　财务费用　　592.00
　贷：应收账款——佛山联华公司　　33 448.00

（3）10 月 15 日及之前收到货款时：

现金折扣＝29 600×1%＝296（元）

4400041141　　**广东增值税专用发票**　　No 201309104

此联不作报销、扣税凭证使用　　开票日期：2019 年 09 月 25 日

购货单位	名　　称：佛山联华服装有限公司 纳税人识别号：440303468265426 地 址 、电 话：佛山广佛路 82 号 36428265 开户行及账号：建行广佛支行 13282683047				密码区	(略)		
货物或应税劳务、服务名称	规格型号	单位	数量	单价	金额	税率	税额	
童装		套	160	60.00	9 600.00	13%	1 248.00	
西服		套	100	200.00	20 000.00	13%	2 600.00	
合 计					¥29 600.00		¥3 848.00	
价税合计(大写)	⊗叁万叁仟肆佰肆拾捌圆整					(小写)¥33 448.00		
销货单位	名　　称：广东炎华服饰有限公司 纳税人识别号：440106868268025 地 址 、电 话：广州天河中路 2 号 86697584 开户行及账号：建行天河支行 11682683056				备注			

收款人：　　复核：李源珍　　开票人：李欣　　销货单位：(章)

第一联：记账联　销售方记账凭证

图 14-18　增值税专用发票

借：银行存款　　33 152.00

　财务费用　　296.00

　贷：应收账款——佛山联华公司　　33 448.00

(4) 10 月 15 日之后收到货款时：

借：银行存款　　33 448.00

　贷：应收账款——佛山联华公司　　33 448.00

2) 销售折让核算

销售折让，是指企业因售出商品的质量存在瑕疵等原因而在售价上给予的减让。对于销售折让，企业应区别不同情况进行处理：

(1) 销售折让发生在确认销售收入之前，则应在确认销售收入时，直接按扣除销售折让后的金额确认。

(2) 已确认销售收入的售出商品发生销售折让，且不属于资产负债表日后事项的，应在发生时冲减当期销售商品收入，取得规范凭证的，还应冲减已确认的增值税销项税额。

(3) 已确认销售收入的售出商品发生销售折让，属于资产负债表日后事项的，应当按照有关资产负债表日后事项的相关规定进行处理。

知识拓展 14-10

关于红字增值税发票开具有关问题的公告

国家税务总局公告 2016 年第 47 号

为进一步规范纳税人开具增值税发票管理，现将红字发票开具有关问题公告如下：

一、增值税一般纳税人开具增值税专用发票(以下简称“专用发票”)后，发生销货退回、

开票有误、应税服务中止等情形但不符合发票作废条件，或者因销货部分退回及发生销售折让，需要开具红字专用发票的，按以下方法处理：

（一）购买方取得专用发票已用于申报抵扣的，购买方可在增值税发票管理新系统（以下简称“新系统”）中填开并上传《开具红字增值税专用发票信息表》（以下简称《信息表》，详见附件），在填开《信息表》时不填写相对应的蓝字专用发票信息，应暂依《信息表》所列增值税税额从当期进项税额中转出，待取得销售方开具的红字专用发票后，与《信息表》一并作为记账凭证。

购买方取得专用发票未用于申报抵扣、但发票联或抵扣联无法退回的，购买方填开《信息表》时应填写相对应的蓝字专用发票信息。

销售方开具专用发票尚未交付购买方，以及购买方未用于申报抵扣并将发票联及抵扣联退回的，销售方可在新系统中填开并上传《信息表》。销售方填开《信息表》时应填写相对应的蓝字专用发票信息。

（二）主管税务机关通过网络接收纳税人上传的《信息表》，系统自动校验通过后，生成带有“红字发票信息表编号”的《信息表》，并将信息同步至纳税人端系统中。

（三）销售方凭税务机关系统校验通过的《信息表》开具红字专用发票，在新系统中以销项负数开具。红字专用发票应与《信息表》一一对应。

（四）纳税人也可凭《信息表》电子信息或纸质资料到税务机关对《信息表》内容进行系统校验。

二、税务机关为小规模纳税人代开专用发票，需要开具红字专用发票的，按照一般纳税人开具红字专用发票的方法处理。

三、纳税人需要开具红字增值税普通发票的，可以在所对应的蓝字发票金额范围内开具多份红字发票。红字机动车销售统一发票需与原蓝字机动车销售统一发票一一对应。

四、按照《国家税务总局关于纳税人认定或登记为一般纳税人前进项税额抵扣问题的公告》（国家税务总局公告 2015 年第 59 号）的规定，需要开具红字专用发票的，按照本公告规定执行。

五、本公告自 2016 年 8 月 1 日起施行，《国家税务总局关于推行增值税发票系统升级版有关问题的公告》（国家税务总局公告 2014 年第 73 号）第四条、附件 1、附件 2 和《国家税务总局关于全面推行增值税发票系统升级版有关问题的公告》（国家税务总局公告 2015 年第 19 号）第五条、附件 1、附件 2 同时废止。此前未处理的事项，按照本公告规定执行。

特此公告。

国家税务总局

2016 年 7 月 20 日

【例 14-10】 广东炎华服饰有限公司 2019 年 9 月 28 日向深圳联谊百货有限公司销售休闲服 80 件，开出增值税专用发票，发票注明价款为 7 200 元，增值税税率为 13%。产品已发出，货款尚未收到。30 日，联谊公司收到货物，经检验，发现部分休闲服存在瑕疵，要求在价格上给予 10%的折让。经查明，联谊公司的要求合理，公司同意并办妥有关手续，确认发生销售折让 720 元，转销增值税额 93.6 元，余额已收存银行。炎华公司账务处理如下：

(1) 9 月 28 日,销售商品,确认收入时:

借:应收账款——深圳联谊公司　　8 136.00

　贷:主营业务收入——休闲服　　7 200.00

　　应交税费——应交增值税——销项税额　　936.00

附原始凭证:增值税专用发票(见图 14-19)

4400041141　　**广东增值税专用发票**　　№ 201309105

此联不作报销、扣税凭证使用　　开票日期:2019 年 09 月 28 日

购货单位	名　　称:深圳联谊百货有限公司 纳税人识别号:440206658168062 地 址 、电 话:深圳香梅路 52 号,63495268 开户行及账号:建行香梅支行、12682683346				密码区	(略)	
货物或应税劳务、服务名称	规格型号	单位	数 量	单 价	金 额	税率	税 额
休闲服		件	80	90.00	7 200.00	13%	936.00
合 计					￥7 200.00		￥936.00
价税合计(大写)	⊗捌仟壹佰叁拾陆圆整						(小写)￥8 136.00
销货单位	名　　称:广东炎华服饰有限公司 纳税人识别号:440106868268025 地 址 、电 话:广州天河中路 2 号,86697584 开户行及账号:建行天河支行、11682683056				备注		

收款人:李芬　　复核:李源珍　　开票人:李欣　　销货单位:(章)

第一联:记账联　销售方记账凭证

图 14-19　增值税专用发票

(2) 9 月 30 日,发生销售折让时:

借:主营业务收入——休闲服　　720.00

　应交税费——应交增值税——销项税额　　93.60

　贷:应收账款——深圳联谊公司　　813.60

附原始凭证:开具红字增值税发票信息表(见图 14-20)

开具红字增值税专用发票信息表

填开日期:2019 年 09 月 30 日

销售方	名　称	广东炎华服饰有限公司	购买方	名　称	深圳联谊百货有限公司	
	纳税人识别号	440106868268025		纳税人识别号	440206658168062	
开具红字专用发票内容	货物(劳务服务)名称	数量	单价	金额	税率	税额
	休闲服			720.00	13%	93.60
	合计	—	—	￥720.00	—	￥93.60

（续表）

<table>
<tr><td>说明</td><td>一、购买方□
对应蓝字专用发票抵扣增值税销项税额情况：
1. 已抵扣□
2. 未抵扣□
对应蓝字专用发票的代码：________ 号码：________
二、销售方√
对应蓝字专用发票的代码：4400041141 号码：201309105</td></tr>
<tr><td>红字专用发票信息表编号</td><td>201309106</td></tr>
</table>

图 14-20 开具红字增值税专用发票信息表

(3) 实际收到货款时：

借：银行存款 7 322.40

贷：应收账款——深圳联谊公司 7 322.40

3）销售退回核算

销售退回，是指企业售出的商品由于质量、品种不符合要求等原因而发生的退货。对于销售退回，企业应区别不同情况进行处理：

(1) 对于尚未确认收入的售出商品发生销售退回的，应按已记入“发出商品”账户的商品成本金额，借记“库存商品”账户，贷记“发出商品”账户。

(2) 对于已确认收入的售出商品发生销售退回，且不属于资产负债表日后事项的，应在发生时冲减当期销售商品收入，取得规范凭证的，按规定允许扣减当期增值税销项税额；同时冲减当期销售商品成本。

(3) 对于已确认收入的售出商品发生销售退回，属于资产负债表日后事项的，应当按照有关资产负债表日后事项的相关规定进行处理。

【例 14-11】 广东炎华服饰有限公司 2019 年 10 月 12 日向广东恒盛服装有限公司销售西服 160 套，西服成本为 20 160 元，开出增值税专用发票，发票注明价款为 32 000 元，增值税税率为 13%。产品已发出，货款尚未收到。15 日，恒盛公司收到货物，经检验，发现其中 2 套西服不符合质量要求，提出退货要求。经查明，恒盛公司的要求合理，公司同意退货并按规定向恒盛公司开具了红字增值税专用发票，当日收到货款与退回的西服。炎华公司账务处理如下：

(1) 10 月 12 日，销售商品，确认收入时：

借：应收账款——恒盛服装公司 36 160.00

贷：主营业务收入——西服 32 000.00

应交税费——应交增值税——销项税额 4 160.00

(2) 10 月 12 日，结转产品销售成本时：

借：主营业务成本——西服　　20 160.00
　贷：库存商品——西服　　20 160.00

(3) 10 月 15 日，发生销售退回时：

借：主营业务收入——西服　　400.00
　　应交税费——应交增值税——销项税额　　52.00
　贷：应收账款——恒盛服装公司　　452.00

附原始凭证：开具红字增值税发票信息表(见图 14-21)

开具红字增值税专用发票信息表

填开日期：2019 年 10 月 15 日

<table>
<tr><td rowspan="2">销售方</td><td>名　称</td><td>广东炎华服饰有限公司</td><td rowspan="2">购买方</td><td>名　称</td><td colspan="2">广东恒盛服装有限公司</td></tr>
<tr><td>纳税人识别号</td><td>440106868268025</td><td>纳税人识别号</td><td colspan="2">440106695268028</td></tr>
<tr><td rowspan="6">开具红字专用发票内容</td><td>货物(劳务服务)名称</td><td>数量</td><td>单价</td><td>金额</td><td>税率</td><td>税额</td></tr>
<tr><td>西服</td><td>2</td><td>200.00</td><td>400.00</td><td>13%</td><td>52.00</td></tr>
<tr><td></td><td></td><td></td><td></td><td></td><td></td></tr>
<tr><td></td><td></td><td></td><td></td><td></td><td></td></tr>
<tr><td></td><td></td><td></td><td></td><td></td><td></td></tr>
<tr><td>合计</td><td>—</td><td>—</td><td>¥400.00</td><td>—</td><td>¥52.00</td></tr>
<tr><td>说明</td><td colspan="6">一、购买方□
对应蓝字专用发票抵扣增值税销项税额情况：
1. 已抵扣□
2. 未抵扣□
对应蓝字专用发票的代码：________ 号码：________
二、销售方☑
对应蓝字专用发票的代码：4400041141　号码：201309107</td></tr>
<tr><td>红字专用发票信息表编号</td><td colspan="6">201309108</td></tr>
</table>

图 14-21　开具红字增值税专用发票信息表

(4) 10 月 15 日，收到退回西服时：

借：库存商品——西服　　252.00
　贷：主营业务成本——西服　　252.00

(5) 实际收到货款时：

借：银行存款　　35 708.00
　贷：应收账款——恒盛服装公司　　35 708.00

附原始凭证：银行进账单（见图 14-22）

<table>
<tr><td colspan="6">中国建设银行进账单 （回 单） 1
2019 年 10 月 15 日</td><td rowspan="8">此联是开户银行交给持（出）票人的回单</td></tr>
<tr><td rowspan="3">出票人</td><td>全 称</td><td>广东恒盛服装有限公司</td><td rowspan="3">收款人</td><td>全 称</td><td>广东炎华服饰有限公司</td></tr>
<tr><td>账 号</td><td>11652683082</td><td>账 号</td><td>11682683056</td></tr>
<tr><td>开户银行</td><td>建行芳村支行</td><td>开户银行</td><td>建行天河支行</td></tr>
<tr><td>金额</td><td>人民币（大写）</td><td>叁万伍仟柒佰零捌元整</td><td colspan="3">亿 千 百 十 万 千 百 十 元 角 分
¥ 3 5 7 0 8 0 0</td></tr>
<tr><td>票据种类</td><td>支票</td><td>票据张数 壹</td><td colspan="3" rowspan="3">中国建设银行股份有限公司
广州天河支行
2019.10.15
办讫章
(2)
开户银行盖章</td></tr>
<tr><td>票据号码</td><td colspan="2">36513064</td></tr>
<tr><td>复核</td><td colspan="2">记账</td></tr>
</table>

图 14-22 银行进账单

4. 商品销售成本与税金及附加核算

1) 商品销售成本核算

企业销售商品，通常在平时只需根据销货发票、产品出库单等销货凭证进行库存商品明细分类核算。月份终了，根据产品出库单、退回产品入库单等销货凭证编制“产品发出汇总表”，汇总出本月已销商品数量；再利用存货发出计价方法（先进先出法、月末一次加权平均法、移动加权平均法或个别计价法）计算确定本月已销产品的实际成本。月终结转商品销售成本时，借记“主营业务成本”账户，贷记“库存商品”“发出商品”等账户。

【例 14-12】 广东炎华服饰有限公司根据 2019 年 10 月份产品出库单和退回产品入库单等销货凭证汇总编制本月产品发出汇总表，如表 14-1 所示。

表 14-1 产品发出汇总表

2019 年 10 月 单位：元

产品名称	计量单位	销售量	单位成本	总成本
西服	套	650	126.00	81 900.00
休闲服	件	1 000	64.00	64 000.00
童装	套	2 200	38.00	83 600.00
合计	—		—	229 500.00

会计主管：陈利民 会计：李源珍 制表：朱玲玲

根据表 14-1 进行本月产品销售成本结转核算。炎华公司账务处理如下：

借：主营业务成本——西服 81 900.00
　　　　　　　——休闲服 64 000.00
　　　　　　　——童装 83 600.00
　贷：库存商品——西服 81 900.00
　　　　　　——休闲服 64 000.00
　　　　　　——童装 83 600.00

2）税金及附加核算

企业销售商品(产品)及其他经营业务应缴纳除增值税外的消费税、资源税、城市维护建设税、教育费附加等税费，应在确认收入月份的月末，汇总计算结转应交的税费，借记“税金及附加”账户，贷记“应交税费”账户。

【例 14-13】 广东炎华服饰有限公司根据 2019 年 10 月应交增值税 34 908 元，城市维护建设税税率为 7%，教育费附加征收率为 3%，月末计算并结转本月税金及附加。炎华公司账务处理如下：

应交城市维护建设税＝34 908×7%＝2 443.56(元)

应交教育费附加＝34 908×3%＝1 047.24(元)

借：税金及附加	3 490.80	
贷：应交税费——应交城市维护建设税		2 443.56
——应交教育费附加		1 047.24

知识拓展 14-11

采用支付手续费方式委托代销商品的核算

采用支付手续费方式委托代销商品，委托方在发出商品时，商品所有权上的主要风险和报酬并未转移给受托方，委托方在发出商品时通常不应确认销售商品收入，应在收到受托方开出的代销清单时才确认销售商品收入，同时将应支付的代销手续费计入销售费用；受托方应在代销商品销售后，按合同或协议约定的方式计算确定代销手续费，确认劳务收入。

14.2.3 其他经营业务核算

1. 账户设置

1）“其他业务收入”账户

“其他业务收入”账户，核算企业其他经营业务取得的各项收入。该账户属于损益类账户，贷方登记企业取得的各项其他经营业务的收入，借方登记期末结转到“本年利润”账户的其他业务收入，期末结转后该账户应无余额。

“其他业务收入”账户可按其他业务的种类设置明细分类账，进行明细分类核算。“其他业务收入”账户结构，如图 14-23 所示。

其他业务收入

借方	贷方
	期初：无余额
本期：登记期末结转到“本年利润”账户的其他业务收入	登记企业取得的各项其他经营业务的收入
	期末：无余额

图 14-23 “其他业务收入”账户结构

2）“其他业务成本”账户

“其他业务成本”账户，核算企业其他经营业务所发生的实际成本，包括销售材料的成本、出租固定资产的折旧费、出租无形资产的摊销、出租包装物的成本或摊销、提供非工业性劳务的成本等。该账户属于损益类账户，借方登记企业其他经营业务发生的实际成本，贷方登记期末结转到“本年利润”账户的其他业务成本，期末结转后该账户应无余额。

“其他业务成本”账户可按其他业务的种类设置明细分类账，进行明细分类核算。“其他业务成本”账户结构，如图 14-24 所示。

其他业务成本	
期初：无余额 本期：登记企业其他经营业务发生的实际成本	登记期末结转到“本年利润”账户的其他业务成本
期末：无余额	

图 14-24 “其他业务成本”账户结构

2. 会计核算

(1) 企业取得(或确认)其他经营业务收入时，借记“银行存款”“应收账款”等账户，贷记“其他业务收入”“应交税费”等账户。

(2) 支付或结转其他经营业务应负担的成本、费用时，借记“其他业务成本”账户，贷记“银行存款”“原材料”“累计折旧”“累计摊销”等账户。

【例 14-14】 广东炎华服饰有限公司 2019 年 10 月 19 日销售一批不需用的印花布给广东皮皮熊服饰有限公司，增值税专用发票注明价款为 15 120 元，增值税额为 1 965.6 元，款项已收存银行。该批印花布的成本为 12 348 元。炎华公司账务处理如下：

(1) 销售材料，收到货款时：

借：银行存款	17 085.60	
贷：其他业务收入——印花布		15 120.00
应交税费——应交增值税——销项税额		1 965.60

附原始凭证：增值税专用发票(见图 14-25)

4400041141　　**广东增值税专用发票**　　№ 201309109

此联不作报销、扣税凭证使用　　开票日期：2019 年 10 月 19 日

（国家税务总局监制）

购货单位	名　　称：广东皮皮熊服饰有限公司 纳税人识别号：44010834691030 地 址 、电 话：广州花都新华路 37 号 66966525 开户行及账号：农行花都支行 11623142619				密码区	(略)		
货物或应税劳务、服务名称	规格型号	单位	数 量	单 价	金 额	税率	税 额	
印花布		米	1 260	12.00	15 120.00	13%	1 965.60	
合 计					￥15 120.00		￥1 965.60	
价税合计(大写)	⊗壹万柒仟零捌拾伍圆陆角整					(小写)￥17 085.60		
销货单位	名　　称：广东炎华服饰有限公司 纳税人识别号：440106868268025 地 址 、电 话：广州天河中路 2 号 86697584 开户行及账号：建行天河支行 11682683056				备注			

第一联：记账联 销售方记账凭证

收款人：李芬　　复核：李源珍　　开票人：李欣　　销货单位：(章)

图 14-25 增值税专用发票

(2) 结转销售材料成本时：

借：其他业务成本——印花布　　12 348.00
　贷：原材料——印花布　　12 348.00

14.2.4 营业外收支业务核算

1. 营业外收入核算

1) 营业外收入内容

营业外收入，是指企业取得的与其日常经营活动无直接关系的各项利得。营业外收入主要包括盘盈利得、捐赠利得、罚没利得、非流动资产毁损报废利得等。其中，盘盈利得，是指企业库存现金清查时发生盘盈，经批准计入营业外收入的金额；捐赠利得，是指企业接受捐赠产生的收入；罚没利得，是指企业取得的各项罚款、违约金、滞纳金等收入；非流动资产毁损报废利得通常是指因自然灾害发生毁损、已丧失使用功能等原因而报废清理产生的净收益。

2) 账户设置

企业应设置"营业外收入"账户，核算企业营业外收入的取得和结转情况。该账户属于损益类账户，贷方登记企业取得的各项营业外收入，借方登记期末结转到"本年利润"账户的营业外收入，期末结转后该账户应无余额。

该账户应按营业外收入的项目，如盘盈利得、捐赠利得、罚没利得、非流动资产毁损报废利得等设置明细分类账，进行明细分类核算。"营业外收入"账户结构，如图 14-26 所示。

营业外收入	
本期：登记期末结转到"本年利润"账户的营业外收入	期初：无余额 登记企业取得的各项营业外收入
	期末：无余额

图 14-26 "营业外收入"账户结构

3) 会计核算

(1) 企业取得各项营业外收入时，借记"银行存款""无形资产""原材料""固定资产清理"等账户，贷记"营业外收入"账户。

(2) 期末，将"营业外收入"账户余额结转到"本年利润"账户，借记"营业外收入"账户，贷记"本年利润"账户。

【例 14-15】 广东炎华服饰有限公司 2019 年 10 月 22 日，因广州友联服装有限公司违约，按合同约定，收取友联公司违约金 3 000 元，存入银行。炎华公司账务处理如下：

借：银行存款　　3 000.00
　贷：营业外收入——罚没利得　　3 000.00

2. 营业外支出核算

1) 营业外支出内容

营业外支出，是指企业发生的与其日常经营活动无直接关系的各项损失。营业外支出主要包括公益性捐赠支出、盘亏损失、罚没损失、不可抗力损失、非流动资产毁损报废损失等。其中，公益性捐赠支出是指企业对外进行公益性捐赠发生的支出；盘亏损失主要是指企业财产清查中盘亏的固定资产，查明原因并报经批准后计入营业外支出的损失；罚没损失是指企业违反税收法规、其他行政性法规而支付的各项罚款、滞纳金以及违反合同协议等支付的违约金、赔偿金等支出；不可抗力损失是指企业因客观因素（如自然灾害等）造成的损失，在扣除保险赔款后发生的净损失；非流动资产毁损报废损失通常是指因自然灾害发生毁损、已丧失使用功能等原因而报废清理产生的净损失。

2）账户设置

企业应设置“营业外支出”账户，核算企业营业外支出的发生和结转情况。该账户属于损益类账户，借方登记企业发生的各项营业外支出，贷方登记期末结转到“本年利润”账户的营业外支出，期末结转后该账户应无余额。

该账户应按营业外支出的项目，如公益性捐赠支出、盘亏损失、罚没损失、不可抗力损失、非流动资产毁损报废损失等设置明细分类账，进行明细分类核算。“营业外支出”账户结构，如图 14-27 所示。

营业外支出

期初：无余额 本期：登记企业发生的各项营业外支出	登记期末结转到“本年利润”账户的营业外支出
期末：无余额	

图 14-27　“营业外支出”账户结构

3）会计核算

（1）企业发生各项营业外支出时，借记“营业外支出”账户，贷记“银行存款”“无形资产”“原材料”“固定资产清理”等账户。

（2）期末，将“营业外支出”账户余额结转到“本年利润”账户，借记“本年利润”账户，贷记“营业外支出”账户。

【例 14-16】　广东炎华服饰有限公司 2019 年 10 月 26 日，向广州市希望工程捐款 50 000 元。炎华公司账务处理如下：

借：营业外支出——公益性捐赠支出　　50 000.00

　贷：银行存款　　50 000.00

14.3　本年利润核算

14.3.1　利润的概述

1. 利润的构成

利润，是指企业在一定会计期间的经营成果。利润由营业利润、利润总额和净利润等组成。

1）营业利润

营业利润＝营业收入－营业成本－税金及附加－销售费用－管理费用－财务费用－资产减值损失－信用减值损失＋公允价值变动收益（－公允价值变动损失）＋投资收益（－投资损失）＋其他收益＋资产处置损益

其中:营业收入是指企业经营业务所确认的收入总额,包括主营业务收入和其他业务收入。营业成本是指企业经营业务所发生的实际成本总额,包括主营业务成本和其他业务成本。资产减值损失是指企业计提各项资产减值准备所形成的损失。信用减值损失是指企业计提各项金融工具减值准备所形成的预期信用损失。公允价值变动收益(或损失)是指企业交易性金融资产等公允价值变动所形成的应计入当期损益的利得(或损失)。投资收益(或损失)是指企业以各种方式对外投资所取得的收益(或发生的损失)。其他收益是指计入其他收益的政府补助等。资产处置损益是指企业出售划分为持有待售的非流动资产(金融工具、长期股权投资和投资性房地产除外)或处置组时确认的处置利得或损失,以及处置未划分为持有待售的固定资产、在建工程、生产性生物资产及无形资产而产生的处置利得或损失。

2) 利润总额

利润总额=营业利润+营业外收入-营业外支出

其中:营业外收入是指企业取得的与其日常经营活动无直接关系的各项利得。营业外支出是指企业发生的与其日常经营活动无直接关系的各项损失。

3) 净利润

净利润=利润总额-所得税费用

其中:所得税费用是指企业确认的应从当期利润总额中扣除的所得税费用。

2. 账户设置

1) "本年利润"账户

"本年利润"账户,核算企业本年度实现的净利润(或发生的净亏损)。该账户属于所有者权益类账户,贷方登记期末转入的本期收入数额,借方登记期末转入的本期成本、费用和支出数额,期末余额如在贷方,表示企业实现的净利润,如在借方,表示企业发生的净亏损。"本年利润"账户结构,如图 14-28 所示。

本年利润	
期初:结存的净亏损 本期:登记期末转入的本期成本、费用和支出数额	期初:结存的净利润 登记期末转入的本期收入数额
期末:发生的净亏损	期末:实现的净利润

图 14-28 "本年利润"账户结构

2) "所得税费用"账户

"所得税费用"账户,核算企业所得税费用的确认及其结转情况。该账户属于损益类账户,借方登记企业按照税法规定计算确认的当期应交所得税和发生的递延所得税费用,贷方登记企业发生的递延所得税收益和期末转入"本年利润"账户的所得税费用,期末结转后该账户应无余额。

"所得税费用"账户可按"当期所得税费用"和"递延所得税费用"设置明细分类账,进行明细分类核算。"所得税费用"账户结构,如图 14-29 所示。

所得税费用	
期初:无余额 本期:登记企业按照税法规定计算确认的当期应交所得税和发生的递延所得税费用	登记企业发生的递延所得税收益和期末转入"本年利润"账户的所得税费用
期末:无余额	

图 14-29 "所得税费用"账户结构

14.3.2 损益类账户结转核算

会计期末,企业应结转所有损益类账户到"本年利润"账户。

(1) 将"主营业务收入""其他业务收入""营业外收入"等账户的余额分别转入"本年利润"账户的贷方,借记"主营业务收入""其他业务收入""营业外收入"等账户,贷记"本年利润"账户。

(2) 将"主营业务成本""其他业务成本""税金及附加""销售费用""管理费用""财务费用""营业外支出""资产减值损失""信用减值损失""所得税费用"等账户的余额分别转入"本年利润"账户的借方,借记"本年利润"账户,贷记"主营业务成本""其他业务成本""税金及附加""销售费用""管理费用""财务费用""营业外支出""资产减值损失""信用减值损失""所得税费用"等账户。

(3) 将"公允价值变动损益""投资收益""资产处置损益"等账户的净收益分别转入"本年利润"账户的贷方,借记"公允价值变动损益""投资收益""资产处置损益"等账户,贷记"本年利润"账户;将"公允价值变动损益""投资收益""资产处置损益"等账户的净损失分别转入"本年利润"账户的借方,借记"本年利润"账户,贷记"公允价值变动损益""投资收益""资产处置损益"等账户。

结转后"本年利润"账户如为贷方余额,表示当年实现的净利润,如为借方余额,表示当年发生的净亏损。

知识拓展 14-12

本年利润结转的方法

会计期末结转本年利润可采用"账结法"和"表结法"两种方法。月结时,企业可以根据实际情况选用;年结时,企业必须选用"账结法"。

账结法,是指企业结账时,需编制转账凭证,将各损益类账户的余额全部转入"本年利润"账户,通过"本年利润"账户结转本期的利润(或亏损)总额。

表结法,是指企业月结时,不需要将各损益类账户余额转入"本年利润"账户,而是直接将各损益类账户的本年累计余额填入利润表各项目中,通过利润表计算出本年累计利润(或亏损)和本月的利润(或亏损)。

【例 14-17】 广东炎华服饰有限公司 2019 年 10 月份有关损益类账户的发生额,如表 14-2 所示。

表 14-2　　　　各损益类账户发生额表(结转到本年利润前)

2019 年 10 月　　　　　　　　　　单位:元

收入类账户	借方发生额	贷方发生额	费用类账户	借方发生额	贷方发生额
主营业务收入	400.00	368 300.00	主营业务成本	229 752.00	252.00
其他业务收入		15 120.00	其他业务成本	12 348.00	
投资收益		36 120.00	税金及附加	3 490.80	
资产处置损益		1 000.00	销售费用	47 004.00	
营业外收入		2 000.00	管理费用	22 926.00	
			财务费用	6 775.00	185.00
			营业外支出	50 000.00	
合计	400.00	422 540.00	合计	372 295.80	437.00

根据表 14-2 的资料,结转各损益类账户到"本年利润"。炎华公司账务处理如下:

(1) 结转各收入类账户时:

主营业务收入的余额=368 300−400=367 900(元)

借:主营业务收入　　367 900.00
　　其他业务收入　　15 120.00
　　投资收益　　36 120.00
　　资产处置损益　　1 000.00
　　营业外收入　　2 000.00
　贷:本年利润　　422 140.00

(2) 结转各费用类账户时:

主营业务成本的余额=229 752−252=229 500(元)

财务费用的余额=6 775−185=6 590(元)

借:本年利润　　371 858.80
　贷:主营业务成本　　229 500.00
　　　其他业务成本　　12 348.00
　　　税金及附加　　3 490.80
　　　销售费用　　47 004.00
　　　管理费用　　22 926.00
　　　财务费用　　6 590.00
　　　营业外支出　　50 000.00

14.3.3　所得税费用核算

1. 所得税费用计算

企业核算所得税,主要是为了确定当期应交所得税以及利润表中的所得税费用,从而确定各期实现的净利润。按照在资产负债表债务法进行核算的情况下,利润表中的所得税费用由两个部分组成:当期所得税和递延所得税费用(或收益)。

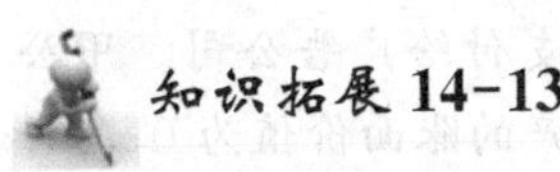

知识拓展 14-13

资产负债表债务法

《企业会计准则第 18 号——所得税》采用了资产负债表债务法核算所得税。资产负债表债务法是从资产负债表出发，通过比较资产负债表上列示的资产、负债按照会计准则规定确定的账面价值与按照税法规定确定的计税基础，对于两者之间的差异分别应纳税暂时性差异与可抵扣暂时性差异，确认相关的递延所得税负债与递延所得税资产，在此基础上确定每一会计期间利润表中的所得税费用。

所得税会计的关键在于确定资产、负债的计税基础。资产的计税基础，是指在企业收回资产账面价值过程中，计算应纳税所得额时按照税法规定可以自应税经济利益中抵扣的金额，即某一项资产在未来期间计税时可以税前扣除的金额。负债的计税基础，是指负债的账面价值减去未来期间计算应纳税所得额时按照税法规定可予抵扣的金额，即假定企业按照税法规定进行核算，在其按照税法规定确定的资产负债表上有关负债的应有金额。

暂时性差异是指资产、负债的账面价值与其计税基础不同产生的差额，包括应纳税暂时性差异、可抵扣暂时性差异和特殊项目产生的暂时性差异。

1. 应纳税暂时性差异在未来期间转回时，会增加转回期间的应纳税所得额，即在未来期间不考虑该事项影响的应纳税所得额的基础上，由于该暂时性差异的转回，会进一步增加转回期间的应纳税所得额和应交所得税金额。在应纳税暂时性差异产生当期，应当确认相关的递延所得税负债。

应纳税暂时性差异产生原因：①资产的账面价值大于其计税基础。资产的账面价值大于其计税基础，该项资产未来期间产生的经济利益不能全部税前抵扣，两者之间的差额需要交所得税，产生应纳税暂时性差异。②负债的账面价值小于其计税基础。负债的账面价值小于其计税基础，意味着该项负债在未来期间可以税前抵扣的金额为负数，即应在未来期间应纳税所得额的基础上调增，增加应纳税所得额和应交所得税金额，产生应纳税暂时性差异。

2. 可抵扣暂时性差异在未来期间转回时，会减少转回期间的应纳税所得额，从而减少未来期间的应交所得税金额。在应纳税暂时性差异产生当期，符合确认条件的情况下，应当确认相关的递延所得税资产。

可抵扣暂时性差异产生原因：①资产的账面价值小于其计税基础。资产的账面价值小于其计税基础，表明该项资产未来期间产生的经济利益少，按照税法规定允许税前抵扣的金额多，即企业在未来期间可以减少应纳税所得额，从而减少应交所得税，产生可抵扣暂时性差异。②负债的账面价值大于其计税基础。负债的账面价值大于其计税基础，意味着未来期间按照税法规定构成负债的全部或部分金额可以自未来应税经济利益中扣除，减少未来期间的应纳税所得额和应交所得税，产生可抵扣暂时性差异。

3. 特殊项目产生的暂时性差异。某些交易或事项发生以后，因为不符合资产、负债的确认条件而未体现为资产负债表中的资产或负债，但按照税法规定能够确定其计税基础的，其账面价值 0 与计税基础之间的差异也构成暂时性差异。如企业发生的符合条件的广告费和业务宣传费支出，除税法另有规定外，不超过当年销售收入 15%的部分准予扣除；超过部分准予在以后纳税年度结转扣除。

例如，甲公司 2018 年度发生广告费 1 000 万元，至年末已全额支付给广告公司。甲公司 2018 年度实现销售收入 60 000 000 元。因广告费支出形成的资产的账面价值为 0；其计税基础＝1 000－6 000×15％＝100 万元。广告费支出形成的资产的账面价值 0 与其计税基础 100 万元之间的差额，形成了 100 万元暂时性差异。

1）当期所得税计算

企业所得税，是指对企业应纳税所得额（包括经营所得和其他所得）征收的一种税。其中，经营所得是指企业从事生产经营所取得的、经税务机关确认的所得；其他所得是指企业通过非日常经营活动获得的（如股利、利息、租金及营业外收益等）经税务机关确认的所得。

（1）应纳税所得额是在企业税前会计利润（即利润总额）的基础上调整确定的，其计算公式为：

$$\text{应纳税所得额} = \text{税前会计利润} + \text{纳税调整增加额} - \text{纳税调整减少额} + \text{境外应税所得弥补境内亏损} - \text{弥补以前年度亏损}$$

纳税调整增加额主要包括税法规定允许扣除项目中，企业已计入当期费用但超过税法规定扣除标准的金额（如超过税法规定标准的职工福利费、工会经费、职工教育经费、业务招待费、公益性捐赠支出、广告费和业务宣传费等），以及企业已计入当期损失但税法规定不允许扣除项目的金额（如税收滞纳金、罚金、罚款等）。

纳税调整减少额主要包括按税法规定允许弥补的亏损和准予免税的项目，如前 5 年内未弥补的亏损和国债利息收入等。

（2）当期所得税是指企业按照税法规定计算确定的针对当期发生的交易和事项，应缴纳给税务机关的所得税金额，即应交所得税。企业当期所得税的计算公式为：

当期所得税＝当期应交所得税＝应纳税所得额×适用税率－减免税额－抵免税额

【例 14－18】 广东炎华服饰有限公司 2019 年实现利润总额（税前会计利润）576 475.6 元，其中包括当年取得的国债利息收入 2 000 元，所得税税率为 25％，无其他纳税调整因素，计算炎华公司 2019 年应缴企业所得税。炎华公司账务处理如下：

应纳税所得额＝576 475.6＋0－2 000＝574 475.6（元）

应交所得税＝574 475.6×25％＝143 618.90（元）

借：所得税费用　　143 618.90

　贷：应交税费——应交所得税　　143 618.90

2）递延所得税费用（或收益）计算

递延所得税费用（或收益）是指按照会计准则规定应予确认的递延所得税资产和递延所得税负债在会计期末应有的金额相对于原已确认金额之间的差额，即递延所得税资产和递延所得税负债的当期发生额，但不包括计入所有者权益的交易或事项的所得税影响。即如果某项交易或事项按照会计准则规定应计入所有者权益，由该交易或事项产生的递延所得税资产或递延所得税负债及其变化也应计入所有者权益，不构成利润表中的递延所得税费用（或收益）。除此之外，其他情况下产生的调整金额应确认为当期所得税费用（或收益）。其计算公式为：

递延所得税费用(或收益)=当期递延所得税负债-当期递延所得税资产
=(期末递延所得税负债-期初递延所得税负债)
-(期末递延所得税资产-期初递延所得税资产)
=(当期递延所得税负债的增加+当期递延所得税资产的减少)
-(当期递延所得税负债的减少+当期递延所得税资产的增加)

3) 所得税费用核算

所得税费用等于当期所得税与递延所得税费用(或收益)之和。

企业按应纳税所得额计算本期应交所得税时,借记"所得税费用""递延所得税资产"等账户,贷记"应交税费——应交所得税""递延所得税负债"等账户;期末结转本期所得税费用时,借记"本年利润"账户,贷记"所得税费用"账户;实际交纳本期应交所得税时,借记"应交税费——应交所得税"账户,贷记"银行存款"账户。

【例 14-19】 广东米勒科技有限公司 2019 年度利润表中利润总额为 2 400 万元,适用的所得税税率为 25%,预计未来期间适用的所得税税率不会发生变化,未来期间能够产生足够的应纳税所得额用以抵扣或抵扣暂时性差异。递延所得税资产及递延所得税负债不存在期初余额。

该公司 2019 年发生的有关交易和事项中,会计处理与税收处理存在差别的有:

(1) 2019 年 1 月开始计提折旧的一项固定资产,成本为 1 200 万元,使用年限为 10 年,预计净残值为 0,会计处理按双倍余额递减法计提折旧,税收处理按直线法计提折旧。假定税法规定的使用年限及预计净残值与会计规定相同。

(2) 向关联企业捐赠现金 400 万元。按照税法规定,企业向关联方的捐赠不允许税前扣除。

(3) 期末持有的交易性金融资产成本为 600 万元,公允价值为 1 200 万元。税法规定,以公允价值计量的金融资产持有期间公允价值变动不计入应纳税所得额。

(4) 应付违反环保法规定罚款 200 万元。

(5) 期末对持有的存货(账面价值为 1 600 万元)计提了 60 万元的存货跌价准备。

米勒公司账务处理如下:

(1) 2019 年度企业当期应交所得税。

应纳税所得额=2 400+120+400-600+200+60=2 580(万元)

应交所得税=2 580×25%=645(万元)

(2) 2019 年度递延所得税费用或收益。

该公司 2019 年 12 月 31 日有关资产、负债的账面价值、计税基础及相应的暂时性差异,如表 14-3 所示。

表 14-3　　暂时性差异计算表

单位:万元

项目	账面价值	计税基础	应纳税暂时性差异	可抵扣暂时性差异
存货	1 600	1 660		60
固定资产:				
固定资产原价	1 200	1 200		

(续表)

项目	账面价值	计税基础	应纳税暂时性差异	可抵扣暂时性差异
减:累计折旧	240	120		
减:减值准备	0	0		
固定资产账面价值	960	1 080		120
交易性金融资产	1 200	600	600	
合计			600	180

递延所得税费用(负债)=600×25%=105(万元)

递延所得税收益(资产)=180×25%=45(万元)

(3) 利润表中应确认的所得税费用。

所得税费用=645+105−45=750(万元)

借:所得税费用　　7 500 000.00

　递延所得税资产　　45 000.00

　贷:应交税费——应交所得税　　6 450 000.00

　　递延所得税负债　　1 500 000.00

知识拓展 14-14

所得税的列报

企业对所得税的核算结果,除利润表中列示的所得税费用以外,在资产负债表中形成的应交税费(应交所得税)以及递延所得税资产和递延所得税负债应当遵循《企业会计准则第18号——所得税》和《企业会计准则第30号——财务报表列报》规定列报。递延所得税资产和递延所得税负债一般应当分别作为非流动资产和非流动负债在资产负债表中列示,所得税费用应当在利润表中单独列示,同时还应在附注中披露与所得税有关的信息。

一般情况下,在个别财务报表中,当期所得税资产和当期所得税负债及递延所得税资产和递延所得税负债可以抵销后的净额列示。在合并财务报表中,纳入合并范围的企业中,一方的当期所得税资产或递延所得税资产与另一方的当期所得税负债或递延所得税负债一般不能予以抵销,除非所涉及的企业具有以净额结算的法定权利并且意图以净额结算。

14.3.4 本年利润结转核算

年度终了,企业应将“本年利润”账户的本年累计余额结转到“利润分配——未分配利润”账户,如“本年利润”账户为贷方余额,则借记“本年利润”账户,贷记“利润分配——未分配利润”账户;如“本年利润”账户为借方余额,则作相反的会计分录。结转后,“本年利润”账户应无余额。

【例 14-20】 广东炎华服饰有限公司 2019 年实现净利润(税后利润)432 856.7 元,年末结转到“利润分配——未分配利润”账户。炎华公司账务处理如下:

借:本年利润　　432 856.70

　贷:利润分配——未分配利润　　432 856.70

14.4 利润分配核算

14.4.1 利润分配概述

1. 利润分配顺序

利润分配,是指企业根据国家有关规定和企业章程、投资者协议等,对企业当年可供分配的利润所进行的分配。企业当年可供分配的利润包括企业当年实现的净利润(或净亏损)、年初未分配利润(或未弥补亏损)和其他转入(如用盈余公积补亏)等。企业利润分配的顺序为:

(1) 弥补以前年度亏损。企业发生的亏损,可以用以后年度实现的利润进行弥补,但连续弥补期不得超过 5 年,超过 5 年的用税后利润弥补。

(2) 提取法定盈余公积。企业应按弥补以前年度亏损后的净利润的 10%提取法定盈余公积,当法定盈余公积达到注册资本的 50%及以上的,可以不再提取。

(3) 提取任意盈余公积。企业提取法定盈余公积后,还可依据需要和可能,提取一定比例的任意盈余公积。

(4) 向投资者分配利润。可供分配的利润减去弥补亏损、提取盈余公积后的余额,为可供投资者分配的利润。可供投资者分配的利润可向投资者分红利,也可转增资本。

可供分配的利润减去弥补亏损、提取盈余公积、向投资者分红后的余额为未分配利润。未分配利润可留待以后年度进行分配。

知识拓展 14-15

盈余公积的内容

盈余公积,是指企业按有关规定从净利润中提取的积累资金。公司制企业的盈余公积包括法定盈余公积和任意盈余公积。法定盈余公积是指企业按照规定的比例从净利润中提取的盈余公积。任意盈余公积是指企业按照股东会或股东大会决议提取的盈余公积。

公司制企业按弥补以前年度亏损后的税后利润的 10%提取;非公司制企业也可按高于 10%的比例提取。当法定盈余公积达到注册资本的 50%及以上的,可以不再提取。

2. 账户设置

1) "利润分配"账户

"利润分配"账户,核算企业利润的分配(或亏损的弥补)和历年分配(或弥补)后的未分配利润(或未弥补亏损)。该账户属于所有者权益类账户,贷方登记年末转入的全年实现的净利润和用盈余公积弥补的亏损,借方登记提取的法定盈余公积和任意盈余公积、分配的股利或利润,以及年末转入的全年发生的亏损,年末余额如在贷方,表示企业历年累计未分配的利润,如在借方,表示企业历年累计未弥补的亏损。

"利润分配"账户应按"提取法定盈余公积""提取任意盈余公积""应付现金股利或利润""盈余公积补亏""未分配利润"等项目设置明细分类账,进行明细分类核算。"利润分配"账户结构,如图 14-30 所示。

利润分配

借方	贷方
期初:历年累计结存的未弥补亏损 本期:登记提取的法定盈余公积和任意盈余公积、分配的股利或利润,以及年末转入的全年发生的亏损	期初:历年累计结存的未分配利润 登记年末转入的全年实现的净利润和用盈余公积弥补的亏损
期末:企业历年累计未弥补的亏损	期末:企业历年累计未分配的利润

图 14-30 "利润分配"账户结构

2) "盈余公积"账户

"盈余公积"账户,核算企业盈余公积的提取、使用及其结余情况。该账户属于所有者权益类账户,贷方登记企业按规定提取的各项盈余公积,借方登记企业使用盈余公积弥补亏损、转增资本以及分配利润的数额,期末余额一般在贷方,表示企业盈余公积的结存数额。

"盈余公积"账户可按"法定盈余公积"和"任意盈余公积"设置明细分类账,进行明细分类核算。"盈余公积"账户结构,如图 14-31 所示。

盈余公积

借方	贷方
本期:登记企业使用盈余公积弥补亏损、转增资本以及分配利润的数额	期初:结存的盈余公积 登记企业按规定提取的各项盈余公积
	期末:盈余公积的结存数

图 14-31 "盈余公积"账户结构

14.4.2 利润分配核算

1. 盈余公积核算

1) 提取盈余公积核算

企业当年实现的净利润,在弥补以前年度亏损后,按规定应提取盈余公积,借记"利润分配"账户,贷记"盈余公积"账户。

【例 14-21】 广东炎华服饰有限公司 2019 年实现税后利润 432 856.7 元,按规定计提法定盈余公积,计提比例为 10%。炎华公司账务处理如下:

$$法定盈余公积=432\ 856.7\times10\%=43\ 285.67(元)$$

借:利润分配——提取法定盈余公积　　43 285.67

　贷:盈余公积——法定盈余公积　　43 285.67

2) 盈余公积使用核算

企业提取的盈余公积可用于弥补亏损、转增资本或分配利润等。

(1) 弥补亏损。企业发生的亏损,可在盈利后的 5 年内用税前利润进行弥补;对按规定不能用税前利润弥补的亏损,则用税后利润进行弥补;税后利润仍不足弥补的,经董事会、股东大会或类似机构批准,可以用盈余公积进行弥补。

用盈余公积弥补亏损时,借记"盈余公积——法定或任意盈余公积"账户,贷记"利润分配——盈余公积补亏”账户。

【例 14-22】　广东炎华服饰有限公司 2018 年 12 月 31 日经股东大会决议批准，决定以公司结余的任意盈余公积 50 000 元弥补当年亏损。炎华公司账务处理如下：

借：盈余公积——任意盈余公积　　50 000.00
　贷：利润分配——盈余公积补亏　　50 000.00

(2) 转增资本。经董事会、股东大会或类似机构批准，企业可以用盈余公积转增资本，但转增后留存盈余公积不得低于注册资本的 25%。在办妥增资手续后，按转增金额，借记“盈余公积”账户，贷记“实收资本”或“股本”账户。

【例 14-23】　广东炎华服饰有限公司 2019 年 12 月 31 日经股东大会决议批准，决定按各投资者原出资比例，如表 14-4 所示，以结余的法定盈余公积 80 000 元转增资本，已办妥增资手续。

表 14-4　　各投资者出资比例及转增资本计算表

2019 年 12 月 31 日　　单位：元

投资者名称	出资比例	转增资本额	备注
联兴投资公司	19%	15 200.00	
新力投资公司	19%	15 200.00	
福海服饰有限公司	20%	16 000.00	
贝贝星童服公司	12%	9 600.00	
海派服饰设计公司	10%	8 000.00	
信丰投资公司	20%	16 000.00	
合计	100%	80 000.00	

会计主管：陈利民　　会计：李源珍　　制单：朱玲玲

根据表 14-4 的资料，炎华公司账务处理如下：

借：盈余公积——法定盈余公积　　80 000.00
　贷：实收资本——联兴投资公司　　15 200.00
　　　　　　——新力投资公司　　15 200.00
　　　　　　——福海服饰公司　　16 000.00
　　　　　　——贝贝星童服公司　　9 600.00
　　　　　　——海派服饰设计公司　　8 000.00
　　　　　　——信丰投资公司　　16 000.00

2. *分配股利或利润核算*

企业可供分配的利润，在弥补亏损、提取盈余公积后的余额，经股东大会或类似权力机构决议批准，可以向投资者进行分配。

(1) 决定向投资者分配现金股利或利润时，借记“利润分配——应付现金股利或利润”账户，贷记“应付股利”账户。

(2) 向投资者支付现金股利或利润时，借记“应付股利”账户，贷记“银行存款”账户。

【例 14-24】　广东炎华服饰有限公司 2019 年 12 月 31 日经股东大会决议批准，决定按各投资者原出资比例，如表 14-5 所示，分配利润 200 000 元。

表 14-5　　　　　　各投资者出资比例及利润分配表

2019 年 12 月 31 日　　　　　　　　　　单位:元

投资者名称	出资比例	分配利润额	备注
联兴投资公司	19%	38 000.00	
新力投资公司	19%	38 000.00	
福海服饰有限公司	20%	40 000.00	
贝贝星童服公司	12%	24 000.00	
海派服饰设计公司	10%	20 000.00	
信丰投资公司	20%	40 000.00	
合计	100%	200 000.00	

会计主管:陈利民　　　　　　会计:李源珍　　　　　　制单:朱玲玲

根据表 14-5 的资料,炎华公司账务处理如下:

借:利润分配——应付投资者利润　　　　200 000.00
　贷:应付股利——联兴投资公司　　　　38 000.00
　　　　　　——新力投资公司　　　　38 000.00
　　　　　　——福海服饰有限公司　　　　40 000.00
　　　　　　——贝贝星童服公司　　　　24 000.00
　　　　　　——海派服饰设计公司　　　　20 000.00
　　　　　　——信丰投资公司　　　　40 000.00

附原始凭证:利润分配决议(见图 14-32)

炎华公司股东大会决议

经股东大会一致同意,形成决议如下:

经股东大会决议批准,广东炎华服饰有限公司决定按各投资者原出资比例分配利润 200 000 元。

广东炎华服饰有限公司

董事长:郭天恰

2019 年 12 月 31 日

图 14-32　利润分配决议

3. 利润分配各明细账户结转核算

年度终了,企业应将除“未分配利润”外的“利润分配”账户所属其他明细账户余额,转入“未分配利润”明细账户。结转后,除“未分配利润”外的其他明细账户应无余额。年终结转后,“利润分配——未分配利润”账户的贷方余额,表示企业历年累计结存的未分配利润;如为借方余额,表示企业历年累计结存的未弥补亏损。

【例 14-25】　承[例 14-21][例 14-24],广东炎华服饰有限公司 2019 年 12 月 31 日结

转利润分配数额到“利润分配——未分配利润”账户。炎华公司账务处理如下：

借：利润分配——未分配利润　　243 285.67

　贷：利润分配——提取法定盈余公积　　43 285.67

　　　　　　——应付投资者利润　　200 000.00

【本章小结】

1. 费用，是指企业在日常活动中发生的、会导致所有者权益减少的、与向所有者分配利润无关的经济利益的总流出。费用的类型主要包括：①按经济用途，可分为构成产品成本的费用和期间费用；②按经济内容，可分为外购材料费用、外购燃料费用、外购动力费、工资及福利费等费用要素。

2. 收入，是指企业在日常活动中形成的、会导致所有者权益增加的、与所有者投入资本无关的经济利益的总流入。收入按经营业务主次分类，可分为主营业务收入和其他业务收入；按经营业务的性质分类，可分为商品销售收入、提供劳务收入和让渡资产使用权收入。

3. 企业应按照从购货方已收或应收的合同或协议价款确认销售商品收入金额；无合同或协议的，应按购销双方同意或都能接受的价格确定。对商品销售收入进行计量时，不包括企业为第三方或客户代收的一些款项，也不考虑各种可能发生的现金折扣、销售折让等。

4. 企业销售商品符合收入确认条件的，应在收入确认时，按实际收到或应收金额（包括增值税税额），借记“银行存款”“应收账款”或“应收票据”等账户，按销售商品的价款，贷记“主营业务收入”账户，按应收的增值税额，贷记“应交税费——应交增值税——销项税额”账户；同时，企业应在发出商品时，结转相关销售成本，借记“主营业务成本”账户，贷记“库存商品”账户。

5. 销售折扣，包括商业折扣和现金折扣。商业折扣，是指企业为促进商品销售而在商品标价上给予的价格扣除。现金折扣，是指债权人为鼓励债务人在规定的期限内付款而向债务人提供的债务扣除。销售折让，是指企业因售出商品的质量存在瑕疵等原因而在售价上给予的减让。销售退回，是指企业售出的商品由于质量、品种不符合要求等原因而发生的退货。

6. 营业外收入，是指企业取得的与其日常经营活动无直接关系的各项利得。营业外收入主要包括非流动资产毁损报废利得、盘盈利得、捐赠利得、罚没利得。营业外支出，是指企业发生的与其日常经营活动无直接关系的各项损失。营业外支出主要包括非流动资产毁损报废损失、公益性捐赠支出、盘亏损失、罚没损失和不可抗力损失。

7. 利润，是指企业在一定会计期间的经营成果。利润由营业利润、利润总额、净利润等组成。会计期末，企业应结转所有损益类账户到“本年利润”账户。

8. 企业按应纳税所得额计算本期应交所得税时，借记“所得税费用”账户，贷记“应交税费——应交所得税”账户；期末结转本期所得税费用时，借记“本年利润”账户，贷记“所得税费用”账户；实际交纳本期应交所得税时，借记“应交税费——应交所得税”账户，贷记“银行存款”账户。

9. 利润分配，是指企业根据国家有关规定和企业章程、投资者协议等，对企业当年可供分配的利润所进行的分配。企业当年实现的净利润,在弥补以前年度亏损后,按规定应提取盈余公积,借记"利润分配"账户,贷记"盈余公积"账户。企业可供分配的利润,在弥补亏损、提取盈余公积后的余额,经股东大会或类似权力机构决议批准,可以向投资者进行分配。

10. 年度终了,企业应将"本年利润"账户的本年累计余额结转到"利润分配——未分配利润"账户;应将除"未分配利润"外的"利润分配"账户所属其他明细账户余额,转入"未分配利润"明细账户。结转后,除"未分配利润"外的其他明细账户应无余额。年终结转后,"利润分配——未分配利润"账户的贷方余额,表示企业历年累计结存的未分配利润;如为借方余额,表示企业历年累计结存的未弥补亏损。

第15章　企业财务报表编制

【目的要求】

1. 能叙述企业财务报表概念和种类。
2. 能熟记企业财务报表的编制要求。
3. 能叙述资产负债表概念和作用。
4. 能熟记资产负债表的结构。
5. 能掌握资产负债表的编制。
6. 能叙述利润表概念与结构。
7. 能掌握利润表的编制。
8. 能叙述现金流量表概念与结构。
9. 能掌握现金流量表的编制。
10. 能叙述财务报表附注的内容。

【重点难点】

1. 资产负债表编制。
2. 利润表编制。
3. 现金流量表编制。

【基础知识】

15.1　企业财务报表概述

15.1.1　企业财务报表种类

企业财务报表，是指对企业财务状况、经营成果和现金流量的结构性表述。企业财务报表至少应当包括以下组成部分：资产负债表、利润表、现金流量表、所有者权益（或股东权益）变动表和附注。企业财务报表的种类具体包括以下部分。

1. 按照编报的时间，可分为月报、季报、半年报和年报

（1）月报，是指企业在公历月末编制、报送的财务报表。

（2）季报，是指企业在每个季度末编制、报送的财务报表。

（3）半年报，是指企业在年度中期编制、报送的财务报表。

（4）年报，是指企业在公历年末编制、报送的财务报表。

2. 按照反映的经济内容,可分为资产负债表、利润表和现金流量表

(1) 资产负债表,是指反映企业在某一特定日期财务状况的报表。

(2) 利润表,是指反映企业在一定会计期间经营成果的报表。

(3) 现金流量表,是指反映企业在一定会计期间现金、现金等价物流入和流出的报表。

3. 按照反映财务活动的方式,可分为静态报表和动态报表

(1) 静态报表,是指反映企业某一时点财务状况的财务报表。

(2) 动态报表,是指反映企业一定时期内经营成果的财务报表。

4. 按照编制的范围,可分为个别财务报表和合并财务报表

(1) 个别财务报表,是指独立核算的企业用来反映其本身经营活动和财务状况的报表。

(2) 合并财务报表,是指由母公司编制的,包括母公司和控股子公司财务报表的有关数字,反映整个企业集团经营成果和财务状况的报表。

15.1.2 企业财务报表编制要求

企业编制财务报表时,必须做到内容完整、数字真实、计算准确和编报及时。

1. 内容完整

财务报表作为会计核算工作的结果,必须全面反映企业经营活动的全貌。企业在编制财务报表时必须按照统一规定的种类编报;对各项财务报表的表内项目和表外补充资料,都必须完整填列,不得漏列和任意取舍;对企业的某些重要会计事项,应在报表附注中加以说明。

2. 数字真实

财务报表的数字必须真实反映企业的经营状况,这样才便于使用者据此做出判断、决策。企业编制财务报表必须以审核无误的账簿记录资料为依据,不得任意估计、弄虚作假。

3. 计算准确

财务报表内的各项指标都是反映企业财务状况和经营活动的相关信息。企业编制财务报表时必须根据有关资料正确分析其反映的经济内容,正确计算、填列,避免出现计算差错。

4. 编报及时

财务报表提供的信息具有时效性。企业必须在规定的期限内编报各项财务报表,不得拖延,以便报表阅读者及时了解情况,发现问题,做出决策。

知识拓展 15-1

企业财务报表对外报送时间

按现行规定,企业必须在规定的期限内编报各项财务报表,财务报表对外提供的时间要求是:

1. 月报:月度终了后 6 天(节假日顺延,下同)内报出。
2. 季报:季度终了后 5 天内报出。
3. 半年报:年度中期结束后 60 天内报出。
4. 年报:年度终了后 4 个月内报出。

15.2 资产负债表编制

15.2.1 资产负债表概述

1. 资产负债表概念

资产负债表,是反映企业某一特定日期财务状况的财务报表。资产负债表是企业主要财务报表之一,它属于静态报表,是根据"资产=负债+所有者权益"这一会计平衡公式,按照一定的分类标准和顺序,把企业在某一特定日期的资产、负债、所有者权益等项目予以适当排列,集中反映企业在特定日期所拥有或控制的经济资源及其分布情况,以及所承担的经济义务和所有者权益总额及其结构。

2. 资产负债表作用

资产负债表主要提供有关企业财务状况方面的信息,即某一特定日期关于企业资产、负债、所有者权益及其相互关系。资产负债表的作用包括:

(1) 可以提供某一日期资产的总额及其结构,表明企业拥有或控制的资源及其分布情况。

(2) 可以提供某一日期的负债总额及其结构,表明企业未来需要用多少资产或劳务清偿债务以及清偿时间。

(3) 可以反映企业所有者拥有的权益,据以判断资本保值、增值的情况以及对负债的保障程度。

3. 资产负债表结构

财务报表列报准则规定,我国企业的资产负债表应采用账户式结构。账户式资产负债表分左、右两方,左方为资产项目,按资产的流动性大小排列;右方为负债及所有者权益项目,其中负债项目按偿还的先后顺序排列,所有者权益项目按其永续性递减顺序排列。

账户式资产负债表中的资产各项目的合计数等于负债及所有者权益各项目的合计数,即资产负债表的左方和右方平衡,反映了资产、负债、所有者权益之间的内在平衡关系。

15.2.2 资产负债表编制

资产负债表各项目均需填列"年初余额"和"期末余额"两栏。其中"年初余额"栏内各项目数字,应根据上年末资产负债表的"期末余额"栏内所列数字填列。如果企业上年度资产负债表规定的项目名称和内容与本年度不一致,应当对上年年末资产负债表相关项目的名称和数字按照本年度的规定进行调整,填入"年初余额"栏。

"期末余额"栏数字的填列,应根据各项目的不同性质分别采用不同的方法来填列。

1. 根据总分类账户期末余额直接填列

(1) 资产项目包括:"交易性金融资产""研发支出""商誉""递延所得税资产"等项目。

(2) 负债项目包括:"短期借款""交易性金融负债""应付职工薪酬""应交税费""预计负债""递延所得税负债"等项目。

(3) 所有者权益项目包括:"实收资本"(或"股本")、"资本公积""盈余公积"等项目。

2. 根据总分类账户期末余额计算填列

(1) "货币资金"项目="库存现金"(借方)+"银行存款"(借方)+"其他货币资金"(借方)

(2)“存货”项目＝“在途物资”(或“材料采购”)(借方)＋[“原材料”(借方)±“材料成本差异”(借方或贷方)]＋“周转材料”(借方)＋[“库存商品”(借方)－“商品进销差价”(贷方)]＋“发出商品”(借方)＋“生产成本”(借方)＋“委托加工物资”(借方)－“存货跌价准备”(贷方)

(3)“其他应付款”项目＝“应付股利”(借方)＋“应付利息”(借方)＋“其他应付款”(借方)

(4)“未分配利润”项目分两种情况填列：

年末:“未分配利润”项目＝“利润分配——未分配利润”(贷方)(若为借方余额,则以负数表示)

1～11月:“未分配利润”项目＝“利润分配——未分配利润”(贷方)＋“本年利润”(贷方)(若为借方余额,则以负数表示)

3. 根据总分类账户期末余额和明细分类账户期末余额分析计算填列

(1)“持有至到期投资”项目＝“持有至到期投资”(借方)－一年内到期的“持有至到期投资”(计入“一年内到期的非流动资产”项目)

(2)“长期待摊费用”项目＝“长期待摊费用”(借方)－将于一年内摊销完的“长期待摊费用”(计入“一年内到期的非流动资产”项目)

(3)“长期应收款”项目＝“长期应收款”(借方)－“未确认融资收益”(贷方)－将于一年内收回的“长期应收款”(计入“一年内到期的非流动资产”项目)

(4)“长期借款”项目＝“长期借款”(贷方)－一年内到期的“长期借款”(计入“一年内到期的非流动负债”项目)

(5)“应付债券”项目＝“应付债券”(贷方)－一年内到期的“应付债券”(计入“一年内到期的非流动负债”项目)

(6)“长期应付款”项目＝“长期应付款”(贷方)－“未确认融资费用”(借方)＋“专项应付款”(贷方)－“未确认融资费用”(借方)－将于一年内偿付的“长期应付款”(计入“一年内到期的非流动负债”项目)

4. 根据有关资产账户期末余额与其备抵账户期末余额计算填列

(1)“固定资产”项目＝“固定资产”(借方)－“累计折旧”(贷方)－“固定资产减值准备”(贷方)＋“固定资产清理”(借方)

(2)“无形资产”项目＝“无形资产”(借方)－“累计摊销”(贷方)－“无形资产减值准备”(贷方)

(3)“长期股权投资”项目＝“长期股权投资”(借方)－“长期股权投资减值准备”(贷方)

(4)“在建工程”项目＝[“在建工程”(借方)－“在建工程减值准备”(贷方)]＋[“工程物资”(借方)－“工程物资减值准备”(贷方)]

(5)“其他应收款”项目＝“应收股利”(借方)＋“应收利息”(借方)＋“其他应收款”(借方)－已计提的“坏账准备”(贷方)

5. 根据有关明细分类账户期末余额计算填列

(1)“应收票据及应收账款”项目＝“应收票据”(借方)＋“应收账款”明细账户(借方)＋“预收账款”明细账户(借方)－已计提的“坏账准备”(贷方)

(2)“预付款项”项目＝“预付账款”明细账户(借方)＋“应付账款”明细账户(借方)

(3)“应付票据及应付账款”项目＝“应付票据”(贷方)＋“应付账款”明细账户(贷方)＋“预付账款”明细账户(贷方)

(4)“预收款项”项目＝“预收账款”明细账户(贷方)＋“应收账款”明细账户(贷方)

【例 15-1】 广东炎华服饰有限公司 2019 年 12 月 31 日总分类账户期末余额，如表 15-1 所示，相关明细分类账户期末余额，如表 15-2 所示。

表 15-1 总分类账户期末余额表

2019 年 12 月 31 日 单位：元

账户名称	借方余额	账户名称	贷方余额
库存现金	4 000.00	短期借款	161 600.00
银行存款	521 662.00	应付账款	1 907 600.00
其他货币资金	114 600.00	应付票据	200 000.00
交易性金融资产	83 000.00	预收账款	10 000.00
应收票据	132 000.00	应付股利	64 431.70
应收账款	2 000 000.00	应付职工薪酬	360 000.00
预付账款	100 000.00	应交税费	453 462.00
其他应收款	10 000.00	其他应付款	100 000.00
在途物资	50 000.00	坏账准备	10 000.00
原材料	985 000.00	累计折旧	340 000.00
周转材料	69 600.00	累计摊销	120 000.00
库存商品	1 344 800.00	长期借款	2 320 000.00
长期股权投资	500 000.00	实收资本	4 500 000.00
固定资产	5 262 000.00	资本公积	560 000.00
在建工程	56 000.00	盈余公积	209 540.80
工程物资	100 000.00	利润分配	436 027.50
无形资产	420 000.00		
合 计	11 752 662.00	合 计	11 752 662.00

表 15-2 有关明细分类账户期末余额表

2019 年 12 月 31 日 单位：元

账户名称	借或贷	余额	账户名称	借或贷	余额
应收账款	借	2 000 000	应付账款	贷	1 907 600
——华谊公司	贷	200 000	——苏绣公司	贷	1 600 000
——南华公司	借	1 500 000	——嘉兴公司	借	300 000
——恒盛公司	借	700 000	——顺棉公司	贷	607 600
预收账款	贷	10 000	预付账款	借	100 000
——友联公司	贷	10 000	——丰华公司	借	100 000

根据表 15-1 和表 15-2 的资料，编制炎华公司 2019 年 12 月 31 日的资产负债表。

第一，资产负债表期末余额栏部分数据计算：

(1) 货币资金＝4 000＋521 662＋114 600＝640 262(元)

(2) 存货＝50 000＋985 000＋69 600＋1 344 800＝2 449 400(元)

(3) 固定资产＝5 262 000－340 000＝4 922 000(元)

(4) 无形资产＝420 000－120 000＝300 000(元)

(5) 应收票据及应收账款＝(132 000＋1 500 000＋700 000)－10 000＝2 322 000 元

(6) 应付票据及应付账款＝200 000＋(1 600 000＋607 600)＋0＝2 407 600 元

(7) 预付款项＝100 000＋300 000＝400 000(元)

(8) 预收款项＝10 000＋200 000＝210 000(元)

(9) 未分配利润＝436 027.5(元)

(10) 在建工程＝56 000＋100 000＝156 000 元

(11) 其他应收款＝0＋0＋10 000＝10 000 元

(12) 其他应付款＝64 431.7＋100 000＝164 431.70 元

第二,资产负债表编制,如表 15-3 所示。

表 15-3 **资产负债表**

编制单位:广东炎华服饰有限公司　　2019 年 12 月 31 日　　单位:元

资产	期末余额	年初余额	负债及所有者权益	期末余额	年初余额
流动资产:			流动负债:		
货币资金	640 262.00		短期借款	161 600.00	
以公允价值计量且其变动计入当期损益的金融资产	83 000.00		以公允价值计量且其变动计入当期损益的金融负债		
应收票据及应收账款	2 322 000.00		应付票据及应付账款	2 407 600.00	
预付款项	400 000.00		预收款项	210 000.00	
其他应收款	10 000.00		应付职工薪酬	360 000.00	
存货	2 449 400.00		应交税费	453 462.00	
一年内到期非流动资产			其他应付款	164 431.70	
其他流动资产			一年内到期非流动负债		
流动资产合计	5 904 662.00		其他流动负债		
非流动资产:			流动负债合计	3 757 093.70	
可供出售金融资产			非流动负债:		
持有至到期投资			长期借款	2 320 000.00	
长期应收款			应付债券		
长期股权投资	500 000.00		长期应付款		
投资性房地产			专项应付款		
固定资产	4 922 000.00		预计负债		
在建工程	156 000.00		递延所得税负债		
固定资产清理			其他非流动负债		
生产性生物资产			非流动负债合计	2 320 000.00	
无形资产	300 000.00		负债合计	6 077 093.70	
研发支出			所有者权益:		
商誉			实收资本(或股本)	4 500 000.00	
长期待摊费用			资本公积	560 000.00	
递延所得税资产			其他综合收益		
其他非流动资产			盈余公积	209 540.80	
			未分配利润	436 027.50	
非流动资产合计	4 878 000.00		所有者权益合计	4 705 568.30	
资产总计	11 782 662.00		负债及所有者权益总计	11 782 662.00	

企业盖章:　　单位负责人:郭天怡　　财务负责人:陈利民　　制表:朱玲玲

知识拓展 15-2

关于修订印发 2018 年度一般企业财务报表格式的通知

财会〔2018〕15 号

国务院有关部委、有关直属机构，各省、自治区、直辖市、计划单列市财政厅(局)，新疆生产建设兵团财政局，财政部驻各省、自治区、直辖市、计划单列市财政监察专员办事处，有关中央管理企业：

为解决执行企业会计准则的企业在财务报告编制中的实际问题，规范企业财务报表列报，提高会计信息质量，针对 2018 年 1 月 1 日起分阶段实施的《企业会计准则第 22 号——金融工具确认和计量》(财会〔2017〕7 号)、《企业会计准则第 23 号——金融资产转移》(财会〔2017〕8 号)、《企业会计准则第 24 号——套期会计》(财会〔2017〕9 号)、《企业会计准则第 37 号——金融工具列报》(财会〔2017〕14 号)(以上四项简称新金融准则)和《企业会计准则第 14 号——收入》(财会〔2017〕22 号，简称新收入准则)，以及企业会计准则实施中的有关情况，我部对一般企业财务报表格式进行了修订，现予印发。执行企业会计准则的非金融企业中，尚未执行新金融准则和新收入准则的企业应当按照企业会计准则和本通知附件 1 的要求编制财务报表，已执行新金融准则或新收入准则的企业应当按照企业会计准则和本通知附件 2 的要求编制财务报表。企业对不存在相应业务的报表项目可结合本企业的实际情况进行必要删减，企业根据重要性原则并结合本企业的实际情况可以对确需单独列示的内容增加报表项目。执行企业会计准则的金融企业应当根据金融企业经营活动的性质和要求，比照一般企业财务报表格式进行相应调整。我部于 2017 年 12 月 25 日发布的《关于修订印发一般企业财务报表格式的通知》(财会〔2017〕30 号)同时废止。

执行中有何问题，请及时反馈我部。

附件：1. 一般企业财务报表格式(适用于尚未执行新金融准则和新收入准则的企业)

　　　2. 一般企业财务报表格式(适用于已执行新金融准则或新收入准则的企业)

财政部

2018 年 6 月 15 日

一般企业财务报表格式(适用于尚未执行新金融准则和新收入准则的企业)主要变化

(一) 资产负债表主要是归并原有项目：

1. “应收票据”及“应收账款”项目归并至新增的“应收票据及应收账款”项目
2. “应收利息”及“应收股利”项目归并至“其他应收款”项目
3. “固定资产清理”项目归并至“固定资产”项目
4. “工程物资”项目归并至“在建工程”项目
5. “应付票据”及“应付账款”项目归并至新增的“应付票据及应付账款”项目
6. “应付利息”及“应付股利”项目归并至“其他应付款”项目
7. “专项应付款”项目归并至“长期应付款”项目
8. “持有待售资产”行项目及“持有待售负债”行项目核算内容发生变化

(二) 利润表主要是分拆项目，并对部分项目的先后顺序进行调整，同时简化部分项目：

1. 新增"研发费用"项目,从"管理费用"项目中分析"研发费用"项目

2. 新增"其中:利息费用"和"利息收入"项目,在"财务费用"项目下增加"利息费用"和"利息收入"明细项目

3. "其他收益""资产处置收益""营业外收入"行项目、"营业外支出"行项目核算内容调整。

4. "权益法下在被投资单位不能重分类进损益的其他综合收益中享有的份额"简化为"权益法下不能转损益的其他综合收益"

15.3 利润表编制

15.3.1 利润表概述

1. 利润表概念

利润表,是指反映企业在一定会计期间经营成果的财务报表。利润表属于动态报表,它主要依据会计的收入实现原则和配比原则编制,即把一定时期的营业收入与同一会计期间的相关成本、费用进行配比,以计算确定企业一定时期实现的净利润或发生的净亏损,它反映了"收入－费用＝利润"的会计平衡公式。

2. 利润表作用

利润表能充分反映企业经营业绩的主要来源和构成,有助于使用者判断净利润的质量及其风险,有助于使用者预测净利润的持续性,从而做出正确的决策。利润表的作用包括:

(1) 可以反映企业一定期间收入的实现情况,如实现的营业收入有多少、实现的投资收益有多少、实现的营业外收入有多少等。

(2) 可以反映企业一定会计期间的费用耗费情况,如耗费的营业成本有多少、税金及附加有多少及销售费用、管理费用、财务费用各有多少,营业外支出有多少等。

(3) 可以反映企业生产经营活动的成果,即净利润的实现情况,据以判断资本保值、增值等情况。

3. 利润表结构

财务报表列报准则规定,我国企业的利润表应采用多步式结构。多步式利润表将不同性质的收入和费用类别进行对比,按利润形成的主要环节列示一些中间性利润指标,如营业利润、利润总额和净利润,分步计算当期的净利润。具体分为三个步骤:

(1) 以营业收入为基础,减去营业成本、税金及附加、销售费用、管理费用、财务费用、资产减值损失、信用减值损失,加上公允价值变动收益(减去公允价值变动损失)、投资收益(减去投资损失)、资产处置损益和其他收益,计算出营业利润。

(2) 以营业利润为基础,加上营业外收入,减去营业外支出,计算出利润总额。

(3) 以利润总额为基础,减去所得税费用,计算出净利润(或净亏损)。

15.3.2 利润表编制

利润表各项目均需填列"本期金额"和"上期金额"两栏。

1. "上期金额"栏填列

"上期金额"栏应根据上年该期利润表"本期金额"栏内所列数字填列。如果上年该期利

润表规定的各个项目的名称和内容同本期不相一致，应对上年该期利润表各项目的名称和数字按本期的规定进行调整，填入“上期金额”栏。

2. “本期金额”栏填列

“本期金额”栏，除“基本每股收益”和“稀释每股收益”项目外，主要是依据各损益类账户的本期发生额分析计算填列。

(1) 各收入类项目应根据相应的收入类账户的本期贷方发生额(减去本期借方发生额)分析计算填列。其中，“营业收入”项目应根据“主营业务收入”和“其他业务收入”账户的本期发生额分析计算填列。

(2) 各成本、费用、支出类项目应根据相应的成本、费用、支出类账户的本期借方发生额(减去本期贷方发生额)分析计算填列。其中，“营业成本”项目应根据“主营业务成本”和“其他业务成本”账户的本期发生额分析计算填列。

(3) “营业利润”“利润总额”“净利润”项目根据利润表中相关项目计算填列。

【例 15-2】 广东炎华服饰有限公司 2019 年 12 月份有关损益类账户的发生额，如表 15-4所示。

表 15-4　各损益类账户发生额表(结转到本年利润前)

2019 年 12 月　单位：元

收入类账户	借方发生额	贷方发生额	费用类账户	借方发生额	贷方发生额
主营业务收入	400.00	368 300.00	主营业务成本	229 752.00	252.00
其他业务收入		15 120.00	其他业务成本	12 348.00	
投资收益		36 120.00	税金及附加	3 490.80	
营业外收入		3 000.00	销售费用	47 004.00	
			管理费用(含研发费用)	22 926.00	
			其中：研发费用	2 000.00	
			财务费用	6 775.00	185.00
			营业外支出	50 000.00	
合计	400.00	422 540.00	合计	372 295.80	437.00

根据表 15-4 的资料，编制炎华公司 2019 年 12 月份利润表。

第一，利润表本期金额栏部分数据计算：

(1) 主营业务收入的余额＝368 300－400＝367 900(元)

(2) 营业收入＝367 900＋15 120＝383 020(元)

(3) 主营业务成本的余额＝229 752－252＝229 500(元)

(4) 营业成本＝229 500＋12 348＝241 848(元)

(5) 财务费用的余额＝6 775－185＝6 590(元)

(6) 管理费用(不含研发费用)的余额＝22 926－2 000＝20 926 元

第二，利润表编制，如表 15-5 所示。

表 15-5　　　　　　　　　　　利　润　表

编制单位:广东炎华服饰有限公司　　　　　2019 年 12 月　　　　　　　　　　单位:元

项　目	本期金额	上期金额
一、营业收入	383 020.00	
减:营业成本	241 848.00	
税金及附加	3 490.80	
销售费用	47 004.00	
管理费用	20 926.00	
研发费用	2 000.00	
财务费用	6 590.00	
其中:利息费用	6 775.00	
利息收入	185.00	
资产减值损失		
信用减值损失		
加:公允价值变动收益(损失以"—"号填列)		
投资收益(损失以"—"号填列)	36 120.00	
资产处置收益(损失以"—"号填列)		
其他收益		
二、营业利润(损失以"—"号填列)	97 281.20	
加:营业外收入	3 000.00	
减:营业外支出	50 000.00	
三、利润总额(亏损总额以"—"号填列)	50 281.20	
减:所得税费用	12 570.30	
四、净利润(净亏损以"—"号填列)	37 710.90	
(一)持续经营净收益(净亏损以"—"号填列)	37 710.90	
(二)终止经营净收益(净亏损以"—"号填列)		
五、其他综合收益的税后净额		
(一)不能重分类进损益的其他综合收益		
(二)将重分类进损益的其他综合收益		
六、综合收益总额		
七、每股收益		
(一)基本每股收益		
(二)稀释每股收益		

企业盖章　　　　　单位负责人:郭天怡　　　　　财务负责人:陈利民　　　　　制表:朱玲玲

知识拓展 15-3

企业财务报表之间的勾稽关系

1. 年度资产负债表中的"未分配利润"项目的"期末余额",与利润分配表中的年末"未分配利润"数额应相等。

2. 月度利润表中的"净利润"项目的"本年累计数",与月度资产负债表中的"未分配利润"项目的"年初余额"的加总之和,应等于月度资产负债表中的"未分配利润"项目的"期末余额"。

3. 利润分配表中的“净利润”的数额，应与年度利润表中“净利润”项目的“本年累计数”一致。

15.4 现金流量表编制

15.4.1 现金流量表概述

1. 现金流量表概念

现金流量表，是指反映企业在一定会计期间现金、现金等价物流入和流出的财务报表。现金流量表属于动态报表，它是按照收付实现制原则编制的，它将企业权责发生制下的经济业务调整为收付实现制下的现金流量信息。

现金流量表是以现金和现金等价物为编制基础。现金是指企业库存现金以及可以随时用于支付的存款，包括库存现金、银行存款和其他货币资金。不能随时用于支付的存款不属于现金，如银行冻结存款。现金等价物，是企业持有的期限短、流动性强、易于转换为已知金额现金、价值变动风险很小的投资。现金等价物通常包括3个月内到期的短期债券投资等，而权益性投资变现的金额通常不确定，因此不属于现金等价物。现金流量表将现金和现金等价物视为一个整体进行列示，企业现金(含现金等价物，下同)内部各项之间的增减变动，不产生现金流量。如企业从银行提取库存现金、将库存现金送存银行、用现金购买3个月内到期的债券等。

根据企业业务活动的性质，现金流量表将企业一定期间的现金流量分为三类。

1) 经营活动产生的现金流量

经营活动，是指企业投资活动和筹资活动以外的所有交易和事项。经营活动产生的现金流量主要包括销售商品、提供劳务、购买商品、接受劳务、支付职工薪酬、缴纳税款、税费返还等流入和流出的现金。

2) 投资活动产生的现金流量

投资活动，是指企业长期资产的构建和不包括现金等价物范围在内的投资及其处置活动。投资活动产生的现金流量主要包括购建固定资产等长期资产、处置子公司及其他营业单位、收到投资收益等流入和流出的现金。

3) 筹资活动产生的现金流量

筹资活动，是指导致企业资本及债务规模和构成发生变化的活动。筹资活动的现金流量主要包括吸收投资、发行股票、分配利润、发行债券、取得借款、偿还债务、偿付利息等流入和流出的现金。一般情况下，应付账款、应付票据等商业应付款属于经营活动，不属于筹资活动。

2. 现金流量表作用

现金流量表能充分反映企业当期现金流入、流出以及净流量的会计信息，有助于使用者了解和评价企业获取现金和现金等价物的能力，预测企业未来现金流量，为其决策提供有力依据。现金流量表的作用包括：

(1) 可以反映企业当期获取现金的主要来源，如经营活动获取多少现金、投资活动获取多少现金、筹资活动获取多少现金等。

(2) 可以反映企业当期现金的使用去向，如购买商品、接受劳务支付多少现金、给职工以及为职工支付多少现金、缴纳税费支付多少现金、购建长期资产支付多少现金等。

(3) 可以反映企业当期现金及现金等价物的净增加额,同时可以与资产负债表的“货币资金”的数额进行核对,实现对资产负债表资料的验证和补充。

3. 现金流量表结构

财务报表列报准则规定,我国企业的现金流量表应采用报告式结构。报告式现金流量表由主表和补充资料两部分组成,主表主要列报经营活动的现金流量、投资活动的现金流量和筹资活动的现金流量,最后汇总反映企业现金及现金等价物的净增加额;补充资料是对主表的说明,主要列报将净利润调整为经营活动的现金流量、不涉及现金收支的重大投资和筹资活动和现金及现金等价物净变动情况。

15.4.2 现金流量表编制

财务报表列报准则规定,企业应当采用直接法编制现金流量表的主表,补充资料采用间接法来编制。所谓直接法,是指通过现金收入和现金支出的主要类别列示各类现金流量,一般以利润表中的营业收入为起点,调整有关项目的增减变动,计算现金流量。采用直接法填列现金流量表,具体可以采用工作底稿法、T型账户法或根据有关账户记录分析填列。所谓间接法,是指以净利润为起点,调整为以收付实现制为基础的经营活动产生的现金流量净额。

现金流量表各项目均需填列“本期金额”和“上期金额”两栏。其中“上期金额”栏应根据上年该期现金流量表“本期金额”栏内所列数字填列。如果上年该期现金流量表规定的各个项目的名称和内容同本期不相一致,应对上年该期现金流量表各项目的名称和数字按本期的规定进行调整,填入“上期金额”栏。“本期金额”栏可以直接根据资产负债表、利润表和有关账户明细账的记录,分析计算填列。

1. 经营活动产生的现金流量有关项目的计算

(1) 销售商品、提供劳务收到的现金=本期销售商品、提供劳务收到的现金+前期销售商品、提供劳务收到的现金+本期预收的款项-本期退回的商品支付的现金

(2) 收到的税收返还=收到返还的增值税+收到返还的所得税+收到返还的消费税+收到返还的关税+收到的教育费附加返还款等

(3) 收到其他与经营活动有关的现金=罚款收入+经营租赁收到的现金+个人的赔款+政府补助收入(除税费返还外)等

(4) 购买商品、接受劳务支付的现金=本期购买商品、接受劳务支付的现金+本期支付的前期购买商品、接受劳务的款项+本期预付的款项-本期发生的购货退回收到的现金

(5) 支付给职工以及为职工支付的现金=支付给职工的工资+支付给职工的奖金+支付给职工的津贴、补贴+支付给职工的社会保险基金等(不包括在建工程人员)

(6) 支付的各项税费=本期发生并支付的税费+本期支付前期发生的税费+本期预缴的税费

(7) 支付其他与经营活动有关的现金=罚款支出+支付的差旅费+支付的业务招待费+支付的保险费+经营租赁支付的现金等

2. 投资活动产生的现金流量有关项目的计算

(1) 收回投资收到的现金=本期出售、转让或到期收回的交易性金融资产(现金等价物除外)收到的现金+本期出售、转让或到期收回的持有至到期投资(可供出售的金融资产、长期股权投资、投资性房地产)收到的现金

(2) 取得投资收益收到的现金＝股权性投资分得的现金股利＋从子公司、联营企业或合营企业分回的利润＋债权投资取得的现金利息收入

(3) 处置固定资产、无形资产和其他长期资产收回的现金净额＝企业出售或报废固定资产、无形资产和其他长期资产取得的现金＋保险赔偿收入－处置资产而支付的有关费用

(4) 购建固定资产、无形资产和其他长期资产支付的现金＝购买固定资产支付的现金＋建造工程支付的现金＋支付在建工程人员的工资等现金＋取得无形资产和其他长期资产支付的现金(含增值税款)

(5) 处置子公司及其他营业单位收到的现金净额＝处置子公司及其他营业单位所得的现金－子公司或其他营业单位持有的现金和现金等价物－处置子公司及其他营业单位支付的费用

(6) 投资支付的现金＝取得交易性金融资产(现金等价物除外)支付的现金＋取得持有至到期投资(可供出售的金融资产、长期股权投资、投资性房地产)支付的现金＋取得投资中支付的佣金、手续费等交易费用

(7) 取得子公司及其他营业单位支付的现金净额＝取得子公司及其他营业单位购买价中以现金支付的部分－子公司及其他营业单位持有的现金和现金等价物

3. 筹资活动产生的现金流量有关项目的计算

(1) 吸收投资收到的现金＝发行股票、债券取得的发行收入－发行股票、债券支付的佣金等发行费用

(2) 取得借款收到的现金＝取得短期借款收到的现金＋取得长期借款收到的现金

(3) 偿还债务支付的现金＝归还金融机构的借款本金＋偿还到期企业债券本金

(4) 分配股利、利润或偿付利息支付的现金＝本期实际支付的现金股利＋本期支付给其他投资单位的利润＋本期支付的借款利息＋本期支付的债券利息

(5) 支付其他与筹资活动有关的现金＝以发行股票、债券等方式筹集资金而直接支付的审计、咨询等费用＋融资租赁所支付的现金＋以分期付款方式购建固定资产支付的现金等

4. 汇率变动对现金及现金等价物的影响的计算

汇率变动对现金及现金等价物的影响＝企业外币现金流量采用现金流量发生日的汇率或按照系统合理的方法确定的、与现金流量发生日即期汇率近似的汇率折算的金额－企业外币现金及现金等价物净增加额采用资产负债表日的即期汇率折算的金额

15.5 财务报表附注编制

财务报表附注，是指对资产负债表、利润表和现金流量表等财务报表中列示项目的文字描述或明细资料，以及对未能在这些报表中列示项目的说明等。附注是企业财务报表重要的组成部分，企业应当按照规定披露附注信息。

15.5.1 财务报表附注基本内容

1. 企业的基本情况

(1) 企业注册地、组织形式和总部地址。

(2) 企业的业务性质和主要经营活动。

(3) 母公司以及集团最终母公司的名称。

(4) 财务报告的批准报出者和财务报告批准报出日。

2. 财务报表的编制基础

3. 遵循企业会计准则的声明

企业应当声明编制的财务报表符合企业会计准则的要求，真实、完整地反映了企业的财务状况、经营成果和现金流量等有关信息。

4. 重要会计政策和会计估计

企业在披露重要会计政策和会计估计时，应当披露重要会计政策的确定依据和财务报表项目的计量基础，以及会计估计中所采用的关键假设和不确定因素。

5. 会计政策和会计估计变更以及差错更正的说明

15.5.2 交易性金融资产、应收账款、存货项目的披露说明

1. 交易性金融资产的披露格式(见表 15-6)

表 15-6　　交易性金融资产的披露格式

项　目	期末公允价值	年初公允价值
1. 交易性债券投资		
2. 交易性权益工具投资		
3. 指定为以公允价值计量且其变动计入当期损益的金融资产		
4. 衍生金融资产		
5. 其他		
合　计		

2. 应收账款的披露格式(见表 15-7 和表 15-8)

表 15-7　　应收账款的披露格式(按账龄结构)

账龄结构	期末账面余额	年初账面余额
1 年以内(含 1 年)		
1 年至 2 年(含 2 年)		
2 年至 3 年(含 3 年)		
3 年以上		
合　计		

表 15-8　　应收账款的披露格式(按客户类别)

客户类别	期末账面余额	年初账面余额
客户 1		
客户 2		
……		
其他客户		
合　计		

3. 存货及存货跌价准备的披露格式(见表 15-9 和表 15-10)

表 15-9　　存货的披露格式

存货种类	年初账面余额	本期增加额	本期减少额	期末账面余额
1. 原材料				
2. 在产品				
3. 库存商品				
4. 周转材料				
5. 消耗性生物资产				
……				
合　计				

表 15-10　　存货跌价准备的披露格式

存货种类	年初账面余额	本期计提额	本期减少额		期末账面余额
			转回	转销	
1. 原材料					
2. 在产品					
3. 库存商品					
4. 周转材料					
5. 消耗性生物资产					
……					
合　计					

15.5.3　长期股权投资、固定资产、无形资产、资产减值准备与损失项目的披露说明

1. 长期股权投资的披露格式(见表 15-11)

表 15-11　　长期股权投资的披露格式

被投资单位	期末账面余额	年初账面余额
单位 1		
单位 2		
……		
合　计		

2. 固定资产的披露格式(见表 15-12)

表 15-12　　固定资产的披露格式

项目	年初账面余额	本期增加额	本期减少额	期末账面余额
1. 原价合计				
其中:房屋、建筑物				
机器设备				

(续表)

项目	年初账面余额	本期增加额	本期减少额	期末账面余额
运输工具				
……				
2. 累计折旧合计				
其中:房屋、建筑物				
机器设备				
运输工具				
……				
3. 固定资产减值准备累计金额合计				
其中:房屋、建筑物				
机器设备				
运输工具				
……				
4. 固定资产账面价值合计				
其中:房屋、建筑物				
机器设备				
运输工具				
……				

3. 无形资产的披露格式(见表15-13)

表15-13　　无形资产的披露格式

项目	年初账面余额	本期增加额	本期减少额	期末账面余额
1. 原价合计				
其中:				
……				
2. 累计摊销合计				
其中:				
……				
3. 无形资产减值准备累计金额合计				
其中:				
……				
4. 无形资产账面价值合计				
其中:				
……				

4. 资产减值准备与损失的披露格式(见表15-14和表15-15)

表15-14 资产减值准备的披露格式

项目	年初账面余额	本期计提额	本期减少额		期末账面余额
			转回	转销	
1. 存货跌价准备					
2. 长期股权投资减值准备					
3. 投资性房地产减值准备					
4. 固定资产减值准备					
5. 工程物资减值准备					
6. 在建工程减值准备					
7. 生产性生物资产减值准备					
8. 油气资产减值准备					
9. 无形资产减值准备					
10. 商誉减值准备					
11. 其他					

表15-15 资产减值损失的披露格式

项　目	本期发生额	上期发生额
1. 存货跌价损失		
2. 长期股权投资减值损失		
3. 投资性房地产减值损失		
4. 固定资产减值损失		
5. 工程物资减值损失		
6. 在建工程减值损失		
7. 生产性生物资产减值损失		
8. 油气资产减值损失		
9. 无形资产减值损失		
10. 商誉减值损失		
11. 其他		

15.5.4 应付职工薪酬、应交税费、借款项目的披露说明

1. 应付职工薪酬的披露格式(见表15-16)

表15-16 应付职工薪酬披露格式

项目	年初账面余额	本期增加额	本期支付额	期末账面余额
1. 工资、奖金、津贴和补贴				
2. 职工福利费				
3. 社会保险费				
其中:1) 医疗保险费				
2) 基本养老保险				
3) 年金缴费				
4) 失业保险费				
5) 工伤保险费				
4. 住房公积金				
5. 工会经费和职工教育经费				
6. 非货币性福利				
7. 因解除劳动关系给予的补偿				
8. 其他				
其中:以现金结算的股份支付				
合 计				

2. 应交税费的披露格式(见表15-17)

表15-17 应交税费披露格式

税费项目	期末账面余额	年初账面余额
1. 增值税		
2. 消费税		
3. 城市维护建设税		
4. 企业所得税		
5. 资源税		
6. 土地增值税		
7. 城镇土地使用税		
8. 房产税		
9. 车船税		
10. 教育费附加		
11. 排污费		
12. 代扣代缴的个人所得税		
……		
合 计		

3. 借款的披露格式(见表 15-18)

表 15-18 借款披露格式

项目	短期借款		长期借款	
	期末账面余额	年初账面余额	期末账面余额	年初账面余额
信用借款				
抵押借款				
质押借款				
保证借款				
合　计				

15.5.5 营业收入、投资收益、公允价值变动收益的披露格式(见表 15-19 至表 15-21)

表 15-19 营业收入披露格式

项　目	本期发生额	上期发生额
1. 主营业务收入		
2. 其他业务收入		
合　计		

表 15-20 投资收益披露格式

产生投资收益的来源	本期发生额	上期发生额
1.		
2.		
……		
合　计		

表 15-21 公允价值变动收益披露格式

产生公允价值变动收益的来源	本期发生额	上期发生额
1.		
2.		
……		
合　计		

15.5.6 营业外收入与支出的披露格式(见表 15-22 和表 15-23)

表 15-22 营业外收入披露格式

项　目	本期发生额	上期发生额
合　计		

表 15-23　　营业外支出披露格式

项　目	本期发生额	上期发生额
合　计		

15.5.7　租赁的披露格式

1. 租赁出租人租出资产的披露说明(见表 15-24 和表 15-25)

表 15-24　　融资租赁租出资产披露格式

剩余租赁期	最低租赁收款额
1 年以内(含 1 年)	
1 年以上 2 年以内(含 2 年)	
2 年以上 3 年以内(含 3 年)	
3 年以上	
合　计	

表 15-25　　经营租赁租出资产披露格式

经营租赁租出资产类别	期末账面价值	年初账面价值
1. 机器设备		
2. 运输工具		
……		
合　计		

2. 租赁承租人承租资产的披露说明(见表 15-26 和表 15-27)

表 15-26　　融资租赁承租资产披露格式

剩余租赁期	最低租赁付款额
1 年以内(含 1 年)	
1 年以上 2 年以内(含 2 年)	
2 年以上 3 年以内(含 3 年)	
3 年以上	
合　计	

表 15-27　　经营租赁承租资产披露格式

剩余租赁期	最低租赁付款额
1年以内(含1年)	
1年以上2年以内(含2年)	
2年以上3年以内(含3年)	
3年以上	
合　计	

15.5.8　资产负债表日后事项

(1) 每项重要的资产负债表日后非调整事项的性质、内容,及其对财务状况和经营成果的影响。无法做出估计的,应当说明原因。

(2) 资产负债表日后,企业利润分配方案中拟分配的以及经审议批准宣告发放的股利或利润。

知识拓展 15-4

资产负债表日后事项

资产负债表日后事项,是指资产负债表日至财务报表批准报出日之间发生的有利或不利事项。资产负债表日后发生的某一事项究竟是调整事项还是非调整事项,取决于该事项表明的情况在资产负债表日或资产负债表日以前是否已经存在。若该情况在资产负债表日或之前已经存在,则属于调整事项;反之,则属于非调整事项。

对于涉及损益的调整事项,通过"以前年度损益调整"账户核算。调整增加以前年度利润或调整减少以前年度亏损的事项,记入"以前年度损益调整"账户的贷方;调整减少以前年度利润或调整增加以前年度亏损的事项,记入"以前年度损益调整"账户的借方。

涉及损益的调整事项,如果发生在资产负债表日所属年度(即报告年度),所得税汇算清缴前的,应调整报告年度应纳税所得额、应纳税所得税税额,借记或贷记"以前年度损益调整"账户,贷记或借记"应交税费——应交企业所得税"账户。调整完成后,将"以前年度损益调整"账户余额,转入"利润分配——未分配利润"账户。如果发生在报告年度所得税汇算清缴后的,应调整本年度(即报告年度的次年)应纳税所得税税额。

对于非调整事项,表明是资产负债表日后发生的情况的事项,与资产负债表日存在状况无关,不应调整资产负债表日的财务报表。但对于事项重大,对财务报表使用者具有重大影响的事项,应在附注中对其性质、内容及对财务状况和经营成果的影响加以披露。

【本 章 小 结】

1. 企业财务报表,是指企业对外提供的反映企业某一特定时期的财务状况和某一会计期间的经营成果、现金流量的报表文件。企业编制财务报表时,必须做到内容完整、数字真实、计算准确和编报及时。

2. 企业财务报表的种类包括:①按照编报的时间,可分为月报、季报、半年报和年报;

②按照反映的经济内容,可分为资产负债表、利润表和现金流量表;③按照反映财务活动的方式,可分为静态报表和动态报表;④按照编制的范围,可分为个别财务报表和合并财务报表。

3. 资产负债表,是反映企业某一特定日期财务状况的财务报表。资产负债表是企业主要财务报表之一,它属于静态报表,是根据"资产=负债+所有者权益"这一会计平衡公式,按照一定的分类标准和顺序,把企业在某一特定日期的资产、负债、所有者权益等项目予以适当排列,集中反映企业在特定日期所拥有或控制的经济资源及其分布情况,以及所承担的经济义务和所有者权益总额及其结构。

4. 财务报表列报准则规定,我国企业的资产负债表应采用账户式结构。账户式资产负债表分左、右两方,左方为资产项目,按资产的流动性大小排列;右方为负债及所有者权益项目,其中负债项目按偿还的先后顺序排列,所有者权益项目按其永续性递减顺序排列。账户式资产负债表中的资产各项目的合计数等于负债及所有者权益各项目的合计数。

5. 资产负债表各项目均需填列"年初余额"和"期末余额"两栏。其中,"年初余额"栏内各项目数字,应根据上年末资产负债表的"期末余额"栏内所列数字填列。"期末余额"栏数字的填列,应根据各项目的不同性质分别采用不同的方法来填列。

6. 利润表,是反映企业在一定会计期间经营成果的财务报表。利润表属于动态报表,它主要依据会计的收入实现原则和配比原则编制,即把一定时期的营业收入与同一会计期间的相关成本、费用进行配比,以计算确定企业一定时期实现的净利润或发生的净亏损,它反映了"收入-费用=利润"的会计平衡公式。

7. 财务报表列报准则规定,我国企业的利润表应采用多步式结构。多步式利润表将不同性质的收入和费用类别进行对比,按利润形成的主要环节列示一些中间性利润指标,如营业利润、利润总额和净利润,分步计算当期的净利润。

8. 利润表各项目均需填列"本期金额"和"上期金额"两栏。"上期金额"栏应根据上年该期利润表"本期金额"栏内所列数字填列。"本期金额"栏,除"基本每股收益"和"稀释每股收益"项目外,主要是依据各损益类账户的本期发生额分析计算填列。

9. 现金流量表,是反映企业在一定会计期间现金、现金等价物流入和流出的财务报表。现金流量表属于动态报表,它是按照收付实现制原则编制的,它将企业权责发生制下的经济业务调整为收付实现制下的现金流量信息。现金流量表以现金和现金等价物为编制基础。

10. 财务报表列报准则规定,我国企业的现金流量表应采用报告式结构。企业应当采用直接法编制现金流量表的主表,补充资料采用间接法来编制。直接法,是指通过现金收入和现金支出的主要类别列示各类现金流量,一般以利润表中的营业收入为起点,调整有关项目的增减变动,计算现金流量。采用直接法填列现金流量表,具体可以采用工作底稿法、T型账户法或根据有关账户记录分析填列。间接法,是指以净利润为起点,调整为以收付实现制为基础的经营活动产生的现金流量净额。

主要参考文献

[1] 企业会计准则编审委员会. 企业会计准则案例讲解[M]. 上海:立信会计出版社,2015.

[2] 财政部会计资格评价中心. 中级会计实务[M]. 北京:经济科学出版社,2019.

[3] 财政部会计资格评价中心. 初级会计实务[M]. 北京:经济科学出版社,2018.

[4] 罗绍明. 企业财务会计[M]. 2 版. 北京:机械工业出版社,2017.